UTB **2948**

Eine Arbeitsgemeinschaft der Verlage

Beltz Verlag Weinheim · Basel
Böhlau Verlag Köln · Weimar · Wien
Verlag Barbara Budrich Opladen · Farmington Hills
facultas.wuv Wien
Wilhelm Fink München
A. Francke Verlag Tübingen und Basel
Haupt Verlag Bern · Stuttgart · Wien
Julius Klinkhardt Verlagsbuchhandlung Bad Heilbrunn
Lucius & Lucius Verlagsgesellschaft Stuttgart
Mohr Siebeck Tübingen
C. F. Müller Verlag Heidelberg
Orell Füssli Verlag Zürich
Verlag Recht und Wirtschaft Frankfurt am Main
Ernst Reinhardt Verlag München · Basel
Ferdinand Schöningh Paderborn · München · Wien · Zürich
Eugen Ulmer Verlag Stuttgart
UVK Verlagsgesellschaft Konstanz
Vandenhoeck & Ruprecht Göttingen
vdf Hochschulverlag AG an der ETH Zürich

Prof. Dr. Herbert Gudjons, geboren 1940, lehrte Allgemeine Erziehungswissenschaft und Schulpädagogik an der Universität Hamburg, tätig in der Lehrerfortbildung.

FRONTALUNTERRICHT – NEU ENTDECKT
Integration in offene Unterrichtsformen

von
Herbert Gudjons

2., durchgesehene Auflage

VERLAG
JULIUS KLINKHARDT
BAD HEILBRUNN • 2007

Die Deutsche Bibliothek – CIP-Einheitsaufnahme
Die Deutsche Nationalbibliothek verzeichnet diese Publikation in der Deutschen Nationalbibliografie;
detaillierte bibliografische Daten sind im Internet über
http://dnb.d-nb.de abrufbar.
ISBN 978-3-7815-1540-6 (Klinkhardt)
ISBN 978-3-8252-2948-1 (UTB)

Cartoons: Roland Bühs, Bremen
Einbandgestaltung: Atelier Reichert, Stuttgart
Druck und Bindung: Friedrich Pustet, Regensburg.

Printed in Germany 2007.
Gedruckt auf chlorfrei gebleichtem alterungsbeständigem Papier.

UTB-Bestellnummer: 978-3-8252-2948-1

Einleitung:
Frontalunterricht –
zurück zur Unkultur des „Beybringens"?

Der Frontalunterricht ist ein Stiefkind der wissenschaftlichen Didaktik. In der Schulpraxis aber wird er überwiegend praktiziert.

Während die didaktische Literatur zu offenen und schüleraktiven Unterrichtsformen unüberschaubar geworden ist, gibt es zum Frontalunterricht nur sehr wenige Veröffentlichungen. Der wissenschaftliche Forschungsstand ist desolat. Doch das ist so schlecht auch wieder nicht, denn es geht heute ja wohl nicht in erster Linie um eine Stärkung des Frontalunterrichtes, sondern um die Konsolidierung solcher schüleraktiver Verfahren, die den Ergebnissen der modernen Lernforschung eher entsprechen als das traditionelle „Beybringen". Dabei müssten wir allerdings aufpassen, dass wir nicht in ein falsches Entweder-Oder geraten. Wer sich mit Frontalunterricht beschäftigt, ist noch lange kein Verräter offener Unterrichtsformen.

Vor einigen Jahren aber gab es eine vorsichtige Renaissance von Arbeiten zum Frontalunterricht. Sie begann ausgerechnet mit einem Buch des führenden Gruppenpädagogen in Deutschland, Ernst Meyer (1983), gefolgt von einem engagierten Plädoyer des Bielefelder Schulpädagogen Karl Aschersleben für den Frontalunterricht (1985, 1999). Anfang der 90er Jahre griff der Oldenburger Schulpädagoge Hilbert Meyer die Frage auf: „Warum ist Frontalunterricht so beliebt?" (1990, 32 ff.), – um gemeinsam mit seinem Bruder Meinert Meyer, Hamburg, zu einem „Lob des Frontalunterrichts" vorzustoßen (1997, 34 ff.). Inzwischen hatte auch die Zeitschrift PÄDAGOGIK dem Frontalunterricht zwei Hefte gewidmet (H. 11/1990 und H. 5/1998). Ich selbst habe mich in diesen Jahren überwiegend mit der Theorie und Praxis des Handlungsorientierten Unterrichts und des Projektunterrichts beschäftigt. Und nun ein Buch ausgerechnet zum Frontalunterricht?

Lange Zeit wurde der Frontalunterricht (allzu) selbstverständlich praktiziert, wenig reflektiert, – eine unterrichtsmethodische Allzweckwaffe mit großer Verbreitung. Allein dieser Grund würde ausreichen, ihn kritisch unter die Lupe zu nehmen. Aber der Frontalunterricht ist wegen seiner Dominanz in den letzten Jahren erheblich in die Kritik geraten. Der Begriff „Frontalunterricht" hat – nicht zuletzt z. B. bei Studierenden – einen negativen Beigeschmack. Gelegentlich reagiert manche/r sogar gereizt, wenn der Begriff nach einer Unterrichtshospitation fällt. Man hat den Eindruck, Frontalunterricht sei zu einem Kampfbegriff geworden, an dem sich die fortschrittlichen Geister von den konservativen trennen. Mancher mag auch fürchten, dass eine Gegenbewegung zu modernen Unterrichtsformen droht, – eine neue Unkultur des „Beybringens"? Das Y deutet darauf hin, dass hier die alte stofforientierte und undemokratische Schule wieder auferstehen könnte: Die Lernenden werden in einer reaktiven, nur aufnehmenden Rolle gesehen, man muss ihnen notfalls gegen ihren Widerstand etwas eintrichtern (s. u. Nürnberger Trichter). Assoziationen wie „einem Hund Kunststücke beibringen" oder gar „jemandem die Flötentöne beibringen" liegen nahe. Trotz dieser verbalen Ablehnung wird der Frontalunterricht praktiziert, landauf landab.

Versuchen wir also herauszufinden, welches seine Stärken und seine Grenzen sind, versuchen wir ihn im Rahmen eines didaktischen Konzeptes schüleraktiven Lernens neu zu bestimmen und dabei zu klären, wie man ihn modern und gut gestalten kann. Ich habe dabei auf einige frühere Arbeiten zurückgegriffen, diese aber erheblich ergänzt und vor allem um Anregungen zur praktischen Durchführung erweitert.

Bei der Arbeit an diesem Buch zum Frontalunterricht habe ich mich immer mehr vom landläufigen Verständnis als didaktischem Allround-Konzept entfernt. Zu stark sind die Argumente gegen eine methodische Monokultur des Frontalunterrichtes. Andererseits ist er unverzichtbar bei offenen, schüleraktiven, selbstständiges Lernen fördernden Unterrichtsformen. Deshalb ist es nötig, ihn neu zu entdecken und in seinen zentralen und bleibenden Funktionen im Rahmen eines veränderten Unterrichtskonzeptes zu bestimmen. Im Mittelpunkt wird daher die These stehen, dass der Frontalunterricht sinnvoll und unverzichtbar ist, wenn er

– *erstens* in Unterrichtsformen integriert ist, die Eigentätigkeit, Selbstverantwortung, Selbststeuerung und Kooperation der Lernenden fördern, und wenn er
– *zweitens* im Rahmen dieser Integration als wichtige Phase eigenständige didaktische Funktionen hat
– *und drittens* modern und professionell gestaltet wird.

Wer die gegenwärtige Verbreitung des Frontalunterrichts und seinen Charakter als Möglichkeit zur gleichzeitigen Unterrichtung größerer Schülermengen verstehen will, muss einen Blick in seine Entstehungsgeschichte werfen. Dazu dient der kurze historische Überblick in *Kapitel 1,* das mit einer systematischen Einordnung und verschiedenen Definitionen endet.

Die gegenwärtige Kritik wird dann im *Kapitel 2* aufgenommen, in dem die wichtigsten *Argumente gegen den Frontalunterricht* zusammengefasst werden. Vielleicht bereitet es Ihnen nach der Lektüre dieses zweiten Kapitels gewisse Schwierigkeiten, noch weiterzulesen, – zu erdrückend scheint die Kritik. Die Kritikpunkte werden nicht im Einzelnen widerlegt, – das wäre eine reizvolle Arbeitsaufgabe für Seminare, Lehrergruppen oder Fortbildungsveranstaltungen. Ich werde sie aber im Laufe der Arbeit immer wieder aufgreifen und stark relativieren.

Vor allem versuche ich diesen Gegenargumenten zu begegnen, indem ich im *Kapitel 3* Vorteile und sinnvolle didaktische Funktionen frontaler Unterrichtsphasen beschreibe. Einerseits wird damit mein Verständnis eines legitimen und notwendigen Frontalunterrichts markiert. Andererseits wird hoffentlich niemand bestärkt, die eigene Praxis mit überwiegendem Frontalunterricht nun endlich legitimiert zu finden. Nur ein modernes, integratives Konzept des Frontalunterrichtes lässt sich lernpsychologisch begründen. Diesem Aspekt widme ich einen eigenen Abschnitt. (3.4) Dabei geht es um die Frage, wie das Lernen im Frontalunterricht aussehen muss, um das viel kritisierte „träge Wissen" zu vermeiden.

„Guter Frontalunterricht" – das ist dann der Fokus der methodischen Möglichkeiten des *Kapitels 4*. Natürlich kann hier nur eine Auswahl von möglichen Handlungsmustern vorgestellt werden, aber sie können m. E. erheblich dazu beitragen, von gewohnten und traditionellen Routinen und Erstarrungen zu einem lebendigen Unterricht zu gelangen. Die praktischen Anregungen reichen vom Unterrichtseinstieg über die professionell gestaltete Lehrerdarbietung nach moderner Präsentationsmethodik, weiter über die notwendige Anschauung (z. B. durch Medien), das gemeinsame entdeckende Lernen bis zu Gesprächsformen, der Förderung der Klassengemeinschaft und zur Moderationsmethode.

Keine Veröffentlichung zum Frontalunterricht hat bisher die Möglichkeiten und Probleme der Raumregie, der Körpersprache der Lehrkraft und der Interaktion in frontalen Settings aufgegriffen, mit denen sich *Kapitel 5* beschäftigt. Guter Frontalunterricht berücksichtigt elementare Gesetzmäßigkeiten der „Bühne" im Raum und nutzt sie konstruktiv in ihren psychologischen Effekten. Genauso wichtig ist die Körpersprache der Lehrkraft mit ihren oft nicht bewussten, aber umso wirksameren Signalen. Die Interaktion im Klassenraum ist ein komplexes Zusammenspiel unterschiedlicher Faktoren, das entscheidend verbessert werden kann durch ein gutes Klassenmanagement, das auch strukturierende Rituale einschließt. Allerdings dürfen wir bei allem Handwerkszeug nicht die immense Wirkung der Lehrerpersönlichkeit übersehen.

Das *Schlusskapitel 6* signalisiert zusammenfassend die Richtung, in der m. E. weitergedacht und -gearbeitet werden muss: die Integration von Frontalunterricht in offene, schülerselbsttätige Unterrichtsformen. An zwei kurzen Beispielen werden die wichtigsten Prinzipien zusammengefasst.

Frontalunterricht ist sinnvoll und unverzichtbar, aber er findet dort seine Grenzen, wo andere Unterrichtsformen ihren notwendigen und berechtigten Stellenwert haben. Allerdings ist heute die Frage, wem der Rücken gestärkt werden muss...

1. Vom mittelalterlichen Haufen zum modernen Klassenunterricht

1.1 Geschichte des Frontalunterrichtes

Die Alten in der griechischen und römischen *Antike* – eine der wichtigen Wurzeln unserer Kultur – kannten den Frontalunterricht noch nicht: Platon (427–347 vor Christus) zum Beispiel, der griechische Philosoph, bevorzugte die „Geburts-helferkunst", um bei seinen Schülern Einsichten hervorzurufen. Die Mäeutik (=geistige Geburtshelferkunst) spielte sich zwischen dem großen philosophischen Lehrer und dem fragenden Schüler im Dialog ab. Lernen war gebunden an das Verhältnis des Schülers zu seinem Lehrer, von dessen Geschick der Fragekunst die Einsichten und Lernergebnisse abhingen. Ein organisiertes Schulwesen für Kinder gab es nicht.

Das war in der römischen Zeit nicht viel anders: Privatgelehrte vermittelten einzelnen Schülern (Jungen und Männern) das Wissen, das zur „Bildung" gehörte, vor allem im Kanon der „septem artes liberales", der sieben freien Künste, die über Jahrhunderte den Lehrplan des Abendlandes ausmachten (Dolch 1965). Von einer Unterrichtsmethodik im heutigen Sinn kann auch hier keine Rede sein.

Im Mittelalter, in den Kloster-, Stift- und Domschulen, wurde dann dem klerikalen Nachwuchs das notwendige theologische Wissen vermittelt. Freilich waren das ganze Gruppen von Schülern, die entsprechend betreut werden mussten. Sie lernten in sog. „Haufen", d.h. in Gruppen mit vergleichbarem Kenntnisstand und geistigen Vermögen, ihre Lektionen auswendig, wurden streng abgehört und von Helfern des Lehrmeisters „betreut" (d.h. bei mangelhaftem Auswendiglernen kräftig verprügelt).

Die Abb. 1 zeigt einen solchen Unterricht in Haufen im ausgehenden Mittelalter: Er findet nicht frontal für alle statt, sondern so, dass einzelne Gruppen jeweils spezifische Lernaufgaben erhielten, die dann nacheinander vom Lehrmeister abgehört wurden, – das war eine Art „Einzelunterricht", wobei (wie man sieht) drastische Strafen (Schläge auf das Hinterteil, Beschämungen u.a.m.) an der Tagesordnung waren. Gebete, Gesänge, liturgische Formeln, lateinische Texte wurden rein mechanisch auswendig gelernt oder abgeschrieben. Das änderte sich erst langsam in den sog. „Deutschen Schreib-, Lese- und Rechenschulen", die von den mittelalterlichen Städten und Privatherren im hohen und ausgehenden Mittelalter eingerichtet wurden, als Lesen, Schreiben und Rechnen sowie die deutsche Sprache (statt des bis dahin vorherrschenden Latein) Grundlage des Geschäftsverkehrs im sich ausweitenden Handel ab etwa 1250 in Deutschland wurden. Daneben gab es sog. „Winkelschulen", die nicht vom Rat einer Stadt lizensiert waren. Erste Kunstregeln der Methodik hat es sicher in der Vermittlung von Schreiben, Lesen und Rechnen gegeben, aber wir wissen darüber wenig (Terhart 1989, 15).

Abb. 1: Unterricht im Mittelalter (aus: Schiffler/Winkeler 1987, 2. Aufl., S. 67)

Doch bis zur Geburtsstunde des Frontalunterrichtes (bzw. einer vergleichbaren Unterrichtsform) mussten von 1250 bis 1650 noch rund 400 Jahre vergehen. Die mit dem Absolutismus beginnende Neuzeit zeigt schon einen allmählichen Übergang der Schule aus dem kirchlichen in den staatlichen Bereich und – verbunden mit dem starken Rationalisierungsinteresse – erste Überlegungen zur Unterweisung größerer Schülermengen und zur Frage, wie man Wissen didaktisch effektiv vermitteln kann. Der – zumindest theoretische – Begründungszusammenhang des Frontalunterrichtes kündigt sich an.

Frontalunterricht – eine schwere Geburt

Wir befinden uns im Jahre 1653. In Nürnberg erscheint ein dreibändiges Buchwerk. Autor ist *Georg Philipp Harsdörffer*, der Titel lautet: „Poetischer Trichter, die Teutsche Dicht- und Reimkunst, ohne Behuf der lat. Sprache, in 6 Stunden einzugießen". Der berühmte „Nürnberger Trichter" war erfunden: Einer, der etwas weiß, kann es andern in das Gehirn gießen. Die dazu passende Methode ist der Frontalunterricht: Lehrer lehrt – Schüler lernen, das Ideal auch des modernen Lehrers im 3. nachchristlichen Jahrtausend. Nun, die Wirklichkeit sieht heute sicher anders aus, wenn man dem platten Spruch glaubt: „Wenn alles schläft und einer spricht, dann nennt man dieses Unterricht." Damals wie heute unterscheidet sich die didaktische Theorie beträchtlich von dem, was hinter der Klassenzimmertür wirklich geschieht.

Der erste bedeutende Pädagoge, der sich mit der Möglichkeit und Notwendigkeit befasste, große Mengen von Schülern und Schülerinnen gleichzeitig zu unterrichten, war *Johann Amos Comenius* (1592–1670, tschechisch Jan Komensky). Comenius war Bischof der bömischen Brüdergemeinden, hatte die Schrecken des 30jährigen Krieges erlebt, war viel in der Welt umhergekommen und entwickelte ein außerordentlich großes philosophisches und erziehungsprogrammatisches Gedankengebäude zur Rettung der Welt. Erziehung und Unterricht, ein gestuftes Schulwesen (also erste Überlegungen zu dem, was wir heute Gesamtschule nennen) und eine „große Didaktik" (Didactica magna) sollten Glauben, Menschen und Gesellschaft von Grund auf reformieren. Comenius wollte „alle alles umfassend" (omnes omnia omnino) lehren. Der Lehrer sollte wie die Sonne über alle Schüler strahlen, wobei Comenius an 100 Schüler gleichzeitig dachte: „Ich behaupte, es ist nicht nur möglich, daß ein Lehrer (magister) eine Gruppe von etwa hundert Schülern leitet, sondern sogar nötig, weil dies für die Lehrenden wie die Lernenden weitaus am angenehmsten ist." (Comenius 1982, 122) Comenius dachte dabei vor allem an den Lehrervortrag. In den Unterricht einbezogen wurde auch Bildmaterial, wie Comenius es in seinen „Orbis pictus..." (die damalige Welt in Bildern) entwickelte.

Damit ist die Geburtsstunde des Frontalunterrichtes – in einer seiner Varianten, nämlich dem Lehrervortrag – historisch markiert. Frontalunterricht ist angesichts der langen Geschichte von Schule und Unterricht eine vergleichsweise junge Unterrichtsform, mit Bezug auf Comenius im 17. Jahrhundert also gerade etwa 300 Jahre alt.

Das Kind wächst: Frontalunterricht wird Wirklichkeit

Aber erst die Durchsetzung der allgemeinen Schulpflicht schrittweise vom Ende des 17. Jahrhunderts an, die auf ein enormes Bevölkerungswachstum traf und zugleich mit dem Recht auf Bildung für alle verbunden war, machte dann in der Schulwirklichkeit Unterrichtsformen nötig, die eine größere Anzahl von Kindern gleichzeitig zu unterrichten erlaubten. Das ging nicht ohne Klassenunterricht als Frontalunterricht, wenn auch viele Zeugnisse der damaligen Zeit belegen, dass von einer geordneten Methodik immer noch nicht die Rede sein konnte. Im Zuge der beginnenden Industrialisierung, also im Zeitraum von 1750 bis 1850, etablierte sich in Deutschland erstmalig ein organisiertes Schulwesen, das den Übergang notwendig machte vor allem im Elementarschulwesen vom herkömmlichen „Schulehalten" zum „Unterrichten". Abb. 2 und 3 zeigen diese unterschiedlichen Formen: Zunächst eine Szene, in der in einer Wohnstube Kinder unterschiedlichen Alters in unterschiedlichen Gruppierungen zusammen hockten und das lernten, was ihnen der „Schulmeister" – ein entlassener Soldat oder ein Handwerker, der des Lesens und Schreibens selber kaum mächtig war – beibringen wollte.

... auf dem Weg zum Frontalunterricht ...

Abb. 2: Schule halten um 1750 (aus: Schiffler/Winkeler 1987, 2. Aufl., S. 79)

Eine sichtbare Unterrichtsorganisation im Sinne einer frontal organisierten Lehr-/ Lern-Situation zeigt das folgende Bild. Man sieht deutlich, dass der Raum mit seinen Bänken für Frontalunterricht eingerichtet wurde, dass einige Lehrmittel verfügbar sind (an den Wänden) und dass die Interaktion zentral vom Lehrer gesteuert wird.

Was die Bilder nicht zeigen, ist die Situation der immer stärker werdenden Klassenfrequenzen. Noch 1878 musste ein Volksschullehrer im Durchschnitt 72 Kinder unterrichten. (Terhart 1989, 17) Diese Erfassung von Massen in Verbindung mit der langsam etablierten Schulpflicht implizierte auch neue unterrichtsorganisatorische Formen: Jahres- und Jahrgangsklassen, Kollektivunterricht, straffere methodische Disziplinierung und Gängelung, vor allem also den Übergang von der Kleingruppen- und unsortierten Einzelunterweisung (wie noch im Mittelalter) zur pauschalen Unterrichtung einer fähigkeits- bzw. altershomogenen Schülergruppe. Damit aber eröffnete sich zugleich die Chance für verständiges Lernen im Zuge der „Entdeckung" der Kindheit seit Rousseau und Pestalozzi, für ein verständnisorientiertes Lehrgespräch und durchaus auch für die Einbringung eigener Gedanken der Kinder (Terhart 1989, 17). Methodisch wurde dies in Ansätzen zum ersten Mal entwickelt von *Friedrich Eberhard von Rochow* (1734–1805), einem preußischen Junker, der auf seinen Gütern in Brandenburg Musterschulen einrichtete und den fragend-entwickelnden Unterricht – neben der Lehrerdarbietung das zweiten Element des Frontalunterrichtes – ausgesprochen klug und differenziert kultivierte (schöne Beispiele bei Aschersleben 1999, 20 ff.).

Der Januskopf des Frontalunterrichts
Macht man sich diese historische Entwicklung klar, so wird eines schnell deutlich: Der schulische Unterricht als beginnender Frontalunterricht hat einen Januskopf, der bekanntlich zwei Gesichter zeigt. Als die *progressive* Seite kann man die Chance auf Bildung für die Masse des Volkes ansehen, der Unterricht wird psychologisch abgestützt und methodisiert, Literalität breitet sich aus, Lernen wird intensiver und beschleunigt. Allmählich verschwindet auch die körperliche Bestrafung zum Zwecke des Lernens (nicht zum Zwecke der Disziplinierung!).

Das Pflichtschulsystems breitet sich aus, und zwar in staatlicher statt kirchlicher Regie. Insgesamt wandelt sich ein chaotisches Schulehalten in ein einheitliches, organisiertes System der Bildung für die nachwachsende Generation. Als die *negative* Seite muss aber angesehen werden, dass in den Schulen aus der Wohnstubenatmosphäre ein Arbeits-Lernsaal geworden ist, verbunden mit Disziplinierung, Einübung in religiöser Rituale und Indoktrination von vaterlandstreuen Inhalten. Die aufkommende Wort- und Buchschule wird stark entsinnlicht, statt Berücksichtigung der Schülerindividualität drohen Anonymität und durchgeplanter Unterricht. Die „Kunst des Beybringens" war entstanden, – mit ihren

Abb. 3: Ansätze eines organisierten Frontalunterrichtes im 19. Jahrhundert (aus: Schiffler/Winkeler 1987, 2. Aufl., S. 101)

positiven und negativen Auswirkungen gleichermaßen. Zugleich wurde die Unterrichtsmethodik auch theoretisch weiter entwickelt.

Es war *Johann Friedrich Herbart* (1776–1841), der eine differenzierte wissenschaftliche Begründung und Ausarbeitung des Frontalunterrichtes schuf. Neben der praktischen Philosophie sah er in einer uns heute noch beeindruckenden Psychologie die Grundlage für das Unterrichten. Lernen besteht in der Bildung von Vorstellungen, die sich aufgrund ihrer Verwandtschaft zu Ketten und Gedankenkreisen zusammenschließen (Assoziationspsychologie). Folglich muss der Lehrer den Aufbau solcher Gedankenkreise durch hilfreiche Stufen organisieren. Berühmt geworden – und leider von Herbarts Nachfolgern dann stark formalisiert – sind folgende grundlegenden Stufen für die „Artikulation" des Unterrichts:

1. Stufe der *Klarheit* (der Schüler muss sich unter Bezug auf vorhandenes Wissen zunächst in die dargebotenen neuen Vorstellungen vertiefen, muss diese klar erfassen und verstehen, worum es geht),
2. Stufe der *Assoziation* (die zunächst noch isolierten Einzelteile müssen miteinander verbunden werden, die einzelnen Elemente werden miteinander assoziiert),
3. Stufe des *Systems* (das neu Aufgenommene wird mit bereits vorhandenen Vorstellungskreisen verbunden, es wird geordnet und systematisiert),
4. Stufe der *Methode* (der Lerngewinn wird angewendet, Wissen und Fertigkeiten werden zur Methode für die Erschließung weiterer Inhalte, der Vorgang erreicht sein Ziel).

Diese Grundelemente (Aufnehmen, Denken, Verarbeiten, systematisches Wissen bis zum Anwenden und Abrufen) sind eine kluge Beschreibung von Stufen der Aneignung, wie wir sie heute ähnlich in der kognitiven Psychologie finden, die vom Aufbau kognitiver Strukturen spricht. Methodisch umgesetzt wurde diese Artikulation des Unterrichtes in einer differenzierten Lehrkunst, die unterschiedliche Lehrformen ebenso einschloss wie Techniken der Lehrerfrage, den Impuls, die Darbietung und das fragend-entwickelnde Gespräch. In der Zeit Herbarts wurde – wesentlich differenzierter als in der „Methode" Pestalozzis – zum ersten Mal eine durchdachte und für den Lehrer sehr hilfreiche Unterrichtsplanung ermöglicht, die das bisher ungeordnete methodische Vorgehen in eine klare Struktur einband. Der Unterricht – verglichen mit der aus dem Mittelalter überkommen Pauk- und Prügeldidaktik – wurde erheblich effektiviert. Außerdem wurde auf diese Weise anstelle des weit verbreiteten Hauslehrerunterrichtes erstmalig ein sinnvoller Unterricht in Klassen möglich.

Dass diese frontalunterrichtlich ausgerichtete Didaktik dann bei seinen Nachfolgern zum starren „Lektionismus" und zur „Kunst des Beybringens" verkam, darf Herbart selbst nicht angelastet werden. Es war kein Wunder, dass diese Entwicklung dann mit Beginn der *Reformpädagogik* am Anfang des 20. Jahrhunderts die

Kritiker auf den Plan rief, die z. B. mit der Arbeitsschulmethodik (Gaudig, Scheibner, Kerschensteiner) die Selbsttätigkeit des Schülers fördern wollten oder in der Kunsterziehungsbewegung ganz auf die schöpferischen natürlichen Kräfte des Kindes setzten. Kritisiert wurde z. B. das „Vogelgarn von methodenpolizeilichen Vorschriften", in der sich die eigentlich notwendige „innige Begegnung" zwischen Schüler und Lehrer verfängt, und die Opferung der Menschenseele auf dem Altar des mechanischen „Methodengötzen" (Linde 1905, zitiert nach Terhart 1989, 18). Trotz dieser massiven Kritik hat der Frontalunterricht überlebt. Die Entwicklung im 20. Jahrhundert ist u. a. dadurch gekennzeichnet, dass das Vertrauen der Reformpädagogik in schüleraktive Methoden mehr und mehr abgelöst wurde durch Betonung des bildenden Gehaltes der Inhalte, wie die geisteswissenschaftliche Pädagogik (z. B. Nohl, Flitner, später Weniger, Klafki u.a.) dies entwickelte. Die Frage der Methodik wurde dabei als „etwas Zweites" (Weniger) betrachtet (Terhart 1989, 19). Während die ein- und mehrklassigen Volksschulen (oft nur von einem Lehrer betreut) bis in die 50er Jahre Einzel- und Gruppenarbeit erforderlich machten, dürfte im Bereich des Sekundarschulwesens der Frontalunterricht die überwiegend praktizierte Form gewesen sein. Zwar wurden bis in die 70er und 80er Jahre zahlreiche theoretisch fundierte didaktische Modelle entwickelt, aber ob inwieweit sie die unterrichtliche Wirklichkeit geprägt haben, erscheint offen. Ganz sicher aber ist die methodische Gestaltung des Frontalunterrichtes bis heute vor allem durch die Möglichkeiten technischer Medien stark beeinflusst worden, von Film und Video bis zum Overheadprojektor und der Präsentation mit Computerprogrammen wie Powerpoint. Auch die massenweise Verbreitung von Arbeitsbüchern und Lernmaterialien im Unterricht hat neue Möglichkeiten der Unterrichtsgestaltung mit sich gebracht. Der Frontalunterricht ist bei allem der traditionelle Unterricht schlechthin geblieben.

1.2 Systematische Einordnung und Definition des Frontalunterrichtes

Die starke Verbreitung des Frontalunterrichtes (siehe dazu Kapitel 3) geht einher mit einem vergleichsweise naiven Verständnis von Unterrichtsmethodik. Terhart (1989, 42) gebraucht ein anschauliches Bild: Es handelt sich um ein „*Transportbandverständnis*", wenn man glaubt, dass sich feststehende Lerngegenstände/Inhalte mit Methode in den Schülerkopf transportieren ließen. Eine Methode ist aber kein Neutrum, keine bloße Vermittlungstechnik, sondern trägt in sich bereits normative Implikationen, die nur mit bestimmten Zielen harmonieren. Offenbar sollte der Frontalunterricht – als alleinige Unterrichtsform – alles leisten: Wissensvermittlung, Verstehen von Zusammenhängen, Fertigkeitstraining, Aufbau sozialer Haltungen u.a.m., ganz wie es das Modell des Nürnberger Trichters suggeriert.

Die moderne Didaktik hingegen spricht von einem komplexen Zusammenhang zwischen Methoden, Inhalten und didaktischen Intentionen, ja geradezu von einem Implikationszusammenhang (W. Schulz 1981, 85): Die Art und Weise, wie eine Lehrkraft durch Arrangieren von Lernbedingungen einen Inhalt den Schülern und Schülerinnen nahe bringt, „hat Bedeutung dafür, wie dieser Inhalt im Unterrichtsprozess ‚erscheint‘, sie hat Konsequenzen dafür, welche Qualität von Lernen den Schülern im Unterricht abverlangt ist und schließlich dafür, wie der so ‚erschienene‘ Inhalt von den Schülern subjektiv angeeignet worden ist." (Terhart 1989, 44) Das heißt nicht weniger, als dass methodische Entscheidungen z. B. immer auch inhaltliche Entscheidungen und Zielvorstellungen von der angestrebten Lernqualität implizieren.

Bevor über Inhalte und Methoden entschieden werden kann, müssen vor allem die übergreifenden *didaktischen Intentionen* benannt werden: Diese Intentionen können auf ganz unterschiedliche Bereiche des Lernpotenzials von Schülern und Schülerinnen gerichtet sein – auf ihr Wissen und Können, auf die Entfaltung von Verstehensfähigkeit, auf Haltungen, auf die Förderung moralischer Urteilskraft, auf die Kultivierung ästhetischer Erfahrungsfähigkeit oder auf motorische Möglichkeiten. Didaktische Intentionen legen die Perspektiven fest, unter denen ein Inhalt zum Unterrichtsthema wird, aber auch in welcher Richtung das Lernen und die Entwicklung der Schüler und Schülerinnen gefördert werden soll. Die entsprechend auszuwählenden Methoden sind dann eben nicht bloße Transportbänder, sondern leiten einen Auseinandersetzungsprozess zwischen „objektiver" und „subjektiver" Seite ein. „Methoden bezeichnen also Beziehungen, nämlich *Beziehungen* zwischen den Akten der Unterrichtsorganisation und der Lehre [auf der einen Seite, H.G.] ... und den erstrebten oder zu ermöglichenden Lernprozessen auf Seiten der Schüler [auf der andern Seite, H.G.]." (Klafki 1985, 205)

Die didaktische Intentionalität hat also den Primat gegenüber inhaltlichen und methodischen Entscheidungen. Also heißt die erste grundlegende Frage jeden Unterrichtes: „Was will ich überhaupt grundsätzlich erreichen?" Dann erst folgen Überlegungen, mit welchen Inhalten und Verfahren dies möglich ist. Dies gehört zu den klassischen Grundsätzen der Didaktik. (Klafki 1985, 64 f.) Nimmt man dann noch die These vom Implikationszusammenhang aller Unterrichtsfaktoren hinzu, dann lässt sich die Annahme vom Allzweckcharakter des Frontalunterrichtes überzeugend widerlegen. Zu viele Dimensionen des Methodischen konstituieren Unterricht, wie Wolfgang Schulz schon 1965 gezeigt hat (Schulz 1965, 30 ff.):

- Große Methodenkonzeptionen (also Gesamtentwürfe des Unterrichtsverständnisses wie wissenschaftsorientierter Unterricht, schülerorientierter Unterricht, offener Unterricht usw.),

- Artikulationsschemata (die zeitliche Gliederung des Unterrichtes in Phasen),
- Sozialformen (wie Gruppen-, Partner- oder Einzelarbeit),
- Aktionsformen des Lehrens (Verhaltensformen des Lehrers wie Demonstrieren, Fragen, Denkanstöße geben u.a.m.) und
- Urteilsformen (als Mikro-Züge wie z. B. Kopfnicken, Schweigen, Sprache, die den ganz konkreten Ablauf des Unterrichtsprozesses lenken).

Alle methodischen Entscheidungen (sei es über die Sozialformen, die Aktionsformen oder die zeitliche Abfolge der Unterrichtsschritte) stehen untereinander und zu Ziel- und Inhaltsdimensionen in Wechselwirkung. Wer eine Unterrichtseinheit durchführt, muss daher seine Entscheidungen von diesem komplexen Zusammenhang her begründen und frontalunterrichtlichen Phasen einen spezifischen Stellenwert zuweisen können!

Definitionen
Diese grundsätzlichen theoretischen Überlegungen sind für eine *Definition* des Frontalunterrichtes von großer Bedeutung. In der Regel wird Frontalunterricht als selbstständige Unterrichtsform verstanden. Seine Integration in andere Unterrichtsformen wird nicht vorausgesetzt. Für dieses *traditionelle Verständnis* gibt es übereinstimmende Definitionen. Hier nur einige ausgewählte Beispiele aus der neueren Literatur.

Definitionen zum Frontalunterricht

„Frontalunterricht ist ein zumeist thematisch orientierter und sprachlich vermittelter Unterricht, in dem der Lernverband (die Klasse) gemeinsam unterrichtet wird und in dem der Lehrer – zumindest dem Anspruch nach – die Arbeits-, Interaktions- und Kommunikationsprozesse steuert und kontrolliert." (H. Meyer 1987, Bd. 2, 183)

Oder auch:

„Wenn im Unterricht alle Mitglieder einer Lerngruppe/Klasse in gleicher Zeit auf gleichen Wegen mit gleichen Inhalten zu gleichen Zielen geführt werden sollen, geschieht dies in der Form des stark lehrerzentrierten Frontalunterrichts. Dabei reguliert und kontrolliert der Lehrer bzw. die Lehrerin alle Lehr-, Lern-, Arbeits-, Kommunikations- und Interaktionsprozesse. Seine Aktivität ist groß, die äußerlich sichtbare der Lernenden dagegen gering." (Grundschule von A bis Z, 1993, 77)
In einem anderen, wenige Jahre später (1998) erschienenen Wörterbuch heißt es zum Frontalunterricht: „Der Frontalunterricht stellt in erster Linie einen Lehrprozeß dar, der durch den Lehrer gesteuert wird und stoffzentriert ist. Er

> zielt im wesentlichen auf Gedächtnisleistung ab und versucht durch eine relativ straffe Führung den Lernenden in einer begrenzten Zeit gleiche theoretische Kenntnisse, Informationen und Lehrstoffe zu vermitteln." (Köck/Ott 1998, 185).
>
> Und schließlich lautet die Definition im neuesten Wörterbuch der Pädagogik (2000): „Frontalunterricht (Syn. Klassenunterricht). Sozialform des Unterrichts, bei dem ein Lehrer versucht, den Lernstoff an eine Schulklasse mit Hilfe sprachlicher Darbietung, Wandtafel, Schulbuch und Overheadprojektor unter Berücksichtigung methodischer Lernschritte an alle Schüler gleichzeitig und effektiv zu vermitteln. Dabei steuert und kontrolliert er mit Fragen und Impulsen den Fortgang des Lernprozesses." (Schaub/Zenke 2000, 224).

Es wird deutlich: Die entscheidende Rolle in der Interaktion spielt *der Lehrer oder die Lehrerin.* Er/sie leitet und lenkt die Lernprozesse für alle Schüler und Schülerinnen gemeinsam und gleichzeitig. Die Medien sind überwiegend Sprache, Tafel, Schulbuch und Overheadprojektor, wobei die gesamte Kommunikation der Klasse /Lerngruppe von vorne bestimmt wird. Es geht um möglichst effektives, stoffzentriertes Lehren, die Perspektive des Lernens der *Schüler und Schülerinnen* wird als selbstverständlich in dieser Lernform vorausgesetzt.

Aber es wird auch schnell klar: Deshalb ist der Frontalunterricht allein noch *keine Unterrichtsmethode.* Im Frontalunterricht können durchaus unterschiedliche methodische Elemente vorkommen: Vortrag, Gespräch, Spiele usw. (s.o.). Unter dem Methodenbegriff wird die *Gesamtheit* der Formen, Verfahren und Techniken gefasst, mit denen sich Lehrer und Schüler die sie umgebende natürliche und gesellschaftliche Wirklichkeit unter institutionellen Rahmenbedingungen aneignen (Fichten 1993, 79, Meyer 2002, 109). Ein frontales Arrangement ist also nur *ein* Element in einem komplexen methodischen Zusammenhang. Dieses frontale Arrangement regelt die Art und Weise der Interaktion und Kommunikation in der Klasse.

Daher ist es sinnvoll, den Frontalunterricht als eine *Sozialform* des Unterrichtes zu bezeichnen (z. B. Aschersleben 1999, 7, Meyer 2002, 113). Sozialformen regeln die Beziehungsstruktur – von der Kommunikation bis zur Raumstruktur – im Unterricht. Neben Gruppenarbeit, Partnerarbeit, Einzelarbeit oder Sonderformen gibt es eben auch den Frontalunterricht, bei dem die Kommunikationsformen, die unterrichtliche Interaktion und der inhaltliche Verlauf weitgehend (wie die Bezeichnung sagt) von der Person vorne („frontal" von frons – lat. Stirn) bestimmt werden. Frontalunterricht ist – auch wenn das die Lexika der 68er Zeit nahe legen – kein Kampfbegriff, sondern zunächst nur eine sehr formale Definition. Miller (2001, 63) spricht deshalb unpolemisch einfach von der Sozialform „Plenumsarbeit". Dieser Begriff ist nicht so negativ besetzt wie der des Frontal-

unterrichtes (klingt aber ein wenig nach Seminarveranstaltung...).
Zudem kann gefragt werden, wer überwiegend aktiv ist, – die Lehrkraft oder die Schüler und Schülerinnen. Welches sind die wesentlichen Aktivitätsformen in einer frontalunterrichtlichen Sozialform? Aus diesen beiden Kriterien (Sozialformen und Aktivitätsformen) ergibt sich folgendes Einordnungsschema (Abb.4).

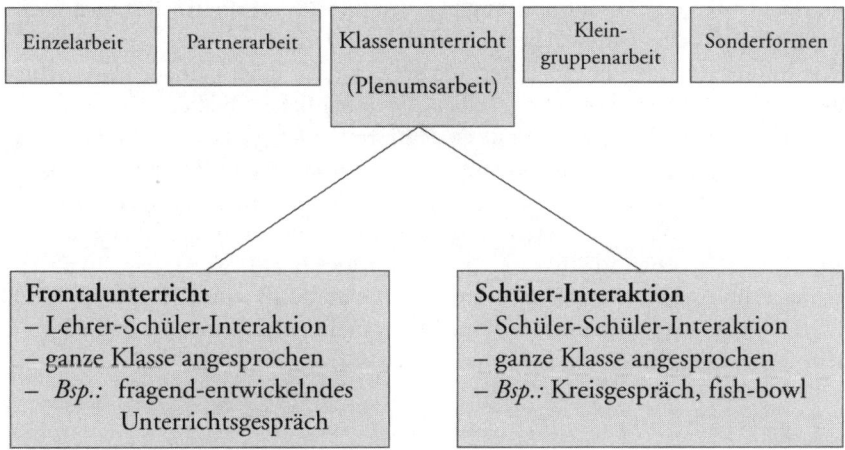

Abb. 4: Einordnung des Frontalunterrichtes in die Sozialformen des Unterrichtes

Deutlich ist, dass hier neben den differenzierenden Sozialformen (Gruppenarbeit, Partnerarbeit und Einzelarbeit) zunächst der Klassenunterricht steht. *Klassenunterricht* ist nicht gleichbedeutend mit Frontalunterricht, sondern ein Oberbegriff (ähnlich: Aschersleben 1999, 63). Innerhalb des Klassenunterrichtes werden nämlich zwei Formen unterschieden: der *Frontalunterricht* (frontale, lehrergelenkte Interaktion) und die (zeitweise) *Schüler-Interaktion* (Mehrweg-Kommunikation). Die Lehrkraft kann also auch Unterricht in der Gesamtklasse durchführen, ohne dass dies durch frontale Lehrerlenkung geschieht: Ein Kreisgespräch ohne Diskussionsleitung; zwei Unterplena führen in der Gesamtklasse ein Streitgespräch; ein Teil der Schüler führt eine „Amerikanische Debatte" durch, während die andern beobachten (siehe Kapitel 4); Schüler spielen der Klasse ein Rollenspiel vor u.a.m. Immer ist die *ganze* Klasse gleichzeitig angesprochen und beteiligt, wenn auch in unterschiedlichen Funktionen. Ich nenne diese Unterrichtsform deshalb „Schüler-Interaktion". Als Sozialformen sind schließlich auch *Sonderformen* zu nennen, flexibel wechselnde Gruppierungen der Lernenden, die vom Planspiel einer Klasse über das Team-teaching in Großklassenverbänden bis zum Theaterstück in der Aula für alle Schüler reichen.

Damit wird gleichzeitig auch deutlich, dass Frontalunterricht nicht einfach synonym mit darbietendem Unterricht gebraucht werden darf, wie dies gelegentlich geschieht. Dagegen spricht die Vielfalt der mit ihm verbundenen Inszenierungsmuster: Die Lehrkraft kann z. B. einen Vortrag halten, ein Rollenspiel anleiten, ein Interaktionsspiel durchführen oder sich mit der Klasse gemeinsam fragend auf die Suche nach einer Problemlösung begeben (die die Lehrkraft selbst noch nicht hat!). Und das alles frontal, aber eben nicht nur darbietend.

Wie immer man den Frontalunterricht systematisch innerhalb der Unterrichtsmethodik zu fassen versucht, – über die inhaltliche Qualität einer frontalunterrichtlichen Unterrichtsstunde ist damit noch wenig ausgesagt. Wenn es beispielsweise gelingt, „die Schüler mit Geschick und Phantasie dazu zu bringen, komplizierte Sachverhalte zu kapieren, ... ihnen eine Geschichte zu erzählen, die 'ankommt'", wenn „eine Unterrichtsstunde rund und stimmig, interessant und auf hohem Niveau verlaufen ist" (H. Meyer 1990, 35), wenn gemeinsam ein echtes Problem gelöst worden ist, etwas Neues entdeckt wurde (E. Meyer 1983, 67 ff.), – dann kann sogar traditioneller Frontalunterricht höchst befriedigend sein, für Schüler/innen wie für Lehrer/innen.

! Zwei Formen des Frontalunterrichtes

Ich unterscheide begrifflich zwei Formen des Frontalunterrichtes:

a) den „*traditionellen Frontalunterricht*" (im Sinne der angeführten Definitionen); er ist auf weiten Stecken die einzige, zumindest die überwiegende Sozialform des Unterrichtes, man kann ihn daher auch als dominierenden oder isolierten oder alleinigen Frontalunterricht bezeichnen oder kurz eine *methodische Monokultur* nennen;

b) ein neues Konzept des „*integrierten Frontalunterrichtes*", das sich auf den Zusammenhang frontalunterrichtlicher Phasen mit eigentätigen, selbstverantworteten und selbstgesteuerten Schülerarbeitsformen richtet (und das diesem Buch zu Grunde liegt). Die Aktivitätsformen der Lernenden wachsen dabei in ihrem Anspruchsniveau von der *Eigentätigkeit* (die auch von der Lehrkraft angeordnet sein kann) über die *Selbstverantwortung* (bei der die Lernenden ihre Tätigkeiten selbst stärker legitimieren müssen) bis zur *Selbststeuerung* (in der Freiheit und Verantwortung der Lernenden am höchsten sind). Ich greife damit die Idee eines integrierten Frontalunterrichtes von E. Meyer und W. Okon (1984) wieder auf.

Schaut man sich traditionellen Frontalunterricht in der Praxis an, so stößt man auf folgende Charakteristika (H. Meyer 1987):

1. Die Lehrkraft hat Steuerung, Kontrolle und Bewertung in der Hand.

2. Die Kommunikation verläuft wenig unter den Schüler und Schülerinnen, sondern überwiegend zwischen Lehrkraft und Lernenden.

3. Blickkontakt/-richtung der Schüler und Schülerinnen sind nach vorne gerichtet („frontal").

4. Der Unterricht ist überwiegend thematisch orientiert, d.h. eine kognitive, sprachlich vermittelte Strukturierung des Unterrichtsverlaufes dominiert. Der Sprachanteil der Lehrkraft ist in der Regel höher als der aller Schüler und Schülerinnen gemeinsam.

5. Dieser Frontalunterricht hat ein typisches Ablaufschema:
   – Stundeneröffnung, Einstieg in das Thema
   – Darbieten, Erarbeiten oder auch Wiederholung von Lernstoff
   – Ergebnissicherung (Tafel)
   – Stellen von Hausaufgaben

6. Eine didaktisch reflektierte Einbettung in weitere Sozialformen ist nicht erkennbar. Kurzfristige Einzel-, Partner- oder Gruppenarbeit dienen eher der methodischen Abwechslung.

7. Dieser Frontalunterricht bestimmt den größten Teil des Schulvormittages.

Zu ergänzen ist der oft erhebliche organisatorische Aufwand, der vom Lehrer zu bewältigen ist und der sich in zahlreichen Kleinigkeiten beträchtlich summieren kann (vom Austeilen der Hefte über das Aufbauen von Geräten bis hin zum Führen von Listen und dem Geldeinsammeln). Für den Lehrer ist diese Form des Frontalunterrichtes die am meisten anstrengende, weil er Dauerakteur ist.
Wie aber bereits in der Einleitung erwähnt, ist der Frontalunterricht in der traditionellen Definition (s.o.) seit längerem in das Kreuzfeuer der Kritik geraten. Welches sind die zentralen Argumente? Ich fasse sie in zehn Punkten zusammen.

2. Von Autorität bis Zwangsdisziplin – Argumente gegen den Frontalunterricht

2.1 Zehn Contra-Argumente ...

Die folgenden Argumente, Bedenken und Einwände gegen den Frontalunterricht entsprechen keineswegs immer meiner eigenen Auffassung. Ich habe sie durch das Studium zahlreicher Werke zur Didaktik und Methodik gewonnen, aber auch in vielen Gesprächen mit Schülern und Schülerinnen unterschiedlicher Schulen, Studierenden und Lehrern und Lehrerinnen in der Schule gesammelt. Manche Gedanken sind sehr grundsätzlicher Natur, theoretisch begründet und gut durchdacht. Anderes hat eher Plausibilitätscharakter mit einigem Gewicht, wiederum anderes ist wenig haltbar und beruht z. T. auf Pauschalisierungen. Gleichwohl: Es ist ein Feuerwerk gegen den Frontalunterricht zusammengekommen. (Sprachlich verzichte ich aus Gründen der besseren Lesbarkeit auf die Formulierung im Konjunktiv, die eigentlich nötig wäre, wenn man die Positionen anderer wiedergibt und kenntlich machen will, dass eine Äußerung nicht schon eine Tatsachenfeststellung ist und man sich vielleicht auch von ihr distanzieren möchte...).

1. Der Lehr-/Lern-Kurzschluss
Dem Frontalunterricht unterliegt ein *grundsätzlicher pädagogischer Denkfehler*: Das Lehren des Lehrers wird mit Lernen der Schüler und Schülerinnen gleichgesetzt. Klaus Holzkamp (1993) sprach in seiner Kritik des schulischen Lernens vom Lehr-/Lern-Kurzschluss. Ich lehre etwas – aber wird das gleichzeitig auch von Schüler und Schülerinnen gelernt? Was weiß ich von dem, was während meiner Lehrbemühungen in den Gehirnen der Lernenden wirklich vorgeht? Sind Lehren und Lernen nicht zwei sehr unterschiedliche Dinge?
G.B. Shaw hat es überpointiert: Wenn du einen Schüler etwas lehren willst, wird er es niemals lernen! Seriöser formuliert: Zwischen Lehren und Lernen besteht *kein kausaler*, sondern ein *kontingenter* Zusammenhang. Das bedeutet: Nicht alles, was der vorne stehende Lehrer lehrt, wird aktiv in einen Lernbestand des Schülers verwandelt, dieser Prozess verläuft keineswegs linear. Dazwischen liegen beim Schüler Prozesse der Entwicklung unterschiedlichster Motivationen (die einen finden die Mathe-Aufgabe plötzlich ungemein spannend und herausfordernd, die andern bemühen sich um Verstehen, weil sie vermutlich in der nächsten Klassenarbeit vorkommt), völlig unterschiedliche Prozesse der Verknüpfung mit individuell vorhandenem Wissen, der Eigenkonstruktion von Erkenntnissen.

Schlimmstenfalls prallen Lehrer und Schüler frontal zusammen ...

Davon, dass eine halbwegs vertretbare Abwesenheit von Störungen bedeutet, dass alle brav lernen, kann nicht die Rede sein. Denn das äußere Bild täuscht: Da sitzen die Schüler und Schülerinnen vor mir, schauen auf mich, lauschen meinen Worten, – aber was bleibt hängen? Wollen sie das von mir Gemeinte überhaupt lernen? Schüler und Schülerinnen maskieren sich bekanntlich oft: Sie heucheln Aufmerksamkeit, täuschen Interesse und Aufmerksamkeit vor (es geht ja nicht zuletzt um gute Noten!), melden sich zum Schein, um dann in Ruhe gelassen zu werden, sie dösen mit äußerst konzentriertem Blick. Oder sie boykottieren heimlich meine Lehrbemühungen: Sie lesen Comics, machen Hausaufgaben, spielen mit dem Nachbarn Schiffe versenken, malen Bildchen oder verschicken Briefchen in der Klasse. Manchmal ist der Boykott meiner Lehrbemühungen auch sehr offen: Sie packen während meiner Lehre ihr Pausenbrot aus und beginnen zu essen, sie reden wild dazwischen, stechen den Nachbarn mit dem Zirkel oder prügeln sich.

2. Vernachlässigung sozialer Fähigkeiten und der Lerner-Selbstorganisation

Frontalunterricht vernachlässigt die *sozialen Ziele* der Schule und des Unterrichts. Wo bleibt die Erziehung zur Kooperationsfähigkeit? Der Lehrer organisiert ja alles. Wie sollen die Kinder oder Jugendlichen lernen, selbstständig Regeln für das Miteinander in einem Team zu entwickeln, erfahrungsgestützt und mit eigener Einsicht? Wie sollen sie lernen, unter welchen Bedingungen eine Gruppe funktioniert, wenn sie die Dynamik von Kleingruppen nicht erfahren? Die heute so viel beschworene Teamfähigkeit kann im Frontalunterricht nicht ausgebildet werden.

Wo bleibt die Selbstständigkeit in der Übernahme von Verantwortung? Schüler und Schülerinnen lernen im Frontalunterricht kaum, wie man persönlich z. B. mit Führungsrollen in Klein- oder Großgruppenprozessen umgeht, wie man als Schüler oder Schülerin Führung übernehmen kann, aber auch wie man Führung wieder abgeben kann, um andere einzubeziehen, wie man Gruppenteilnehmer aktiv macht, sie ermutigt, ihre eigenen Beiträge zum Gelingen einer Aufgabe zu leisten. Der Lehrer gibt alles kleinschrittig und gut durchdacht vor. Die unterschiedlichen Rollen einer Gruppe, vom Meinungsführer über den Sachverständigen und den Vermittler bis zum Clown und Außenseiter werden nicht hautnah erlebt, sondern von der Lehrkraft sogleich pädagogisch geglättet.

Wo bleibt das Lernen der Kommunikation untereinander? Schüler und Schülerinnen lernen im Frontalunterricht selten, sich aufeinander zu beziehen, nachzufragen, wenn man eine Schüleräußerung nicht verstanden hat, denn der Lehrer bestimmt, wohin und wie wir sprechen. Er fordert im günstigsten Fall auf, mal auf das zu hören, was Petra gerade gesagt hat, es anzuhören, zu verstehen und darauf zu reagieren. Aber das selbstständige Bemühen um Verständigung untereinander bleibt auf der Strecke, ja Nachfragen, die den inhaltlichen Fortgang des Unterrichtes nur behindern, weil sich einer vielleicht etwas ungeschickt ausgedrückt hat, sind von Lehrerseite unerwünscht. Kaum gelernt wird das für Gruppenprozesse so wichtige Feedback-Geben, es sei denn, die Lehrkraft macht es selbst oder fordert ausdrücklich dazu auf. Aber dann ist wieder alles von der Lehrkraft abhängig.

Wo bleibt die Verantwortung für einen gemeinsamen Arbeits- und Lernprozess? Der Lehrer ist ja zuständig dafür. Werden die Lernenden nicht ausdrücklich dazu aufgefordert, äußern sie keine Ideen für die Planung und den Verlauf des Arbeitsprozesses. Schon gar nicht lernen sie, mit Konflikten umzugehen. Selbstständige Konfliktlösung (mit der Erfahrung der Vor- und Nachteile verschiedener Lösungsmöglichkeiten) findet nicht statt. Der Lehrer schlichtet, – fertig.

Eng mit sozialem Lernen verbunden ist die Moralerziehung. Aber auch das Lernen von Moral verkümmert im Frontalunterricht. Der Lehrer gibt die Maßstäbe vor, sein Verhalten dominiert die eigene Suche nach moralisch vertretbarem Verhalten. Im Frontalunterricht wird schnell sanktioniert, die Folgen eines unangemessenen moralischen Verhaltens werden nicht in der Gruppe geregelt, sondern von der Lehrkraft direktiv geordnet. Dabei ist die hohe Bedeutung von Gruppendiskussionen für die Bildung moralischer Werte in Arbeiten zur Moralerziehung längst bekannt.

3. Betonung der Lehrerautorität statt des demokratischen Umganges

Frontalunterricht verstärkt die Bindung an die *Autorität* der Lehrkraft. Die „Makro-Bedingungen" des Unterrichtes, also z. B. die tradierte Berufskultur der Lehrer und Lehrerinnen, ihre berufliche Sozialisation, die Einführung von „Neulingen" in das Unterrichtsgeschäft mit der starken Orientierung am Unterricht erfahrener Kollegen, die informellen Normen eines Kollegiums, gängige Muster der Beurteilung in Lehramtsprüfungen und die Fixierung auf den früher selbst als Schüler erfahrenen Unterricht stellen die Qualität von „Unterrichtsführung" in den Mittelpunkt. Hinzu kommen Schularchitektur, -organisation und -verwaltung, die Klassenzimmereinrichtung (bereits die Tafel lenkt die Blicke nach vorne!), aber auch das Fehlen von Räumen zum differenzierenden Arbeiten, Möbel, Stühle und Tische sind implizit vom Frontalunterricht her gedacht und legen ihn daher immer wieder nahe. Vor allem die Kompetenz und Macht zur Leistungsbeurteilung fördert ein asymmetrisches Lehrer-Schüler-Verhältnis.

Die Schüler und Schülerinnen werden mehr und mehr abhängig und auf die Person der Lehrkraft fixiert. Der Lehrer hat die Macht und die Sanktionsgewalt. Lernende werden unterdrückt und gezwungen, das zu schlucken, was der Lehrer will. Inhalte, Interaktionsformen und Arbeitsweisen werden vorgegeben. Schüler und Schülerinnen können nicht entscheiden, ob sie ein Thema lieber durch Erkundungen außerhalb der Schule, durch eigene Experimente o.ä. erarbeiten wollen. Die methodische Kompetenz bleibt bei der Lehrkraft, Schüler lernen nicht, unabhängig vom Lehrer unterschiedliche Methoden für ihren Lernprozess fruchtbar zu machen.

Während es im Gruppenunterricht möglich ist, mehrere thematische Aspekte gleichzeitig zu bearbeiten, kann im Frontalunterricht immer nur ein Aspekt nach dem andern mit allen gleichzeitig behandelt werden. Aus der Gruppenunterrichtsforschung ist ferner bekannt, dass Gruppen mit einer nicht sehr starken, einengenden Regelstruktur eine höhere inhaltliche Progression zeigen, d.h. qualitativ bessere Arbeitsergebnisse bringen. (Dann/Diegritz/Rosenbusch 1999) Im Frontalunterricht dagegen sorgt die Lehrkraft mit Macht für die Etablierung, Überwachung und Sanktionierung der Regelstruktur des gesamten Arbeitsprozesses. Ein – sicherlich zeitaufwändiges – Aushandeln von Geltungsansprüchen (wie es in der Planungsphase des Projektunterrichtes normal-anstrengend zur Regel gehört) findet nicht statt. Damit entfällt eine Grundvoraussetzung für das, was Jürgen Habermas den Aufbau kommunikativer Kompetenz genannt hat. Scharf formuliert: Frontalunterricht ist kein Diskurs, sondern Diktat. Das ist undemokratischer Unterricht, der Anpassung, äußere Ruhe und Ordnung sowie obrigkeitsstaatliches Verhalten fördert!

4. Lernen im Gleichschritt

Frontalunterricht wird der *Unterschiedlichkeit* der Schüler und Schülerinnen, ihrer Individualität nicht gerecht. Lerntempo, Auffassungsgabe, Verständnismöglichkeiten, Motivation etc. sind sehr unterschiedlich, die Individualität der Lernenden wird nicht berücksichtigt. Es wird so getan, als gäbe es nur einen „Lerner-Typen". Unterschiedliche Lernwege und Zugänge für unterschiedliche Schüler und Schülerinnen entfallen. Auch unterschiedliche inhaltliche Interessen können kaum Berücksichtigung finden, weil man ja gemeinsam weiterkommen muss.

Gerade die neuen Medien aber, vor allem die Arbeit mit dem PC und die Nutzung des Internet als Informationsquelle bieten technische Möglichkeiten, im Unterricht viel stärker die Individualität des Lernprozesses zu berücksichtigen.

Informationen im Internet können eine Hypertext-Struktur bilden, bei der Verschiedenes parallel abbildbar ist und mehrere Bezüge gleichzeitig hergestellt werden können. Natürlich kann man dem Sog der vielen Links erliegen oder Opfer des immensen Informationsschrotts im Internet werden, aber man kann sich eben Informationen individuell, nach persönlichem Interesse und nach der eigenen Verständnisfähigkeit zusammenstellen. Der Frontalunterricht wird aber durch Linearität in der Komposition von Informationen gekennzeichnet, die für alle gleich ist. Er kann nicht „springen" (sollte das jedenfalls nicht zu stark, weil nicht alle Schüler und Schülerinnen den Anschluss halten können), sondern folgt der traditionellen linearen Logik eines Buchtextes.

Gerade der Computer könnte aber selbstorganisiertes Lernen fördern, indem z.B. die besondere Qualität vernetzter, hypertextualer Wissenszugänge genutzt wird. Individual-, Partner- oder Kleinstgruppenarbeit könnten das Lehren ablösen zugunsten des Lernens (siehe Punkt 1: Lehr-/Lern-Kurzschluss). Auch die Kommunikation durch weltweite Verbindungen könnte aus der engen Begrenzung des Klassenzimmers herausgeführt werden. Oder Lernprogramme mit interaktivem Charakter könnten viel stärker auf Lerntempo, Lernstil und Lernbedürfnisse des Einzelnen eingehen. Und schließlich würde aus dem frontalunterrichtlich führenden Lehrer ein Lernbegleiter für sehr unterschiedliche, individuelle Lernwege. Bei gleichzeitiger Betonung dieser Medien in ihrem Werkzeug- und Mittelcharakter (sie dürfen uns nicht beherrschen) könnten wir unsere Rolle als Subjekte unserer Tätigkeit (wieder) begreifen.

Statt diese und andere Chancen der Individualisierung von Lernprozessen zu nutzen, tut der Frontalunterricht so, als wäre Lernen im Gleichschritt pädagogisch sinnvoll und verantwortbar: Alle müssen denselben Denk- und Erkenntnisprozess machen. Dabei hat die ATI-Forschung (Aptitude-Treatment-Interaction, also die Erforschung, welche Lehrmethode zu welchem Lerntypus von Schülern passt und am effektivsten ist) bei aller berechtigten Kritik an diesen Experimenten (Terhart 1989, 77 ff.) doch die Notwendigkeit wieder betont, auf unterschiedliche Schülermerkmale mit unterschiedlichen Methoden zu reagieren. Genau diese Lern- und Leistungsheterogenität wird aber im vorherrschenden (siehe Punkt 6) Frontalunterricht übersehen, Gleichmacherei, Rasenmäherprinzip dominieren.

Methoden haben immer eine differenzierende sach- und lernerschließende Funktion: Mit unterschiedlichen Verfahren werden sehr unterschiedliche Qualitäten des Lernprozesses intendiert. Der Frontalunterricht wird aber als „Allzweckwaffe" gesehen. Statt zu begreifen, dass die Vor- und Nachteile einer methodischen Entscheidung nur in relativer Abhängigkeit von angestrebten Lernzielen bzw. Lernzielniveaus, von den Voraussetzungen und Stilen der betroffenen Schüler und Schülerinnen, von der Art der zu vermittelnden Inhalte und nicht zuletzt vom Geschick der Lehrkraft bei der praktischen Umsetzung abhängen, wird mit dem Frontalunterricht so getan, als könne man mit ihm alle Ziele gleichzeitig erreichen. Kein Arzt würde mit einer Medizin so verfahren: Es gibt nicht *die* beste Medizin für eine Krankheit, sondern nur die für diesen speziellen Patienten mit seinen Bedingungen geeignete. Beim Frontalunterricht aber wird so getan, als sei er ein Verfahren, mit dem alle Arten von Lernprozessen erreicht werden könnten.

5. Rezeptives und passives Lernen
Im Frontalunterricht lernen Schüler und Schülerinnen *rezeptiv*. Sie nehmen von der Lehrkraft vorstrukturierte Wissenselemente auf. Die Anmerkungen im letzten Abschnitt zum Lernen mit neuen Medien aber legen nahe, nicht nur pragmatische „User" zu erziehen, sondern auch neue Qualitäten unseres sich wandelnden Welterkennens zu vermitteln. In der Gesellschaft der Zukunft ist weniger die Fähigkeit gefragt, didaktisch aufbereitete Informationen zu rezipieren. Es geht – vor allem im kognitiven Bereich – schon heute verstärkt darum, Informationen zu selektieren, Zusammenhänge zu analysieren und zu verstehen sowie mit einer völlig neuen Qualität von Wissen umzugehen: „Wissen gleicht immer weniger einem Ort, der Sicherheit und Beständigkeit garantiert, als einer Tür, durch die man geht, ohne genau zu wissen, wohin sie führt." (Fichtner 2000, 15) Medienpädagogen betonen, dass damit neue kognitive Fähigkeiten erforderlich werden, indem wir z. B. lernen müssen, über die sinnliche Wahrnehmung und rezeptive Informationsaufnahme hinaus etwas zu „sehen" als modellierende Vorstellung (so wie man beim Schachspielen eine gute Situation „sehen" muss). Der Typus von Welterkenntnis, der im Frontalunterricht geboten wird, beschränkt sich im wesentlichen darauf, vorher geordnete Informationen aufzunehmen (günstigstenfalls zu verarbeiten), wobei die Aktivität weitgehend bei der Lehrkraft liegt.

Der Frontalunterricht – insbesondere in seiner Variante des darbietenden Unterrichts – geht eher von einem engen Lernbegriff als von einem weiten Bildungsbegriff aus. Ihm unterliegt (wie der Instruktionspsychologie) kein Bildungsverständnis, das auf Autonomie, Selbstbestimmung, Mündigkeit, die Fähigkeit zur Selbstreflexion und Identitätsgewinnung gerichtet ist, sondern auf die messbare Veränderung von Wissenszuständen. Die Veränderung eines Schülers durch Instruktion von einem Zustand Z_1 (beherrscht das Einmaleins nicht, kann die Hauptstädte Europas nicht aufzählen, kennt die Formel H_2O nicht) zu einem Lernzustand Z_2 (kann das kleine Einmaleins auswendig, kennt die Hauptstädte europäischer Länder, weiß, dass H_2O die chemische Formel für Wasser ist) sind auf kleine Bereiche des Fähigkeitsprofils gerichtet, sind messbar und kontrollierbar, richten sich aber nicht auf die Bildung des ganzen Menschen. Ein solcher auf Instruktion basierender Unterricht zeigt ein technokratisches Verständnis von Lernen, das einseitig am messbaren Erfolg interessiert ist. Es geht hier um möglichst effektive (also zeit- und mittelökonomische) Transformation in einem ziemlich eng definierten Fähigkeitsbereich vom Ausgangszustand Z_1 zum gewünschten Zustand Z_2, wobei unter Instruktionen diejenigen Maßnahmen verstanden werden, die diesen Zustand kontrollierbar erreichen helfen. (Terhart 1989, 111 f.) Bildung hingegen ist alles andere als rezeptive Informationsaufnahme, sie ist immer Selbst-Bildung eines Menschen, eigenaktiv, Einsichts-, Urteils- und Handlungsfähigkeit fördernd.

Wenn im Frontalunterricht dieses Instruktionsverständnis vorherrscht, bleiben Selbsttätigkeit und Eigenständigkeit auf der Strecke. Unterricht wird zur Fremd-belehrung, zum „Beybringen"! Mit Bildung als eigenaktiver Formung der geisti-gen Persönlichkeit hat das nichts zu tun.

6. Billiger Massenunterricht

Frontalunterricht war und ist die *billigste Form* des Unterrichts. Er wird gespeist vom Ökonomie-Denken: Viele können gleichzeitig belehrt werden. *Ein* Bild von der Rose für alle von vorne ist nicht so aufwändig wie *sechs* wirkliche Blumen für sechs Forschungsgruppen von Lernenden. Eine Aufgabe für die ganze Klasse vor-zubereiten, ist nicht so mühsam wie sechs unterschiedliche, auf die Leistungsfä-higkeit und Interessen der Lernenden abgestimmte Gruppenarbeitsaufträge zu formulieren. Alternative Unterrichtsformen sind erheblich aufwändiger und ko-sten wesentlich mehr Zeit in der Vorbereitung und in der Durchführung (jeden-falls beim ersten Mal). Mit dem Frontalunterricht zielt man auf die Masse. Schü-ler und Schülerinnen können in beliebiger Anzahl von vorne berieselt werden. Der Frontalunterricht orientiert sich an einem imaginären „Durchschnitt". Das ist einfacher, so ähnlich wie ein Film für die Masse des Publikums. Die Lehrkraft nimmt an, dass sie mit der Unterrichtsführung eben diesen imaginären Durch-schnittsschüler erreicht.

7. Macht- und Kontrollbedürfnis der Lehrenden

Frontalunterricht befriedigt das *Sicherheitsbedürfnis* von Lehrenden. Alles über-schauen, alles im Griff haben, alles kontrollieren können, so heißt die Devise. Angst vor Chaos und Ineffektivität bei Gruppenarbeit oder Freiarbeit werden nicht riskiert. Lehrende können ihr Machtmonopol nur schwer abgeben.

Möglicherweise hängt dies auch mit den Berufswahlmotiven zusammen. Schul-lehrer – so wird gelegentlich kritisch angemerkt – haben nicht den Mut, sich den Herausforderungen der Erwachsenenwelt zu stellen. Sie entscheiden sich für den Umgang mit Kindern und Jugendlichen, die sie lenken, beeinflussen, „erziehen" wollen, wobei sie sich nicht gleichberechtigte oder gleich starke Partner ihrer Ge-neration ausgewählt haben, sondern per definitionem Unterlegene. Es muss aber kein besonderes Verhältnis zur Macht sein, das sie in ihrer Berufsentscheidung motiviert hat, sondern eher ein Ausweichen vor der an Machtverhältnissen orien-tierten Erwachsenenwelt, ein Vermeiden der harten Beziehungsstrukturen des konkurrenzorientierten Kampfes ums Dasein in der Wirtschaftswelt. Sie leben ihr Bedürfnis nach Überlegenheit unbewusst an Kindern aus, indem sie gerne vorne stehen. Macht- und Kontrollbedürfnisse unterliegen aber in weiten Teilen gesellschaftlich einem Tabu. In der Schule aber kann eine Lehrkraft (-„kraft"!) sie realisieren, denn sie hat die Definitionsmacht über die von ihr gewählten Unterrichtsverfahren und Beziehungsstrukturen.

Nun haben allerdings neuere Studien zum Gruppenunterricht (Dann/Diegritz/Rosenbusch 1999) ergeben, dass das Kontrollbedürfnis der Lehrkräfte nicht nur für den Frontalunterricht, sondern in einem kaum geahnten Ausmaß auch für den Gruppenunterricht gilt: Vertrauen ist gut – Kontrolle ist besser!

Positiv kann das alles gelesen werden als Bereitschaft, Verantwortung für die Lenkung des Unterrichts zu übernehmen. Negativ bedeutet dies einen ausgeprägten Kontrollzwang, der zu vermehrter Stresserfahrung und Belastung führen kann. „Denn die unterschiedlichen Burnout- und Stresstheorien konvergieren in der zentralen Annahme, die empirisch inzwischen gut abgesichert ist: Menschen erleben Situationen als umso beanspruchender, desto weniger Möglichkeiten der Kontrolle sie haben oder wahrnehmen." (Bauer 2002, 51) Die Rolle und Funktion der Lehrkraft lebt von diesem Bedürfnis und dem Gefühl, etwas bewirken (böse gesagt: mit andern machen) zu können. Gerade das aber verstärkt das traditionelle Lehrerbild, auf dem der Frontalunterricht basiert: „Der Lehrer heißt so, weil er lehrt!"

8. Narzisstische Bedürftigkeit der Lehrkräfte

Frontalunterricht macht vor allem *den Lehrern und Lehrerinnen Spaß*. Die Lehrkraft fühlt sich nicht nur fachlich kompetent, sie kann auch ihr methodisches Geschick ausspielen, sich selbst darstellen wie ein Schauspieler, der die Bühne braucht und seine Zuschauer. Es entsteht ein Wohlgefühl bei gelungener Inszenierung: Ich habe ihnen diesen schwierigen Text ganz toll vermittelt, eine Mathe-Aufgabe einleuchtend erklärt, ihr Interesse für das Mittelalter geweckt, ihnen politisch ein neues Verständnis für Revolutionen vermittelt. Die Schüler und Schülerinnen sind von mir begeistert, sie haben mich alle gemeinsam erlebt.

Das sind Gefühle der Selbstdarstellung und der narzisstischen Bedürftigkeit im Frontalunterricht. Natürlich haben vor allem Berufsanfänger (und vor allem Studierende im Praktikum) anfangs Angst davor, dass 25 Augenpaare (oder mehr) auf sie gerichtet sind. Später aber genießen sie es. Routine schafft Vergnügen. Wo sollte das besser möglich sein als im Frontalunterricht? Natürlich sind alle Menschen mehr oder weniger narzisstisch bedürftig. Auch Lehrer und Lehrerinnen möchten „gesehen" werden. Insofern ist alles eine Frage des richtigen Maßes. Allerdings verhindert das Unbewusste eine klare Wahrnehmung der eigenen Intentionen und Bedürfnisse. Der Wunsch nach Lehrerselbstdarstellung und narzisstische Bedürftigkeit sind vor allem unbewusst wirkende Motive.

9. Frontalunterricht spiegelt die Zwänge der Institution Schule

Lehrende sagen oft, ohne Frontalunterricht kommen sie *mit dem Stoff nicht durch*. Dieses ist das häufigste Argument zur Begründung des Frontalunterrichts. Es ist genau genommen kein Argument gegen den Frontalunterricht, sondern Artikulation eines schlechten Gewissens. Eigentlich ist man aus pädagogischer Überzeugung ja gegen die starke Dominanz des Frontalunterrichts. Aber man kann diese Ablehnung in der Praxis einfach nicht durchhalten. Die Masse an zu vermittelndem Stoff werde immer größer. Wenn Unterricht wissenschaftlichen Ansprüchen und Ergebnissen entsprechen solle, dann müsse man differenziert auf zahlreiche neue Erkenntnisse eingehen. Und überhaupt: Abitur nach 12 Jahren (wie zum Schuljahresbeginn 2002 in Hamburg unlängst beschlossen), wie soll das denn zu schaffen sein, ohne dass man den Lehrstoff frontal möglichst effektiv vermittelt? Und wenn man dann noch die zahlreichen Informationen einbeziehen will, die sich die Schüler und Schülerinnen heute aus dem Internet herunterladen, da muss man dann schon viel Zeit aufwenden, um das Wichtigste heraus zu sortieren. Gruppenarbeit kostet viel zuviel Zeit, Frontalunterricht ist da ganz pragmatisch einfach effektiver. Auch wenn man eigentlich ein schlechtes didaktisches Gewissen hat.

Und wie soll man sich verhalten, wenn man erfährt, dass die Parallelklasse im Stoff schon viel weiter ist? Vor allem, wenn die Eltern das erfahren und einem diesen Rückstand um die Ohren hauen? Oder der Schulleiter kritische Bemerkungen macht über die Langsamkeit, mit der mein Unterricht abläuft? Einziger Ausweg: Straffer Frontalunterricht, um möglichst viel „zu schaffen".

Damit wird deutlich: Frontalunterricht ist auch Ausdruck struktureller Zwänge der Schule! Diesen Zwängen meint man am einfachsten mit möglichst viel Frontalunterricht begegnen zu können. Übersehen wird dabei allerdings, dass Lernende neben Phasen konzentrierter Wissensvermittlung auch Phasen der eigenständigen Verarbeitung, der Ruhe, Entspannung und vertiefenden Aneignung brauchen. Vor allem aber wird nicht bedacht, dass mein Gefühl als Lehrkraft, ich hätte viel Stoff geschafft, überhaupt nicht identisch ist mit dem, was meine Schüler tatsächlich gelernt haben (siehe Punkt 1: der Lehr-/Lern-Kurz-schluss).

10. Bloß äußere Unterrichtsdisziplin

Frontalunterricht sichert Disziplin, aber nur eine sehr formale und äußere *Unterrichtsdisziplin*, – wenn er denn nicht in Störungen der Schüler ertrinkt. Kinder und Jugendliche werden durch zentrale Steuerung gezwungen, sich ruhig zu verhalten, sich u. U. gegen ihre tatsächlichen Bedürfnisse fremden Wünschen anzupassen und sich damit gegen sich selbst zu verhalten. Außerdem verführt die geringe Interaktionsfrequenz im Frontalunterricht (gegenüber der Arbeit in einer Kleingruppe) zur Passivität. Sprachlich schwache oder ängstliche Schüler und Schülerinnen können sich nicht ausreichend artikulieren, weder zeitlich noch inhaltlich. Dann ist es besser zu schweigen, aber das muss dann die Lehrkraft bemerken und entsprechende Schüler und Schülerinnen gezielt zur Mitarbeit auffordern. Die Chancen zur motivierten Beteiligung wären aber in einer nicht vom Lehrer dominierten Kleingruppenatmosphäre viel größer.

Auch ist der Aufwand für die äußere Disziplinierung im Frontalunterricht vergleichsweise sehr hoch. Viel Energie der Lehrkraft wird gebraucht/verbraucht, um alle bei der Stange zu halten. Mancher Schüler macht eben nur mit, weil es einen besseren Eindruck macht und für die Noten wichtig ist. Vielleicht ist Frontalunterricht bei Schülern bisweilen auch deshalb beliebt, weil man sich hier besser „verstecken" kann oder weil man sich hier am wenigsten gefordert fühlt. Es wird schon gut und sinnvoll sein, was die Lehrerin oder der Lehrer da vorne mit uns vorhat, – und ich kann mich da heraus halten.

2.2 ... und die Antwort: Ein integriertes Konzept

Ich halte dagegen.

Die Grundthese eines andern Frontalunterrichtes

Gegen diese allgemeine Kritik am Frontalunterricht setze ich die folgende differenzierende These:

Frontalunterricht ist unverzichtbar als Unterrichtsphase mit relativem Stellenwert,
* *relativ, – weil er bezogen ist auf schüleraktive Sozialformen (relatio = lat. Bezug);*
* *Stellenwert, – weil er in einem umfassenderen methodischen Arrangement sinnvolle didaktische Funktionen hat, die nur ein frontales Setting abdecken kann.*

Damit wird Frontalunterricht grundsätzlich nur als eine Phase im Gesamtablauf einer größeren Einheit verstanden. Als alleinige Sozialform ist er abzulehnen.

Diese Gegenthese bedeutet im Einzelnen folgendes:
Frontalunterricht ist eine didaktisch sinnvolle Unterrichtsform, wenn sie
1. sich vor den generellen didaktischen Intentionen verantworten lässt. Ich folge hier Ewald Terhart: „Der Wert und Einsatz von methodischen Formen kann nämlich nicht pauschal, sondern immer nur im Blick auf die angestrebte Qualität des Lern- und schließlich Bildungsprozesses beurteilt werden." (Terhart 1989, 9) Die Qualität der Sozialform Frontalunterricht liegt daher bildungstheoretisch in der Vorbereitung und Begleitung eigenständiger Lernprozesse der Lernenden;

2. möglichst oft auf entdeckendes Lernen und Problembearbeitung zielt und dabei als gesonderte Phase die Wissensvermittlung auf ein sachliches Mindestmaß beschränkt;
3. Formen wie Lehrerdarbietung und erarbeitendes Gespräch in engen, sinnvoll eingeordneten Kontexten zielgerichtet praktiziert;
4. spezifische Vorteile und Grenzen deutlich sieht und im Wechsel mit anderen Sozialformen verwirklicht wird;
5. damit notwendig zu anderen – Eigentätigkeit, Selbstverantwortung und Selbststeuerung der Lernenden fördernden – Verfahren führt („Integration in offene Unterrichtsformen"): Frontalunterricht ist ein Interesse entfaltender Prozess;
6. aber auch als eigene Phase modern, spannend, professionell – also einfach „gut" – gemacht wird
7. und schließlich danach strebt, sich selbst so weit wie möglich auf das nötige Ausmaß zu beschränken.

Fazit: *„Die* beste Lehrmethode, *den* effektiven Unterricht gibt es nicht! Wohl aber sind bestimmte Lehrmethoden für die Erreichung bestimmter Unterrichtsziele und Lernqualitäten vorteilhafter als andere." (Terhart 1989, 85) Es kommt also auf eine dynamische Balance zwischen Frontalunterricht, individuellem Lernen und Arbeit mit Partnern oder in Gruppen an. Das zeigt zusammenfassend die folgende Abbildung 5, die den Frontalunterricht (=Plenumsarbeit) als dynamisch zu balancierendes Dreieck im Rahmen institutioneller Vorgaben und didaktischer Intentionen versteht.

Was passiert, wenn diese Balance „kippt"? Neigt sich die Ecke des Dreiecks zum *Frontalunterricht*, landen wir bei über 75 % (s.u.) lehrergesteuertem Unterricht mit rezeptiver Schülerhaltung, bei einer lehrerzentrierten Kommandostruktur, beim „Beybringen" im Sinne des Nürnberger Trichters. Bekommt die Spitze *Einzelarbeit* das Übergewicht, sind wir bei der Individualinstruktion, letztlich beim traditionellen historischen Modell des Hauslehrerunterrichtes, bei dem ein Lehrer einen Schüler unterrichtet. Gewinnt die Spitze *Partner- oder Gruppenarbeit* eine überdominante Stellung, zerfällt der Unterricht in unkoordinierte und wenig aufeinander bezogene Teile, die Zerstückelung lässt keine systematisch-vergleichende Arbeit zu, man könnte auch verschiedene workshops für die Teilnehmer einer Bildungsveranstaltung mit unterschiedlichen Themen veranstalten.

Wir haben gesehen: Frontalunterricht ist eine sinnvolle Sozialform des Unterrichtes. Frontalunterricht allein ist noch keine Methode. Dennoch gehören Entscheidungen der Lehrkraft über Sozialformen zu den methodischen Überlegungen. Frontalunterricht ist immer auch Teil der Methodik und Ausdruck einer methodischen Form des Unterrichtes. Man kann daher durchaus von Frontalunterricht als einer Unterrichtsform sprechen, was ich in den folgenden Kapiteln tue. Was sind die didaktischen Funktionen, aber auch die zunächst äußeren Vorteile des Frontalunterrichtes in der skizzierten dynamischen Balance?

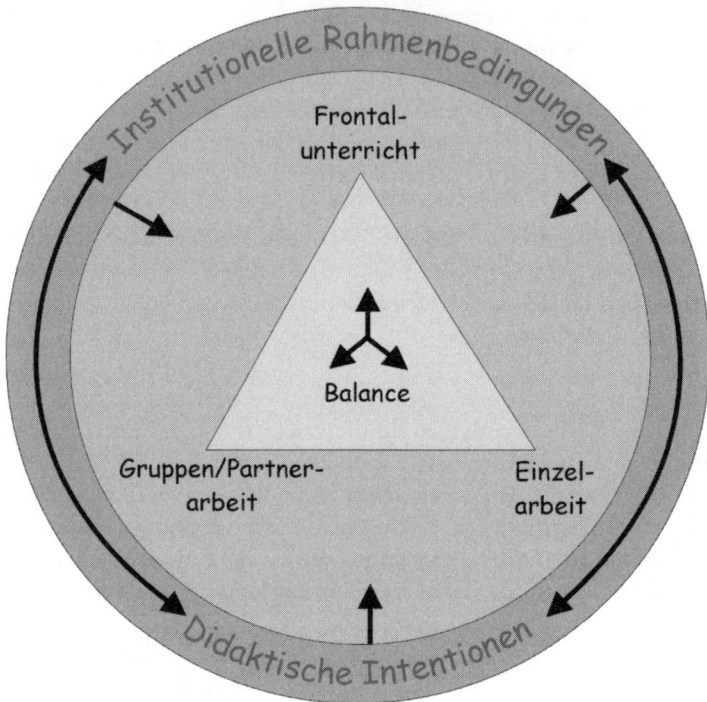

Abb. 5: Dynamische Balance zwischen Frontalunterricht und anderen Sozialformen

3. Vorteile und didaktische Funktionen – oder: „Warum ist Frontalunterricht so schön?"

3.1 Vorkommen, Beliebtheit und Effektivität: Lehrersicht und Schülerwünsche

Zunächst: Der zweite Teil der Überschrift dieses Kapitels lehnt sich an eine Formulierung von Hilbert Meyer an (1987, Bd.2, 182). Eine „schöne" Unterrichtsform wird gerne praktiziert. Es ist daher kein Wunder, dass die wenigen *empirischen Untersuchungen* zum Vorkommen unterschiedlicher Unterrichtsformen übereinstimmend eine enorme Dominanz des Frontalunterrichts zeigen.

Vorkommen

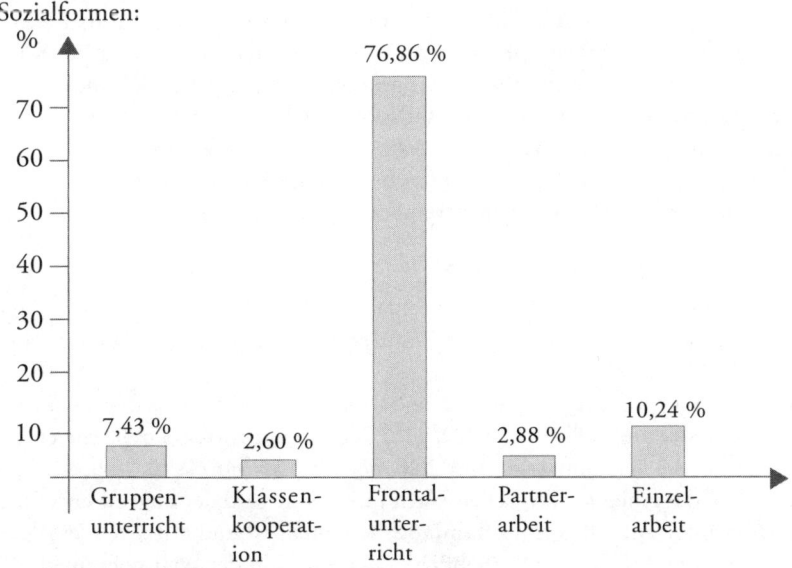

Abb. 6: Verbreitung von Sozialformen
(Hage u.a. 1985, hier wiedergegeben nach H. Meyer 1987, Bd. 2, 61)

Nach dieser Studie von Hage u.a. ist Spitzenreiter über alle Fächer und Schulformen hinweg der Frontalunterricht (mit fast 77 %), gefolgt von der Einzelarbeit (rund 10 %). Weit abgeschlagen sind Formen wie Gruppenunterricht (mit rund

7%) oder Klassenkooperation (bei der die Lehrkraft als Leitende in den Hintergrund tritt) mit 2,6%. Die methodische Monostruktur des Unterrichts wird von Hage u.a. (1985, 148) für das Gymnasium als Schule des „gelenkten Sachdialogs", für die Hauptschule als Schule der „gelenkten Beschäftigung" und für die Gesamtschule als Schule des „gelenkten Diskurses" pointiert zusammengefasst. Auch wenn man die bekannte Studie von Hage u.a. (für den Sekundarbereich) methodisch kritisieren kann, ihre Tendenzen werden von anderen Untersuchungen durchaus bestätigt (Meyer 1987, Bd. 2, 62, Lukesch/Kischkel 1987, Fichten 1993, Bundesministerium ... 1997, Kanders 2000, Bohl 2001).

In einer qualitativen Untersuchung einzelner Schulklassen hat Fichten darüber hinaus festgestellt, dass auch in unterschiedlichen Fächern nicht von einer Vielfalt der Sozialformen die Rede sein kann: „Nach Aussagen der Schüler besteht der Physikunterricht aus Frontalunterricht und Lehrervortrag, der Geschichtsunterricht vornehmlich aus Frontalunterricht und Schülerreferat, während im Sozialkundeunterricht neben Frontalunterricht und Schülerdiskussion Gruppen- und Partnerarbeit überwiegen. Der Deutschunterricht nimmt eine mittlere Position ein." (1993, 103)

Nun sagt die Bezeichnung Frontalunterricht noch recht wenig darüber aus, was die Schüler und Schülerinnen hier tun. Wie sieht die Verbreitung der für den Frontalunterricht typischen Handlungsmuster (fragend-entwickelnder Unterricht, Lehrervortrag und Klassendiskussion) aus? In einer breiten empirischen Untersuchung hat Kanders (2000, 14 ff.) repräsentative Ergebnisse für deutsche Schulen vorgelegt. Untersucht wurden Lehrer- und Schülersicht, ebenso der Ist-Zustand gegenüber dem gewünschten Soll-Zustand in beiden Gruppen.

Lehrersicht und Schülerwünsche

Die Befunde zeigen gegenüber der Fülle möglicher Unterrichtsformen eine erhebliche Dominanz von Handlungsmustern, die für den Frontalunterricht typisch sind (vgl. Abb. 7).

Wie sehen Lehrkräfte den Ist-Zustand? Den *fragend-entwickelnden Unterricht* („Lehrer redet und stellt Fragen, einzelne Schüler antworten") praktizieren 49 % sehr oft, 49 % manchmal und nur 2 % niemals oder ganz selten. Schüler hingegen sehen das erheblich kritischer: Nach ihrer Sicht wird der fragend-entwickelnde Unterricht mit 65 % sehr oft, mit 32 % manchmal und mit 3 % niemals oder ganz selten praktiziert. Eine erhebliche Diskrepanz in der Wahrnehmung!

Ähnlich unterschiedlich sind die Angaben für den *Lehrervortrag* („Schüler sitzen und hören zu, Lehrer redet"): Lehrer sehen ihn mit 22 % sehr oft praktiziert, mit 68 % manchmal, mit 11 % nie oder selten. Schüler dagegen: 44 % sehr oft, 48 % manchmal, 8 % nie oder selten. Es scheint so, dass Lehrer öfter und mehr reden als ihnen selbst bewusst ist.

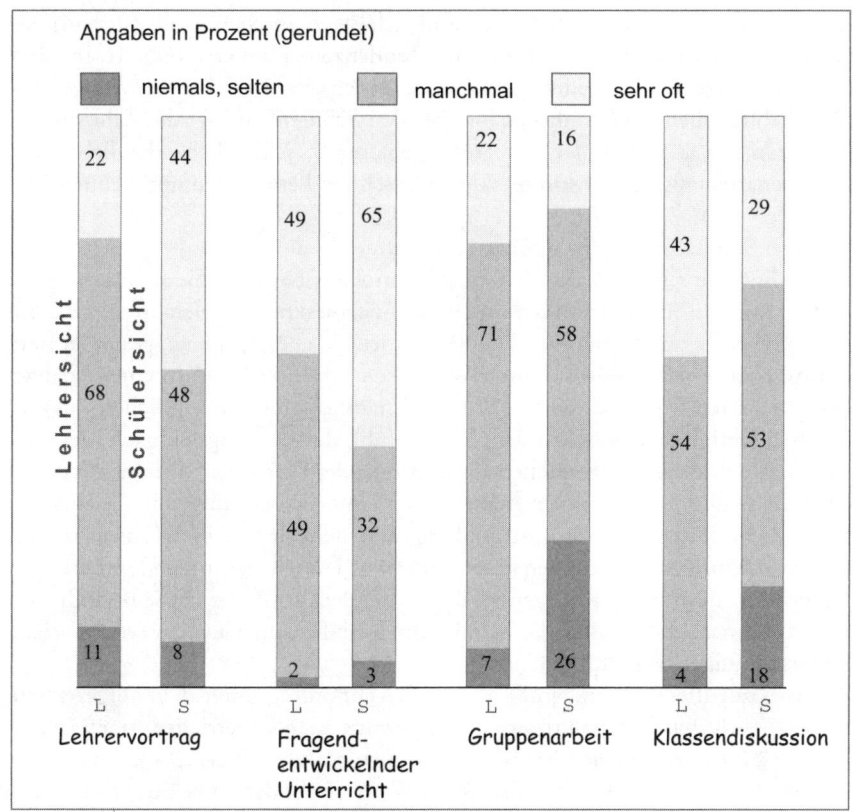

Abb. 7: Was geschieht im Frontalunterricht? Lehrer- und Schülersicht

Nicht ganz so groß ist die Diskrepanz bei den Angaben zur *Klassendiskussion* („Lehrer und Klasse diskutieren gemeinsam"). Lehrkräfte praktizieren sie nach ihrer Meinung zu 43 % sehr oft, zu 54 % manchmal und zu 4 % nie oder selten. Wieder aber sind die Schüler kritischer: In ihren Augen wird die Klassendiskussion nur mit 30 % sehr oft, mit 53 % manchmal und mit 18 % nie oder selten praktiziert.

Schließlich zum Vergleich mit den eben genannten, für den Frontalunterricht typischen Handlungsmustern die Angaben über *Gruppenarbeit* („Schüler bearbeiten in Gruppen Aufgaben"): Nach Lehrermeinung wird Gruppenarbeit mit 22 % sehr oft, mit 71 % manchmal und mit 7 % nie oder selten praktiziert. Wieder ergibt sich eine – wenn auch nicht ganz so große – Differenz zur Schülermeinung: Schüler sehen Gruppenarbeit mit 16 % sehr oft, mit 58 % manchmal und mit 26 % nie oder selten praktiziert.

Fragt man danach, was sich Lehrer und Schüler wünschen (Soll-Zustand), so ergeben sich übereinstimmend folgende Tendenzen (Kanders 2000, 16 ff.): Erheblich weniger fragend-entwickelnder Unterricht, weniger Lehrervorträge, dafür erheblich mehr Klassendiskussion (bei den Schülern springt die Zahl von 30 % Ist auf 76 % Soll in der Kategorie „sehr oft"!), schließlich erheblich mehr Gruppenarbeit als übereinstimmender Wunsch bei Lehrkräften und Schülern.

Weniger Frontalunterricht – mehr Lehrergesundheit

Die Lehrkräfte sind sich des Zwiespaltes durchaus bewusst: Sie wünschen sich andere Kommunikationsformen und andere Formen der Schüleraktivität, als oft von ihnen selber praktiziert werden. Sie würden sich besser fühlen, gesunder und optimistischer sein, wenn sie ihren Wünschen folgen würden! In einer Analyse der berichteten Daten hat Bauer (2002, 51) nämlich einen erstaunlichen Zusammenhang festgestellt zwischen dem Wohlgefühl, der Leistungsfähigkeit, der Gesundheit und dem pädagogischen Optimismus der befragten Lehrkräfte auf der einen Seite und den von ihnen praktizierten Unterrichtsformen auf der anderen Seite: „Lehrkräfte sind umso leistungsfähiger, je mehr sie mit ihren Klassen diskutieren, je häufiger sie Gruppenarbeit einsetzen, je mehr sie auch Computer im Unterricht einsetzen, je häufiger bei ihnen Schüler im Unterricht selbständig arbeiten können und je öfter die Schülerinnen und Schüler im Unterricht selbst Untersuchungen durchführen."

Wenn es zutrifft, dass eine große Zahl von Lehrkräften unter dem aufgezeigten Widerspruch zwischen praktizierten und gewünschten Unterrichtsformen leidet, dann wäre ein Abbau des Frontalunterrichtes ein *erheblicher Beitrag auch zur Lehrerentlastung und damit zur Lehrergesundheit.* Zieht dann noch das Kollegium beim Aufbau einer positiven Lernatmosphäre im Rahmen der Schulentwicklung mit, so könnte dem verbreiteten Burnout-Syndrom wirksam vorgebeugt werden. Denn „empirisch erstmals nachgewiesen worden" ist die Tatsache, dass „ein methodisch abwechslungsreicher, schülerorientierter, mit wechselnden Sozialformen arbeitender und multimedial unterstützter Unterricht" erheblich zum seelischen und körperlichen Wohlbefinden der Lehrkräfte beiträgt (ebd. 52).

Trotz dieser Befunde wird am Frontalunterricht als überwiegender Unterrichtsform festgehalten, wobei er als scheinbar effektivstes Arrangement für Lehr-/ Lernprozesse gilt. Außerdem braucht er – wie viele Lehrer und Lehrerinnen mir gegenüber betont haben – am wenigsten Vorbereitung. („Bei fünf bis sechs Stunden Unterricht am Vormittag bleibt mir einfach nichts anderes als Frontalunterricht übrig!") Aufwand und Ertrag scheinen in einem angemessenen Verhältnis zu stehen.

Was die Beliebtheit von Handlungsmustern des Frontalunterrichtes betrifft, so findet sich bei Aschersleben – abweichend von den bisher berichteten Ergebnissen – ein erstaunlicher Sachverhalt: Frontalunterricht ist unter Schülern und

Schülerinnen beliebter als man denkt! Nach einer von ihm durchgeführten Schülerbefragung (Aschersleben 1986, 36) wird das gebundene Unterrichtsgespräch mit Beteiligung des Lehrers am meisten geschätzt (80 % positive Nennungen). Auch der Lehrervortrag erfreut sich mit 63 % unter Schülern und Schülerinnen einer relativ hohen Beliebtheit. Gruppenarbeit ist nur bei 48 % beliebt. Mit Abstand am unbeliebtesten ist die Einzelarbeit. (Nur 28% bewerten sie positiv).

Die beiden zentralen methodischen Element des Frontalunterrichts – nämlich Lehrervortrag und gebundenes Unterrichtsgespräch – sind also (neben einiger Kritik am Methodenmonismus und am mangelnden Engagement der Lehrkräfte) bei den von Aschersleben befragten Schülern und Schülerinnen überraschend beliebt. (In den 1999 von Aschersleben zitierten Äußerungen Betroffener ergibt sich das gleiche Bild – 1 ff.). Warum? Der Tenor ihrer Begründungen läuft auf den Wunsch nach Hilfe, Rat und Nutzung der Fachkompetenz der Lehrkraft hinaus.

Allerdings würde ich die Beliebtheit des Frontalunterrichtes dahingehend interpretieren, dass die Schüler und Schülerinnen seine Effektivität schätzen – etwa nach dem Motto: „Frontalunterricht ist zwar langweilig, aber man lernt wenigstens etwas." Dabei könnte das Gefühl von Effektivität und Nützlichkeit dieser Unterrichtsform für die typischen Formen der Leistungsüberprüfung eine Rolle spielen: Im Frontalunterricht lernt man das, was später in der Klausur oder Klassenarbeit abgefragt wird.

Einen deutlichen Zusammenhang zwischen Langeweile bei Lernenden und dem überwiegend aus Lehrervortrag bestehenden Frontalunterricht hat Fichten gefunden hat. „Solche Methoden werden als langweilig empfunden, die den Schülern eine passiv-rezeptive Lernhaltung abverlangen. Langeweile entsteht demnach in Situationen, in denen das Individuum zur *Passivität* und Untätigkeit verurteilt und wo die Möglichkeit zu selbständigem Wirken und aktivem Tun nicht gegeben ist." (1993, 133)

Dennoch wird auch bei Fichten die Beliebtheit des Frontalunterrichtes auf Schülerseite – wenn auch relativiert – deutlich. Als beliebt „wird der Frontalunterricht zwar verhältnismäßig oft genannt, aber daneben werden Gruppenarbeit, Schülerdiskussion und Kreisgespräch ... ebenfalls häufig gewünscht." (1993, 96 ff.) Die Befragung von Schülern zeigte, dass Frontalunterricht „dann als positiv angesehen wurde, wenn er ,interessant' gestaltet sei, während er von anderen abgelehnt wurde, weil er als ,langweilig und ermüdend' empfunden wurde" (ebd. 112).

Schülerkritik

Kernpunkt der Schülerkritik ist vor allem die Gleichförmigkeit und die ständige Wiederholung der immer gleichen Methoden, die den Unterricht öde und langweilig werden lassen. Interessant ist dabei auch, dass Schüler und Schülerinnen den Unterricht viel stärker von seiner methodischen Seite als von den Inhalten wahrnehmen (Fichten 1993, 83).

Das scheinbare Verdikt „frontal" sagt also überhaupt noch nichts aus über die Qualität des Lehrens und Lernens in einer Stunde. Die Frage ist nämlich, ob es nicht auch Möglichkeiten gibt, den Frontalunterricht in einer interessanten, lebendigen, Langeweile und Öde vermeidenden Art und Weise zu gestalten. Im übrigen scheint es mir ziemlich sinnlos, einzelne Unterrichtsformen gegeneinander auszuspielen und zu versuchen, die prinzipielle „Überlegenheit" oder „Effektivität" einer Methode zu beweisen. Einhelliges Fazit aller empirischen Untersuchungen zu den verschiedenen Unterrichtsformen ist nämlich, dass es „die" effektivste Methode nicht gibt. (Terhart 1989, 85) Außerdem ist die Effektivitätsuntersuchung einzelner Methoden eingebettet in einen so komplexen Zusammenhang von Bedingungen und Variablen, dass Ergebnisse schlechthin nicht vergleichbar sind, wie Forschungsberichte zum Zusammenhang von Schülerleistungen und Unterrichtsvariablen zweifelsfrei ergeben haben. (Helmke/ Weinert 1997)

Das Ziel bestimmt die Unterrichtsform

Das heißt: Ein methodisches Arrangement oder auch eine einzelne Unterrichtsform kann nur vor dem Hintergrund klarer Zielüberlegungen festgelegt werden. Damit ist kein „Rückfall" in die Lernzieleuphorie der 70er Jahre im Rahmen der Curriculumbewegung gemeint. Aber die Unterscheidung verschiedener Dimensionen oder Ebenen von Lernzielen, wie sie in den bekannten Taxonomien dieser Jahre entwickelt wurde, kann Frontalunterricht als sinnvolle Unterrichtsform legitimieren und zugleich in seine Grenzen verweisen, – je nach Unterrichtsziel.

In der *kognitiven Dimension* muss z. B. überlegt werden, worauf sich die Ziele der Lehrkraft richten:

1. auf *Kenntnisse*, z. B. Kenntnis konkreter Einzelheiten auf niedriger Abstraktionsebene wie Daten, Personen, Fakten, Ereignisse, Orte; Kenntnis von Begriffen wie Tarnfarbe in der Biologie oder Reimform im Deutschunterricht;

2. auf *Verständnis*, z. B. für die Hintergründe der französischen Revolution oder die Beweggründe eines Autors für seinen Roman;

3. auf die *Anwendung des Gelernten*, z. B. die Übertragung von ökologischen Einsichten auf den Kauf von Nahrungsmitteln;

4. auf die *Analyse von Sachverhalten*, z. B. die Fähigkeit, stillschweigende Voraussetzungen eines Berichtes in der Zeitung zu erkennen, Fakten von Hypothesen zu unterscheiden oder Werbung von Sachinformation zu trennen;

5. auf die *Synthese*, z. B. die Fähigkeit, einzelne Gedanken und Sachverhalte zu einem Text zusammenzufassen oder ein komplettes Verfahren zur Prüfung von Hypothesen zu entwickeln; oder schließlich

6. auf die *Beurteilung*, z. B. Theorien oder Fakten über Migranten und Asylbewerber vergleichen zu können.

Ähnliche Überlegungen müssen für die *affektive Ebene* angestellt werden. Worum geht es in meinem Unterricht? Zentrale Dimensionen für die Schüler und Schülerinnen sind:

1. *Aufmerksamwerden, Beachten*, z. B. für bestimmte Musik, wie etwa die von Bach oder Simon and Garfunkel (mit entsprechender Toleranz), für ästhetische Faktoren der Kleidung, Einrichtung oder Architektur;

2. *Reagieren*, wie z. B. Gesundheitsregeln auf der Grundlage von Informationen einhalten;

3. *Werten*, z. B. Religion aktiv im persönlichen Leben praktizieren, weil man von ihren Inhalten überzeugt ist;

4. *das eigene Handeln orientieren*, z. B. Abwägen alternativer gesellschaftspolitischer Entscheidungen mit entsprechenden Konsequenzen in einem eigenen organisierten Handlungssystem; oder schließlich

5. *ein konsistentes eigenes Wertsystem aufbauen*, z. B. unabhängig von Affekten eigene Überzeugungen, Gedanken und Haltungen in eine Gesamtphilosophie oder Weltanschauung integrieren.

Schließlich müssen auf der *psychomotorischen Ebene* die Ziele sortiert werden: Das Spektrum reicht (wie z. B. in den klassischen Arbeiten von Bloom 1974 oder Christine Möller 1973 im Einzelnen nachzulesen ist) von der einfachen *Imitation* bestimmter Bewegungen über die *Festigung eines Handlungsablaufes* und die *Präzision* zu einer differenzierten Handlungsgliederung letztlich bis zur *Naturalisierung*, d.h. einem Grad an Beherrschung, der nur noch mit geringem Aufwand psychischer Energie ausgeführt wird.

Nun wird eine Lehrkraft mit einiger Erfahrung nicht vor jeder Unterrichtsplanung diesen Katalog durchgehen und die Ziele differenziert im einzelnen festlegen. Aber sie wird ein Bewusstsein im Sinne positiver Handlungsroutine dafür entwickelt haben, dass für die unterschiedlichen Zielebenen verschiedene Unterrichtsformen nötig sind, um die Effektivität des Unterrichtes zu sichern.

Welches Ziel – welche Methode?
Hilfreich ist für frontalunterrichtliche Phasen die Entwicklung einer Ziel-Methoden-Matrix, wie sie z. B. in der berühmten Arbeit zur Pädagogischen Psychologie von Gage/Berliner (1986) oder als Verhaltens-Inhalts-Matrix in der Neubearbeitung von 1996 (37) entwickelt wurde.
Der Grundgedanke dieser Matrix ist ganz einfach. Für die *unterschiedlichen* Bereiche (s.o. kognitiver Bereich, affektiver Bereich, psychomotorischer Bereich) sind *unterschiedliche* Lehrmethoden wie etwa Vortrag, Diskussion, individuelles Lernen, offenes oder handlungsorientiertes (auch schülerorientiertes) Lernen, Unterricht im Klassenverband geeignet. Will man z. B. im kognitiven Bereich eng umgrenztes Wissen vermitteln, ist (nach Gage/Berliner 1996) der Vortrag gut geeignet, – die Diskussion weniger gut. Will man dagegen Verstehen anstreben, ist der Individualansatz (d. h. starke Berücksichtigung individueller Lernvoraussetzungen und -stile) „sehr gut" geeignet, hingegen Vortrag, Diskussion und Klassenunterricht nur „gut" und Handlungsorientierung nur „mäßig" geeignet. Und im affektiven Bereich? Geht es hier z. B. um die bewertende Einstellung zu Lebensfragen, dann ist Individualarbeit völlig ungeeignet, sehr gut aber die Diskussion in der Klasse.

! Frontalunterricht – keine Allzweckwaffe

Will ich allen Lernenden z. B. gemeinsam einen bestimmten, abgegrenzten, klar strukturierten Wissensbereich präzise vermitteln, Zusammenhänge von einzelnen Inhalten aufzeigen oder Zusatzinformationen zur Gruppenarbeit geben, dann werde ich dies durch einen Lehrervortrag frontalunterrichtlich tun.
Möchte ich aber die Fähigkeit der Schüler zum kooperativen Problemlösen fördern, werde ich z. B. kontroverse Aufgaben für Gruppen verteilen und die Schüler und Schülerinnen anschließend über ihre Ergebnisse berichten lassen und sie mit der Klasse diskutieren. Vor allem für den kognitiven Bereich müssen für unterschiedliche Ziele wie Wissen, Verständnis, Anwendung, Analyse, Synthese und Beurteilung unterschiedliche methodische Vorgehensweisen gewählt werden.
Klassenunterricht – in seiner Variante des Frontalunterrichts – ist eben keine Allzweckwaffe, sondern nur für ganz bestimmte Zielvorstellungen effektiv und brauchbar.

Damit ist genau die innere Ambivalenz des Frontalunterrichtes markiert: Seine *Stärken* sind: die vom Lehrer gesteuerte kognitive Wissensvermittlung („man lernt da wenigstens was"), die Orientierung über größere Zusammenhänge, das Zeigen und Erklären, die Verknüpfung und Vernetzung von Einzelwissen etc. Aber: Hier liegt zugleich seine *Schwäche*: Er ist einseitig sprachlich-kognitiv ausgerichtet, vernachlässigt die für tiefere Verstehensprozesse zentrale Ebene individuellen Verarbeitens, ist durch Routinen oft langweilig, betont Wissensvermittlung statt selbstständiges und selbstorganisiertes Lernen und macht Lernen von der Lehrkraft abhängig.

Das heißt aber auch: Wenn Frontalunterricht sinnvoll und begrenzt eingesetzt und außerdem noch gut durchgeführt wird, hat er sogar Vorteile gegenüber anderen Sozialformen und Verfahren.

3.2 Äußere Vorteile

In der spärlichen didaktischen Literatur zum Frontalunterricht wird eine didaktische Beschäftigung mit dieser Unterrichtsform vor allem dadurch begründet, dass Frontalunterricht eben – im Gegensatz zu den pädagogischen Idealen – schulischer Alltag sei. Insofern wird die Didaktik des Frontalunterrichtes schlicht pragmatisch legitimiert. Aber das ist zu wenig. Frontalunterricht hat gegenüber anderen Unterrichtsformen spezifische – wenn auch zunächst nur äußere – Vorteile. Ich nehme hier bereits einige wichtige Argumente für fontalunterrichtliche Phasen in den folgenden Kapiteln vorweg.

Zu nennen sind mindestens acht dieser zunächst äußeren Vorteile:

1. Frontalunterricht ist tatsächlich – bezogen auf bestimmte Ziele – eine sehr *effektive Unterrichtsform*. Die Lehrerin kann sehr sorgfältig vorausplanen und vorbereiten, Alternativen für den Unterrichtsverlauf vorher überlegen (und nicht erst dann, wenn z. B. Gruppenarbeit schief läuft). Sie kann überflüssige Sackgassen des Arbeitsprozesses durch sofortiges Eingreifen vermeiden – oder bewusst die Schüler in Sackgassen führen, um sie auf bestimmte Dinge aufmerksam zu machen oder zur Lösungssuche zu stimulieren! Effektivität ist u. U. auch gebunden an einen klaren zeitlichen, inhaltlichen und arbeitsökonomischen Rahmen, den die Lehrerin setzen kann. Jeder, der Gruppenarbeit oder Projektunterricht gemacht hat, weiß, dass diese Unterrichtsformen sehr viel Zeit brauchen (dafür lernen die Schüler natürlich andere Dinge besser). Frontalunterricht braucht in der Tat für die Vermittlung von Sachverhalten weniger Zeit und ist effektiver, weil ökonomischer. (Vgl. Aschersleben 1999, 64 ff.) Und auch die Schule hat eben nicht beliebig viel Zeit.

2. Gegenüber der Arbeit z. B. mit schriftlichem Material erfahren die Schüler und Schülerinnen die *lebendige Interaktion* mit der Person er Lehrerin. Ihre Mimik, Gestik und Bewegungen im Raum und ihre sprachlichen Gestaltungsmöglichkeiten machen den Kontakt lebendig. Statt trockener Einzelarbeit an Texten spielt auch die Emotionalität der Interaktion in das Geschehen hinein: Freude, Ärger, Zweifel, Skepsis, Unterstützung, Zuwendung können von der Lehrerin direkt ausgedrückt werden. In der Regel hat eine Lehrkraft ein größeres Handlungsrepertoire als Schüler untereinander, wenn es z. B. um Lob, rechtzeitiges Erkennen von „Aussteigern", Kritik, angemessene Formen der Ermahnung usw. geht.

Nicht zuletzt spielt Humor eine große Rolle! Das emotionale Engagement des Lehrers kann hoch motivierend sein (und umgekehrt wird sich eine gelangweilte Einstellung der Lehrkraft auch auf das Engagement der Schüler und Schülerinnen auswirken). Die Begeisterung, also der viel zitierte Funke, kann von einem engagierten Lehrer „überspringen"! Das sind dann die Sternstunden. Es gibt zu denken, wenn Helmke und Weinert (1997, 147) in ihrem Forschungsbericht zu Bedingungsfaktoren schulischer Leistungen feststellen, dass die Leistungsbeeinträchtigung (bei Hauptschülern) dann besonders hoch war, wenn die Unterrichtszeit nur für die Behandlung fachlichen Stoffes genutzt wurde und wenn die Anreizwerte von Leistungserfolg und -versagen besonders ausgeprägt waren. Da fehlte doch etwas... Vielleicht die emotionale Atmosphäre, die ein Lehrer im Frontalunterricht gestaltet?
In diesem Zusammenhang ist die modellbildende Funktion der Lehrerin hervorzuheben. Sie ist „Vorbild" nicht nur in ihren Verhaltensweisen (wie sie z. B. mit Störungen oder Konflikten, mit Kritik und Ermutigung, mit Rücksichtnahme und klaren Forderungen, mit Führung und Freiheit u.a.m. umgeht). Wirksam sind auch ihre Kontaktfähigkeit, ihre Beziehungsfähigkeit, ihre Gerechtigkeit. Modell kann die Lehrkraft auch im sprachlichen Bereich sein. Die prägende Kraft der Lehrersprache ist vielleicht in der Pause beim Alltagsjargon der Schüler nicht mehr feststellbar, sollte aber bei der Bearbeitung von Themen nicht unterschätzt werden. Sach- und Methodenkompetenz, geistige Beweglichkeit und Aufgeschlossenheit für Neues können von allen hautnah erlebt werden. Und nicht zuletzt kann die Lehrkraft in ihren Lehrervorträgen modellhaft für Schülergruppen demonstrieren, wie man eine Präsentation gestaltet, damit sie anschaulich, verständlich und interessant ist.

3. Im Frontalunterricht sind unmittelbare und direkte *Rückkopplungen* möglich. In der Gruppenarbeit ist dies z. B. nur mühsam zu erreichen (Gruppen können nur nacheinander beraten werden). Der Lehrer kann im Frontalunterricht direkt nachfragen, die Schüler hören die Aussagen aller andern mit. Blickkontakt ist wichtiger Kontakt! Die Wahrnehmung von problematischen Verläufen ist sehr

direkt, der Lehrer kann unmittelbar reagieren (z. B. etwas genauer erklären, wenn er merkt, dass die Sache zu kompliziert wird). Feedbacks können auch nonverbal sein: das aufmunternde Lächeln, die kritisch gerunzelte Stirn, das zustimmende Nicken u.v.a.

4. Frontalunterricht ist auch eine *Entlastung* für Schüler und Schülerinnen. Nach anstrengenden Phasen der Selbsttätigkeit mit hoher Eigenverantwortung und erheblichem Zeiteinsatz, nach konflikthafter oder unbefriedigender Gruppenarbeit, nach der Fertigstellung von Projektprodukten unter Zeitdruck usw. freuen sich Schüler und Schülerinnen gelegentlich darauf, dass nun wieder jemand anderes die Führung und Verantwortung übernimmt. Eine innere „Auszeit" ist willkommen. Problematisch ist gegenwärtig sicherlich, dass insbesondere Kinder und Eltern aus anderen Kulturkreisen (wie ich es vor allem bei Aussiedlern erlebt habe) diese Führung und Verantwortungsübernahme als einzigen, durchgehend zu praktizierenden Lehrstil einfordern, weil sie es so gewohnt sind. Für solche Kinder ist Gruppenarbeit oder Projektunterricht besonders am Anfang oft eine erhebliche Überforderung. Sie fühlen sich durch die Führung des Lehrers im Unterricht entlastet, während sie z. B. bei Gruppenarbeit nicht selten verunsichert sind, ja Widerstand zeigen.

5. Im Frontalunterricht kann langfristig eine *Gesprächskultur* aufgebaut werden: zuhören, ausreden lassen, aufeinander Bezug nehmen, sachlich bleiben, argumentieren lernen. Wir hatten bereits oben unter Punkt 2 (lebendige Interaktion) gesehen, wie wichtig das sprachliche Modell des Lehrers ist. Hier geht es nun um den nächsten Schritt, nämlich durch Anleitung des Gespräches Regeln zu etablieren, immer wieder auf die Qualität der Kommunikation zu achten. Wie man das sinnvoll praktiziert, wird im Kapitel 4 näher beschrieben.

6. Im Frontalunterricht ist eine breite Palette von *unterschiedlichen Lehrtechniken* möglich: Man kann etwas demonstrieren, man kann visualisieren und veranschaulichen, man kann komplexe Sachverhalte zerlegen, ein klärendes Rollenspiel inszenieren, gezielte Impulse zum Nachdenken oder Problematisieren geben u.a.m. Außerdem ist eine Fülle von Fragearten möglich, zweckmäßig sind auch gezielte Sachinformationen für den gemeinsamen Such- und Lernprozess, schließlich sind strukturierte Hilfen zum Üben und Wiederholen nötig.

7. Frontalunterricht kann die *Potenziale der ganzen Klasse* zur Lösung eines Problems nutzen, besser als dies eine kleine Gruppe tun kann. Er kann die unterschiedlichen Fähigkeiten und Ideen einer Vielzahl von Schülern aufgreifen und fruchtbar machen, sei es bei der Entwicklung einer eher geschlossenen (feststehenden) Problemlösung (Beispiel: mathematischer Beweis) oder sei es bei der Entfaltung einer offenen Problemstellung, bei der es keine einheitliche feststehende Lösung gibt (Beispiel: Erarbeiten von Positionen zu ethischen Fragen der

Gentechnologie). Insbesondere beim entdeckenden Lernen, hier in der Variante des guided discovery learning (auch entdecken-lassender Unterricht genannt – Frey 1989, Neber 1999) kann die gemeinsame Entdeckerfreude eine erstaunliche Dynamik auslösen, wie Martin Wagenschein an zahlreichen Beispielen aus dem naturwissenschaftlichen Unterricht demonstriert hat. Frontalunterricht nutzt dann sozusagen den Pluralismus der Gesamtklasse. Die Synergie (also der Effekt des Zusammenwirkens über eine bloße Addition hinaus) ist dann besonders hoch, wenn die Klasse über unterschiedliche „Talente" unter den Lernenden verfügt.

8. Um ein Wir-Gefühl einer Lerngruppe zu entwickeln, muss die *Gruppendynamik der Gesamtklasse* gepflegt werden. Eine hohe soziale Kohäsion, die mit einem ausgeprägten Wir-Gefühl einher geht, ist nach Erkenntnissen der Sozialpsychologie eine hervorragende Ausgangsbedingung für die effektive Arbeit einer Gruppe (Sader 1991, Wellhöfer 2001) Sicher können gezielte Übungen oder Spiele in *Klein*gruppen helfen, die Voraussetzungen für eine funktionierende und förderliche Gruppendynamik der Gesamtklasse zu schaffen. Aber was alle angeht, muss auch von allen verhandelt werden.

Aus der eigenen Unterrichtspraxis heraus würden viele Lehrerinnen und Lehrer sicher noch weitere sinnvolle Möglichkeiten des Frontalunterrichtes nennen.

Aber die erstaunlich ungebrochene Vorherrschaft des Frontalunterrichtes (trotz der andernorts verbreiteten Ansätze von Offenem Unterricht, Projektlernen etc.) ist nicht allein durch seine praktischen Vorzüge zu erklären. Eine empirische Studie (Katzke 1998) belegte, dass die Dominanz des Frontalunterrichtes wichtiger Teil einer informell „vereinbarten" Schulkultur einer Einzelschule ist. Die untersuchte Schule hatte ein informelles kollegiales Unterstützungssystem etabliert, das kritische Reflexion ausblendete, im Alltag bestimmte Praxen immer wieder wechselseitig bestätigte (z. B. dass in den Stunden nach dem Schulbuch vorzugehen sei), „Wahrheiten" als nicht hinterfragbar ansah (z. B. indem die Kolleginnen sich im Lehrerzimmer immer wieder über eine Klasse als „problematisch" verständigten, sich wechselseitig in der Definition bestimmter Kinder als „Störer" verstärkten, methodische Strategien legitimierten – „Arbeitsbogen rein und durch" u.a.m.). Gleichzeitig lobten die LehrerInnen die gute kollegiale Zusammenarbeit an ihrer Schule...

Über diese genannten äußeren Vorteile hinaus stellt sich nun weiter die Frage, welche sinnvollen didaktischen Funktionen der Frontalunterricht haben kann, ja wo er als Unterrichtsphase wegen seiner spezifischen Möglichkeiten notwendig und somit begründbar, ja unverzichtbar ist.

3.3 Sinnvolle und unverzichtbare didaktische Funktionen

Ich fasse sieben Grundfunktionen zusammen. Wie man diese im Einzelnen methodisch gestalten kann, wird Gegenstand des vierten Kapitels sein.

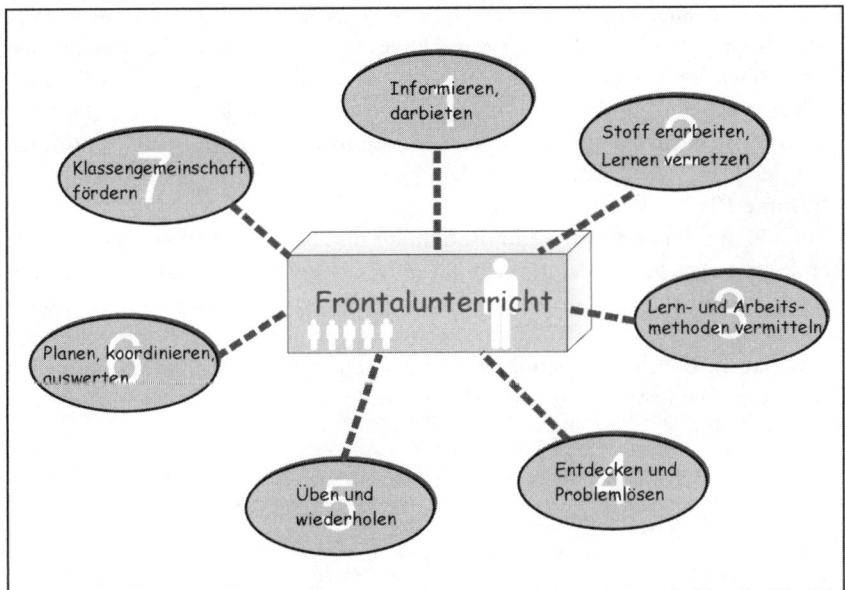

Abb. 8: Didaktische Funktionen des Frontalunterrichtes

3.3.1 Informieren und darbieten

Will die Lehrkraft die ganze Klasse über etwas informieren, ihr etwas darbieten, dann gibt es dazu eine breite Palette von Möglichkeiten (Apel 2002, 2007, PÄD-AGOGIK H. 11/2007).

Der Lehrervortrag
Die klassische Form ist der *Lehrervortrag*. Er muss in den Gesamtablauf und in das Konzept einer Unterrichtseinheit oder Unterrichtsstunde eingebettet sein, sein Stellenwert, seine Dauer und seine Funktion müssen klar definiert werden. „Wird die Entwicklung ,reiner' Fachleistungen angestrebt, ist offensichtlich ein lehrerzentrierter und direkter Unterricht besonders förderlich, ,<so> dass man

Schülern das, was sie lernen sollen, am besten direkt beibringt" (Ditton 2000, 83). Insbesondere wenn in ein neues Sachgebiet eingeführt werden soll, wenn grundlegende Informationen nötig sind, wenn neue Perspektiven eines Themas vermittelt werden müssen, aber auch wenn bisherige Inhalte zusammengefasst, geordnet, erweitert oder vertieft werden sollen, wenn der rote Faden eines Arbeitsprozesses oder Lehrgangs gesichert werden muss, ist ein – gut gemachter – Lehrervortrag angezeigt. Der Effekt einer solchen Lehrstrategie kann inzwischen auch als empirisch gut belegt gelten: „Übersichten zu Beginn der Unterrichtsstunde über den zu unterrichtenden Inhalt, die zwischenzeitliche Hervorhebung wichtiger Ergebnisse, die abschließende Zusammenfassung, das Herstellen von Zusammenhängen zwischen der laufenden und den vorhergehenden Stunden kovariieren in vielen Studien mit dem gemessenen Lernerfolg von Schülern." (Bromme 1997, 191 f.)

Ein Glücksfall ist es dabei, wenn die Schüler und Schülerinnen von sich aus die Lehrkraft aufgefordert oder gebeten haben, ihnen etwas darzustellen, zu erklären oder zu erzählen. Spannend kann es auch werden, wenn Schüler und Schülerinnen im Unterricht zu einem Thema vorher Fragen und Auskunftswünsche erarbeitet haben. Bei solchen Schülerwünschen kehren sich quasi die traditionellen Rollen um: Die Lehrkraft antwortet den Schülern, – in einer quasi „dienenden" Service-Funktion.

Wann ist ein Lehrervortrag geeignet?

Als Resümee der empirischen Unterrichtsforschung zur „Vortragsmethode" stellen Gage/Berliner (1996, 402) fest, dass ein Lehrervortrag dann geeignet ist, „wenn
- das Hauptziel in der Vermittlung von Information besteht,
- der entsprechende Stoff anderweitig nicht verfügbar ist,
- der Stoff für eine bestimmte Gruppe auf eine besondere Weise organisiert und dargestellt werden muss,
- es notwendig ist, das Interesse an dem Thema zu wecken,
- der Stoff nur für eine kurze Zeit im Gedächtnis behalten werden soll,
- eine Einführung in einen bestimmten Bereich oder Orientierungshilfen für Lernaufgaben gegeben werden sollen, die dann mit irgendeiner anderen Lehrmethode weiter verfolgt werden sollen."

Das heißt aber zugleich auch, dass der Vortrag einer Lehrkraft ungeeignet ist, wenn es um mehr als bloße Informationsvermittlung geht, wenn längeres Behalten erwünscht ist, wenn der Stoff sehr komplex ist und viele Details enthält, wenn kognitive Ziele höherer Ordnung (z. B. Analyse, Synthese oder Beurteilung, s.o.) erreicht werden sollen. „Für die Vermittlung übergreifender Kompetenzen, von Denkfähigkeit und Problemlösefähigkeit oder von Kompetenzen zu sozialem und kommunikativem Handeln ist ein variierender Methodeneinsatz unter Berücksichtigung der sach-, gegenstands- und adressatenspezifischen Voraussetzungen wahrscheinlich effektiver." (Eikenbusch 2001, 48)
Von großer Bedeutung für den informierenden Lehrervortrag ist die *Anknüpfung an den bisherigen Wissensstand und die Vorkenntnisse* der Schüler und Schülerinnen. Seit den klassischen Arbeiten des während des Nationalsozialismus in die USA emigrierten österreichischen Unterrichtsychologen David P. Ausubel (1974) ist bekannt, dass wir Neues vor allem durch Subsumption, durch Anknüpfung und Einordnung an das lernen, was wir bereits in unserem kognitiven Repertoir haben. Neues wird so verankert, eingefügt oder „aufgehängt" als würde das Neue wie kleinere Glocken unter eine große Glocke rutschen. Wenn also ein neuer Begriff eingeführt werden soll, müssen zunächst die vorhandenen Begriffe aktiviert werden, um dann mit ihrer Hilfe die neuen aufzubauen. Neuer Stoff wird also so eingeführt, dass er von den vorhandenen Kenntnissen her begriffen werden kann.

Advance organizer
Auch wenn man weiterhin Ausubels einseitigem Konzept eines „sinnvoll rezeptiven Lernens" heute nicht mehr folgen kann, ist doch z. B. die von ihm entwickel-

te Technik des „advance organizer" gerade für den Lehrervortrag sehr sinnvoll und nützlich. Dabei handelt es sich um (wörtlich übersetzt) einen „Vorausorganisator" für einen Vortrag (oder auch für eine Unterrichtsstunde), die das Mitdenken organisiert, eine Art Brücke zwischen dem Alten und dem Neuen. In wenigen Minuten (Frey 1989, 6.2/1 empfiehlt 3–6 Minuten) wird am Anfang des Lehrervortrages eine knappe Zusammenfassung des folgenden Lehrstoffes gegeben, er wird kurz in seiner Bedeutung für einen größeren Zusammenhang (z. B. die exemplarische Bedeutung des Themas Hausgans für das Phänomen der Domestikation) skizziert. So entsteht ein Gerüst, mit dessen Hilfe die Zuhörenden nachfolgendes, mehr spezifisches Material aufnehmen können. Die positive Wirkung solcher advance organizer ist empirisch gut belegt, in 29 Untersuchungen ergab sich immerhin eine Effektstärke von .45 (ebd. 11). Unter Effektstärke versteht Frey (1989, 1/19) die Differenz zwischen Experimentalgruppe und Kontrollgruppe, dividiert durch die Standardabweichung der Kontrollgruppe. Danach kann man Effektstärken von 0.2 oder 0.3 zur Kenntnis nehmen, solche ab 0.4 oder 0.5 sind beachtlich. Die besten Werte bewegen sich um 1.

Anknüpfung an unmittelbar vorher Gelerntes wird „*Bridging*" genannt und hatte eine Effektstärke von .75 (ebd. 10), während das „Unspezified Bridging" (z. B. nur kurze Verweise auf verwandte Themen oder „der Lehrer erzählt ein, zwei Minuten etwas Nettes, Animierendes aus der Lebenswelt der Schüler, um nach zwei Minuten brutal auf den harten Stoff abzuschwenken") eine Effektstärke von – .02 (also negative Wirkung) hatte (ebd. 10 f.).

Varianten des Lehrervortrages

Der Lehrervortrag kann zahlreiche Varianten und Funktionen haben: Man kann mit einem gut vorbereiteten, längerer Sachbeitrag informieren, in den Unterrichtsprozess eingeschoben etwas präziser erläutern oder erklären, etwas demonstrieren, ein Experiment vorführen, methodisch und inhaltlich eine Gruppenarbeit oder einer Phase selbstständiger Arbeit anleiten, die Kriterien zur Leistungsfeststellung bekannt geben (z. B. bei der Vorbereitung einer Klassenarbeit), Einzel- oder Gruppenbeiträge koordinieren, bis hin zum Informieren über organisatorische Fragen des Unterrichtes oder der Schule.

Eine leider wohl selten praktizierte Form ist die *Lehrererzählung*. Ein Erlebnisbericht, eine Reiseschilderung, eine als Geschichte vorgetragene historische Begebenheit u.a.m. sind Formen mündlichen Vortrages, die durchaus hohen Informationsgehalt haben und dabei gleichzeitig spannend und interessant und für zahlreiche Fächer brauchbar sein können.

Vorsicht: Kommunikationsamalgam!

Zu warnen ist allerdings vor einem *„Kommunikationsamalgam"* im Unterricht: Der Lehrer erklärt etwas, stellt dann ein paar Fragen, redet selber wieder einige Minuten, gibt Anweisungen, stellt dann wieder Fragen und redet anschließend wieder einige Minuten. „Lehrervorträge werden oft genug lieblos gehalten, oft werden sie bis zur Unkenntlichkeit mit dem gelenkten Unterrichtsgespräch vermengt." (H. Meyer 2001, 104). Unbedingt notwendig ist also neben der sorgfältigen Vorbereitung die klare (auch zeitliche!) Abgrenzung von informierender Phasen im Unterricht und anderen Handlungsmustern.

Informierender Unterrichtseinstieg

Eine weitere Variante des Informierens ist der von J. und M. Grell entwickelte *„informierende Unterrichtseinstieg"* (Grell 1983). Am Anfang einer Stunde nennt die Lehrkraft für alle verständlich (möglicherweise auch als Tafelanschrieb oder auf einer Folie)

a) das Thema der Stunde, die wesentlichen Fragestellungen, vielleicht noch die Quintessenz des Themas,

b) Lernziele (maximal drei), die den Schülern und Schülerinnen klar sagen, was sie am Ende gelernt haben werden und können sollen,

c) eine kurze Begründung der Lernziele, die erläutert, warum das Gelernte sinnvoll und wozu es brauchbar ist,

d) die geplanten Arbeitsschritte im Stundenverlauf.

Anschließend können die Schüler und Schülerinnen selber Vorschläge zum Stundenablauf oder zu einzelnen Schritten machen. Im Übrigen ist der informierende Unterrichtseinstieg ein gutes Mittel für die Lehrkraft, sich selber genauer zu überlegen, was sie eigentlich in einer Stunde oder Unterrichteinheit erreichen will.

Man kann einen solchen informierenden Unterrichtseinstieg auch hervorragend mit einem advance organizer (s.o.) verbinden und erhält damit eine günstige Motivationsbasis. Kernpunkt bei Grell ist die Auffassung, dass ein solcher informierender Unterrichtseinstieg für die nötige Transparenz bei den Schülern sorge, indem aufklärende Information den üblichen „Motivationsschnickschnack" überflüssig mache. – Natürlich liegt die Gefahr nahe, dass mit einem solchen Einstieg die Lehrerzentrierung gefördert und eine traditionelle Vermittlungsdidaktik verstärkt werden. Außerdem setzt diese Technik eine im Prinzip lernwillige und arbeitsbereite Klasse voraus.

Gegenüber dem dominierenden Informieren im Frontalunterricht gibt es auch gravierende Einwände. Was passiert, wenn Informieren nicht ein Einstieg in weitere Verarbeitungsformen ist, sondern als Phase isoliert bleibt?

Einwände gegen das Informieren

- Die Lernenden bleiben gerade dadurch, dass ihnen die Lerninhalte ja bereits bestmöglich vorgegeben werden, überwiegend rezeptiv und passiv, was zu einem Mangel an Aktivität und Eigenverantwortung für den Lernprozess führen kann (Reinmann-Rothmeier/Mandl 1999, 208).
- Empirische Forschungen zum Zusammenhang von Darbietung des Stoffes und Vergessen haben ergeben, dass z. B. nach 55 Minuten nur noch 41 % erinnert werden und nach einer Woche nur noch 17 % (Gage/Berliner 1996, 286).
- Allein das Informieren zeigt keine tiefgreifenden Wirkungen. Befunde zum offenen, schüleraktiven Unterricht zeigen erheblich günstigere Auswirkungen auf die „Lernleistungen und sehr starke positive Effekte auf die Motivation, das soziale Verhalten und die persönliche Selbständigkeit" (Helmke/Weinert 1996, 136 f.).
- Eine interessante Studie (nach Frey 1989, 15/5) hat sich damit beschäftigt, was Schüler und Schülerinnen während Vorträgen denken und dies mit der Diskussion verglichen: Sie haben andere Gedanken und schweifen ab (Vortrag 31%, Diskussion 14%); sie denken lediglich passiv mit und versuchen, das Gesprochene zu verstehen (Vortrag 37%, Diskussion 20%); sie versuchen, das Gelernte anzuwenden oder zu nutzen (Vortrag 8%, Diskussion 6%); sie lösen Probleme und verknüpfen die Informationen (Vortrag 1%, Diskussion 8%); sie überlegen, ob der Vortrag oder die Diskussion sinnvoll angepasst ist (Vortrag 18%, Diskussion 20%). Diese Befunde sprechen nicht gerade für ein konzentriertes Verarbeiten von Informationen während eines Vortrages.
- Nach Metaanalysen von 2541 Studien über Determinanten der Schulleistung hat sich zwischen Schulleistung und speziellen Instruktionsmethoden nur ein Korrelationskoeffizient von r =.14 ergeben, ein deutlicher Hinweis auf die geringe Effektivität der Instruktion im Unterricht. Auch wenn Frey (1989, 1/14) für das „direct teaching" („Eine Lehrerin präsentiert klar das Wissen. Sie ordnet den Stoff gut und vermittelt ihn klar") eine positive Effektstärke (ein anderes Maß als der eben zitierte Korrelationskoeffizient) von .55 angibt, so lässt sich generell doch feststellen, dass es immer noch an Belegen für die Wirksamkeit des „Instructural Design" fehlt (Reinmann-Rothmeier/Mandl 1999, 212), zumindest aber, dass die bisherigen Forschungsergebnisse widersprüchlich und nicht überzeugend/einheitlich sind.
- Die neuere Lernforschung betont ausdrücklich, „daß das systematisch und logisch aufbereitete Wissen in traditionellen Lehr-Lernsituationen mit den komplexen und wenig strukturierten Anforderungen und Erfahrungen in Alltags-

situationen meist nur wenig gemein hat, ... damit produziert der Unterricht nur ‚träges Wissen‘ ..., das zwar erworben, aber in realen Situationen nicht angewendet wird." (Reinmann-Rothmeier/Mandl 1999, 208)

● Insgesamt kann die Unterrichtsform der „Direct Instruction" (die über Lehrervorträge hinaus allerdings auch die straffe Gesamtstrukturierung des Unterrichtes durch den Lehrer umfasst) eher mit einer in schnellem Tempo voranschreitenden „Quiz-Veranstaltung" verglichen werden, deren empirisch belegte Effekte im übrigen nur für die Grundschule, für Kinder mit sozio-ökonomisch niedrigem Status und für die Fächer Lesen und Mathematik gelten (Terhart 1989, 139). Selbst die ursprünglichen Vertreter der Direct Instruction sehen ihr Konzept inzwischen erheblich kritischer (Rosenshine/Meister 1994), weil Lehrerlenkung, Faktenanhäufung und rezeptive Lernhaltung der Schüler zu stark im Mittelpunkt stehen.

Diese Einwände gegenüber dem Informieren dürfen nicht darüber hinwegtäuschen, dass es entscheidend von der Art und Qualität der dargebotenen Information abhängt, welchen Effekt sie hat. Wer kennt nicht den zwar distanziert vortragenden, in der Sache aber faszinierenden Lehrer? Oder die trockene, aber fesselnde Sachautorität? Wenn ein Lehrervortrag dann noch spannende Fragen aufreißt, kognitive Konflikte erzeugt (vielleicht bewusst in Sackgassen führt), Überraschungseffekte enthält, Interesse weckt, ungewohnte Perspektiven eröffnet, oder gerade auch das dem Schüleralltag „Fremde" (Ziehe 2001) thematisiert, die persönliche Bedeutsamkeit eines Sachverhaltes für die Schüler und Schülerinnen überzeugend plausibel macht, zum eigenen Weiterfragen, Suchen, Forschen und Entdecken anreizt, zur Identifikation mit einem Unterrichtsthema führt, einen Diskurs eröffnet u.a.m., – kurz wenn das Informieren „ankommt", dann zeigt es seinen didaktischen Wert im Frontalunterricht. Das gilt übrigens auch dann, wenn Schüler und Schülerinnen informierende Teile des Unterrichts übernehmen, z.B. in Präsentationen (Gudjons 2006). Das Informieren ist keineswegs allein auf die Lehrkraft beschränkt.

Informieren allein ist aber kein ausreichendes Lehr-Lernkonzept. Allein die These des Konstruktivismus, dass keine Information sozusagen 1:1 „rüberkommt", macht auf die individuelle Verarbeitung des Empfängers aufmerksam.

Insofern wird auch noch einmal die Abgrenzung von Ausubels Vorstellung eines sinnvoll-rezeptiven Lernens deutlich (das zu einer scharfen Kontroverse mit seinem berühmten Kollegen Bruner geführt hat, der vehement das Prinzip des entdeckenden Lernens vertrat). Es kann nicht beim bloßen „Wissenstransport" bleiben, vielmehr muss das Informieren Grundlage für eigenständige, weiterführende Arbeitsprozesse sein. Versuche in der Lernpsychologie mit kurzfristig dargebotenen Informationen zeigen, „daß eine Information, die im Kurzzeitgedächtnis bzw. im Arbeitsgedächtnis gespeichert wird, sehr schnell wieder vergessen wird, wenn nicht irgendetwas mit ihr geschieht." (Gage/Berliner 1996, 283). Unterrichtspraktiker bestätigen dies: „Die Konzentration vieler Kinder ist im Frontalunterricht nur von kurzer Dauer. Auch soll neu aufgenommenes Wissen raschmöglichst aktiv umgesetzt, ausprobiert und geübt sein. Unmittelbar nach frontalunterrichtlichen Sequenzen sollen Lernende deshalb selbständig handeln können. Hilfe leisten hier zielgerichtet formulierte Lernaufgaben." (Müllener-Malina/Leonhardt 1997,70).

Eine Phase des Informierens erfordert also eine Phase des Verarbeitens. Instruktion kann sich z. B. im Anschluss an eine Darbietung im Unterricht so vollziehen, dass der Lehrer oder die Lehrerin Vorschläge für selbstständige Arbeitsphasen macht, Gruppenarbeit initiiert oder Freiarbeit ermöglicht. Eine andere Anschlussmöglichkeit ist es, mit der ganzen Klasse nun etwas gemeinsam zu erarbeiten.

3.3.2 Stoff erarbeiten – Lernen vernetzen

„Das vom Lehrer gesteuerte Unterrichtsgespräch ist das Herzstück des Unterrichts."

So stellen Gage/Berliner (1996, 545) in ihrem Standardwerk zur Pädagogischen Psychologie lapidar fest. Was die Häufigkeit des vom Lehrer gesteuerten Unterrichtsgespräches betrifft, haben sie sicher Recht, was das Verständnis des traditionellen Frontalunterrichtes angeht, – auch. Insbesondere in der Aneignungsphase der Stofferarbeitung ist diese Gesprächsform dominierend, zudem oft lieblos arrangiert, also Grund für Öde und Langeweile im Unterrichtsverlauf (Fichten 1993). Dennoch kommt dem vom Lehrer gesteuerten Unterrichtsgespräch in einem dynamisch mit schüleraktiven Arbeitsformen verbundenen Frontalunterricht (so wie er in diesem Buch verstanden wird) eine wichtige – wenn auch eingegrenzte – Bedeutung zu. Neben dem oben beschrieben Lehrervortrag ist das von der Lehrkraft gelenkte erarbeitende Unterrichtsgespräch die zweite Säule des Frontalunterrichts. Sie ist äußerst anspruchsvoll, schwierig und problematisch.

Für das „vom Lehrer gesteuerte Unterrichtsgespräch" gibt es zahlreiche verwandte Begriffe wie fragend-entwickelndes Verfahren, erarbeitender Unterricht, Frage-Unterricht, Lehrgespräch, entwickelnder Frageunterricht u.a.m. (Thiele 1981, 29 f.), denen folgende Strukturmerkmale gemeinsam sind: Die Lehrkraft lenkt die Interaktion direkt, Lehrerfragen und Schülerantworten wechseln sich ab, die Lehreraktivitäten zeigen ein breites Spektrum, das von offenen Impulsen über eine Fülle unterschiedlicher Fragearten bis zu sehr engen suggestiven Fragen mit Ein-Wort- oder Ein-Satz-Antwortmöglichkeiten reicht. Interaktionen unter den Schülern werden zugelassen, soweit sie dem Unterrichtsziel der Lehrkraft dienen. Insgesamt geht es darum, die Denkschritte der Lehrkraft nachzuvollziehen. Beim

Erarbeiten eines Unterrichtsthemas wechseln in der Regel wohl dosierte Informationen der Lehrkraft mit Fragen an die Schüler und Schülerinnen ab. Dabei dürften die Äußerungen der Lehrkraft den weitaus größten Anteil ausmachen, – eine Art Mini-Lehrervorträge im Laufe des Erarbeitens.

Das erarbeitende Unterrichtsgespräch ist sinnvoll

● wenn es um die *Vorbereitung* eines Themas geht, das dann in anderen Sozialformen fortgeführt werden soll: Vorhandene Kenntnisse müssen aktiviert werden, eine sachliche Grundlage ist erforderlich. Das Einarbeiten in einen neuen Sinn-, Sach- oder Problemzusammenhang ist Voraussetzung für Anschlussarbeiten;

● wenn die *Zusammenfassung, Vertiefung und Weiterführung* von Arbeitsergebnissen z. B. von Schülergruppenarbeit im Klassenplenum ansteht. Die Ergebnisse der Gruppen können verglichen, diskutiert, aber auch im vom Lehrer gelenkten Sachgespräch mit neuen Aspekten angereichert, mit anderen „Forschungsergebnissen" kontrastiert, in größere Zusammenhänge eingeordnet oder in Einzelaspekten erweitert werden. Ergebnisse unterschiedlicher Arbeitsformen müssen immer wieder gesichert werden;

● wenn die Lehrkraft *während der schüleraktiven Phase der Einzel-, Partner- oder Gruppenarbeit* einen Abschnitt einbauen muss, in dem mit der ganzen Klasse fehlende Sachkenntnisse erarbeitet, nicht erkannte Zusammenhänge verdeutlicht, falsche Lösungswege rechtzeitig korrigiert werden u.a.m. Das ist sicher bisweilen problematisch, weil es zur Unterbrechung der Schüleraktivität führt, ist aber oft hilfreich und auch von Lernenden in seinem Stellenwert (hinterher ...) einsehbar;

● wenn es sich um eine Aufgabe handelt, bei der die *Schüler und Schülerinnen – auf sich allein gestellt – überfordert* wären: einen schwierigen lateinischen Text übersetzen, ein kompliziertes naturwissenschaftliches Thema behandeln (z. B. „Energietransport" im Rahmen eines komplexen chemisch-physikalischen Begriffsgefüges), einen mathematischen Beweis entwickeln, einen Krebskanon von Bach kennen lernen und einüben, Bewegungen von Himmelskörpern mit Hilfe eines Modells erarbeiten u.a.m.).

Erarbeitende Phasen können sich durchaus über mehrere Stunden oder längere Zeitabschnitte erstrecken. Schüler und Schülerinnen können dabei auch selbst Informationen zu einem zu erarbeitenden Thema beitragen, gemeinsam Erfahrungen klären, Lösungswege ausprobieren, argumentierende Auseinandersetzungen oder kritisch-analysierende Stellungnahmen lernen u.v.a. Der Schüler kann „Kenntnisse erwerben bzw. Fähigkeiten und Fertigkeiten entwickeln, die ihn dazu qualifizieren, solche oder ähnliche Aufgaben in Zukunft ohne fremde Hilfe zügig zu erledigen." (H. Meyer 1987 Bd. 2, 151) Schüler und Schülerinnen gewinnen hier also ein „arbeitendes Kapital" (wie John Dewey dies genannt hat). Sie können mit diesem Kapital etwas anfangen, denn es ist nützlich und notwendig für anschließende selbsttätige Arbeit.

Zahlreiche Aktivitätsformen lassen sich aber auch bereits *in* das lehrerzentrierte Erarbeiten einbauen, z.B.

Lernaufgaben

Eine gute Möglichkeit sind selbstständig zu bearbeitenden Lernaufgaben, die einem Abschnitt gemeinsamer Sacharbeit folgen. Sie sind so gestellt, dass die Schüler und Schülerinnen während der Bearbeitung etwas Neues lernen, das aus der bisherigen Erarbeitung folgt.

Beispiel: Gemische trennen

Nach der lehrerzentrierten Erarbeitung der Begriffe „Gemisch" und „reiner Stoff" mit Beispielen im naturwissenschaftlichen Unterricht der Sekundarstufe verteilt die Lehrkraft nun eine schriftliche Aufgabe. Für 15 Minuten Alleinarbeit ist folgende Frage zu bearbeiten: „Wie könnte man Gemische in Elemente bzw. Verbindungen trennen? Welche Trennmethoden könnte man anwenden? Denkt dabei an Küchenarbeiten, an eure eigenen Erfahrungen und Kenntnisse aus dem Alltag. Besprecht anschließend euer Ergebnis mit eurem Nachbarn." Der Vorteil solcher Lernaufgaben liegt nicht in der bloßen „Anwendung" des bisher Erarbeiteten oder im Üben (das kann auch gelegentlich sinnvoll sein), sondern in einer Art „Arbeitsteilung": Die erste Hälfte des Themas wird mit der Lehrkraft gemeinsam erarbeitet, die zweite Hälfte des Themas selbstständig durch die Schüler und Schülerinnen. Dabei wird zugleich das Potenzial der Gesamtklasse genutzt, denn beim abschließenden Vergleich der gefundenen Lösungen ergeben sich durchaus unterschiedliche Lösungen. (Frey 1989, 4/6)

Klassische Gesprächstypen

Innerhalb des vom Lehrer gelenkten Unterrichtsgespräches gibt es sehr unterschiedliche Formen (v. Saldern 1988). Aschersleben (1999, 110 ff.) unterscheidet vier klassische Typen:

1. das *Lehrgespräch* (mit dialogischem Charakter bei starker Zurückhaltung des Lehrers, weiten Impulsen zur Anregung der Eigentätigkeit von Schülern und Schülerinnen, Zulassung von abweichenden Wegen, Möglichkeit eigener kritischer Positionen);

2. der *fragend-entwickelnde Unterricht* (den wir im folgenden genauer betrachten werden);
3. den *katechetischen Frageunterricht* (bei dem „in lehrhafter Absicht" einer Lehrerfrage eine Schülerantwort entspricht und ein eng eingegrenztes Thema direktiv in kleinen Schritten vermittelt und angeeignet wird); und
4. das *sokratische Gespräch* (bei dem der Schüler durch geschicktes Fragen so geleitet wird, das er das zu Vermittelnde selbst findet, die hohe Kunst der Mäeutik).

In der Unterrichtspraxis dürften diese unterschiedlichen Grundformen sich innerhalb einer Stunde rasch abwechseln, wobei oft keine Formenklarheit besteht und darum auch nicht auf die Einhaltung eigener Spielregeln für unterschiedliche Gesprächsformen geachtet wird (H. Meyer 2001, 112). Grundsätzlich sind zwei Typen zu unterscheiden: Offene Gesprächsformen (wie z. B. Diskussion, Ideensammlung, Meinungserkundungen, bei denen sich die Lehrkraft viel stärker zurückhalten kann) und ziel- und ergebnisorientierte Gesprächsformen (sie führen schrittweise am Thema entlang und sind logisch konsequent aufgebaut (wobei die Lehrkraft viel direktiver führt).

Die in der Didaktik am häufigsten zitierte/behandelte Erarbeitungsform ist das *fragend-entwickelnde Gespräch* (mit unzähligen kleinschrittigen Varianten). Der bekannte Didaktiker Wilhelm H. Peterßen (1999, 104) bezeichnet den fragend-entwickelnden Unterricht allerdings als „Mogelpackung": Vorgeblich können die Lernenden aus sich selbst heraus einen Lernzuwachs erlangen, in Wirklichkeit aber lege ihnen der Lehrer auf suggestive Weise Inhalte und Formulierungen geradezu in den Mund; nicht die Schüler, sondern die Lehrer hätten die größten Erfolgserlebnisse. Das ist mit Sicherheit ein berechtigter Einwand, schaut man sich in der Praxis um: Innerhalb der Aneignungsphase macht das Unterrichtsgespräch mit 49 % den größten Anteil der Handlungsmuster aus (neben 8 % Lehrervortrag, 4 % Schülervortrag, 4 % katechesiertes Gespräch, 2 % Demonstration und 1 % Diskussion – Hage u.a. 1985, 79).

Besorgniserregend sind dabei die hohen Sprechanteile der Lehrkräfte im fragend-entwickelnden Unterrichtsgespräch. Zahlen finden sich z. B. in der TIMSS-Studie von 1997, die u.a. den Mathematikunterricht international verglich: „70 Prozent aller Äußerungen in einer Unterrichtsstunde entfielen in Deutschland auf den Lehrer, in Japan und den USA sind es über 80 Prozent." (Baumert/Lehmann 1997, 231, ähnlich Gage/Berliner 1996, 547 f.) Bis heute hat sich der Sprechanteil der Lehrkraft von zwei Dritteln gegenüber dem der Schüler von einem Drittel nicht verschoben (H. Meyer 2001, 95). Auch der folgende empirische Befund gibt zu denken. Es wurde festgestellt, „daß der Lehrer die Diskussion umso mehr dominiert, je weniger er über das Thema Bescheid weiß..." (Gage/Berliner 1996, 535) Aber vielleicht liegt der Grund für die Dominanz der Lehreräußerungen ja auch nur in dem Bemühen, sich ständig rückzuversichern, ob die Schüler aufmerksam folgen und die Gedankengänge verstanden haben, vielleicht aber auch im Überspielen versäumter Unterrichtsvorbereitungen ... (Kroner/Schauer 1997, 67)

Fragen

Seit der deutschen Reformpädagogik zu Beginn des 20. Jahrhunderts ist die Kritik an der Lehrerfrage nicht verstummt. Hugo Gaudig (1860–1923) schrieb unter der Überschrift „Das fragwürdigste Mittel der Geistbildung" bereits 1908 in seinen Didaktischen Präludien: „Die *Frage* des Lehrers ist dies fragwürdigste Mittel. An eine Gesundung unseres deutschen Schulwesens vermag ich nicht eher zu glauben, ehe nicht der Despotismus der Frage gebrochen ist." (Gaudig 1908, 13 f.) Natürlich ist die Polemik Gaudigs vor dem Hintergrund des „Lektionismus" der Herbartianer entstanden, aber bis heute scheint sich am „Despotismus" der Lehrerfrage nicht viel geändert zu haben: Die durchschnittliche Häufigkeit von Fragen ergab z. B. im Natur- und Sozialkundeunterricht für die Primarstufe etwa 150 Fragen pro Stunde, d. h. mehrere Hundert pro Tag. In andern untersuchten Fällen „'war die Schülerinitiative nicht nur dann größer, wenn die Lehrer weniger Fragen stellten, sondern auch dann, wenn sie statt Fragen andere Äußerungen einbrachten – und zwar zwei- bis dreimal größer'." (Gage/Berliner 1996, 550 f.)

> ❗ Erstes Fazit: Weniger fragen, mehr Denkanstösse geben, mehr Zurückhaltung der Lehrkraft, mehr Raum für die Schüler und Schülerinnen! Despotismus der Lehrerfrage – nein, Qualität der Fage: Ja!

Es gibt nämlich auch in unserem Verständnis des Frontalunterrichtes durchaus didaktisch sinnvolle Fragen mit unterschiedlichen Funktionen. Dabei ist die Fülle möglicher konkreter Frageformen schier unerschöpflich (H. Meyer 1987 Bd. 2, 207 ff., Gage/Berliner 1996, 550 ff., Kroner/Schauer 1997, 172 ff.), z. B.:

● Soll die Frage zum Staunen und Nachdenken provozieren? Ein Beispiel ist die vorbildliche Art der Lehrerfrage bei Martin Wagenschein, dessen Theorie und Praxis des Unterrichtens in jüngster Zeit wieder stark beachtet wird. Bei der Erarbeitung des Themas „Erdgeschichte" hat er den Schülern und Schülerinnen Lichtbilder in großer Zahl gezeigt (Geröllhalden, Felsstürze, Lawinen, Gletscher, Moränen, Wasserfälle, Deltas). Dann stellt der Lehrer Wagenschein plötzlich die Frage: „Wie soll das enden? Alles geht zu Tal. Wird eine Zeit ohne Berge kommen?" – eine „Staunensfrage", eine „bewegende" Frage, im Sinne von „beunruhigend, und deshalb das Denken in Bewegung setzend, motivierend." (Wagenschein 1970, 61, 67)

Klassischer Lehrer-Schüler-Dialog

- Soll die Frage Vorkenntnisse der Schüler und Schülerinnen ermitteln und in das Gedächtnis rufen, um daran anzuknüpfen? („Um welche Schlagwörter ging es bei der Französischen Revolution?")
- Sollen durch eine Frage solche Vorkenntnisse neu aufeinander bezogen werden? („Was war der Unterschied zwischen der Französischen Revolution und der Oktober-Revolution 1918 in Russland?")
- Soll eine Frage eben erarbeitete Ergebnisse zusammenfassen und sichern? („Gibt es gemeinsame Merkmale von Revolutionen?")
- Soll sie vielleicht nur disziplinieren (einen unaufmerksamen Schüler drannehmen)?
- Handelt es sich um Wissens- oder Denkfragen? („Wer war Heinrich Himmler?" – „Wie könnte ein Denkmal für die ermordeten Juden aussehen?")
- Offene oder geschlossene Fragen („Welchem Vorschlag folgen wir am besten?" – „Wie wird der Bundespräsident gewählt?")
- Konvergente oder divergente Fragen („Welche Schlussfolgerung ergibt sich nun eindeutig?" – „Welche Folgen hätte es gehabt, wenn Deutschland den Krieg gewonnen hätte?")
- Prozessbezogene oder inhaltliche Fragen („Das haben nicht alle verstanden. Könntest du bitte noch mal langsam deinen Lösungsweg Schritt für Schritt vorstellen?" – „Welche Personen spielen in diesem Drama die entscheidende Rolle?")
- Nach einer schönen Formulierung von Hilbert Meyer (ebd.) „Schrotschuss"- oder „Ballon"-Fragen („Einige von euch haben zu Hause Haustiere, wer erzählt mal?" – oder als Test, wie weit die Lehrkraft gehen kann: „Wisst ihr, was 'ne Anti-Baby-Pille ist?") u.a.m.

Insbesondere innerhalb eines Lehrganges, z. B. in Sprachen, Mathematik, geht es um systematisch angelegte Inhalte, deren Reihenfolge nicht beliebig ist. Deshalb müssen entsprechend leitende Fragen der Lehrkraft den roten Faden gewährleisten. Die Lehrkraft baut eins auf das andere auf. Das vom Lehrer gelenkte Nachdenken sorgt dafür, dass wichtige Aspekte nicht verloren gehen und dass gleichzeitig Mut gemacht wird zu kreativen und originellen Lösungen. Denn auch hier geht es nicht nur um reines Sachwissen, sondern um „Verstehen" und „Zusammenhangwissen".

Ein *guter Fragestil* zeichnet sich dadurch aus, dass er Ruhe und Kontinuität sicherstellt (mehr Langsamkeit, keine Sprunghaftigkeit!). Divergente (d. h. auf unterschiedliche Lösungen gerichtete) statt konvergenter (d. h. Bekanntes weiterführende) Fragen werden bevorzugt. Mit differenzierenden Fragen kann die Lehrkraft schließlich auch auf die unterschiedliche Leistungsfähigkeit und die Individualität von Schülern Rücksicht nehmen (innere Differenzierung beim Fragen!). Insgesamt muss vor allem weniger bloßes Wissen abgefragt als vielmehr auf ein angemessenes kognitives Niveau geachtet werden. Die Wirklichkeit sieht leider so aus, dass bis zu 80 % der Lehrerfragen lediglich ein Erinnern oder Wissen verlangten, wogegen Untersuchungen zum Niveau von Fragen belegt haben, „daß der überwiegende Einsatz von Fragen mit einem höheren kognitiven Niveau im Unterricht eine positive Wirkung auf die Leistung hat", daher sprechen sich diese Untersuchungen „einmütig für komplexere Fragen auf einem höheren Niveau aus" (Gage/Berliner 1996, 552 ff.).

Schlechte Fragen sind demgegenüber z. B. Kettenfragen (mehrere Fragen hintereinander, meist noch mit Zusatzinformationen vermischt), Suggestivfragen (die in der Regel die Zustimmung zu einer verpackten Meinungsäußerung anstreben), „Bohrerfragen" (kommt nicht gleich die richtige Antwort, wird die Frage leicht umformuliert mehrfach wiederholt, bis die richtige Antwort herausgebohrt wurde), Echofragen (Wiederholung von Schülerantworten in Frageform), Breitbandfragen (es ist völlig unklar, worauf die Frage eigentlich abzielt) u.a.m.

Fruchtbar sind über formulierte Fragen hinaus auch andere Arten von Impulsen. Das Impulsverfahren ist eine der wichtigsten Techniken im Frontalunterricht. Mit einer differenzierten Verbal- oder Körpersprache, mit Medien, Gegenständen oder mit Zeigen, mit Schrift (z. B. an der Tafel) oder Vorführen etc. können Impulse gegeben und Schüler zum Nachdenken oder Handeln bewegt werden. In der Regel ist ein Impuls offener als eine verbale Lehrerfrage.

Wartezeit

Ein oft übersehenes, in der empirischen Unterrichtsforschung aber scharf kritisiertes Phänomen ist die *Wartezeit*. In der Regel hapert es im Unterricht an der Wartezeit, die Lehrkräfte beim Fragen einräumen. Die folgende Abb. 9 (aus Frey 1989, 13.2/5) zeigt, dass zwischen einer Wartezeit I und einer Wartezeit II unterschieden werden muss.

Wartezeit I meint die Zeit zwischen Lehrerfrage und Schülerantwort. Die empirischen Befunde sind erschreckend: Der Durchschnittswert der Wartezeit lag bei etwa 0,9 Sekunden (Bromme 1997, 193) bzw. einer Sekunde (Gage/Berliner 1996, 554). „Werden die Wartezeiten verlängert, dann verändert sich auch das kognitive Niveau der Schülerbeiträge und langsame Schüler beteiligen sich häufiger... Zu hohe Geschwindigkeit wird vom Schüler subjektiv als Leistungsdruck und Überlastung erlebt, und dies kann sich in geringerem Selbstvertrauen und sinkender Lernfreude und –bereitschaft auswirken" (Bromme 1997, 193). Nicht viel anders sieht es aus bei der Wartezeit II, also der Reaktion der Lehrkraft auf eine Schüleräußerung: Ein bis zwei Sekunden im Durchschnitt, dann kommt die nächste Lehreräußerung. Vor allem, wenn Lehrkräfte erwarten, dass Schüler ganze Sätze bilden und Antworten begründen, ist dies viel zu kurz. Wenn hingegen Lehrkräfte das Tempo verringern „und ihre Wartezeit erhöhen (auf mindestens drei Sekunden), können sie den Charakter des Unterrichtsgesprächs positiv be-

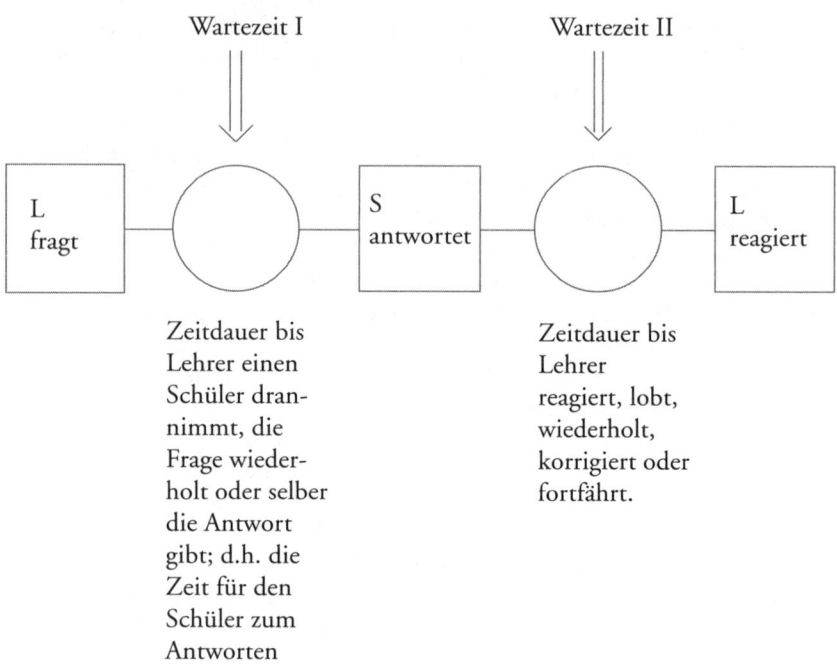

Abb. 9: Wartezeiten bei Lehrerfragen

einflussen; es ist dann mehr eine ‚Konversation' als eine ‚Inquisition' (Gage/Berliner 1996, 559).

Mit Impulsen und Fragen wird – dies ist das zweite Element des Begriffes „fragend-entwickelnder" Unterricht – etwas *entwickelt*.

Entwickeln
Sinnlos ist es, einfache Informationen entwickeln zu wollen. Dass Wasserstoff mit H bezeichnet wird, sollte man einfach mitteilen; den Lehrsatz des Pythagoras kann man entwickeln. Die Verfahren zur Erarbeitung, Erschließung und Entwicklung eines Unterrichtsinhaltes sind vielfach in den einschlägigen Büchern über Unterrichtsmethoden beschrieben worden. Darum hier nur wenige Hinweise.

- Mit einem klassischen *hermeneutisch-entwickelnden Verfahren* kann man vor allem Texte erarbeiten. Ausgehend vom eigenen Vorverständnis nähert man sich dem Text, untersucht und interpretiert ihn, legt ihn aus, findet seinen Sinn, um so zu einem erweiterten Verständnis zu gelangen, – das klassische Verfahren des „Hermeneutischen Zirkels" (Gudjons 2001, 58). Zum Beispiel kann ein Gedicht auf diese Weise erarbeitet werden: Die Schüler und Schülerinnen sammeln am Anfang erste Beobachtungen und Eindrücke, durch Fragen und Impulse der Lehrkraft werden dann Themenschwerpunkte des Gedichtes ausgemacht, die Form wird untersucht, das Gedicht mit anderen literarischen Formen verglichen, Details können betrachtet und in ihren Wirkungen untersucht werden usw. Das Einzelbeispiel steht schließlich für eine Gattung.

● Etwas auf diese Weise *induktiv* zu entwickeln bedeutet, dass von einzelnen Phänomenen, Beispielen oder Fällen auf eine generelle Gesetzmäßigkeit, einen übergreifenden Problemzusammenhang – kurz etwas Allgemeines geschlossen, also induktiv vom Besonderen auf das Allgemeine hin abstrahiert wird. Man kann auch umgekehrt etwas *deduktiv* entwickeln, indem man eine allgemeine Regel auf Einzelfälle anwendet und das Besondere des Einzelfalles vom Allgemeinen her erschließt. Ein *analytisches* Vorgehen wäre es schließlich, z. B. einen Motor in seine Bestandteile zu zerlegen, um deren Funktionen kennen zu lernen (um ihn vielleicht anschließend wieder in einem *synthetischen* Verfahren zusammenzubauen). Oder im Geschichtsunterricht können einzelne Ereignisse und Tendenzen zu einem Gesamtbild einer Epoche zusammengefügt werden.

● Ein anderes Verfahren hat Martin Wagenschein kultiviert: das *genetische* Verfahren. Wagenschein nennt den üblichen (vor allem darbietenden bzw. informierenden) Frontalunterricht eine „Führung durch eine geordnete Ausstellung der Funde einer abgeschlossenen Expedition." (Wagenschein 1970, 59) Im genetischen Verfahren aber werden nicht feste Ergebnisse vermittelt, sondern Phänomene z. B. aus der Naturwissenschaft als „Entstehung von etwas..." (=genetisch) erarbeitet. „Fertige" Sachverhalte und Ergebnisse werden in ihre Entstehungsgeschichte „aufgelöst", die den roten Faden für das Entwickeln im Unterricht bildet. Es geht nicht um historisches, sondern um genetisches Fragen, indem die Schüler und Schülerinnen beim Betrachten der Phänomene diejenigen Fragen wiederentdecken (und stellen dürfen!), die die historischen Wissenschaftler einmal beschäftigt haben. Die unterrichtliche Erschließung zum Beispiel des Beharrungsgesetzes vermittelt nicht die physikalischen Ergebnisse und Lehrsätze, sondern folgt dem Weg des Fragens. „Wodurch wird die angeblich rotierende Erde in anhaltender Bewegung gehalten? Oder, sobald dann die Beharrung der Geschwindigkeit als Eigenschaft der Materie selbst erkannt ist: Was (oder Wer) hat sie einstmals in Bewegung gesetzt? ... Es geht ... um die ‚Wiederentdeckung einer Wissenschaft von Anfang an' an der Hand eines herausfordernden und aufschließenden Problems, das uns die unpräparierte Wirklichkeit aufgibt." (Ebd. 71, 74) So gelangt der fragend-entwickelnde Unterricht als genetisches Verfahren zu einem wirklichen Verstehen im Schülerkopf, bei dem sich unterschiedliche Aspekte einer Sache zu einem Gesamtbild vernetzen.

Vernetzendes Lernen

Das Lernen zu vernetzen macht die eigentliche Qualität des gemeinsamen Erarbeitens von Unterrichtsthemen im Frontalunterricht aus. Bei diesem vernetzenden Lernen sind frontalunterrichtliche Phasen unverzichtbar! Die Gefahr bei thematischer Arbeitsteilung oder Differenzierung von Gruppen, Tandems oder Einzelnen nach Interessenschwerpunkten liegt darin, dass nur isolierte Wissensteile erworben werden. Diese müssen in einer frontalunterrichtlichen Phase in einem gemeinsamen (die Gruppen und einzelnen Schüler) übergreifenden Lernprozess zusammengeführt werden. Dabei geht es um die folgenden essentials.

- Zusammenhangwissen fördern statt Häppchen anbieten

Kein Mensch wird bestreiten, dass Fakten gelernt werden müssen. Aber das Gesamt-Ziel der Erarbeitung von Stoff im Frontalunterricht ist es nicht, isolierte Wissensbausteine oder abfragbares Einzelwissen zu vermitteln, sondern „Zusammenhangwissen", also die Verknüpfung und Vernetzung unterschiedlicher Perspektiven zu einem Ganzen zu fördern. Die enorme lernpsychologische Bedeutung dieser Grundthese der neueren Kognitionspsychologie werden wir im Schlussabschnitt dieses Kapitels (3.4) noch genauer untersuchen.

- Mehrere Sichtweisen einbeziehen

Hier zunächst schon einmal die Rosinen dieser Lerntheorie: Vernetzendes Lernen ist gebunden an „multiple Kontexte" (Reinmann-Rothmeier/Mandl 1999, 213). Sie machen die Qualität des Lernens aus. Damit ist folgendes gemeint. „Um zu verhindern, dass erworbenes Wissen auf einen bestimmten Kontext fixiert bleibt, ist eine Lernumgebung möglichst so zu gestalten, daß spezifische Inhalte in verschiedene Situationen eingebettet werden können. Multiple Kontexte fördern einen flexiblen Umgang mit dem Gelernten und unterstützen dessen Transfer. Neben dem Einüben oder Anwenden des Gelernten in mehr als einer Situation ist auch die Berücksichtigung mehrerer Sichtweisen zu einem Inhalt ... für die Realisierung multipler Kontexte von Bedeutung." (Ebd. 213) Wie kann eine solche Berücksichtigung mehrerer Sichtweisen, eine solche Einbettung von spezifischen Unterrichtsgegenständen in verschiedene Situationen für Wissenserwerb und mehrperspektivische Wissenskonstruktion praktisch aussehen?

Beispiel: Obstsorten

Im Unterricht werden Obstsorten behandelt. Die Lehrkraft lässt die Kinder z. B. mit Äpfeln hantieren, sie untersuchen und dann aufschreiben, was ihnen aufgefallen ist. Anschließend werden an der Tafel unter verschiedenen Überschriften die Beobachtungen systematisch geordnet: Wie sieht ein Apfel aus? Wie kann er schmecken? Welche Form, Farbe und welches Aussehen können Äpfel haben?

Ferner wird ein Obstbauer besucht, Apfeltee gekocht, Preise auf dem Wochenmarkt verglichen, Äpfel werden gelagert – und die Ergebnisse werden schriftlich festgehalten.

- Semantische Netzwerke aufbauen

Kognitionspsychologischer Hintergrund ist die Tatsache, dass bei uns der Begriff „Apfel" (kognitive Psychologen sprechen vom „Konzept" Apfel) in unterschiedlichen „Marken" gespeichert wird, die wiederum vernetzt und hierarchisch geordnet sind: Bildmarke (wie sieht ein Apfel aus), Geräuschmarke („damit man auch morgen noch kräftig zubeißen kann" – knackiger Apfel in der Werbung, ein einprägsames Geräusch!), Bewegungsmarke (man kann den Apfel so ähnlich wie eine Kugel rollen, eine Birne nicht), semantische Marke (seine Bedeutung ist: essbar, Geschmack von sauer bis süß) usw. Wenn wir später als Erwachsene den Begriff Apfel gebrauchen, dann knüpfen wir zuerst spontan an die Bildmarke an (testen Sie das mal bei sich!), dann bei weiterem Nachdenken an andere Marken. Wir haben einen multiplen Kontext beim Gebrauch des Begriffes zur Verfügung. Man kann wie in einem Netz hin- und herspringen. Unser Gedächtnis speichert Informationen in solchen sogenannten „semantischen Netzwerken", nicht einfach additiv in Schubladen, sondern ordnet sie zu komplexen, hierarchisch strukturierten Netzen. Das ist vor allem wichtig, wenn wir Wissen im Langzeitgedächtnis verankern wollen: Wir müssen dafür sorgen, dass nicht bloß einzelne Wissenselemente gespeichert werden, sondern dass Wissen in die kognitiv vernetzte Struktur unseres Gedächtnisses gelangt. Das ist sowohl für die spätere Abrufbarkeit als auch für die Anwendung von Wissen Voraussetzung.
Inzwischen wurden die enormen Vorteile solcher Bildung von komplexen Strukturen, solcher Zusammenhanggeflechte und Ordnungsgefüge bzw. Vernetzungen auch experimentell-empirisch bestätigt (Einsiedler 1996, 181). In Grundschulklassen lernten Kinder z. B. Inhalte zu den Themen „Eichhörnchen" und „Leben der Eskimos". Anschließend wurden unter Anleitung der Lehrkraft nach jeder Stunde die wichtigsten Begriffe als Ergebnissicherung in vorgegebene Hierarchieanordnungen eingeordnet, z. B. „Lebensgewohnheiten", „Jagen" als Oberbegriffe. Eine andere Klasse – als Kontrollklasse – füllte zur Ergebnissicherung einfache Lückentexte aus. Das Ergebnis: Die Klasse, die Einzelfakten in übergeordnete Hierarchie-Systeme eingeordnet hatte, war im direkten Nachtest(und auch noch einige Wochen später im Behaltenstest!) den Kontrollklassen – die lediglich mit dem Lückentext gearbeitet hatten – überlegen; dies traf vor allem für leistungsschwache Kinder zu.

● Wie sieht diese Strukturbildung konkret aus?

Beispiel: Hugenberg und die NSDAP

Nehmen wir das historische Thema Weimarer Republik (Einsiedler 1996, 176). Die Schüler und Schülerinnen sollen als angestrebtes Lernergebnis die Feststellung begreifen: „Der Aufstieg der NSDAP und Hitlers ist u.a. auf die Unterstützung durch Hugenbergs Presse und durch Teile der Großindustrie zurückzuführen." Jeder Lernende muss nun diese Feststellung für sich zu einer Wissensstruktur/Einsicht konstruieren. Nach der Theorie der semantischen Netzwerke muss er zwei „Knoten" bilden, um die herum sich eine Anzahl von Informationen gruppieren. Der erste Knoten: „Hugenberg unterstützte Hitler" (womit, wann, wie usw.); der zweite Knoten: „Großindustrie unterstützte Hitler" (wodurch, wie lange usw.) Aus beiden Knoten wird dann eine Relation gebildet: „Beides führte u.a. zum Aufstieg Hitlers". Lernende, die diesen Zusammenhang – gerade in der geschickten Anleitung durch den Lehrer- verstanden haben, können solches Relationswissen später in unterschiedlichsten Kontexten wieder abrufen. Das ist kognitives Verstehen und Strukturbildung, – im Gegensatz zum unverdaulichen „Beybringen" eines historischen Satzes!

Im vom Lehrer sorgfältig gelenkten Unterrichtsgespräch kann der Aufbau solcher Netzwerke erheblich gefördert werden. Was die Schüler und Schülerinnen vielleicht als Einzelwissen oder in Gruppen erarbeitet haben, muss systematisiert, verglichen, eingeordnet, bewertet werden, um auf einer höheren Ebene Einsicht in Zusammenhänge zu gewinnen.

● Strukturelles Lernen durch Fragen und Impulse anbahnen

Beispiel: Öko-System

Beim Thema Wald müssen die verschiedenen Aspekte wie Pflanzen, Boden, Wasser, Verdunstung, Speicherung, chemische Prozesse wie Kohlendioxid-Sauerstoff-Kreislauf usw. aufeinander bezogen werden, damit in den Schülerköpfen die Vorstellung eines Systems entsteht, eines Systems vielfältiger wechselseitiger Abhängigkeit, eben eines Öko-Systems. (Einsiedler 1996, 174) Es genügt also nicht eine „Häppchen-Didaktik" von Einzelwissen über den Wald, das isoliert abgefragt werden kann, sondern wir wollen erreichen, dass die Schüler und Schülerinnen den Wald als ökologisches System verstehen! Aebli (1980, Bd. 1, 162) hat dies „strukturelles Lernen" genannt. Dabei muss der Lehrer durch Lenkung des Unterrichtsverlaufes sicherstellen, dass Schüler und Schülerinnen diese Zusammenhänge entdecken können, z. B. durch Impulse oder Fragen: „Was wäre, wenn zu viele Bäume absterben oder abgeholzt werden...", „stellt euch vor, der Regen bliebe aus...", „was passiert, wenn wir uns zu viele Grünpflanzen ins Schlafzimmer stellen..." usw.

● Kognitive Landkarten entwickeln

Es geht darum, in einer solchen vernetzenden Wissenserarbeitung eine Art kognitiver Landkarte zu entwickeln. Die kognitive Psychologie hat dafür einen anschaulichen Begriff entwickelt: das landscape-criss-crossing, sozusagen kreuz und quer durch die Landschaft des Erkenntnisprozesses. „Dabei wird dasselbe Konzept [siehe oben zum Konzept Apfel! H.G.] zu verschiedenen Zeiten in verschiedenen Kontexten unter veränderter Zielsetzung und aus verschiedenen Perspektiven beleuchtet. Durch dieses Vorgehen wird ein ‚Facettenreichtum' erzielt, der die Anwendung und den Transfer des Gelernten erleichtert" (Reinmann-Rothmeier/ Mandl 1998, 469).
Hintergrund ist eine sehr überzeugende Theorie, die Cognitive Flexibility-Theorie. Sie besagt folgendes. Wissen darf nicht in einer bestimmten „Domäne" hängen bleiben, indem es sich lediglich „aus verschiedenen, separat gehaltenen und nicht miteinander verknüpften Teilen zusammensetzt und damit eine defizitäre Wissenstruktur darstellt." (Ebd.468) Kognitiv bewegliches Wissen hingegen entsteht dadurch, dass den Lernenden komplexe und authentische (d.h. aus ihrem Lebenskontext stammende) Lernumgebungen geboten werden, die es Schülern und Schülerinnen ermöglichen, einen Gegenstand aus multiplen Perspektiven zu betrachten. Das ist für die spätere Abrufbarkeit und Anwendung des Wissens von großer Bedeutung. Denn: „Eine zentrale Annahme der *Cognitive flexibility*-Theorie besteht darin, daß Wissen in Problemsituationen nicht einfach abgerufen, sondern konstruiert wird. Lernen wird als multidirektionales und multiperspektivisches ‚Sich-Kreuzen' von Fällen und Konzepten betrachtet, die die ‚Landschaften' komplexer Domänen bilden." (Ebd. 468) Das bedeutet (im Bild weiter gedacht): Über die Vermittlung einzelner Markierungen auf der kognitiven Landkarte hinaus ist es wichtig, Straßen, Verbindungslinien, Verkehrswege, Brükken aufzubauen und auf diesen möglichst oft umher zu reisen, immer mehr Marken einzutragen, damit sich ein komplexes Bild eines Gegenstandsbereiches aufbauen kann.
Anders gesagt: Statt „Häppchen-Didaktik" werden „Aha-Effekte" angestrebt (es geht uns ein Licht auf, zumindest dämmert es uns...). Statt Addition von Einzelelementen wird die Emergenz der Erkenntnis begünstigt, indem sich aus niederen Stufen auf einer höheren ein „qualitativer Sprung" ergibt. Beim späteren Abrufen wird dann ein schnelles Hin-und-Her („criss-crossing") möglich, das dann wiederum zu neuen Prozessen des anwendenden Verstehens führt, neue Einsichten ermöglicht (*im* Prozess des Anwendens und des Transfers!) und zu neuen Strukturen oder Netzbildungen führt.

● An Vorwissen anknüpfen

Beim Aufbau solcher Netzwerke ist es wichtig, an vorhandene Kenntnisse und Bedeutungen bei den Lernenden anzuknüpfen. Vor allem wenn die Informationen in einen Sinnzusammenhang eingefügt werden, der vom Lerner *selbst* hergestellt wird, ist die Gedächtnisbildung erheblich verbessert. Er bezieht die neue Information auf ein System von Bedeutungen bzw. lagert sie an eine definierte Stelle der bereits erworbenen Bedeutungsstruktur an. Eine Information wie: „Der Tunneleffekt wird vermittels der Esaki-Diode ausgenützt" (Angermeier u.a. 1984, 154) wird nicht verstanden, findet keinen Platz im Netz und wird deshalb sehr schnell wieder vergessen. Diese Information hatte keine Chance, vom sensorischen Kurzzeitspeicher unseres Gedächtnisses durch den Arbeitsspeicher in das Langzeitgedächtnis zu gelangen. (Oder wissen Sie jetzt den Satz noch?)

● Zeit lassen

Lehrkräfte sind zu schnell. Der Aufbauprozess von Wissen braucht auch genügend Zeit. Jeder Lerner verfügt nur über limitierte Arbeitsgedächtniskapazitäten, d. h. er kann „nicht beliebig lange und beliebig viele Abfolgen von Verknüpfungen bewältigen." (Steiner 1996, 298) Ruhephasen und Verlangsamungen sind vor allem dann nötig, wenn Verdichtungen vorgenommen werden, wenn also Elemente höherer Ordnung konstruiert und mit einem neuen Begriff beschrieben werden. Ein Beispiel: Die Lehrkraft verdichtet den bisherigen Arbeitsprozess mit den Worten: „Was wir bis jetzt gesagt haben, nennt man den *Waren-Geld-Kreislauf*.") Der Konstruktionsprozess geht nun mit diesem verdichteten Element (Waren-Geld-Kreislauf) auf höherer Stufe weiter (z. B. „Wir kommen jetzt zur Entstehung von ‚Mehrwert'."). Neue Elemente werden wiederum mit ihm verknüpft. Jetzt ergibt sich ein kritischer Punkt (vielleicht der kritischste) im Aufbauprozess. Gelingt den Schülern die Integration des neuen Begriffes? „An solchen Stellen muß vermehrt *Lernzeit für Wiederholungsschlaufen* eingesetzt werden." (Ebd. 298) Es zeigt sich auch hier noch einmal die hohe Bedeutung der Langsamkeitstoleranz der Lehrkraft, die wir bereits oben im Abschnitt über das Fragen kennen gelernt haben.

● Die Lehrkraft lenkt den Aufbauprozess von Wissen

Die Kognitionspsychologie bestätigt – bei aller Betonung selbsttätigen Lernens der Schüler – die Notwendigkeit frontaler Erarbeitungsphasen eindeutig. So resümiert Gerhard Steiner die Konsequenz aus dem empirischen Zusammenhang von Lernverhalten, Lernleistung und Instruktionsmethoden (in seinem Grundsatzartikel der Enzyklopädie der Psychologie) mit den Worten: „Es ist in jedem Fall der Lehrer, ... der die entsprechende Organisation der aufzubauenden Wissens-strukturen oder mentalen Modelle kennt und den Aufbauprozeß entsprechend plant, leitet und evaluiert." (Steiner 1996, 298) Selbst Gabi Reinmann-Rothmeier/Heinz Mandl – bekannteste Vertreter der Theorie des selbst-gesteuerten Lernens – betonen die Notwendigkeit eines „instruktionalen Kontex-tes": „Die instruktionale Unterstützung durch den Lehrenden in Form von Mo-dellieren und Anleiten, Unterstützen und Beraten ist von ebenso großer Bedeu-tung wie die Gewährleistung von Authentizität, multiplen Anwendungs-kontexten und sozialen Lernarrangements." (1999, 213) Es kommt darauf an, „Instruktion und Konstruktion in ein flexibles, insgesamt aber ausgewogenes Ver-hältnis zueinander (zu) setzen." (Ebd. 212)

> **!** Fazit: Insgesamt wird deutlich, dass das gemeinsame Erarbeiten von Un-terrichtsthemen eine unverzichtbare didaktische Funktion des Frontal-unterrichts ist, die nicht gegen selbstständige Lernmethoden der Schüler ausge-spielt werden kann. Es ist nämlich die Frage, ob solche komplexen Prozesse der Vernetzung und der Wissenskonstruktion *allein* in arbeitsteiliger Gruppenar-beit, Freiarbeit oder in Projekten erreicht werden können. Zumindest bedarf es im Anschluss an solche Unterrichtsformen der systematischen Einordnung und Verknüpfung des erarbeiteten Wissens durch den vom Lehrer gelenkten Unter-richt mit der gesamten Klasse.

● Den „Tu-Effekt" ergänzend nutzen

Der sog. „Tu-Effekt" (Einsiedler 1996, 175) ist als Unterstützung des kognitiven Lernens durch Handeln von großer Wirksamkeit. Handelnd zu lernen in lebens-nahen Problemen durch Forschen, Entdecken und Erkunden fördert den Aufbau von Netzwerken im Gehirn, weil vielfältige Bezüge einer Sache/eines Problems (Multiperspektivität, Facettenreichtum s.o.!) deutlich werden.

Beispiel: Leben in der römischen Antike

Dazu abschließend ein – wie ich finde – außerordentlich beeindruckendes *Bei-spiel* einer Lehrerin, die die Arbeit an lateinischen Texten mit einem Projekt zum Leben der römischen Antike in der Sekundarstufe verbunden hat (von Wulffen 1997, 16 ff.). Die Lektüre lateinischer Texte, die vor allem das augustäische Zeit-alter beschrieben (und verherrlichten) war Bestandteil des normalen altsprachli-chen Unterrichtes der Sekundarstufe. Aber die Lehrerin wollte mehr erreichen als die Fähigkeit, Texte übersetzen zu können. Ihr ging es darum, über die Texte die antike Kultur zu erschließen. Dem Bild der Antike fehlt aber eine Dimension, wenn es nur auf Texten basiert: das Verständnis für die Alltagswelt z. B. im alten

Rom. Deshalb kam sie auf die Idee, die Textarbeit mit einem Projekt zu verbinden.

In der *ersten dreiwöchigen Phase* des Projektes wählten die Schüler und Schülerinnen römische Berufe, erarbeiteten im Geschichtsunterricht und in häuslicher Arbeit dazu die notwendigen Kenntnisse, hielten Referate und nahmen dann im Unterricht die Rolle von Bürgern ein, die sich langsam hocharbeiten: Sie hatten römische Namen, verdienten römisches Geld, bekamen Grundstücke, die auf einem Stadtplan verzeichnet waren, kauften und verkauften, achteten auf Erträge, – eine Art römisches Monopoly. Das war außerordentlich lebendig. Ziel war es, als vermögender Bürger in den Decurionenstand (Stadtrat) zu gelangen. Parallel dazu lief die Arbeit an den lateinischen Texten weiter, die in das Projekt integriert war.

Dann schloss sich die *zweite Phase* an. In einem Tagesausflug zu einer nahegelegenen Römerstadt wurden dann Informationen gesammelt, um der eigenen „Stadt" ein genaueres Profil zu geben. Immer dichter und anschaulicher wurde das Bild vom Leben in der Antike. Es gab viel zu sehen, zu erforschen und auf die bisherige Arbeit zu beziehen.

Den *Abschluss* bildeten zwei Projekttage, in denen die Schüler und Schülerinnen entsprechend ihren Berufen praktisch tätig wurden. Sie stellten z. B. Gegenstände und antike Kleider her, verrichteten auf einem Hüttenplatz alltägliche Arbeiten der römischen Bevölkerung, kauften und verkauften gegen römische Bezahlung, um „ihre" Stadt zu gestalten. Schließlich wurde die selbst gestaltete Stadt vom hoch zu Ross einziehenden Kaiser (dem Schulleiter) feierlich und zeremoniell eingeweiht. Man lebte in der Antike. Die Schüler und Schülerinnen hatten neben dem Lesen eigene Erfahrungen zum Leben in der römischen Antike gemacht. „Die sinnlich-praktische Beschäftigung mit antiker Kultur, ergänzend zur Lektüre antiker Texte, eröffnet eine Art zweiten Blickwinkel auf denselben Gegenstand." (Ebd. 16) Erst aus dem Erleben des Kontrastes zwischen den primitiven Lebensverhältnissen der meisten Römer und dem augustäischen Bild des prächtigen, zivilisierten Roms sind die Texte und die antike Kultur insgesamt angemessen zu verstehen. Durch diese unterschiedlichen Formen der Aneignung „ergibt sich erst so das ‚runde', wirklichkeitserfüllte und im Gedächtnis fest verankerte Bild." (Ebd. 18)

Dieses Unterrichtsbeispiel füllt nun den oben zitierten Satz aus der Cognitive Flexibility-Theorie mit Leben und Anschauung, wenn es dort hieß: „Lernen wird als multidirektionales und multiperspektivisches ‚Sich-Kreuzen' von Fällen und Konzepten betrachtet, die die ‚Landschaften' komplexer Domänen bilden." (Reinmann-Rothmeier/Mandl 1998, 468) Vielleicht kann man auch sagen, dass sich hier Bildungsprozesse ereignen.

● „Träges Wissen" vermeiden

Zugleich wird auch deutlich, dass Wissen auf eine andere Weise kognitiv aufgebaut wurde als beim Pauken einer Fremdsprache für die nächste Klassenarbeit. In der Kognitionspsychologie wird in diesem Zusammenhang kritisch vom sogenannten „trägen Wissen" gesprochen. (Gerstenmaier/Mandl 1995, 867 ff.) Damit ist ein Typus von Wissen gemeint, der in der Schule häufig vorzufinden ist: Jenes isolierte Wissen, das vielleicht noch bis zur nächsten Klassenarbeit oder Klausur haftet, dann aber vergessen wird, weil es nicht zur Anwendung kommt, weil es in bestehendes Wissen nicht integriert wird, weil es zu wenig vernetzt und damit letztlich zusammenhanglos und bedeutungslos bleibt. Es ist vielleicht noch vorhanden, kann aber in anderen Problemsituationen nicht angewendet oder abgerufen werden.

Keine Monokultur des Fragens und Entwickelns

Die Dominanz des fragend-entwickelnden Prinzips im Frontalunterricht hat in jüngster Zeit einen deutlichen Dämpfer erfahren. In der TIMSS-Studie zum internationalen Vergleich mathematisch-naturwissenschaftlicher Leistungen von Schülern und Schülerinnen der Sekundarstufe hat sich u.a. ergeben, dass die Lernenden in Japan im Vergleich zu Deutschland erheblich besser abschneiden. (Baumert/Lehmann 1997) Warum? Offensichtlich wird in Japan (aber auch in einigen europäischen Ländern) ein anderer interaktiver Typus des Unterrichtes (trotz der Dominanz der Lehrerfrage) durchgehend praktiziert: Die Lehrkraft führt durch die Entwicklung eines thematischen Problems, die Lernenden folgen der Darstellung und Einführung. Dann aber entlässt die Lehrkraft die Lernenden zeitweise in die Selbsttätigkeit, wobei der Führungsanspruch zurückgenommen wird. Die Schüler und Schülerinnen versuchen selber, die gestellte Aufgabe zu lösen. Der Anspruch der Aufgabe ist eine echte Weiterführung der Einführung (nicht eine bloße Anwendung!). „Während in deutschen Stunden das erarbeitende Lernen überwiegend fragend-entwickelnd durch den Lehrer angeleitet und zur Musterlösung hingeführt wird, wird im japanischen Unterricht die Aktivität der Lernenden durch zwischengeschobene Arbeitsaufgaben herausgefordert... Man kann sich nicht zurücklehnen und die mühsame Arbeit des Denkens beruhigt den Besseren oder den gerade Geprüften überlassen." (Apel 2000, 151) Ein Denkzettel für das gesamte Prinzip des fragenden Entwickelns mit der Klasse im Frontalunterricht ...
So weit – so gut. Um selbstständig zu lernen, brauchen die Schüler und Schülerinnen aber methodische Fähigkeiten. Auch diese kann der Frontalunterricht ihnen vermitteln, – mit dem Ziel, als Unterrichtsform auf das notwendige Mindestmaß beschränkt zu werden.

3.3.3 Lernmethoden vermitteln

Eine weitere unverzichtbare Funktion des Frontalunterrichtes ist es also, dafür zu sorgen, „dass Schüler Methode haben" (wie der Reformpädagoge Hugo Gaudig sagte). Das klingt zunächst wie eine Widerspruch: Methoden und Techniken für selbstständige Schülerarbeit und eigenverantwortliches Lernen sollen frontal vermittelt werden?

Natürlich müssen diese Verfahren von den Schülern und Schülerinnen in ihrer eigenen Arbeit angewendet und eingeübt werden, aber die Einführung, Vermittlung und Erklärung kann durchaus von der Lehrkraft durch „Fremdsteuerung" arrangiert werden. Das sehen auch die führenden Vertreter des lernpsychologischen Konzeptes der Selbststeuerung so. Sie stehen nämlich vor der problematischen Frage, „inwieweit ein Lernender, der noch nicht selbstgesteuert lernen kann, mit der Selbststeuerung als methodischem Zugang zurechtkommt." Und sie folgern: „So ist in aller Regel ein Mindestmaß an Fremdsteuerung erforderlich, damit der Lernende Fertigkeiten zur selbständigen Steuerung und Kontrolle seines Lernens erwerben kann. Selbst- und Fremdsteuerung sind so betrachtet keine unversöhnlichen Gegensätze." (Reinmann-Rothmeier/Mandl 1998, 464) „Beide sind nicht trennbar; ihre Unterscheidung ist vor allem analytischer Natur. Gerade die Entwicklung von Fähigkeiten, die zur Selbststeuerung notwendig sind, kann nicht ohne Fremdsteuerung erfolgen." (Schiefele/Pekrun 1996, 272)

Erhebliche Defizite bei Lernmethoden

Das Repertoire an eigenständigen Lerntechniken bei Schülern und Schülerinnen ist „bemerkenswert unzureichend" (Klippert 1995, 6) Nach eigenem Bekunden fällt es in Klipperts Studien Schülerinnen und Schülern u.a. schwer,

- den Lernstoff über längere Zeit zu behalten und ihre eigenen Lernerfolge zutreffend einzuschätzen,
- zielstrebig zu arbeiten und Lernschwierigkeiten zu überwinden,
- Materialien und Texte durchzuarbeiten und Wesentliches zu entnehmen,
- Lernstoff übersichtlich zusammenzufassen,
- schriftliche Eigenarbeiten sinnvoll zu gliedern und übersichtlich zu gestalten,
- gezielt zu üben und zu wiederholen,
- einen kleinen Vortrag oder ein Referat vor der Klasse in freier Rede zu halten,
- Unsicherheiten bei mündlichen Beiträgen zu überwinden und sich selbstbewusst in Diskussionen einzubringen.

Manche Lehrkraft belässt es bei Appellen zur Selbstverantwortung, erwartet selbstständige Schülerarbeit (z. B. bei Hausaufgaben), setzt aber die erforderlichen Fähigkeiten einfach voraus, ohne sie eigens gezielt als Teil des Unterrichtes zu vermitteln. Nun konnte aber empirisch belegt werden, dass es methodisch trainierten Schülern und Schülerinnen gelingt, „ihre Lernfähigkeit durch die selbstbestimmte Anwendung von Lernstrategien zu erhöhen, ihre Lernumgebung positiv zu gestalten und Form und Ausmaß der Lehre, die sie benötigen, selbst zu beeinflussen." (Schiefele/Pekrun 1996, 257) Die Autoren haben dabei herausgefunden, dass Schüler und Schülerinnen weniger durch ihren (vielleicht nachteiligen) sozialen Hintergrund (oder auch durch schlechten Unterricht!) in ihren Lernerfolgen bestimmt werden als vielmehr durch die Qualität ihrer eigenen Lernstrategien, – ein nachdenklich stimmendes Ergebnis der Forschungen zu Bedingungen des Lernerfolges.

Wir haben daraus die Konsequenz zu ziehen, dass der Aufbau der Methodenkompetenz ein gleichgewichtiges Ziel gegenüber der inhaltlichen Wissensvermittlung ist. Sollen Lernende fähig werden, ihre Lernprozesse selbst zu gestalten und zu verantworten, müssen wir ihnen helfen, in ihrer eigenen Lern-Arbeit methodisch bewusst und praktisch erfolgreich zu handeln. Vielleicht ist auch angesichts des raschen Verfalls der Gültigkeit aktuellen Wissens gerade heute die Fähigkeit viel stärker gefragt, sich die jeweils benötigten Informationen selbst beschaffen, eigenständig verarbeiten und zweckmäßig nutzen zu können. Die Handlungsfähigkeit des Menschen in der gegenwärtigen Gesellschaft ist „solchem Verständnis nach eine ganzheitlich-integrative Fähigkeit mit den Komponenten Sach-, Sozial-, Methoden- und Moralkompetenz."(Peterßen 1999, 14) Der Aufbau von Methodenkompetenz bei Lernenden ist also alles andere als ein lästiges Anhängsel, das eines gebildeten Fachlehrers unwürdig wäre. (Realschule Enger 2001)

Welche methodischen Kompetenzen kann der Frontalunterricht vermitteln? Eine gute Orientierung bietet die folgende übersichtliche Zusammenfassung, die Klippert vor dem Hintergrund der oben beschriebenen Defizite der Schüler und Schülerinnen entwickelt hat. (Aus: PÄDAGOGIK H. 1/95, 7)

Vertraut sein mit zentralen Makro-Methoden	Beherrschung elementarer Lern- und Arbeitstechniken	Beherrschung elementarer Gesprächs- und Kooperationstechniken
• Gruppenarbeit • Planspiel • Metaplanmethode • Fallstudie • Problemanalyse • Projektmethode • Leittextmethode • Sozialstudie • Hearing • Präsentationsmethode • Schülerreferat • Facharbeit • Arbeitsplatzgestaltung • Klassenarbeit vorbereiten • Arbeit mit Lernkartei etc.	• Selektives Lesen • Markieren • Exzerpieren • Bericht schreiben • Strukturieren • Nachschlagen • Notizen machen • Karteiführung • Protokollieren • Gliedern/ Ordnen • Heftgestaltung • Ausschneiden/Lochen/ Aufkleben • Mind-Mapping • Mnemotechniken • Zitieren • Abheften etc.	• Freie Rede • Stichwortmethode • Argumentieren • Vortragen • Fragetechniken (Interview) • Aktives Zuhören • Diskussion/ Debatte • Gesprächsleitung • Brainstorming • Feedback • Blitzlicht • Telefonieren • Andere ermutigen • Konflikte regeln etc.
MAKROMETHODEN	**MIKROMETHODEN**	

Abb. 10: Übersicht über Lern- und Arbeitsmethoden

Klippert unterscheidet hier zwischen *Makromethoden* wie z. B. Gruppenarbeit, Fallstudie, Problemanalyse, Präsentationsmethode oder Facharbeit, – Arrangements, die relativ komplex, vielschichtig und anspruchsvoll sind. Eine sorgfältige Einführung und Einübung im Frontalunterricht kann allen Lernenden helfen, die nötigen Basiskompetenzen zu entwickeln. Ausprobieren und anwenden müssen sie es selbst. Klippert ist zu Recht der Auffassung, dass diese anspruchsvollen Arbeitsformen im Schulalltag oft in geradezu naiver und leichtfertiger Weise ohne entsprechendes Training eingesetzt werden. (Ebd. 7) Das programmiert geradezu den Misserfolg und verstärkt außerdem die Abhängigkeit des Unterrichts von der Führung der Lehrkraft.

In der mittleren Spalte geht es dann um *einzelne Lern- und Arbeitstechniken*, die für eine sinnvolle Arbeit mit diesen Makro-Methoden unbedingt beherrscht werden müssen, vom selektiven Lesen über das Strukturieren bis zum Zitieren und zum Abheften. Zunächst brauchen die Lernenden Verfahren, mit denen sie sich selbst Stoff aneignen können. Hier gibt es eine Fülle von hilfreichen Lerntechniken: Arbeit mit Lernkarteien, Verfahren der Textbearbeitung, Einrichten eines eigenen häuslichen Arbeitsplatzes u.a.m. Unverzichtbar sind dabei Fertigkeiten in der *Informationsbeschaffung und -verarbeitung* (z. B. Mitschreiben, Protokollieren, Bibliotheksbenutzung, Literaturrecherchen, Internetnutzung, Exzerpieren, Zusammenfassungen schreiben u.a.m.). Aber auch Hilfen zum Üben und Wiederholen (z. B. vor Prüfungen oder Klassenarbeiten) sind nötig. Vor allem bei den Hausaufgaben fehlen oft Anleitungen wie z. B. „Tips und Tricks für Mathe-Hausaufgaben" (Malycha 1995, 15).

In der dritten Spalte schließlich finden sich Beispiele für *Gesprächs- und Kooperationstechniken*. Neben Fähigkeiten im Diskutieren und in der Gesprächsleitung sollten vor allem Techniken der *Informationsweitergabe* eingeübt werden (z. B. berichten, referieren, präsentieren, visualisieren, dokumentieren, frei reden u.a.m.). Schließlich ist es auch Frontalunterricht, wenn statt des Lehrers vorne ein oder mehrere Schüler stehen und z. B. ihre Arbeitsergebnisse aus Gruppenarbeit oder aus einem Projekt präsentieren. Die Schüler und Schülerinnen müssen lernen, wie man Informationen geschickt darbietet, so dass die anderen nicht einschlafen. Gerade im Einüben der Fähigkeit, Informationen lebendig zu präsentieren (was z. B. in vielen Wirtschaftsbereichen heute selbstverständlich ist) liegt eine vernachlässigte Funktion des Frontalunterricht für Schüler und Schülerinnen.

Die Lehrkraft als Modell

Schüler und Schülerinnen können von einem gut gemachten Lehrervortrag im Frontalunterricht manches abgucken, die *Lehrkraft wird zum Modell*. Der Lehrer zeigt, wie er es macht, und hilft damit den Schülern zu einer eigenen Strategie: Wie komme ich von der Themenidee über die Auswertung von Material zu darstellbaren Ergebnissen? Welche Schritte muss ich machen vom Exzerpieren über die Erstellung eine roten Fadens bis zur sprachlichen Endfassung? Wie präsentiere und visualisiere ich (für mich selbst z. B. in der Form von Mind-Maps oder Fließdiagrammen) oder für andere (z. B. in Bildern, Wandzeitungen oder Tafelskizzen) wichtige Ergebnisse? Es nützt wenig, den Schülern und Schülerinnen einen einschlägigen schriftlichen Leitfaden in die Hand zu drücken und zu hoffen, dass sie es dann schon richtig machen werden. Viel sinnvoller ist es, hier eine zentrale klassische Funktion des Frontalunterrichtes zu nutzen: das Vormachen, Zeigen, Demonstrieren, – verbunden mit dem Nachmachen, Ausprobieren und Einüben, – kurz das Lernen am Modell.

Der Erfolg solcher „Strukturstützen" in der Vermittlung methodischer Kompetenzen wurde in der empirischen Forschung klar belegt (Gage/Berliner 1996, 536 f.). „Die Rolle des Lehrers hierbei ist, den Lernprozeß zu modellieren, laut über seine Fragen nachzudenken, dem Schüler über Klippen wegzuhelfen, ihm weitere Hilfsmittel anzubieten, Vorschläge zu machen und ihn bei den einzelnen Lernschritten zu begleiten." (Ebd. 536) Lernpsychologischer Hintergrund dieses Modells ist der *Cognitive Apprenticeship-Ansatz*, der sich vor allem in den USA bewährt hat und sich großer Beliebtheit erfreut. „Das Grundprinzip ist: Ein Experte macht modellhaft etwas vor; die Lerner versuchen probeweise, das, was ihnen vorgemacht wird, nachzumachen." (Peterßen 1999, 54) In ihren eigenen Versuchen werden sie vom Lehrer beraten und begleitet, des öfteren zum lauten Denken aufgefordert und Schlussreflexion angehalten.

Der große Vorteil dieses Verfahrens liegt darin, dass mit der gelernten Problemlösung zugleich der Anwendungskontext vermittelt wird. Außerdem realisiert es kooperatives Lernen: „Die Lernenden arbeiten gemeinsam mit Experten an Aufgaben und Problemen und lernen auf diese Weise, sich als Mitglieder einer Expertenkultur zu verstehen. Indem gemeinsam gelernt und gearbeitet wird, bietet sich den Lernenden die Möglichkeit, eigene und fremde Problemlösungen zu vergleichen und unterschiedliche Perspektiven kennenzulernen." (Reinmann-Rothmeier/Mandl 1998, 489) Und schließlich können mit diesem Verfahren nicht nur methodische Kompetenzen vermittelt werden, sondern auch inhaltliche Problemlösungsmodelle erarbeitet werden, die sich auf unterschiedliche Probleme der Fächer beziehen können.

Individuelle Lernstile beachten

Wem ein solches Modell zu komplex ist, kann auch mit kleineren Schritten beginnen, z. B. mit der Arbeit nach dem Wochenplan. (Vaupel 1995) Dieser gibt zwar Aufgaben und Themen zu einem großen Teil vor, enthält aber zugleich die Chance für die Schülerinnen und Schüler, mit einfachen, ersten Elementen zu lernen, den eigenen Lernweg bewusster selbst zu planen, zu steuern und schließlich zu überprüfen und zu kontrollieren. Vor allem Fähigkeiten zur Selbst-Beurteilung der eigenen Leistungen sind für das Ziel zunehmender Selbststeuerung von Lernprozessen unverzichtbar.

Nun kann man nicht alle Lernenden über einen Kamm scheren. Eine homogene Klasse gibt es nicht. Nach einer generellen Vorstellung zentraler Arbeits- und Lerntechniken muss die Lehrkraft bewusst darauf achten, dass die Schüler und Schülerinnen mehrere Arbeitstechniken ausprobieren und vergleichen, um herauszufinden, welche für jeden einzelnen die beste ist. Das gemeinsame Unterrichtsgespräch ist auch hier wichtig, weil es die unterschiedlichen Erfahrungen thematisiert und anregend wirkt. Wenn Schüler und Schülerinnen einzelne Verfahren ausprobieren (und dabei durchaus auch Fehler machen dürfen!), ist das Feedback der andern und der Lehrkraft unverzichtbar. Individuelle Lernstile müssen „ausgetestet" werden.

Beispiel: Welcher Lerntyp bin ich?

Dazu kann man gut einen Test zur Bestimmung des jeweiligen „Lerntyps" verwenden (Endres 1998, 14, Schräder-Naef 1998, 18): Die vier Aussagen in Abb. 11 (aus: PÄDAGOGIK 3/98, 14) werden den Schülern und Schülerinnen auf farbigen Kärtchen vorgelegt mit der Bitte, sich für die Karte zu entscheiden, auf der man sich am besten wiederfindet.

Es gibt auch noch differenziertere Möglichkeiten, den einzelnen Stärken und Schwächen auf die Spur zu kommen (z. B. mit einem gezielten Fragebogen insbesondere für Schüler und Schülerinnen der Oberstufe, Schräder-Naef 1998, 18). Im Austausch der individuellen Ergebnisse in der Klasse oder im Kurs werden sich viele Gemeinsamkeiten ergeben, an die die Lehrkraft mit gezielten weiterführenden Methoden anknüpfen kann.

Die Vermittlung methodischer Kompetenzen sollte grundsätzlich nicht isoliert von inhaltlichen Fragestellungen und Themen „eingepaukt" werden. Ihre Notwendigkeit ergibt sich plausibler aus den gestellten und zu bearbeitenden Aufgaben im Unterricht. Die verschiedenen Verfahren sollten auch im Fachunterricht längerfristig und kontinuierlich gepflegt und geübt werden. Andererseits gibt es aber durchaus auch sehr positive Erfahrungen mit einer systematischen Einführung durch Sonderkurse oder Projekte zum Thema „Das Lernen lernen" (PÄDAGOGIK H. 1/1995, H.3/1998). Insgesamt reicht die Palette vom Methodenlernen im Fachunterricht über Arbeitsgemeinschaften und Sonderveranstaltungen bis hin zur konzertierten Aktion ganzer Lehrerteams für einzelnen Schulstufen (z. B. zu Beginn der Sekundarstufe oder der Oberstufe des Gymnasiums).

(Blau)	(Gelb)
Ich reagiere positiv auf:	Ich reagiere positiv auf:
• Vorlesungsstil	• Spontaneität
• Datenorientierten Inhalt	• Freien Fluss von Ideen und Beiträgen
• Diskussion von technischen Fallstudien	• Experimente, Spiele
• Durcharbeiten von Büchern	• Zukunftsorientierte Fallstudien
• Programmierte Unterweisung	• Bilder, Grafiken, physische Objekte
Ich lerne durch:	Ich lerne durch:
• Erfassen und Bemessen von Tatsachen	• Übernahme der Initiative
• Analysieren und logisches Denken	• Versteckte Möglichkeiten herausfinden
• Ideen durchdenken	• Intuitives Verstehen
• Fallstudien erstellen	• Selbsterkenntnis
• Theorien aufstellen	• Aufstellen von Konzepten
(Grün)	(Rot)
Ich reagiere positiv auf:	Ich reagiere auf:
• Gute Planung	• Experimentiermöglichkeiten
• Schrittweises konsequentes Vorgehen	• Musik
• Textbücher	• Diskussion
Ich lerne durch:	Ich lerne durch:
• Organisierten und strukturierten Inhalt	• Zuhören und Austauschen von Ideen
• Schrittweises Arbeiten	• Integrieren persönlicher Erfahrungen
• Bewerten und Ausprobieren von Theorien	• Bewegen und Fühlen
• Training durch Praxis	• Emotionale Beteilung
• Anwenden des Inhalts	

Abb. 11: Lerntypen

Metakognition pflegen

Wie immer diese Vermittlung auch geschieht, sie dient dem Aufbau der *Metakognition.* Dieses in der neueren Lernpsychologie stark betonte Konzept bezeichnet das Wissen über das eigene kognitive System, also ein Bewusstsein von den eigenen Fähigkeiten und Stärken beim Lernen, – aber auch von den Lücken und Schwächen. „Metakognitive Fertigkeiten sind Fertigkeiten zur Selbstüberwachung, die während des Lern- und Unterrichtsprozesses aktiviert werden." (Gage/Berliner 1996, 321). Schüler und Schülerinnen verfügen z. B. über die Fähigkeit, sich folgende Fragen zu stellen:

- Was weiß ich bereits über ein Thema?
- Wie viel Zeit werde ich brauchen, um die Aufgabe zu bewältigen?
- Gibt es einen brauchbaren Plan, nach dem ich vorgehen kann?
- Wie kann ich feststellen, ob ich erfolgreich war?
- Wie und wodurch sollte ich meine Vorgehensweisen ändern (z. B. während des Arbeitsprozesses)?
- Wie entdecke ich einen Fehler (wenn ich einen mache)?
- Habe ich das gerade Gelesene auch verstanden?

Insgesamt erleichtern metakognitive Fertigkeiten das Lernen, weil Lernende ihren Lernprozess auf bisherige Erfahrungen stützen und ihn bewusst kontrollieren und überwachen. Schüler und Schülerinnen, die solche metakognitiven Strategien zur Lösung von Aufgaben (z. B. Fragen an einen Text zu stellen, Informationen zu bündeln, den roten Faden zu rekonstruieren), aber auch zur Selbststeuerung, Selbstüberwachung, Selbstüberprüfung, Problemidentifizierung usw. gelernt und bewusst trainiert haben, konnten ihre Leistungen im Unterricht von 20 % auf 46 % steigern. (Ebd. 322)
Metakognition kann sich schließlich auch auf das Bewusstsein von Unterrichtsmethoden bei Lernenden beziehen. In der Regel ist der Einsatz von Unterrichtsmethoden klassische Domäne der Lehrkraft, – das hat sie schließlich studiert. Wenn aber eine Lehrkraft den Schülern und Schülerinnen ihr methodisches Vorgehen erläutert, den methodischen Aufbau von Lernmaterialen erklärt, die Vor- und Nachteile von Partnerarbeit, Gruppenarbeit oder Klassenunterricht im Gang des Unterrichtes schildert, ihre Handlungsmuster in den verschiedenen Unterrichtsphasen transparent macht (und vielleicht sogar begründet), dann können auch Lernende im Laufe der Zeit ein Bewusstsein für die methodische Organisation des Unterrichtes gewinnen. Ein Verständnis für die „Choreographie des unterrichtlichen Lernens" (Bromme 1997, 190) ermöglicht ihnen dann sogar eine reflektierte Mitgestaltung der methodischen Seite des Unterrichtes, von spontanen kleinen Entscheidungen (lieber jetzt diskutieren oder die zweite Texthälfte lesen, lieber zehn Minuten Gruppenarbeit oder einzeln arbeiten) bis zur Beteiligung an der längerfristigen Planung. Dabei ist ein meta-unterrichtlicher Ansatz, wie ihn z. B. Fichten (1993, 231 ff.) als Reflexion des Unterrichtes durch Schüler und Lehrer entwickelt hat, außerordentlich nützlich. Vielleicht ist dann ja das „Experimentieren mit Methoden ... ein wechselseitiger Lernprozeß, bei dem der Lehrer mindestens ebensoviel lernt wie die Schüler." (Ebd.116)

Fächerspezifische Methoden
Verschiedene Fächer gehen mit demselben Gegenstand unterschiedlich um: Der Religionslehrer wird sich dem Thema Genmanipulation anders nähern als die Kollegin, die in derselben Klasse Biologie unterrichtet. Fächerspezifische Metho-

den bilden die Zugangsweisen der unterschiedlichen Wissenschaften ab. Insbesondere für den wissenschaftspropädeutischen Charakter der gymnasialen Oberstufe ist es unverzichtbar, den Schülern und Schülerinnen nicht nur die Inhalte zu einem Thema zu vermitteln, sondern auch ein Bewusstsein von der Art und Weise, wie in diesem Fach Erkenntnisse gewonnen werden, von seinen Zugriffs- und Zugangsmöglichkeiten auf Probleme, kurz: von fachspezifischen Denk- und Forschungsmethoden. Neben dem Verständnis für die spezifischen Chancen eines Faches (und seiner Bezugswissenschaft) heißt das aber auch, die Beschränktheit, die Grenzen und die Relativität der Methodik eines Faches aufzuzeigen, – ein Lernen „über Fächergrenzen". (Huber/Effe-Stumpf 1994)

Dazu bietet sich die Zusammenarbeit von Lehrkräften unterschiedlicher Fächer bei einem Thema an, fächerverbindender Unterricht also. (Gudjons 2000, 99 ff.) Denn wenn Kollegen vergleichend in einem Kurs zusammenarbeiten, können sie Unterschiedlichkeiten des jeweiligen fachspezifischen Zugangs kontrastieren und bei den Schülern und Schülerinnen eine Vorstellung von der begrenzten Reichweite, der notwendig aspektreduzierenden Vorgehensweise, aber eben auch von den besonderen Potenzialen der Fächer entwickeln.

Schüler und Schülerinnen lernen dabei auch, dass Fächer – und damit das Fachunterrichtssystem der Schule – historisch geworden sind. Solche Systeme sind sinnvoll und nützlich, aber sie sind eben auch nur *eine* – die *heutige* – Möglichkeit, die Wirklichkeit abzubilden und damit ganz bestimmte Erkenntnismöglichkeiten zu gewinnen, andere aber auszuschließen. (Duncker/Popp 1997) Das Fachunterrichtssystem der Schule mit seinen bewährten Methoden muss daher grundsätzlich offen und revidierbar bleiben für Alternativen, die vergessene und vernachlässigte Möglichkeiten selbstständigen Lernens über den Fächerkanon der Schule hinaus eröffnen.

Doch bevor dieses hohe Ziel erreicht werden kann, müssen zunächst einmal die fachspezifischen Methoden gründlich vermittelt werde. In der Mathematik z. B. reicht es nicht aus, Definitionen, Formeln und Lehrsätze (und möglicherweise auch noch die Beweise für diese Lehrsätze) zu kennen. (Heymann 1998, 7) Schüler und Schülerinnen sollten über Beweismethoden verfügen, die es erlauben, selbst Beweise zu finden; über heuristische Methoden („Findeverfahren"), die helfen, bei einem Anwendungsproblem ein passendes mathematisches Modell auszuknobeln; über klare Schritte, wenn Rechnungen durchgeführt oder Gleichungen gelöst werden sollen; Schüler und Schülerinnen sollten methodisch Überschläge und Abschätzungen von Größenordnungen vornehmen können u.a.m. (Ebd. 7) Im Deutschunterricht genügt es nicht, nur Literatur zu kennen (Romane, Gedichte etc.). Schüler und Schülerinnen sollen auch über Methoden verfügen, mit denen ein Roman oder ein Gedicht analysiert und beurteilt werden kann. Eine Inhaltsangabe zu einem belletristischen Text oder einem Sachtext anfertigen zu können, ist ebenso wichtig wie einen Bericht schreiben zu können; das methodische Vorgehen bei einer abwägenden Untersuchung mit dialektischem Stil ebenso bedeutend wie beim Schreiben einer Satire u.a.m.

Könnenserfahrung und Selbstwirksamkeit

Es lohnt sich also, methodische Kompetenzen bei den Schülern und Schülerinnen aufzubauen. Zunehmende Selbstständigkeit der Lernenden kann auch für die Lehrkraft entlastend sein. Die *Könnenserfahrung* der Schüler und Schülerinnen wächst mit ihrer methodischen Kompetenz. „Wenn jemand sich selber immer wieder als Ursache von Erfolgen erlebt, dann wächst sein Selbstvertrauen und damit seine Bereitschaft, Aufgaben selbstständig in Angriff zu nehmen." (Peterßen 1999, 170) Angemessene Selbstbewertung im Blick auf die eigenen Ziele, ein prozessbezogenes Feedback der Lehrkraft oder die Resonanz aus der Klasse, aber auch das selbstreflexive Führen von Lerntagebüchern steigern das Vertrauen und Zutrauen des Lerners in seine eigene Person.

Es geht letztlich um eine grundlegende Kompetenz, um eine Lebensgefühl, das neuerdings als *self-efficacy* von dem bekannten Lernpsychologen Albert Bandura (1997), dem Begründer des Modell-Lernens, mit beeindruckender Überzeugungskraft entwickelt wurde. Bandura betont die hochwirksame Bedeutung von Modellen für die Problemlösungskompetenz. Self-efficacy meint das Grundgefühl der „Selbst-Wirksamkeit". Kompetenzerwartungen – d. h. Selbstsicherheit und Vertrauen in die eigenen Fähigkeiten – sind entscheidende Faktoren für die seelische Gesundheit des Menschen.

> **!** In einem Frontalunterricht, der durch das Vorbild der Lehrkraft Modelle für angemessenes, erfolgreiches Handeln vermittelt, der Schüler und Schülerinnen methodische Kompetenzen für das eigenes Lernen und Arbeiten lehrt, können sie Vertrauen und Sicherheit für die Lösung schwieriger Aufgaben lernen, – self-efficacy als grundlegendes Gefühl der Selbstwirksamkeit. Frontalunterricht ist wie eine Tankstelle: Man holt sich dort den „Kraft"-Stoff, – fahren muss und kann man alleine... Die Schule ist irgendwann zu Ende, das Anwenden von Arbeitsmethoden nie.

Eine ausgezeichnete Möglichkeit, Methoden zu lernen und anzuwenden, ist das problemlösende und entdeckende Lernen.

3.3.4 Entdecken und Problemlösen

Über das Informieren, Darbieten und Stoff-Erarbeiten hinaus gewinnt der Frontalunterricht eine besondere Qualität, wenn er das Lösen von Problemen und das Entdecken von Phänomenen in den Mittelpunkt stellt. Im Unterschied zum Lernen von Fakten stehen höhere kognitive Ziele wie Verstehen, Nutzen und Anwenden von Wissen im Zentrum. Die Anforderungen sind komplexer als nur reproduktive Gedächtnisleistungen, kurz es geht um epistemische Aktivitäten hohen Niveaus (Neber 1999, 232). Über die Aneignung von Inhalten hinaus können die Schüler und Schülerinnen das Denken lernen sowie das Entwickeln von Strategien zur Lösung von Problemen. Ziel des entdeckenden und problemlösenden Lernens ist der Aufbau von Handlungsfähigkeit: „Als handlungsfähig gilt, wer imstande ist, selbstständig mit möglichst vielen Situationen fertig zu werden, in die sein Leben ihn hineinführt, weil er die darin vorfindbaren Probleme eigenständig zu lösen fähig ist." (Peterßen 1999, 12)

Die Begriffe *entdeckendes* Lernen und *problemlösendes* Lernen werden in der Literatur weitgehend synonym gebraucht. Eine hilfreiche Unterscheidung liegt jedoch darin, dass beim *entdeckenden* Lernen ein breiteres Spektrum von Zielen und Aktivitäten möglich ist: Ein Kleinkind entdeckt völlig zufällig neue Spielmöglichkeiten mit einem Gegenstand (eine Wolldecke wird zum Umhang für eine Prinzessin); ein Jugendlicher beschäftigt sich rein aus Interesse ohne Ergebnisorientierung mit einer Sache (die Faszination durch den Sternenhimmel in einer klaren Nacht); ein Student erforscht einen Zusammenhang mit dem Ziel, eine offene Frage zu beantworten (welchen Stellenwert hat die Lehrerdarbietung im entdeckenden Lernen?). Beim *Problemlösen* hingegen ist die Zielorientierung und das Aktivitätsspektrum enger, wie der Begriff bereits sagt: Es geht darum, eine Lösung für ein Problem zu suchen, also um ein klares, zielorientiert angestrebtes Ergebnis. Beide Verfahren haben eine hohe Motivationskraft. Wenn im Folgenden durchgehend vom entdeckenden Lernen die Rede ist, so ist darin das Problemlösen eingeschlossen.

Methodisch betrachtet sollte man annehmen, entdeckendes Lernen sei ein Verfahren, das selbstständige Arbeit von Schülern oder Gruppenarbeit notwendig zur Voraussetzung hat. Warum gehört es dennoch zu den zentralen didaktischen Funktionen ausgerechnet des Frontalunterrichtes?

Warum gehört entdeckendes Lernen zum Frontalunterricht?

● *Erste Antwort: Lernende vorbereiten und qualifizieren.*
Entdeckendes Lernen erschöpft sich nicht im blinden Herumprobieren, sondern setzt bestimmte Fähigkeiten, Verfahren und Strategien voraus (z. B. ein Problem zu analysieren, Hypothesen zu bilden, Suchstrategien einzusetzen, Ergebnisse zu prüfen). Diese müssen erst vermittelt werden, bevor die Schüler und Schülerinnen sie selbstständig anwenden können. Statt die Schüler und Schülerinnen sich einfach selbst zu überlassen, müssen sie lernen, selber zu planen, Gegenstände zielorientiert zu befragen und in schwierigen Situationen nicht zu scheitern. Der

Frontalunterricht ist hier unverzichtbar, weil sichergestellt werden muss, dass alle Lernenden die erforderlichen Voraussetzungen vermittelt bekommen. Frontalunterricht qualifiziert für entdeckende Lernprozesse.

● *Zweite Antwort: Gemeinsam etwas entdecken.*
Frontalunterricht hat aber auch als gemeinsamer, sozusagen kollektiver Entdeckungs- und Problemlöseprozess eine hervorragende Funktion, denn er kann die Potenziale der Gesamtklasse nutzen, gemeinsam Suchstrategien anwenden und schließlich ein gemeinsames Erfolgserlebnis vermitteln. Damit kann er auch modellbildend für die spätere eigenständige Schülerarbeit beim Entdecken und Problemlösen sein.
Es ist vor allem sinnvoll, im Gesamtverband der Klasse zu arbeiten, wenn komplexe und schwierige Fragestellungen die Lernenden in ihren Fähigkeiten zur selbstständigen Problemlösung hoffnungslos überfordern würden. Statt Misserfolg und demotivierendes Scheitern zu riskieren, sollte die Lehrkraft selbst den Prozess des Entdeckens anleiten und strukturieren. Sie leitet den gemeinsamen Suchprozess, nicht nur als „Hebamme", die die gewünschten Ideen hervorzubringen hilft, sondern auch als „Stechfliege", die hinterfragt, problematisiert und Impulse zum Zweifeln gibt. (Berg/Schulze 1995, 154) Sie führt nach der ersten Begeisterung durch Phasen der Enttäuschungen und Sackgassen hindurch, – weiter zur nächsten Frage. Sie gibt nicht wie im traditionellen darbietenden oder fragend-entwickelnden Unterricht stückweise etwas preis (aus dem eigenen Fachwissenskästlein), sondern ist wie ein Agens, das die „Leitungswege gleichsam ionisiert", auf denen das Lernkollektiv kommuniziert (ebd. 154). Sie erhält die Spannung aufrecht und sorgt dafür, dass das Zweifeln, Suchen und Entdecken die Schüler und Schülerinnen gefangen hält. Eine solche gute Führung vermittelt allen Beteiligten wichtige Erfolgserlebnisse, vielleicht dann auch ein wenig Stolz und ein gesteigertes gemeinsames Selbstwertgefühl: *Wir* haben es geschafft!

● *Dritte Antwort: Spannende Fragen entwickeln.*
Zu Beginn wird eine für die Schüler und Schülerinnen interessante Problemstellung im Frontalunterricht „aufgerissen" (z. B. in Mathematik: Ist es besser, eine große oder zwei kleine Pizzen beim Lieferservice zu bestellen?). Neugier und Staunen können sich entwickeln (z. B. in Biologie über Mimikry bei Schmetterlingen und Menschen). Selbstverständliches wird hinterfragt (z. B. in Physik: Wieso bricht die Eierschale nicht, wenn man sie an der richtigen Stelle hoch belastet?). Rätselhaftes wird zum Thema (z. B. Warum entsteht plötzlich ein Verkehrsstau, wo doch die Autobahn weder durch einen Unfall noch durch eine Baustelle blockiert wird?). Probleme sind dann spannend, wenn zu einer Situation oder zu einem Sachverhalt Lücken, Zweifel, Widersprüche, Verwirrungen entstehen, die zu einer kognitiven Dissonanz führen.

Entdeckendes Lernen

Die Motivation zur näheren Auseinandersetzung ergibt sich aus der ungelösten Frage selbst, aus der Sache. Es wäre ein Irrtum zu glauben, dass Schüler und Schülerinnen immer von allein ohne Lenkung auf solche spannenden Problemstellungen kommen. Die Frontalphase muss das Problem oft erst in den Fragehorizont der Schüler und Schülerinnen rücken. Das kann ein „Aufreißen" einer Problemstellung (s.o.) sein, kann aber auch bedeuten, sich behutsam und langsam auf ein Phänomen einzulassen und gemeinsam einen Weg geduldig zu gehen.

● *Vierte Antwort: Instruktion und Problemexploration verbinden.*
Die neuere Lernforschung hat gezeigt, dass im problemorientierten Lernen Instruktion und eigentätiges Lernen in situierten Lernumgebungen (siehe lernpsychologische Grundlagen 3.4) gut verbunden werden können. „Unter *Entdeckendem Lernen* werden lehrmethodische Konzeptionen verstanden, die im Schnittpunkt von Instruktions- und Kognitionspsychologie unter konstruktivistischer Perspektive erforscht und entwickelt werden." (Neber 1999, 227) Das bedeutet: Beides ist gefragt: Instruktion durch den Lehrer und eigenständige

Konstruktion von Wissen durch die Schüler! Es geht um eine *Lehr*methode, sie dient der Vermittlung von Wissen und Fähigkeiten, die die Lehrkraft (oder der Lehrplan) für wichtig hält. Einerseits zielt entdeckendes Lernen auf die Selbstständigkeit und Eigentätigkeit der Lernenden, andererseits ist es gebunden an die Zielvorstellungen und Vermittlungsabsichten der Lehrkraft. Entdeckendes Lernen ist damit ein „lehrmethodischer Ansatz" (ebd. 228), der Instruktions-elemente mit selbstständiger Problemexploration durch die Lernenden verbindet.

Beispiel: Städte

Ein einleuchtendes Beispiel ist das sozialwissenschaftliche Curriculum, das Bruner (1970, 34) entwickelt hat. Darin präsentierte er u.a. zum wirtschafts-geographischen Thema „Städte" den Schülern – statt auf herkömmliche Weise mit einer der üblichen Landkarten zu arbeiten – eine Karte, auf der nur topographische Merkmale und Zeichen für Bodenschätze vermerkt waren. Wo könnte man möglicherweise Städte erwarten? Warum? Die Schüler diskutierten verschiedene Voraussetzungen einer Stadt: Wasserwege, Minerallagerstätten, mögliche Verkehrswege etc. Die Aufregung war groß, einige Schlussfolgerungen wurden bestätigt, andere nicht, neue Untersuchungen folgten. An einem zunächst langweiligen Thema war es gelungen, die Lehrabsichten des Lehrers mit den Such- und Findeprozessen der Schüler zu verbinden, intrinsische Motivation entstand im Prozess des Entdeckens.

Es geht nicht immer um die Entdeckung bisher unbekannter Einsichten, sondern schlicht um die Vermittlung von (der Menschheit bekanntem) Wissen, „Kultur-vermittlung" als grundlegende Aufgabe des Lehrers. Das Rad muss nicht immer neu erfunden werden. Man erschließt allerdings Wissen, das subjektiv für die Schüler neu ist. Deshalb wird vielfach auch von *„entdecken-lassendem Lernen"* (s.u.) gesprochen.
Allerdings hat der Frontalunterricht im Zusammenhang mit entdeckendem Lernen ein besonderes Merkmal: Die zu erwerbende Wissensorganisation wird nicht explizit und schrittweise präsentiert und eingeübt. Wagenschein (nach Berg/ Schulze 1995, 157) hat dazu ein schönes Bild gebraucht: Wir tragen das Kind allzu oft den Berg hinauf, den es selbst besteigen müsste. Im entdeckenden Lernen wird unter Anleitung und mit Hilfe der Lehrkraft Wissen durch die Lernenden selbst abgeleitet oder „generiert". Generieren heißt ganz praktisch, dass z. B. Grundschulkinder Additionsregeln durch Bearbeitung geeigneter Aufgaben (d. h. problemorientiert) selbstständig ableiten und „entdecken". Dabei ist hoch interessant, dass die Grundschulkinder die selbst „generierten" Regeln zum Lösen weiterer Aufgaben viel häufiger verwendeten als vorgegebene und rezipierte Regeln (Hiebert/Wearne 1993). Durch Problemlösen generierte Informationen

werden insgesamt besser behalten als lediglich rezipierte Information. (Neber 1999, 230)

Dieser Effekt war die Ausgangsannahme J. S. Bruners, der das entdeckende Lernen in den 60er Jahren begründet hat. Inzwischen ist die Entwicklung weit über Bruners grundlegende Arbeiten hinausgegangen, entdeckendes Lernen ist heute ein „Sammelbegriff für zahlreiche curriculare Entwicklungen" (Neber 2001, 115), kritisch gesagt ein „Omnibusbegriff" (Hartinger 2001, 331), mit dem alles Mögliche transportiert wird.

Gemeinsamer Kern der unterschiedlichen Verständnisse von Entdecken im Unterricht sind drei Prinzipien (Neber 2001, 116 ff.).

Drei Prinzipien entdeckenden Lernens

1. Im entdeckenden Lernen werden einzelne Beispiele analysiert, verfeinert und erklärt, um daraus *Generalisierungen* abzuleiten. Durch die Analyse von unterschiedlichen Beispielen (und Gegenbeispielen) kann induktiv beim Lernen von Begriffen vorgegangen werden (und nicht umgekehrt, indem für eine vom Lehrer erklärte Regel nun einfach Beispiele gesucht werden).
2. Dabei geht es wesentlich um aktives und selbstgesteuertes *Explorieren* und *Experimentieren*, also um Fertigkeiten des Planens, Hypothesenbildens und Hypothesenprüfens. Selbststeuerung der Schüler und Lenkung durch die Lehrkraft gehören dabei zusammen. Erprobte Wege z. B. für den Sachunterricht der Grundschule finden sich in dem Curriculum AKTIF (Hameyer u.a. 1992).
3. Entdeckendes Lernen ist *nicht für alle möglichen Lerngegenstände* gleich gut geeignet. Geeignet sind nur problemhaltige Sachlagen. Ziel ist ein vollständigeres, stärker und flexibler nutzbares Wissen, das anwendbar und nicht „träge" ist. Voraussetzung dazu ist, dass Lernende bisheriges Wissen aktivieren, aber zugleich dessen Grenzen erfahren, um so „epistemische Neugier" zu entwickeln und zu neuen, wissensgenerierenden Aktivitäten vorzustoßen.

Der Psychologe Heinz Neber (2001), einschlägiger Forscher und Konzeptentwickler im Gebiet des entdeckenden Lernens, versteht entdeckendes Lernen heute vorwiegend als Problemlösen. Hervorragend geeignet ist deshalb das Lernen durch Konfliktlösung, bei der das bisherige Wissen nicht ausreicht und in Sackgassen (impasses) führt, was dann zielgerichtet Suchprozesse auslöst und zur Konstruktion neuer Regeln durch den Problemlöser führt. In diesem Prozess des Aufbaus neuer kognitiver Fertigkeiten greifen instruktionale Elemente und eigenständiges Problemlösen ineinander. Das ist für unsere Frage nach der Bedeutung frontalunterrichtlicher Phasen für das entdeckende Lernen von großer Wichtigkeit.

Neber skizziert nämlich drei sinnvolle Phasen für den Erwerb kognitiver Wissensbestände durch das Verfahren des entdeckenden Lernens:

Phasen des Wissenserwerbs beim entdeckenden Lernen
1. Phase: Das notwendige Wissen wird durch *expositorisches Lehren* präsentiert. Wer nichts weiß, kann auch kein Problem lösen. Dieses notwendige Wissen wird von den Lernenden schlicht und einfach rezipiert. Das kann (muss aber nicht, denkbar wären auch schriftliche Informationen) frontalunterrichtlich geschehen. Außerdem werden vorhandene Wissensbestände aktiviert.

2. Phase: Dieses Wissen wird nun eingesetzt für entdeckende Lernprozesse. Dabei zeigen sich aber Lücken, Widersprüche und Ungereimtheiten, so dass *weiteres Wissen erworben* werden muss, um das Problem zu lösen. Das bisherige Wissen wird also forschend-entdeckend erweitert, transformiert und modifiziert. Das entspricht Bruners Ausgangskonzept, nach dem im entdeckenden Lernen stets über die „gebotene Information" hinausgegangen wird. Wichtig dabei ist aber, dass die Lernenden die Widersprüche zwischen alter und neuer Information nicht einfach ignorieren und lustig drauflos probieren. „Problemorientiertes Entdeckendes Lernen muss daher meistens zusätzlich unterstützt werden und in *gelenkter Form* erfolgen." (Neber 2001, 117) Ausdrücklich genannt werden als Lenkungsmöglichkeiten z. B. direkte Vermittlung von Wissen zur Erklärung von Anomalien, Reduktion der Problemschwierigkeit und Problemkomplexität, Lernaufgaben mit variierender Problemstruktur, gezielte Hinweisreize (etwa: „Wie ist das zu erklären?") u.a.m. Wir werden gleich noch auf die Notwendigkeit des gelenkten Entdeckens bzw. das entdecken-lassende Verfahren eingehen.

3. Phase: Das in der Problemlösung erworbene Wissen muss nun durch wiederholtes Üben *automatisiert* werden. Training gehört zum problemlösenden Lernen ebenso dazu wie Kreativität und Einfallsreichtum.

Wieder zeigt sich, dass sich unterschiedliche Instruktionsverfahren ergänzen (Neber 1999, 230): Wissen darbieten, eigenes Entdecken, weiteres Wissen erwerben, Vermittlung von Strategien, aber auch Üben und Trainieren.
Außerdem muss die Lehrkraft bei *explorativen Tätigkeiten* der Schüler klären, welche Bildungsidee der Auswahl von Themen und dem didaktischen Arrangement der Entdeckungsanlässe zugrunde liegt. (Hameyer 2000, 116 ff.) Denn Entdecken ist auch eine *reflexive Tätigkeit*; über das Tun hinaus geht es um das Element der geistigen Auseinandersetzung. Ferner hat es eine *konstruktive Seite*: Schüler und Schülerinnen lernen, *indem* sie etwas *gestalten*, z. B. ein Werkstück,

ein Spiel, ein Solarhaus. Schließlich ist Entdecken eine *formative Tätigkeit*: Kräfte der Selbstständigkeit formen sich, wenn Kinder nicht mehr dazu erzogen werden, in „genau festgelegter Reihenfolge vom Lehrer durch den Wissensdschungel geleitet zu werden." (Ebd. 122) Doch muss die Lehrkraft Wissensbrücken bauen zwischen Vorwissen und Anforderungssituation, muss Feedback und Lernhilfen geben, denn es „ist eines der großen Missverständnisse – zu meinen, man müsse sich als Lehrer völlig zurückziehen, wenn es um das Entdecken geht." (Ebd. 122)

Gelenkt-entdeckendes Lernen

Damit wird klar, dass auch beim entdeckenden und problemlösenden Lernen Anleitung, Hilfe und Unterstützung durch die Lehrkraft erforderlich sind. Es ist daher durchaus sinnvoll, von „unterstütztem Entdecken", „guided discovery" oder „gelenktem entdeckendem Lernen" zu sprechen (Frey 1989, 17/2). Das bedeutet im Einzelnen:

- Die *Problemauswahl* muss vom Lehrer sorgfältig überlegt werden. Was ist überhaupt ein Problem? Die klassische Definition findet sich bei Dörner (1976, 10): Gemeint ist ein aktueller innerer oder äußerer Zustand, der als unbefriedigend erlebt wird, wobei das Individuum „aber im Moment nicht über die Mittel verfügt, um den unerwünschten Zustand in den wünschenswerten Zielzustand zu überführen." Zwischen beiden Zuständen liegt also eine Barriere, deren Beseitigung Gegenstand des Problemlöseprozesses ist. Dörner grenzt davon *Aufgaben* ab, die dadurch gekennzeichnet werden, dass die Lösungswege bekannt sind. Allerdings kann für den einen ein Sachverhalt ein Problem darstellen (er kennt keinen Lösungsweg), für den andern handelt es sich aber bloß um eine Aufgabe (er kennt die Lösungsmethoden). Festliegende, kleinschrittige Lösungstechniken werden als Algorithmen bezeichnet, offene Such- und Findeverfahren als Heuristiken.
- Die Problemauswahl muss sowohl an *curricularen Überlegungen* orientiert sein (z. B. vom Lehrplan her Relevanz haben) als auch auf das Vorwissen der Lernenden bezogen sein. Das Problem soll nach dem Prinzip des situierten Lernens (siehe Abschnitt 3.4 zur Lernpsychologie) in einen bedeutungsvollen Kontext eingebettet sein, d. h. biografisch für die Schüler und Schülerinnen nahe liegen, mit ihrem Leben zu tun haben und eine echte Situation und Herausforderung bedeuten, damit die Lernenden den Sinn und Zweck des Lernzuwachses erkennen können. Das wird nicht immer leicht sein, z. B. bei dem Problem, den Satz des Pythagoras in Alltagssituationen anzuwenden. Anders sieht die Sache aus, wenn sich ein Problem aus einer anderen Problemsituation als notwendiger Teil der Problemlösung ergibt (z. B. bei Untersuchungen in einer Burgruine, bei der bestimmte Berechnungen angestellt werden sollen).

Doch Vorsicht: Ein interessantes Problem darf nicht missbraucht werden als bloßer „Aufhänger" für einen anschließend lehrergesteuerten, vielleicht überwiegend fragend-entwickelnden Unterricht, als bloßer Anfangsimpuls für eine anschließende rigorose Stoffvermittlung!

- Sodann müssen die *Informationen* und Daten, die zur Lösung des Problems erforderlich sind, erarbeitet werden. Sie können durch die Lehrkraft vorgegeben werden, können aber auch durch die Lernenden selbst aufgrund der Problemanalyse erarbeitet werden.

- Von größter Bedeutung sind gut ausgewählte *Lernhilfen*. Sie sollen sicherstellen, dass der Problemlöseprozess bei allen Beteiligten erfolgreich verläuft, dass zu planvollem Entdecken angeleitet wird (nicht nur trial and error), dass Misserfolgserlebnisse möglichst vermieden werden. Bei Lernenden, die sich in Irrwegen verrennen und scheitern, kommt es oft zu einer resignativen Haltung. Dann bilden sich negative Lernhaltungen heraus. Solche Lernhilfen sollen die Aktivität der Lerner strukturieren und fördern, aber nicht die Lösung des Problems schon vorwegnehmen! Lernhilfen können sich auf den Prozess der Problemlösung beziehen (das Problem eingrenzen, Vermutungen und Hypothesen entwickeln, sie planvoll prüfen, evtl. Alternativen entwerfen, Daten protokollieren, in Tabellen ordnen, ein Fließdiagramm entwickeln usw.) oder inhaltliche Anregungen enthalten (an Vorkenntnisse erinnern, relevante Informationen bereitstellen, auf Zusammenhänge hinweisen u.a.m.).

- Schließlich ist es optimal, wenn die Lernenden die *Richtigkeit ihrer Problemlösung* am Lerngegenstand selbst überprüfen können. Wenn dies nicht möglich ist, kann auch das Feedback der Lehrkraft einer Überprüfung durch die Schüler und Schülerinnen dienen. Rückmeldungen der Lehrkraft sind aber auch während des Prozesses der Problemlösung unverzichtbar, seien es korrigierende Hinweise, bestätigende Ermutigungen, kritisches Hinterfragen, Aufzeigen von unfruchtbaren Sackgassen.

Die unterschiedlichen Formen des entdeckenden Lernens (vom Bearbeiten einer Aufgabe mit feststehender Lösung bis zum völlig freien, kreativen und in den Ergebnissen offenen Forschungsprozesses) lassen sich auf einem Kontinuum darstellen (vgl. Abb. 12). Dabei nimmt das Ausmaß der Lenkung ab, die Selbstständigkeit der Lernenden wird immer stärker, wobei sich auch die Rolle der Lehrkraft ändert.

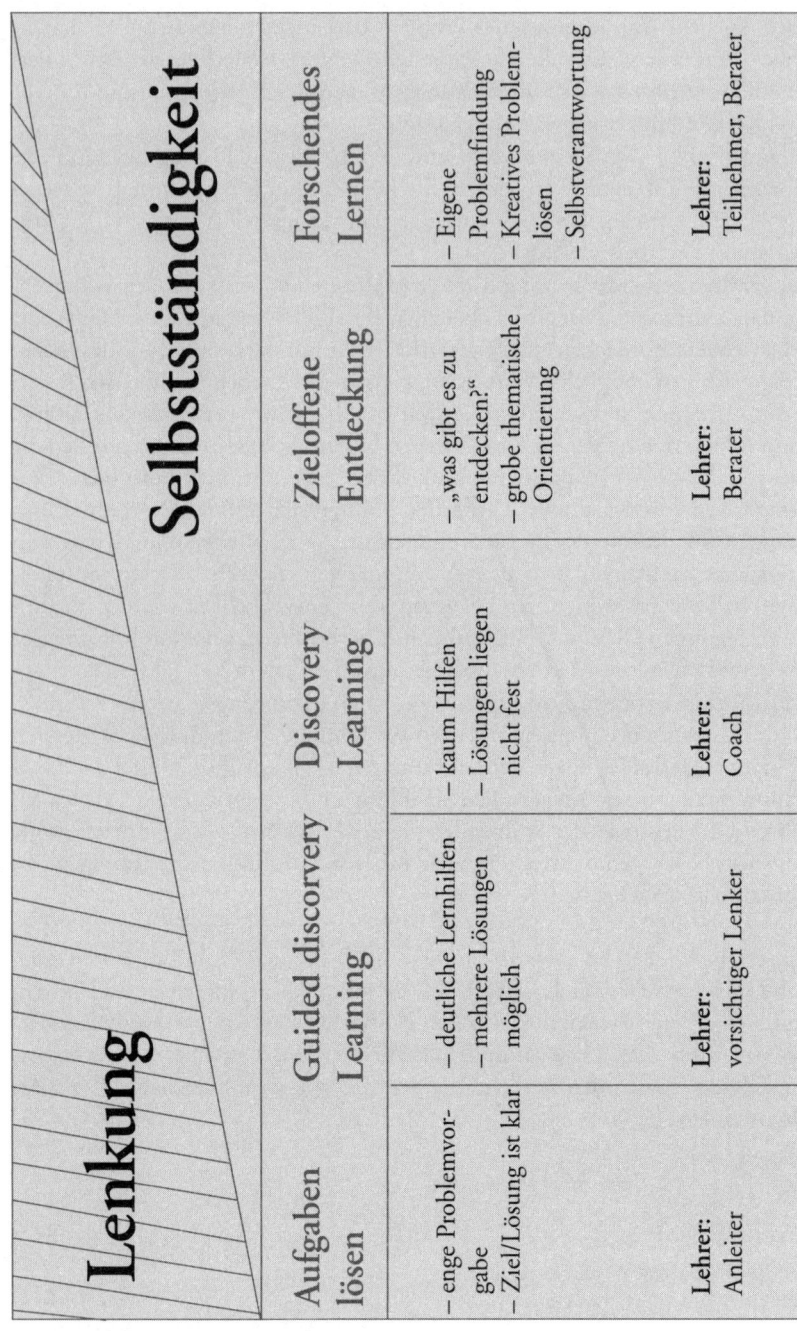

Aufgaben lösen	Guided discorvery Learning	Discovery Learning	Zieloffene Entdeckung	Forschendes Lernen
– enge Problemvor- gabe – Ziel/Lösung ist klar	– deutliche Lernhilfen – mehrere Lösungen möglich	– kaum Hilfen – Lösungen liegen nicht fest	– „was gibt es zu entdecken?" – grobe thematische Orientierung	– Eigene Problemfindung – Kreatives Problem- lösen – Selbstverantwortung
Lehrer: Anleiter	**Lehrer:** vorsichtiger Lenker	**Lehrer:** Coach	**Lehrer:** Berater	**Lehrer:** Teilnehmer, Berater

Lenkung

Selbstständigkeit

Abb. 12: Kontinuum der Formen entdeckenden Lernens

Phasen des Entdeckungsprozesses

Für den Prozess des entdeckenden und problemlösenden Lernens lassen sich idealtypisch einige grundlegende Phasen oder Schritte unterscheiden.

1. Geeignete Anreizbedingungen schaffen

Schüler und Schülerinnen müssen eine Situation als „unbefriedigend" und eine Barriere als Anreiz erleben, so dass sie sich herausgefordert fühlen, diesen Zustand durch Finden einer Lösung zu überwinden.

Beispiel: „Wölfe und Hirsche"

Der Lehrer erzählt von einer Gebirgsregion, in der es vor vielen Jahren Hirsche in großer Anzahl gab. Außerdem fanden sich in den Bergen Wölfe, die immer wieder Tiere aus den Herden der Bewohner rissen. Eines Tages beschlossen die Einwohner deshalb, die Wölfe auszurotten. Wie erstaunt waren sie aber, als sie feststellten, dass auch die Anzahl der Hirsche beträchtlich abnahm. Wie konnte das geschehen, wo doch der Wolf ein natürlicher Feind des Hirsches ist? (Nach Mietzel 1993, 141 f.) Am Anfang steht also nicht die abstrakte Frage nach dem Gleichgewicht in der Natur, sondern eine konkrete, rätselhafte Geschichte. Die Lernenden werden motiviert, nach einer Lösung des Problems zu suchen.

2. Relevante Elemente identifizieren

Welche Einzelheiten sind wichtig, welche können weggelassen werden, welche zusätzlichen Informationen werden u.U. benötigt? Wichtig ist also, die richtigen Fragen bei der Analyse des Problems zu stellen. Auf eine solche Versprachlichung kann nicht verzichtet werden.

3. Hypothesen produzieren

Nachdem ein Grundverständnis des Problems erarbeitet worden ist, beginnt die Produktion von begründeten Vermutungen. Dabei kann man sich durchaus schöpferisch von herkömmlichen Denkmustern, Begründungen und Gewohnheiten lösen. Hypothesen können auch diskutiert werden, bis man die plausibelste ausgemacht hat.

4. Hypothesen prüfen, Informationen einholen

Welche Belege bestätigen die Hypothese? Man kann dazu beobachten, experimentieren, ausprobieren, Daten sammeln und ordnen, neue Fragen stellen etc.

und befindet sich in einem Zyklus von Hypothesenbildung und Einholen von neuen Informationen. Die Lehrkraft kann durch Fragen unterstützen wie z. B. „wie kommt es", „was würde passieren, wenn", „warum" u.a.m., bis sich eine oder mehrere Lösungen abzeichnen. Der Frontalunterricht sollte eine fragende Herangehensweise bei Lernenden fördern und einüben, damit die Schüler und Schülerinnen zunehmend selbst Probleme erkennen können.

5. *Abschließende Bewertung von Hypothesen*

Insbesondere bei Problemstellungen mit hohem Ungewissheitsgrad sind oft mehrere Lösungen möglich. Es muss entschieden werden, welche angesichts der Ausgangsfrage die beste ist. Dabei sollte man sich allerdings nicht zu schnell auf eine einzige Lösung festlegen, denn je länger man mit der Auswahl einer Lösung wartet, desto wahrscheinlicher wird es, dass sich neue Beziehungen ergeben, zusätzliche Lösungen generiert oder eine vorliegende Lösung verbessert wird (Mietzel 1993, 150 f.). Lernende sollten sich daher weniger „kognitiv impulsiv" als vielmehr „kognitiv reflexiv" verhalten (ebd. 151).

Empirische Befunde zum entdeckenden Lernen
Nachdem nun das pädagogische Potenzial entdeckenden und problemlösenden Lernens deutlich geworden ist, stellen wir diesem Ergebnis einige ausgewählte empirische Forschungsbefunde und einige kritische Einwände gegenüber. In älteren Vergleichsuntersuchungen zur Directed Instruction und zum discovery learning (vgl. Frey 1989, 17/10 ff.) schnitt die directed group zunächst am besten ab, wenn es um die Anwendung von Regeln auf spezifische Probleme ging. Nach längerer Zeit aber zeigte sich die Überlegenheit der guided discovery group und der discovery group hinsichtlich des Behaltens der Regeln und ihrer Anwendung. Allerdings wurden in vielen andern Untersuchungen keine signifikanten Unterschiede gefunden (ebd. 15).
In einer neueren Metaanalyse (vgl. Neber 1999, 228 f.) wurden Lehrmethoden des sog. „Explicit Teaching" (zu denen rezeptive Formen des Lehrens, vor allem die direkte Instruktion gehören) mit solchen des „Comprehension Teaching" (zu denen Verfahren gehören, die sich auf selbstständige Aktivitäten der Lernenden und höhere kognitive Prozesse stützen) verglichen. Das Ergebnis: „Die Effektstärke für 20 Vergleichsstudien zum *Comprehension Teaching* (d=.71) lag deutlich über der für 13 Studien zum *Explicit Teaching* (d=.55)." (Ebd. 228 f.) Ein etwas anderes Maß für die Effektstärke beim Inquiry teaching (einem andern Begriff für entdeckendes Lernen), nämlich .43, gibt Frey (1989, 1/19) an, – immerhin ein beachtenswertes Ergebnis bei 68 ausgewerteten Untersuchungen.

Speziell für die Grundschule (Hartinger 2001, 333) darf als gesichert gelten, dass entdeckendes Lernen vor allem positive Effekte bezüglich mittelfristiger Behaltensleistungen hat. Das ist kein Wunder, denn was ein Schüler selber ausführt, ist für ihn auch leichter zu begreifen. Dies wurde vor allem für das entdeckende Lernen in Schulen für Lernbehinderte festgestellt (Hameyer 2000, 123). Allerdings sind die Befunde zur Effektivität des entdeckenden Lernens bei Kindern mit unterschiedlichen Lernvoraussetzungen nicht einheitlich, – einmal profitieren Kinder mit ungünstigen Lernvoraussetzungen (geringes Vorwissen, geringe Intelligenz, hohe Ängstlichkeit) mehr von einer hoch-strukturierten Lernsituation (Lankes 2001, 337), das andere Mal schneiden gerade intellektuell retardierte Grundschulkinder und leistungsschwache SchülerInnen beim entdeckenden Lernen besser ab als im lehrergelenkten Unterricht (Hartinger 2001, 333, Werning/Kriwet 1999, 11).

Generell lässt sich sagen, dass ein *gelenkt entdeckendes* Lernen einem *vollkommen selbstständigen* entdeckenden Lernen hinsichtlich Wissenserwerb und Transfer des Wissens überlegen ist. Auch bei Frey (1989, 17/19) findet sich als Resümee (allerdings über die Grundschule hinaus) die Feststellung, dass „ein ziemlich grosses Ausmass an Lenkung besser ist als nur wenig Lenkung." (Ebd. 19) Vor allem durch gezielte Unterstützung und Training konnten fehlende Lernvoraussetzungen bei Kindern verbessert werden. (Hartinger 2001, 334) Werden Schüler und Schülerinnen vor allem im Diskussionsverhalten trainiert, wirkt sich dies für den Einsatz problemlösender Verfahren äußerst günstig aus (Gage/Berliner 1996, 437).

Wie die grundsätzliche Kontroverse zwischen Bruner als lernpsychologischem Vertreter des entdeckenden Lernens und seinem Kontrahenten Ausubel gezeigt hat (vgl. dazu Mietzel 1993, 216 ff.), sind darstellende Lehrformen und entdeckendes Lernen weder im Schulalltag trennbar noch theoretisch gegeneinander ausspielbar. Trotz starker Argumente für eine Forcierung des entdeckenden und problemlösenden Lernens halten sich hartnäckig auch Einwände (vgl. Werning/ Kriwet 1999, 9): Problemlösender Unterricht koste zuviel Zeit, traditioneller Frontalunterricht sei ökonomischer; problemlösendes Lernen schaffe Unruhe und sei nicht kalkulierbar, schließlich seien Schüler keine Wissenschaftler; für lernschwache Schüler und wenig Begabte sei das alles ohnehin eine Überforderung u.a.m.

Unstrittig ist nun sicher die folgende Funktion des Frontalunterrichtes, die sich auf die Ergebnissicherung, das Üben und Wiederholen bezieht.

3.3.5 Ergebnisse sichern – üben – wiederholen

Selten besteht eine so überraschende Einstimmigkeit im Chor der Didaktiker und der entsprechenden Literatur: Üben/Wiederholen/Trainieren ist eine Grundfunktion des schulischen Unterrichtes überhaupt. Klafki (1991, 311) zählt sie denn auch zu den vier maßgeblichen methodischen Grundformen des Unterrichtes (neben dem Lehrgang, der thematischen Unterrichtseinheit und dem Projektlernen). Auch offene, selbstverantwortliches Lernen fördernden Konzepte bleiben angewiesen auf die Festigung der Ergebnisse des Unterrichtes. Die Frage ist, welche besondere Funktion der Frontalunterricht dabei hat oder ob man das Üben und Wiederholen nicht den Schülern und Schülerinnen am besten selbst überlässt. Für das individuelle Üben und Wiederholen gibt es eine Unmenge von Vorschlägen und Techniken, auf die ich hier nur verweisen kann (z. B. Endres/Althoff 1986, Endres 1990).

Im folgenden Abschnitt zeigen grundlegende Ergebnisse der Lernforschung sehr schnell, dass die Lehrkraft den Lernenden sehr wohl helfen muss, das Üben und Wiederholen erst einmal zu lernen, dass sie dabei im Frontalunterricht wesentliche Hilfen geben kann und dass das gemeinsame Üben und Wiederholen einen unverzichtbaren Stellenwert hat. Schüler und Schülerinnen dürfen eben nicht bei der Sicherung der Unterrichtsergebnisse, beim Üben und Wiederholen allein gelassen werden, auch wenn dies gängige Praxis ist: „Und die Teilung von Brüchen übt bitte dann zu Hause!" Oder: „Übermorgen schreiben wir eine Klassenarbeit. Wiederholt bis dahin die Aufbauprinzipien eines Romans!" Kein Wunder, dass Unlust, Aversionen, Angst und Frustrationen entstehen, wenn es um das Thema Üben und Wiederholen geht.

Generelles Ziel des Übens ist, dass die Lernenden sich nicht nur mit Unterrichtsgegenständen beschäftigen, sondern auch wichtige Ergebnisse langfristig speichern und bei Bedarf auch unter veränderten Bedingungen abrufbar haben. Wer etwas weiß und kann, hat Energien frei für weitere Lernakte: Wer zügig und sinnvoll lesen kann, kann dies nutzen für eine Fülle weiterer Anforderungen (mit der Lesekompetenz hapert es ja bekanntlich nach der PISA-Studie erheblich bei deutschen Schülern und Schülerinnen); wer die Bruchrechnung beherrscht, wird mit der Prozentrechnung weniger Mühe haben; wer über gute Arbeitstechniken verfügt, erleichtert sich das selbstständige Lernen. Voraussetzung dafür ist, dass – nach dem bekannten Modell der Informationsverarbeitung (Gage/Berliner 1996, 280 ff.) – Informationen nicht nur im Kurzzeitgedächtnis oder dem „mentalen Notizblock" des Arbeitsgedächtnisses bleiben, sondern dass die hier zwischengelagerten Informationen kodiert und eingeübt werden, damit sie in das Langzeitgedächtnis gelangen. Geschieht dies nicht, werden sie vergessen. Aufgabe des Übens und Wiederholens ist also, die Kodierungsprozesse und Transformationsprozesse auszulösen, um das, was die Schüler und Schülerinnen lernen sollen, ins Langzeitgedächtnis zu übertragen und von dort abrufbar zu machen. Dies kann im Frontalunterricht gemeinsam oder auch als Anleitung und Einweisung in individuelle Lernstrategien geschehen.

Zwei Grundformen des Übens

In der Lernpsychologie unterscheidet man zwei Grundformen des Übens und Wiederholens: Das mechanische und das elaborierende Üben (nach Edelmann 2000, 281), wie folgende Übersicht zeigt.

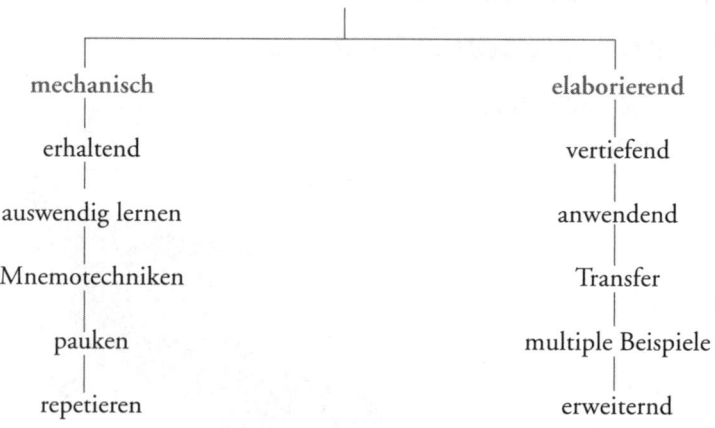

Üben und Wiederholen

mechanisch	elaborierend
erhaltend	vertiefend
auswendig lernen	anwendend
Mnemotechniken	Transfer
pauken	multiple Beispiele
repetieren	erweiternd

Abb. 13 : Zwei Grundformen des Übens und Wiederholens

1. *Mechanisches Üben*

Die Hauptfunktion des mechanischen Übens ist es, dem Vergessen entgegenzu-wirken. Oft wird es gleichgesetzt mit Pauken, Drill und Auswendiglernen. Ob-wohl es pädagogisch anrüchig erscheint, ist es doch unumgänglich. Jedes Fach enthält Teile, die man auswendig lernen muss, die sich nicht durch Überlegen, Nachdenken oder Verstehen erschließen lassen: Vokabeln, chemische Bezeich-nungen, Axiome, Namen u.a.m. Ein normales deutsches Physikbuch der Se-kundarstufe enthält etwa 2000 Fremdwörter, technische Ausdrücke und Begriffe, von denen sich nur eine Teil aus dem Zusammenhang erschließen lässt. So ist es redlicher und ehrlicher, Schüler und Schülerinnen offen darüber zu informieren, was einfach auswendig gelernt werden muss. „Lehrer, die alles unter dem An-schein des Verstehbaren vermitteln, produzieren Lernprobleme. Ein Beispiel: Die Schüler glauben, sie müssten die mechanische Gleichung für Arbeit verstehen. Dabei kann man sie aus sich selbst heraus nicht begreifen. Sie ist selbstevident.

Der gesunde Menschenverstand vermag sie nicht jederzeit zu konstruieren." (Frey 1989, 8/22) Darum ist es sinnvoller, den Schülern und Schülerinnen die nötigen hilfreichen Techniken zu vermitteln und diese im Frontalunterricht solange zu üben, bis die Lernenden sie allein oder in Gruppen anwenden können.

Empirisch in der Wirksamkeit gut belegt sind die Regeln für das mechanische Üben, die Karl Frey (1989,8) entwickelt hat:

Übungsregeln

1. *Sofort anfangen* (ein kurzer Abstand des Übens zum neu gelernten Stoff ist gedächtniswirksamer als ein größerer zeitlicher Abstand zwischen Einführung und Wiederholung des Lehrstoffes.)

2. Das *Üben verteilen* (lieber an fünf Tagen einmal als an einem Tag fünfmal)

3. Auf *Vorrat lernen* (overlearning: nach dem Lernen eines Stoffes mit dem Gefühl: „Jetzt kann ich es" nicht aufhören, sondern mit nur der Hälfte der Zeit den Stoff noch mal studieren, – ein hochwirksames Verfahren!)

4. Jedes mal *aktiv reproduzieren* (nicht nur etwas durchlesen, sondern auf gestellte Fragen antworten, einem Zuhörer erzählen oder erklären, laut vor sich selbst hersagen usw.)

5. *Sofort kontrollieren und verstärken* (z. B. Antworten und Lösungen auf der Rückseite von Lernkarteikärtchen vergleichen, als Lehrkraft sofort Feedback geben, wenn möglich als klare Erfolgsbestätigung oder „Belohnung" – das hat eine Effektstärke von 1.17!)

6. *Lernhemmungen vermeiden* (nach dem Lernen von Englisch-Vokabeln nicht gleich Französisch-Vokabeln hinterher lernen, das erschwert den Erwerb der Französisch-Vokabeln nach dem Gesetz der proaktiven Inhibition; umgekehrt werden rückwärts auch die Englisch-Vokabeln nicht so gut behalten – Gesetz der retroaktiven Inhibition; Konsequenz: Pausen machen, vor und nach dem Repetieren einige Minuten nichts tun, was dem Gelernten ähnelt.)

Diese Regeln zeigen, dass auch das mechanische Üben im Unterricht und zu Hause nicht ermüdender Drill sein muss, sondern auf Erfolg zielt. Und bekanntlich ist nichts erfolgreicher als der Erfolg, – auch beim Üben und Wiederholen!

2. *Elaborierendes Üben*

Elaboration ist der zweite Typus des Übens und bedeutet die Ausarbeitung des Lerngegenstandes durch variantenreiche Übungsformen. Damit ist das Üben Bestandteil des gesamten Lernprozesses und nicht bloß ein lästiges Anhängsel. „Erst durch elaborierende Übungen wird das differenzierte Endergebnis erreicht." (Edelmann 2000, 281) Zugleich wird der alte Streit um die Alternative „Mnemotechniken" versus „kognitive Lernstrategien" überflüssig.

Wenn nämlich „Lernen als ein zusammengesetzter Prozeß betrachtet wird, der aus einer Verknüpfung der Komponenten *Verstehen*, *Speichern* (oder *Behalten*), *Abrufen* und *Anwenden* besteht" (Steiner 1996, 280), dann gewinnt auch das Üben eine neue kognitive Qualität. Traditionell wird Üben und Wiederholen als Einprägen fertiger Wissensbestände verstanden, wie Ziegelsteine, die von Hand zu Hand weitergereicht werden. Das ist falsch. Im elaborierenden Üben wird Wissen nämlich neu konstruiert (gemäß der Grundthese des Konstruktivismus): Durch Anwendungsbeispiele unterschiedlicher Art wird es neu vernetzt und mit Vorwissen verknüpft. Beim wiederholenden Durcharbeiten – ausgehend von neuen Startpunkten und über teilweise neue Wege – kommt es zu einem Neukonstruieren derselben Inhalte. Der Aufbauprozess von Wissen und Können wird also von verschiedenen Seiten her noch einmal vollzogen, „sodaß die ursprünglichen Verknüpfungen, Verdichtungen und Strukturierungen aufgrund leicht verschiedener Konstruktionsprozesse noch einmal entstehen." (Ebd. 305) Elaborierendes Üben kann also die Flexibilität des Denkens erhöhen, kann Vertiefung, Transfer, Problemlösen, Selbststeuerung und Kreativität fördern.

Einleuchtende Beispiele für ein solches elaborierendes Üben sind vor allem mehrfache Verknüpfungen mit bereits verfügbaren begrifflichen Elementen: Nach einer Unterrichtseinheit über Mineralien zum Beispiel ist es sehr effektiv, die wesentlichen Begriffe neu zu ordnen und dazu mit der Lerngruppe eine Begriffshierarchie zu erarbeiten. (Empirisch wurde nachgewiesen, dass das Lernen mit einer solchen Begriffshierarchie dreimal so erfolgreich ist wie das bloße Einprägen von Einzelheiten, van der Meer 1996, 224, Mietzel 1993, 185, danach die folgende Abbildung 14.)

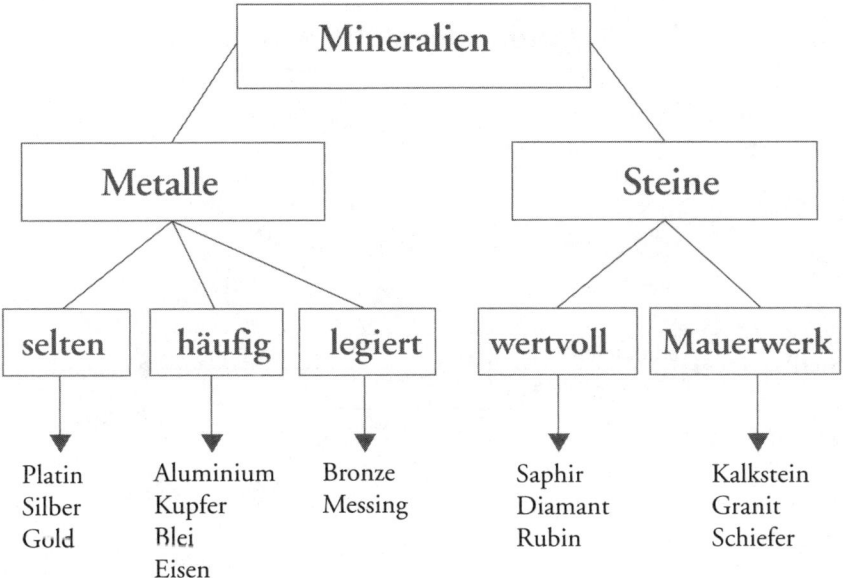

Abb.14: Hierarchie von Begriffen, die das Einprägen fördern

Vor allem das Vernetzen von Begriffen und Beziehungen durch Strukturskizzen (aber auch Mind-Maps, Diagramme, Zeitleisten, Poster, Collagen), überhaupt Techniken der Visualisierung, helfen dabei, das Erarbeitete neu zu durchdenken. Optimal ist die Anfertigung in Einzel- oder Gruppenarbeit durch die Schüler und Schülerinnen selbst; die Lehrkraft kann aber auch an der Tafel oder am Over-headprojektor solche Schaubilder mit der Klasse erarbeiten (z. B. auf einer Folie mit einer Europakarte die wichtigsten Bewegungen deutscher Truppen im 2. Weltkrieg mit unterschiedlichen Farben und Symbolen vom „Blitzkrieg" bis zur Kapitulation einzeichnen. Die Wiederholung wird „weiträumig" und zugleich „verdichtend".) Die folgende Abbildung (aus: Sauer 2000, 89) zeigt eine Strukturskizze zum Thema Rassenideologie des 3. Reiches, in der zentrale Begriffe, Zusammenhänge und Beziehungen als Kernaussagen bildlich prägnant zum Vorschein treten.

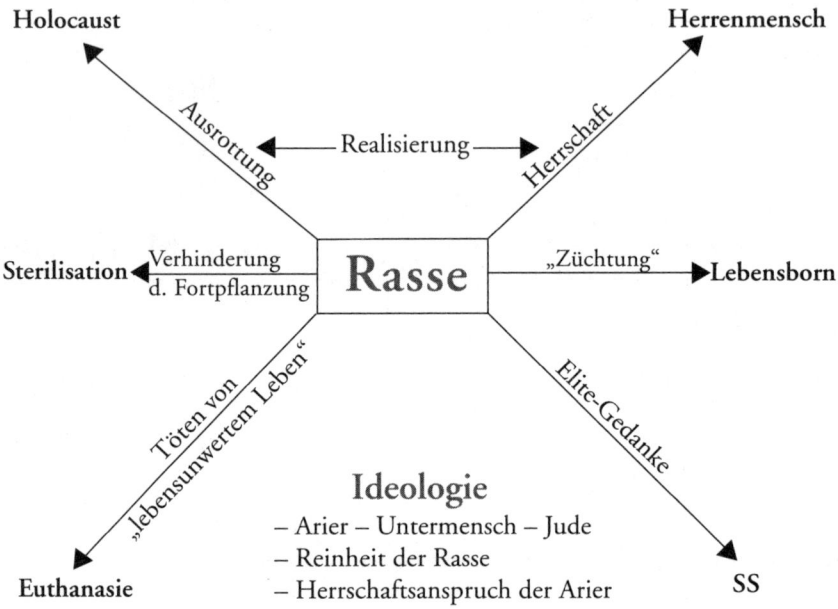

Abb. 15: Rassenideologie des dritten Reiches

Solche Visualisierungen (auch als Zwischenergebnisse des Unterrichtes!) tragen wesentlich zur „multiplen Kodierung" von Informationen bei: „Bildhafte Vorstellungen zählen zu den effektivsten Enkodierungsformen." (Van Meer 1996, 225)

Elaborieren durch Transfer

Schließlich liegt in Transferaufgaben eine der wichtigsten Strategien, der Öde und Langeweile beim Üben und Wiederholen vorzubeugen. Wenn Schüler und Schülerinnen eine Fertigkeit erworben haben (z. B. Dreisatzaufgaben zu lösen), werden sie diese nur als nützlich begreifen, wenn sie sie auf neue Problemstellungen anwenden können. Auch das muss geübt werden. Die ganze Anwendungsbreite aufzuzeigen, verhindert die Entstehung trägen Wissens, das nicht zur praktischen Anwendung kommt.

Wenngleich die Ergebnisse der Transferforschung hinsichtlich der Transfereffekte „manchmal widersprüchlich, oft sogar völlig enttäuschend sind" (Steiner 1996,

286), so stehen doch Übung und Transfer in enger Verbindung (Edelmann 2000, 282). Das Üben mit der Anwendung des Gelernten auf weitere Felder des Lebens und der Wirklichkeit zu verbinden, beugt hervorragend einem bloß mechanischen Üben und Wiederholen vor. Merke aber: Sachliches und prozedurales Wissen ist die Voraussetzung für Anwendung und Transfer; wer nichts weiß, kann nichts anwenden.

Allerdings müssen Transferaufgaben nicht immer neue Probleme beinhalten. Wie Renkl (2000, 18) durch zahlreiche empirische Forschungen belegt hat, ist auch das Üben durch Lösungsbeispiele sehr effektiv. Dabei geht es nicht um die Lösung neuer Problemstellungen, sondern viel schlichter um ein Einüben von Einsichten, welche allgemeineren Prinzipien hinter einer Aufgabe stehen. Dabei ist die instruktionale Erklärung durch die Lehrkraft vorne an der Tafel als *alleiniges* Setting wenig effektiv. Wichtiger ist es, Schülern und Schülerinnen (z. B. bei der Übung von Zinseszins und Effektivzinsrechnung) nur am Anfang modellhaft von vorne aus zu Erklärungen anzuleiten (z. B. indem die Lehrkraft laut denkend die wichtigsten Operatoren zur Lösung eines Beispieles vorführt, dann aber die Lernenden ermuntert, Selbsterklärungen zu erarbeiten.) Bei einem Lösungsbeispiel wird also der Schüler (nach der Anfangsinstruktion) aufgefordert, selbst nach den Prinzipien zu suchen, nach denen eine Lösung funktioniert – ein hoch effektives Verfahren zur Übung, weil es nicht Energien für die Lösung neuer komplexer Probleme verbraucht, sondern mehr Raum für das Einüben anwendbarer Lösungsschemata zur Verfügung steht.

Das Geheimnis des Übens

Heinrich Roth, der große Forscher und Pädagoge, hat es bereits in den siebziger Jahren klassisch formuliert: „Übungen unter immer wieder neuen Gesichtspunkten, an immer wieder anderem Material, in immer wieder neuen Zusammenhängen, anderen Anwendungen, unter immer wieder neuen größeren Aufgaben – darin steckt das Geheimnis des Übens." (Roth 1976, 275)

Schließlich geben Gage und Berliner (1996, 332) einige praktische Hinweise, die beim Transfer als zentraler Übungsform beachtet werden müssen.

Transfer als Übungsform
1. *Wirklichkeitsnahe Bedingungen* für die Übertragung schaffen: Schülern und Schülerinnen die Zeit geben zum Üben, die wirklich zur Verfügung steht (nicht einen Aufsatz in 20 Tagen anfertigen lassen, wenn bei der Klassenarbeit nur 90 Minuten zur Verfügung stehen).

2. *So viele Übungsaufgaben wie möglich stellen*, bevor der Transfer erfolgt (man denke an Piloten, die -zigmal auf dem Heimatflughafen die Landung üben, bevor sie auf einem fremden Flugplatz landen dürfen.) Also erst mal das Grundlegende sichern, dann die Anwendung und Übertragung auf fremde Felder riskieren.

3. Übungsmöglichkeiten in Aufgabenbereichen anbieten, die *mit dem ursprünglichen Aufgabenbereich verwandt* sind (wenn es z. B. um das Thema Kaufverträge geht, möglichst unterschiedliche Verträge anbieten, in denen bei wechselnden Vertragspartnern die gemeinsamen Faktoren wie Kaufpreis, Zahlungsmodalitäten, Garantieansprüche etc. vorkommen). Dabei wird, wie oben gezeigt, eine konstante Idee dekontextualisiert, also aus der konkreten, unmittelbaren Situation herausgelöst und auf andere Situationen übertragen.

4. *Negativen Transfer* beachten: Stimuli sind sich sehr ähnlich, die erforderlichen Reaktionen aber sind unterschiedlich (z. B. Bundestag und Bundesrat sind leicht zu verwechseln, Ethnographie, Ethnologie und Ethologie klingen ähnlich, meinen aber völlig Verschiedenes). Konsequenz: Immer nur einen Begriff und seine Verwendung, seinen Kontext üben.

5. Betonen Sie die frühzeitige *Aneignung von Voraussetzungswissen* (bevor man die sowjetische Politik während des Kalten Krieges analysiert, ist es notwendig, die Sowjetunion während des zweiten Weltkrieges zu studieren. Bevor man sich auf steilere Pisten wagt, muss das Bogenfahren auf einem einfachen Hang geübt werden.)

6. Lassen Sie die *Schüler und Schülerinnen selber ein Modell konstruieren*, das die wesentlichen Elemente einer Übungsaufgabe enthält oder Transferaspekte beinhaltet. Schüler können sich durchaus selbst Anwendungsbeispiele ausdenken: Wofür kann man die Messung der Schallgeschwindigkeit gebrauchen? Was messen die Schüler zu Hause, wie oft tun sie dies, mit welchem Sinn und Zweck? Die Verbindung des zu Übenden mit außerschulischen Erfahrungen ist außerordentlich effektiv.

7. Es ist sinnvoll, im Frontalunterricht einen Schüler oder eine Schülerin zu bitten, die *eigenen Lösungswege laut denkend vorzutragen*. Andere Lernende können dies dann besser nachvollziehen und mit ihren eigenen Strategien vergleichen. Alle lernen von einem. Zugleich wird die Bedeutung der Metakognition deutlich: Was kann ich schon, wo habe ich Lücken, was fehlt mir noch? Welche persönliche Bedeutsamkeit hat das Üben für mich, was kann ich daraus gewinnen? Die Lehrkraft kann auch beim Üben vor allem immer wieder die Chance nutzen, selber als Modell zu fungieren, zu zeigen, wie man selbst die Lösung findet, so dass die Schüler und Schülerinnen dies nachahmen können.

Neben dem Transfer dient das Üben auch zur *Qualitätssteigerung*. Beim Schreiben von Aufsätzen beispielsweise sind Elaborationsstrategien nötig. Die Lehrkraft kann hierbei im Frontalunterricht die Anwendung neuer Strategien modellhaft (z. B. durch lautes Denken) kognitiv modellieren: „Ich soll also einen Aufsatz zum Thema ‚Jugend und Mode' schreiben. Das Thema interessiert mich, weil viel Geld für Mode ausgegeben wird. Ich setze mich hin und mache eine Gedankensammlung, notiere einfach alles, was mir einfällt. Dann setze ich mir Ziele: Was will ich erreichen? Welche Ober- und Unterziele ergeben sich als Folge? Außerdem unterscheide ich genau zwischen Tatsachen und meiner eigenen Meinung. Daraus entwickle ich eine erste Gliederung. Die sieht so aus: ... An dieser Gliederung entlang fange ich an zu schreiben." Usw. Ähnlich kann die Lehrkraft vorführen, wie man einen Text liest, einen mathematischen Beweis findet, ein kniffliges physikalisches Problem bearbeitet.

Schließlich gibt es auch das Üben zur *Automatisierung*: Fertigkeiten sollen zur Routine werden (die schriftliche Subtraktion soll sitzen), die Ausführung soll schnell und korrekt erfolgen, damit künftig wenig Aufmerksamkeit dafür verbraucht wird (Verarbeitungskapazität wird frei gesetzt, mehr kognitive Kapazität steht für die Bewältigung komplexerer Anforderungen zur Verfügung). Im Unterschied zum verständnisorientierten Lernen (bei dem Fehler sehr produktiv sein können!) muss die Lehrkraft darauf achten, dass Fehler vermieden werden und sich nicht einprägen. Gemeinsam im Frontalunterricht erarbeitete Übungsaufgaben helfen dabei, dass sich der richtige Algorithmus (=Lösungstechnik) verfestigt.

Weitere Übungsstrategien
In der Lernpsychologie werden zwei grundlegenden Strategien unterschieden. (Steiner 2001, 184)

– Die *G-Methode*. G wie ganzheitlich bedeutet, dass der zu lernende Stoff einen Zusammenhang bildet, ein Ganzes, aus dem die Teile ihren spezifischen Sinn gewinnen (z. B. ein Gedicht, bei dem die Strophen von der Gesamtheit her ihren Sinn erhalten). Vor allem wenn es um das Einprägen von Zusammenhängen, um eine Gesamtbild, einen Sinnzusammenhang geht, ist das Lernen nach der G-Methode sinnvoll (also z. B. die Strophen eines Gedichtes nicht nacheinander lernen, sondern durch wiederholtes lautes Lesen des ganzen Gedichtes in einem Zug). So wird eine Art „Drehbuch" aufgebaut, das für den Abruf eine leitende Funktion gewinnt.
– Die *T-Methode*. T wie Teillernmethode besagt, dass immer dann, wenn eine Lernaufgabe aus einzelnen, in sich geschlossenen Einheiten besteht (z. B. einzelne Vokabelpaare, die als deutsches und fremdsprachliches Wort wie ein Informationspaket gelernt werden), das getrennte Lernen von Teilen zweckmäßig ist.

Wann ist welche Methode sinnvoll? „Wenn eine Lernaufgabe also aus einzelnen, in sich geschlossenen Einheiten besteht, ist die T-Methode angemessen, sobald sie aber ein integriertes Ganzes darstellt und die Kontinuität zwischen den einzelnen Teilen im Sinne eines Drehbuches gegeben ist, ist die G-Methode auch bei hoher Komplexität der Aufgabe die vorteilhaftere." (Steiner 2001, 184)

Weiterhin muss die Lehrkraft entscheiden, ob sie Übungsprozesse als *massiertes oder verteiltes Üben* in den Unterricht einplant. Massiertes Üben im Sinne eines länger dauernden, intensiven Einprägens hat sich nach allen Ergebnissen der Lernforschung als wenig günstig erwiesen, verteiltes Üben ist effizienter. (Steiner 1996, 284) Dies gilt auch für die zeitliche Rhythmisierung, wie jeder Praktiker weiß: Regelmäßig zehn Minuten sind besser als zwei Stunden hintereinander. Besonders günstig ist dabei, die Zeitpunkte des verteilten Übens von Mal zu Mal weiter zu strecken (expanded retrieval practice), weil dadurch auch der Prozess des Abrufens selbst eine qualitative Verbesserung erfährt. „Von diesem Verfahren weiß man, daß es nachhaltige Konsolidierungs- bzw. Behaltenseffekte hervorbringt" (ebd. 306).

Grundprinzipien des Übens

Schließlich sind einige praktische Prinzipien hilfreich (WPB H. 11/1987, PÄDAGOGIK H.10/1998).

● Die *Übungsbereitschaft muss geweckt werden.* Die Lehrkraft macht im Frontalunterricht für alle transparent, wozu das Üben und Wiederholen erforderlich ist. Sie lässt die Schüler und Schülerinnen mitbestimmen. Realistische Übungsziele werden formuliert (die keine *Unter*forderung oder „Beschäftigungstherapie" für die Leistungsstärkeren und keine *Über*forderung durch zu hohe Ansprüche an die Leistungsschwächeren bedeuten). Ein möglichst großes Instrumentarium und breites Spektrum von Impulsen hilft, das Üben abwechslungsreich und vielleicht sogar lustbetont zu machen. In jedem Fall wird der Erfolg des Übens erhöht, wenn die Gegenstände subjektiv bedeutsam sind, wenn sie in sinnvollen und strukturierte Zusammenhänge eingebettet sind (keine zusammenhanglosen Informationen einpauken! Strukturierte Informationen in sinnvollen Zusammenhängen werden nachweislich besser behalten als unstrukturierte, sinnlose). Außerdem sollten die Gegenstände mit bereits vorhandenen Kenntnissen, Fertigkeiten und Kompetenzen verknüpft sein.

● Wie bereits mehrfach betont und in der Lernpsychologie vielfach empirisch belegt, ist das *Prinzip des Erfolges* beim Üben von größter Bedeutung. Es führt zur „learner-self-efficacy" (Steiner 1996, 292), zum Bewusstsein der Wirksamkeit und Fruchtbarkeit des eigenen Lernens, – kurz zu Stolz und Selbstbewusstsein. Voraussetzung dafür ist es allerdings, dass nicht nur die Lehrkraft den Erfolg feststellt, sondern auch den Lernenden Selbstkontrolle und Möglichkeiten der Selbstevaluation möglich sind.

• Die Perspektive des Übens und Wiederholens ist der *Gebrauch*. Üben und Wiederholen sind sinnvoll, – nicht weil die Lehrkraft das Üben gut findet oder die Eltern nachmittags angesichts einer bevorstehenden Klassenarbeit Druck machen, sondern weil Üben zur sicheren Beherrschung und zur Anwendung des Gelernten führt. Eine hohe Eigenaktivität wirkt sich positiv auf das Behalten und Verwenden aus. Die Beteiligung möglichst vieler Sinne unterstützt dieses sehr. Wird eine Übung hingegen ständig in der selben Form durchgeführt, kommt es bald zu einer Sättigung, zu Leistungsstillstand oder gar zu Leistungsabfall. Das Günstigste aber ist, wenn Üben und Wiederholen mit der „wirklichen Wirklichkeit" verbunden werden können, wenn Unterrichtsergebnisse durch eigenes Forschen, Erkunden, Befragen, Untersuchen, Experimentieren usw. ihren „Gebrauchswert" zeigen.

• Üben und Wiederholen müssen *betreut werden*. Unverstandenes kann nicht sinnvoll geübt werden, die Lehrkraft muss erst mal sicherstellen, dass alle den Stoff verstanden haben und das Richtige üben und dass es allen klar ist, *was* geübt werden soll.

• Üben und Wiederholen müssen *kontrolliert* werden: Unmittelbare Kontrolle ist wirksamer als verzögerte, ermutigende Kontrolle ist wirksamer als ausschließliche Fehlerhinweise; Hinweise zur Vermeidung von Fehlern sind nützlicher als bloße Fehlerkorrektur.

• Für das praktische Üben und Wiederholen gibt es eine Fülle von Techniken und Vorschlägen, die ich hier nicht im einzelnen aufführen kann. Sie reichen vom handlungsorientierten Üben (Jank 1987, 9 ff., Zöllner 1987, 24 ff., Leupold 2000, 140 ff.) über das Quiz in der Klasse und Lern- und Übungsspiele, Rollen- und Planspiele bis zu Techniken der Erschließung eines Textes nach der PQ4R-Methode (**P**review – vorausschauend einen Text überfliegen, **Q** – Questions, also Fragen dazu stellen, **R** – wie Read, also Lesen des Textes, **R** – wie Reflect, also Nachdenken, **R** – wie Recite, also mit eigenen Worten wiedergeben, **R** – wie Review, also nochmaliges gedankliches Durchgehen des Textes).

Wie Üben und Wiederholen im Klassenverband/Klassenunterricht (und nicht nur einzeln zu Hause) spannend werden kann, zeigen die beiden folgenden Beispiele.

Beispiel: Netzwerktechnik bei der Wiederholung

Besonders eindrucksvoll finde ich die *Netzwerktechnik* (Peterßen 1999, 213 ff). Sie funktioniert nach vier Schritten (hier am Beispiel Nationalsozialismus im 9. Schuljahr):

1. Zentrale Begriffe und Themen der Unterrichtseinheit werden auf Karteikarten geschrieben und an die Teilnehmenden durch Zufall verteilt (z. B. „30.Januar

1933", „Ideologie Hitlers", „Hitlerjugend", „Propaganda" u.a.m.). Man kann sein Begriffskärtchen auch tauschen, es gibt mehr Karten als Teilnehmende.

2. Jeder vergewissert sich, ob er zu seinem Begriff etwas sagen kann. Informationen zum eigenen Begriff bei andern Teilnehmern können eingeholt werden.

3. Alle stehen oder sitzen im Kreis, jeder erklärt nun seinen Begriff. Wer glaubt, dass sein Begriff sich gut an den vorherigen anschließt und passt (Vernetzung!), macht Fortsetzung.

4. Wer fertig ist, legt sein Kärtchen in die Mitte.

Das folgende Verfahren hat den großen Vorteil, dass alle Schüler und Schülerinnen aktiv beteiligt sind, dass eine intensive Nachbereitung des Themas erfolgt und dass bei Unklarheiten neue Fragen zur Bearbeitung aufgeworfen werden, ein Glücksfall beim Üben und Wiederholen.

Beispiel: Wettstreit im Physikunterricht

Der Wettstreit verläuft in den folgenden fünf Schritten. (Hepp 2000, 115)
1. Alle Schüler und Schülerinnen bearbeiten zu Hause ein Arbeitsblatt zum durchgenommenen Thema.

2. Die Klasse wird in zwei Parteien geteilt, jede Partei bestimmt einen Spielleiter, der nach vorn geht.

3. Die Lehrkraft liest nun eine Frage vor. Wenn sich mindestens drei Mitglieder einer Partei zur Beantwortung melden, betätigt der Spielleiter der Partei eine Klingel.

4. Vom jeweils anderen Spielleiter wird nun bestimmt, wer die Antwort geben soll. Die beiden andern Schüler dürfen die gegebene Antwort ergänzen.

5. Die Richtigkeit und Vollständigkeit beurteilt die gegnerische Mannschaft, das letzte Wort hat der Lehrer, der entscheidet. Entsprechend werden jeweils Punkte vergeben.

Abschließend noch der Hinweis, dass beim Üben und Wiederholen besonders auf ängstliche Schüler und Schülerinnen geachtet werden muss. Sie leiden oft unter Prüfungsangst, besonders bei Klassenarbeiten und anderen Prüfungen. Es verbessert die Atmosphäre in der Klasse erheblich, wenn die Lehrkraft mit allen Lernenden gemeinsam gezielte Übungen macht, um der Prüfungsangst zu begegnen. Frontalunterricht ist hier unentbehrlich, um mit den Mutigen und den Ängstlichen im Verbund eine entspannte Gesamtatmosphäre zu schaffen. Wie man die Angst vor kontrollierenden Leistungsüberprüfungen nehmen und wie man vor Klassenarbeiten sinnvoll üben kann, habe ich andernorts mit praktischen Beispielen beschrieben (Gudjons 2000).

Ergebnissicherung

Üben und Wiederholen sind Teil der Ergebnissicherung des Unterrichtes, aber nicht mit dieser identisch. Alle Unterrichtsformen, von der lehrerzentrierten Stoffdarbietung im Frontalunterricht bis zu Freiarbeit und Projektunterricht, sind angewiesen auf die Sicherung der Ergebnisse gemeinsamer Arbeit. Abgesehen davon, dass „Ergebnissicherung" ein äußerst schillernder Begriff der Didaktik ist (Jank 1987, 9 ff., Heymann 2001, 7 ff.), ist zu unterscheiden zwischen einer direkten Ergebnissicherung und einer immanenten.

● Die *direkte* Ergebnissicherung erfolgt in der Regel am Ende eines Lernprozesses (auch einer Stunde oder Unterrichtseinheit) und arbeitet die tragenden inhaltlichen Strukturen, das Wesentliche und das Verbindliche gemeinsam mit den Schülern und Schülerinnen noch einmal heraus. Eine solche direkte Ergebnissicherung kann der Rückmeldung für Lehrkraft und Schüler dienen („sitzt der Stoff?"), der Korrektur von Fehlern und der Vervollständigung bei Lücken, der Dokumentation dessen, was denn nun festgehalten werden soll (auch an offenen Fragen), kann Anknüpfungspunkt für eine neues Thema sein oder der Unterrichtsauswertung gemeinsam durch Schüler und Lehrer dienen.

● Die *immanente* (oder auch indirekte) Ergebnissicherung erfolgt prozessbegleitend. In ihr werden Kenntnisse, Fähigkeiten und Fertigkeiten geübt, die den Schülern oft gar nicht bewusst sind (Schreiben, Lesen, Protokollieren, Beobachten; bei Prozentrechnung kommen gleichzeitig Division und Multiplikation zur Übung u.a.m.). Dies ist nicht ausdrücklich Unterrichtsinhalt, aber eine wichtige Form der permanenten Verfestigung und Sicherung.
Aus diesen Funktionen ergibt sich, dass Ergebnissicherung, einschließlich des Übens und Wiederholens, Teil der *gesamten Unterrichtsplanung* ist. Vermittlung, Erarbeitung und Aufnahme neuen Wissens sind ebenso sorgfältig zu planen und zu organisieren wie Festigen, Einüben und Sichern.
Üben und Wiederholen im Rahmen einer umfassenden Ergebnissicherung kommen ohne den Frontalunterricht nicht aus. Ebenso wichtig sind frontalunterrichtliche Phasen für das Planen, Koordinieren und Auswerten von Lehr-/Lern-Prozessen.

3.3.6 Lehr-/Lernprozesse
planen, koordinieren, auswerten

Das Grundmodell einer Verbindung frontalunterrichtlicher Phasen mit selbsttätiger Schülerarbeit ist nun hinreichend bekannt: Am Anfang steht eine Einführungs-, Planungs- oder Vorbereitungsphase mit der gesamten Klasse, es folgt eine Phase von selbsttätiger Einzelarbeit, Partner- oder Gruppenarbeit, deren Ergebnisse in einer Schlussphase in der Gesamtklasse vorgestellt, diskutiert, verarbeitet und bewertet werden. Dieses Modell wird auch immer wieder praktiziert, weil es in seiner Struktur einfach und in seinem didaktischen Sinn leicht nachvollziehbar ist.

Planen

Es wäre schon ein großer Fortschritt für eine Demokratisierung von Schule und Unterricht, wenn die Lehrkraft regelmäßig zu Beginn einer Unterrichtseinheit die Ziele, die thematische Struktur und das methodische Vorgehen bekannt geben würde. Die Lernenden werden dann nicht im Unklaren darüber gelassen, was sich die Lehrkraft am Schreibtisch erarbeitet hat. Der folgende Unterricht wird transparent, alle können sich darauf einstellen und begreifen, was sie von dem zu erwartenden Unterricht gewinnen, was sie lernen können. Das war der springende Punkt des „informierenden Unterrichtseinstieges" von Jochen Grell (1983). Ob dies mündlich, durch eine Übersicht an der Tafel oder durch eine Wandzeitung, die während des gesamten Unterrichtes für alle sichtbar aushängt, geschieht, ist sekundär. Die positiven Effekte einer solchen Transparenz für die Lernprozesse der Schüler und Schülerinnen konnten inzwischen empirisch überzeugend bestätigt werden. (Frey 1989, 3/17 und 15/12). In jedem Fall muss die Lehrkraft glaubwürdig machen, dass es sinnvoll ist, einen bestimmten Stoff zu lernen, auch wenn sich der Sinn erst differenzierter im nachhinein erschließt. Dabei schadet eine subjektive Begeisterung des/der Lehrenden keineswegs, wie die Befunde zum Zusammenhang zwischen Enthusiasmus der Lehrkraft für den Unterrichtsstoff und dem Lernerfolg (insbesondere bei älteren Schülern) unterstreichen (Bromme 1997, 191).
Aber wenn Unterricht nach dem Verständnis des großen, 1993 verstorbenen Didaktikers Wolfgang Schulz (1981) wirklich ein „respektvoller Dialog" zwischen Lehrenden und Lernenden sein soll, ist ein weiterer Schritt erforderlich, nämlich die Schüler und Schülerinnen bereits *in* den Planungsprozess einzubeziehen. Allerdings bleibt die professionelle Kompetenz des Lehrers für Unterrichtsplanung dabei die Grundlage, wobei er nicht „wie ein lebendiger Wattebausch auf jeden Huster eines Schülers seine eigenen Zielvorstellungen über den Haufen wirft." (H. Meyer 1980, 355) Wie eine solche Mitbeteiligung von Schülerinnen und

Schülern an einer Unterrichtsplanung handlungsorientiert (z. B. durch Brainstorming, Phantasiereisen, Rollenspiele, Moderationsmethode, Vorschlagslisten u.a.m.) aussehen kann, habe ich an anderer Stelle beschrieben. (Gudjons 2001, 116 f.) Im übrigen zeigen empirische Untersuchungen zur Beurteilung von Unterricht aus Schülersicht übereinstimmend, dass Schüler und Schülerinnen in der Regel den Unterricht aktiv mitgestalten *wollen*, dass sie Unterricht dann positiv einschätzen, wenn die Lehrkraft ihre Vorschläge und Ideen zur Unterrichtsgestaltung aufgreifen. (Fichten 1993, 112, Apel 2000, 154)

Lehreraktive Planung

Die frontalunterrichtliche Vorbereitung von schüleraktiven Unterrichtsabschnitten erfolgt zunächst *„lehreraktiv"*, d. h. die Lehrkraft stellt den folgenden Abschnitt, in welchem die Schüler eigentätig arbeiten, inhaltlich und organisatorisch vor. Der Lehrer oder die Lehrerin gibt Erklärungen, Einführungen, erläutert Regeln, weist auf Rahmenbedingungen hin u.a.m.

● Beim *Wochenplanunterricht* z. B. muss der Plan nicht nur ausgeteilt, sondern auch erklärt und begründet werden, Schülerfragen sind zu beantworten und Termin, Art und Ziel von Abschlussüberprüfungen sind bekannt zu geben. Möglicherweise muss auch der Klassenraum für neue Sozialformen umgestaltet werden.

● Auch in der *freien Arbeit* kann es nicht einfach „drauflosgehen". Gerade dann, wenn solche Verfahren für eine Klasse noch nicht zum ständigen Arbeitsrepertoir gehören, müssen wichtige Fragen vorher gemeinsam geklärt werden, z. B. für Erkundungen: Wie viel Zeit haben wir dafür außerhalb der Schule? Dürfen wir das alleine machen? Entstehen Kosten? Was machen wir, wenn Leute nicht zum Gespräch bereit sind? Wie halten wir Ergebnisse fest? Solche Rahmenbedingungen müssen sorgfältig geklärt werden. Und was antwortet die Lehrkraft auf die Frage: „Kriegen wir dafür auch Noten?" Das verweist auf die Notwendigkeit, Kriterien der Leistungsfeststellung und Leistungsbewertung in offenen Unterrichtsformen vorher festzulegen (Grunder/Bohl 2001).

● Auch beim *Stationenlernen* ist es sinnvoll, mit einer gemeinsamen frontalunterrichtlichen Phase zu beginnen. Dazu ein Beispiel aus der Grundschule. (Rick 2002, 6 ff.)

Beispiel: Stationenlernen im Mathematikunterricht der Grundschule

Eine insgesamt auf 10 Unterrichtsstunden angelegte Einheit zum Thema Spiegeln und Symmetrie wurde folgendermaßen aufgebaut:
1. Stunde: Einführung in die Symmetrie, Falten und Schneiden

2. Stunde: Einführung ins Spiegeln

3.–6. Stunde: Stationsbetrieb mit 8 Stationen, unterschiedliche Aufgaben, z. B. Zauberspiegel, Spiegelschrift lesen und erzeugen, Labyrinthe im Spiegel durchlaufen, Zeichnungen symmetrisch fortsetzen

7.+ 8. Stunde: Erstellung von eigenen Aufgaben zum Thema

9. und 10. Stunde: Planung und Durchführung einer Ausstellung zum Thema Spiegeln und Symmetrie

In der *Einführungsstunde* wurden zunächst anhand unterschiedlicher Bilder (z. B. Schmetterlinge) die Eigenschaften der Symmetrie herausgearbeitet, bevor die Kinder anschließend – selber handelnd – durch Falten und Schneiden von Papier eine Fülle symmetrischer Bilder herstellten. Auch die Stationenarbeit in der 3.–6. Stunde wurde vorbereitet durch eine *gemeinsame Einführung* in die Eigenarten des Spiegelns. Außerdem wurden nach jeder Stunde die Erfahrungen gemeinsam im Klassenverband besprochen und ausgewertet.

An diesem kleinen Beispiel wird sehr schön deutlich, wie frontalunterrichtliche Abschnitte zur Vorbereitung und Auswertung nicht nur organisatorisch, sondern vor allem inhaltlich in den Lernprozess integriert wurden und sich als didaktisch unverzichtbar erwiesen.

● Ähnliches gilt für *Gruppenunterricht* (Gudjons 1993, 2002, Dann/Diegritz/ Rosenbusch 1999). Nicht nur die Aufgabenstellungen für die Gruppen müssen sehr genau erfolgen, sondern auch die Frage der Gruppenzusammensetzung ist gemeinsam zu klären (sofern die Lehrkraft sie nicht aufgrund besonderer pädagogischen Überlegungen festgelegt hat). Auch während der Gruppenarbeit muss die Aufgabenstellung ggf. durch frontale Zwischenphasen wieder in den Blick gerückt, differenziert oder korrigiert werden. Schließlich macht die Auswertung von Gruppenarbeit selbstverständlich einen frontalen Unterrichtsabschnitt erforderlich, wobei zunächst die Schüler und Schülerinnen im Mittelpunkt stehen, bei der Vertiefung, Zusammenfassung und Erweiterung der Gruppenergebnisse aber auch der Lehrkraft eine wichtige Rolle zukommt.

● Geht es um *individuelle Arbeit von Lernenden*, so zeigt der Lehrer (oder ein Schüler!) den anderen Lernenden, wie er an eine Aufgabe herangeht und sie auf seine Weise löst. (Guldimann/Zutavern 2002, 21 ff.) Günstig ist dabei die Methode des lauten Denkens beim Handeln, wobei sich die Äußerungen auf unterschiedliche Elemente des Vorgehens beziehen (hier am Beispiel der Erarbeitung eines Sachtextes zum biologischen Thema „Schnecken"):

— Er stellt Sachverhalte fest, also sog. deklaratives Wissen („Die Schnecke hinterlässt eine schleimige Spur."),

- er spricht über Vorgehen und Befindlichkeit („Da muss ich mich ganz schön konzentrieren."),
- er lässt prozedurales Wissen einfließen („Bei solchen Sachtexten in Biologie ist immer der erste und letzte Satz wichtig."),
- er überlegt die eigene Strategie („Ich könnte auch die wichtigsten Stellen zum Lebenslauf einer Schnecke rot markieren."),
- er thematisiert auch Blockaden im Lernprozess („Das habe ich nicht verstanden. Mir hilft immer, wenn ich eine Unklarheit in eine Frage verwandle: Hat die Schleimspur bei der Schnecke eine biologisch sinnvolle Funktion?") etc.

Bei einem solchen frontalunterrichtlich demonstrierten Modell geht es aber nicht nur um das herkömmliche Vorzeigen-Nachmachen, also um Imitieren oder Kopieren, sondern darum, sich durch die Beobachtung des vorgeführten Modells über die eigenen Vorgehensweisen klarer zu werden und sie auszubauen. Gerade dadurch, dass Lernende die dargebotene Vorgehensweise und die vielleicht neuen Wege mit der eigenen Strategie vergleichen, das Neue beurteilen und bewerteten, gelangen sie zu einer Erweiterung und Ausdifferenzierung des eigenen Strategierepertoires. Es handelt sich also um eine erhebliche Steigerung des eigenen metakognitiven Bewusstsein, um ein Anregungs- statt eines Nachahmungsmodelles. Solche Anregungsmodelle sind vielfach sinnvoll, von der Lösung einer Mathematikaufgabe über die Analyse einer Romanfigur bis zur Fallstudie.

Schüleraktive Planung
Die Lehr- und Bildungspläne zahlreicher Fächer der Sekundarstufen I und II sehen neben obligatorischen Unterrichtsthemen auch die Möglichkeit vor, dass ein bestimmter Zusammenhang an einem Beispiel behandelt wird. (So kann das Thema „Nachbarschaft und Grenzen" sowohl an der Geschichte des deutsch-französischen wie des deutsch-polnischen Verhältnisses bearbeitet werden.) Man kann sich mit den Schülern den Lehrplan anschauen und gemeinsam entscheiden und planen, wie er umgesetzt wird. Dabei stehen die Ideen der Lernenden im Vordergrund. (Gudjons, 2001, 97ff.)

Beispiel: Kooperative Unterrichtsplanung

Die kooperative Planung umfasst vier Schritte:

1. Schritt: Die Schüler und Schülerinnen assoziieren alles, was sie an Vorwissen und Interessen zum Thema haben. Man kann auch noch einen Schritt weiter zurück gehen und die Lernenden anregen, überhaupt erst einmal Vorschläge für ein gemeinsames Thema zu machen (über das dann z. B. mit dem Klebepunktverfahren abgestimmt wird). Die unterschiedlichen Ideen und Vorschläge werden auf größeren Karteikarten mit einem Stichwort gut lesbar notiert und zunächst ungeordnet auf einer Pinwand (oder mit Klebestreifen an der Tafel) für alle sichtbar festgehalten.

2. Schritt: Anschließend werden die Karteikarten zu Clustern, d. h. zu zusammengehörigen Themenaspekten, geordnet. Das kann die Lehrkraft tun, – wenn die Klasse die Technik gut beherrscht, können auch Schüler oder Schülerinnen dies machen. Nicht unmittelbar verwertbare Themenideen werden gesondert angepinnt. Sie fallen entweder weg oder werden später in Themengruppen einbezogen. Sinn des Vorgehens ist es, thematisch tragfähige Schwerpunkte zu bilden, die im Frontalunterricht weiter bearbeitet werden oder zu denen sich dann im nächsten Schritt Gruppen von Lernenden bilden können. In der Regel sind für Gruppenarbeit etwa fünf Themenschwerpunkte bearbeitbar und sinnvoll. Innerhalb dieses Schrittes sind auch andere Techniken möglich, etwa gemeinsam eine Mind-Map im Sinne einer thematischen Landkarte anzufertigen (z. B. zur Erforschung des Lebens jüdischer Mitbürger durch Beschäftigung mit der Synagoge in der Heimatstadt: Hauptäste der Mind-Map sind Entstehung einer Synagoge, jüdische Gemeinde, Geschichte der Synagoge, Gestalt der Synagoge. Alle Lernenden haben dann die Gesamtstruktur vor Augen und können die einzelnen Äste der Mind-Map ihrer Arbeit zu Grunde legen). Man kann auch eine zweite Mind-Map anfertigen, die die Einzelheiten zum methodischen Vorgehen aufzeigt, z. B. mit den Ästen „Erkundung durch Besuch der Synagoge", „Material aus dem historischen Archiv", „Befragung von jüdischen Gemeindemitgliedern", „Teilnahme an einem Gottesdienst" u.a.m.

3. Schritt: Weitere Arbeit im Klassenplenum oder als Gruppenarbeit. Im zweiten Fall ordnen sich die Schüler und Schülerinnen einem thematischen Cluster zu (eine sensible Phase, in der es u. U. geduldiger Verhandlungen bedarf!) und beginnen mit der Erarbeitung von Gruppenarbeitsplänen. Diese werden schriftlich festgehalten und anschließend in der Klasse vorgestellt.

4. Schritt: Die vorgestellten Arbeitspläne werden diskutiert, auf Überschneidungen hin abgeklopft und schließlich auf Wandzeitungen endgültig formuliert, die während der gesamten Unterrichtsphase (einschließlich der Ergebnispräsentation und der Gesamtreflexion!) im Klassenraum aufgehängt bleiben.

Zusammengefasst lässt sich festhalten, dass eine frontalunterrichtliche Planungsphase sinnvoll und notwendig ist, um die schülerselbsttätigen Unterrichtselemente sorgfältig durch ein Vorgespräch vorzubereiten, in dem die wesentlichen Anforderungen, methodischen Schritte, der Zeitplan, die Arbeitsprodukte, die Leistungsnachweise und Bewertungskriterien (vor allem in der Oberstufe z. B. des Gymnasiums), aber auch die Fachbezüge und Lernziele geklärt werden, – was

auch die sinnvolle Praxis, Lernverträge mit den Schülern und Schülerinnen abzuschließen, einbeziehen kann.

Koordinieren

Während des Arbeitsprozesses, in dem schüleraktive Verfahren praktiziert werden, ist es (wie bereits angedeutet) oft nötig, die unterschiedlichen Aktivitäten
aufeinander abzustimmen und zu koordinieren. Der bekannte Schweizer Curri-
culum-Didaktiker Karl Frey (1990, 137 ff.) empfiehlt die Sicherung der Kontinuität im Arbeitsprozess durch „Fixpunkte". Sie sind – wie Frey am Beispiel der
Projektmethode erläutert – Mittel gegen blinde Betriebsamkeit, Orientierungslosigkeit und fehlende Abstimmung, insbesondere bei der Arbeit von Gruppen.

Mit Fixpunkten sind organisatorische Schaltstellen gemeint, die bei Bedarf eingeschoben werden. Alle Schüler und Schülerinnen werden zusammengerufen,
– um die gegenseitige Information zu gewährleisten,
– die Planung der nächsten Schritte zu besprechen,
– sich Zwischenergebnisse mitzuteilen,
– sich im Vorgehen abzustimmen,
– wichtige Protokolle oder Dokumentationen vorzulegen,
– einen Tempowechsel einzuleiten, wenn die Planung nicht mehr stimmt,
– die Zielsetzungen zu bestätigen oder neu zu bestimmen u.a.m.

Eine solche Metainteraktion, also das Bewusstmachen, was überhaupt abläuft, ist
zunächst Aufgabe der Lehrkraft selbst: Sie behält die Schaltstellen des Such- und
Forschungsprozesses im Auge und klärt vorausahnend Schwierigkeiten im Lehr-/
Lernprozess. Sie organisiert aber auch mit der Klasse gemeinsam Zwischen-
resümees: Wo stehen wir jetzt, welche Ergebnisse haben wir bisher erreicht, wo
gibt es Unsicherheiten, was liegt konkret vor uns und was wollten wir eigentlich
herausfinden? Das kann auch die Bearbeitung von Beziehungsproblemen und
Konflikten einschließen. Dazu ist für die Lernenden die Bezeichnung „Zwischen-
gespräch" sinnvoll, vielleicht mit der Instruktion: „In den nächsten Zeit macht
ihr 20 Minuten Pause. Nehmt den (durch die Lehrkraft vorbereiteten, H.G.) Fragebogen zu Hilfe und diskutiert Fragen, die ihr wichtig findet." (Frey 1989, 19/
16)

Auswerten

Dass die Ergebnisse selbstständiger Schülerarbeit vorgestellt werden müssen, ist
eigentlich selbstverständlich. Bevor Schüler oder Schülerinnen ihre Arbeitsergebnisse vortragen, sollten sie von der Lehrkraft Hinweise und Anregungen erhalten,
wie dies möglichst interessant und zuhörerfreundlich gestaltet werden kann: Lebendig vortragen, nicht bloß ablesen ausgearbeiteter Textvorlagen, mit Bildern
und Beispielen illustrieren, mit Folien wichtige Aussagen zusammenfassen, alle

Mitglieder der Arbeitsgruppe in die Präsentation einbeziehen, die Vortragszeit einhalten, Zwischenfragen erlauben u.a.m. Die Gesamtklasse hört unter bestimmten leitenden Fragestellungen zu und macht sich z. B. Notizen. Eine inhaltliche Fragerunde kann sich anschließen. Doch zuvor wird der Gruppe über die Art des Vortrages Feedback gegeben. Dabei ist es wichtig, dass die Schüler und Schülerinnen unbedingt zuerst die positiven Punkte nennen, erst danach kritische Rückmeldungen geben. Das klingt so selbstverständlich, wird aber nach meiner Beobachtung in Schulklassen immer wieder sträflich nicht eingehalten!

Die Lehrkraft muss anschließend die Ergebnisse der unterschiedlichen Gruppen aufeinander beziehen, systematisch mit anderen Befunden zur Sache vergleichen und den Zusammenhang zur übergreifenden Fragestellung und zum Gesamtthema herstellen.

Kultur des „Zum-Schluss-Kommens"
Frontalunterricht lebt nicht nur von guten Einstiegen und soliden Durchführungen, sondern auch von wahrnehmbaren Abschlüssen einer Stunde oder Unterrichtseinheit. Zu Recht stellt Hilbert Meyer (2001, 117) fest: „Lehrer sind Weltmeister im Abbrechen und Stümper im Fertigwerden." Wir müssen also auch für den Frontalunterricht eine „Kultur des Zum-Schluss-Kommens" entwickeln. Folgende Möglichkeiten sind sinnvoll (natürlich nicht stur für jede Stunde und jedes Fach!):

● Abschlussfeedback

Das regelmäßige Feedback am Ende einer Stunde gehört zu den wichtigsten, leider zu wenig realisierten Möglichkeiten eines „runden Abschlusses".
Ein Rückblick auf die gesamte geleistete Arbeit muss von der Lehrkraft vorbereitet, ergebnisorientiert durchgeführt und für künftige Vorhaben fruchtbar gemacht werden. (Erfahrungsberichte finden Sie in PÄDAGOGIK H. 5/2001) Ich zitiere dazu einen längeren Abschnitt einer Arbeit von Susanne Petersen (2002, Klammerbemerkungen von mir, H.G.):
„Wie viele Unterrichtsstunden enden abrupt! Stets zerreißt das Klingeln zur Pause Lernprozesse auf künstliche, unnatürliche Weise... Doch bald schon wird sich (mit einer anderen Art des Stundenendes) für alle zeigen, wie produktiv es ist, die Gunst der letzten fünf Minuten einer Unterrichtsstunde generell dem Feedback vorzubehalten, um die Ernte einzufahren, auch wenn es sich um einen unterbrochenen Lernprozess oder nur um eine Zwischenbilanz handelt. Denn trotz alldem gilt es das individuelle Engagement, die Zusammenarbeit zu zweit oder in Gruppen, den inhaltlichen Ertrag oder das methodische Arrangement der Stundenkomposition zu reflektieren, um Arbeitsatmosphäre und Methodenwahl oder Lernangebote künftig noch angemessener zu gestalten...

Rückmeldung zu den Phasen der Stunde sind schriftlich oder per Handzeichen möglich: Wenn das Stundenprogramm visualisiert wird, können die Schüler z.B. mit einem Kreidestrich jene Phase anstreichen, die

- für sie die interessanteste war, oder
- in der sie sich am meisten angestrengt haben, oder
- in der sie sich am besten an die geltenden Regeln gehalten haben, oder
- in der sie am meisten geschafft haben...
- Wenn sie wollen, können sie ihre Gründe erläutern.

Dieses Stundenprogramm kann man auch *per Daumenprobe* durchgehen, indem für jede Phase das Votum der Daumen aller gefragt ist (nach oben, mittel oder nach unten). Dann erhält man als Lehrerin, aber auch als Schüler rasch einen Überblick über die Stimmungslage der gesamten Lerngruppe zu den unterschiedlichen Unterrichtsabschnitten. Hier wird es möglich sein, einige Erläuterungen des jeweiligen Votums zu erhalten. Allerdings sollte man sich davor hüten, nur die negativen Stimmen zu registrieren; im Gegenteil ist es für alle besonders interessant die positiven Stimmenabgaben begründet zu bekommen. Dieses Feedback könnte nach einer Erprobungsphase auch von Schülern moderiert werden.

Der Charme dieses Verfahrens besteht vor allem darin, dass es schnell ist und die inhaltliche, methodische sowie soziale Dimension kontinuierlich berücksichtigt. Es ist bereits für Grundschulkinder geeignet und macht bis in die Oberstufe hinein Sinn...

(Schließlich sind für besondere Arbeitsfelder Schüler als Beobachter möglich:) Kontinuierlich erhalten mindesten zwei Schüler eine besondere Beobachtungsaufgabe zu einem Thema, an dem die Klasse gerade arbeitet , etwa die Gruppenarbeit, die Einhaltung von Gesprächsregeln oder Präsentationsritualisierungen. Sie beobachten die Einhaltung der Regeln während der entsprechenden Phase, tragen dies in ein spezielles Klassenbuch ein und erläutern der Klasse in den letzten fünf Minuten ihre Beobachtungen. Für die nächste Stunde wechseln dann die Beobachter und ggf. auch der Beobachtungsauftrag." Soweit eine erfahrene Lehrerin und Studienseminarleiterin.

- Hausaufgaben

Typisch für das Stundenende ist das Stellen von Hausaufgaben. Die herkömmliche Hausaufgabenpraxis ist vielfach kritisiert worden (Nilshon 2001, 231 ff.). Darauf brauche ich nicht im einzelnen einzugehen. Sinnvolle Hausaufgaben zeichnen sich dadurch aus, dass sie im Umfang für die häusliche Arbeitszeit der Lernenden angemessen sind, dass sie weniger nachbereitend („Üben") sind als vielmehr den folgenden Unterricht vorbereiten, dass sie differenziert nach Interessen und Leistungsstand gegeben werden, dass sie Möglichkeiten der Selbstkontrolle von Lernprozessen eröffnen, aber auch dass ihre Anfertigung im Unterricht gewürdigt wird. Zentrale Perspektive ist daher die Integration der Hausaufgaben in den Unterricht. Sie sollten auf keinen Fall ein formales und darum eher lästiges Anhängsel einer Stunde sein. Hausaufgaben können sich aus dem Resümee einer Stunde ergeben, das folgendermaßen aussieht.

● Stichwortprotokoll einer Stunde

Die Lehrkraft hat eine Folie vorbereitet (Plöger 2001, 21 ff.). In der linken Spalte sind die wichtigsten geplanten Schritte des Unterrichtsverlaufes eingetragen: Unser Problem/Thema heute, Schritte der Erarbeitung, wichtige Gelenkstellen der Stunde, geplante Tafelanschriebe, erhoffte Ergebnisse, offene Fragen, Anregungen zum Weiterdenken etc., ein Einblick in die Unterrichtsplanung der Lehrkraft. Am Ende der Stunde wird diese Folie aufgelegt und die Schüler und Schülerinnen füllen die rechte Spalte in einer gemeinsamen Rückbesinnung aus: Was wurde erreicht, welche Punkte haben wir nicht geschafft, was war unbefriedigend? Welche weiterführenden Schritte – eben auch als Hausaufgaben – ergeben sich daraus? Alles wird schriftlich festgehalten, dazu ist die Folie da.
Frontalunterricht bewirkt durch das Planen, Koordinieren und Auswerten mit der Lerngruppe ein gemeinsames, identitätsstiftendes Vorhaben, das die Klasse vor einem „Zerfallen" des Themas in gruppenbezogene, zu stark arbeitsteilige Einzelaktivitäten bewahrt. Der Gesamtzusammenhang bleibt gewahrt, wird nicht aus dem Auge verloren, weil sich im Bewusstsein der Klasse ein gemeinsames Lern- oder Arbeitsvorhaben entwickelt hat. Der Frontalunterricht hat in diesem Zusammenhang eine weitere grundlegende Funktion: die Klassengemeinschaft als Basis für den Unterricht zu fördern.

3.3.7 Klassengemeinschaft fördern

Eine letzte, unverzichtbare Funktion (und Chance!) des Frontalunterrichtes ist es, das soziale Lernen in der Klasse als ganzer zu fördern. Perspektive der folgenden Überlegungen ist also die Gesamtklasse. Grundlegend für dieses Anliegen sind die Arbeiten von Reinhold Miller zur Beziehungsdidaktik (Miller 1999), der den komplexen Zusammenhang von Sach- und Beziehungsebene im Unterricht ausführlich mit praktischen Gestaltungsvorschlägen darstellt.

Gemeinschaft – ideologieverdächtig?
Neben der selbstverständlichen äußeren Organisation von Klassengeschäften (Klassensprecher wählen, Geld einsammeln, Ämter verteilen, Aktionen planen und besprechen, Elternabende vorbereiten, laufende Fragen klären usw.) geht es vor allem darum, die „Gemeinschaft" gezielt aufzubauen. Der Gemeinschafts-

begriff ist uns heute (nach den historischen Missbräuchen besonders in Deutschland) eher problematisch geworden. Völlig anders die Schüler und Schülerinnen: Sie reden in der Regel ganz ungeniert von der „Klassengemeinschaft" und wünschen sich, dass die Gemeinschaft „gut" ist. Wen als Pädagogen oder Pädagogin der Gemeinschaftsbegriff wegen seiner romantisierend-emotionalen Einfärbung oder aus anderen Gründen stört, kann auch moderne Begriffe verwenden: Optimierung der Interaktion, Training von Kommunikation, Förderung kooperativen Sozialverhaltens, Entwicklung eine verträglichen Sozialklimas, Förderung der Gruppendynamik der Schulklasse, Kultivierung der Beziehungsebene u.a.m. Keinesfalls gemeint ist ein Wiederaufleben einer Gemeinschaftsideologie („wir gehen füreinander durch Dick und Dünn") oder einer gefühlsbestimmten Lagerfeuerromantik. Vielmehr ist das Ziel eine größere Arbeits- und Lerneffizienz in einer harmonisch „funktionierenden" Gruppe.

Kognitives Lernen hängt von der Gruppenqualität ab

Neben der Stärkung von Individualität der Lernenden geht es in der Schule immer auch um „verbundene Subjektwerdung" (Holzbrecher 1999, 54). Eine solche mit anderen verbundene Entwicklung des Subjektes vollzieht sich keineswegs nur in Kleingruppen, sondern auch (wahrscheinlich überwiegend) im Sozialverband der ganzen Klasse. Jede Lehrkraft muss darum neben der inhaltlichen und methodischen Planung des Unterrichtes die Sozialpsychologie der Schulklasse im Blick haben, in welche die kognitiven Lernprozesse der Schüler und Schülerinnen ebenso eingelagert sind wie die Entwicklung ihrer sozialen Fähigkeiten. Der in der neueren Lernpsychologie zentrale Begriff des „situierten Lernens" meint unter anderem auch, dass individuelles Lernen immer gebunden ist an soziale Lernkontexte: „Bei der Gestaltung einer Lernumgebung sollten möglichst oft soziale Lernarrangements integriert werden, um kooperatives Lernen und Problemlösen sowie solche Prozesse zu fördern, die die Entwicklung einer Lern- und Praxisgemeinschaft fördern." (Reinmann-Rothmeier/Mandl 1999, 213) Auch wenn es eine Kontroverse darüber gibt, ob *alles* Lernen kontextgebunden sei, so sind sich die Kontrahenten doch einig, was die enorme Bedeutung der „Ökologie von Lernumgebungen" betrifft. (Gerstenmaier 1999, 243) Lernen wird unter der Perspektive der Situiertheit weniger als individueller Wissenerwerb gesehen, sondern „als das Ausmaß der Teilhabe des in Gruppen ge- und verteilten Wissens." (Ebd. 237)

Lernleistung und Klassenklima

Die Lernleistungen der Schüler und Schülerinnen sind in erstaunlichem Maß an die Kontextfaktoren der jeweiligen Lerngruppe gebunden. Die Selbst- und Fremdeinschätzung der Schüler und Schülerinnen wird nicht nur durch das Fähigkeitsniveau und die Leistungsverteilung einer Gesamtklasse beeinflusst, sondern ist auch vom Klima, vom Vertrauen, vom Zusammenhalt (Kohäsion) und der Disziplin in einer Klasse abhängig.

Wichtig ist nämlich die „Rezeption der Schulklasse durch die Schüler für die Erklärung von Lernleistungen. Wie Kinder ihr Klassenzimmer, den Lehrer, die Mitschüler, den Unterricht, und die Schulleistungen kollektiv, differentiell oder individuell wahrnehmen, erleben und verarbeiten, ist eine wichtige Determinante für die Entwicklung und die Effektivität des Lernens ...“ (Helmke/Weinert 1997, 98), – so das Resümee zweier der bekanntesten Lernforscher der Gegenwart.
Moderne Lerntheoretiker sehen diesen Zusammenhang sehr realistisch: Die schönsten, durchaus überzeugenden Lehr-/Lerntheorien sind eben nicht generell gültig. Vielmehr spielt die sozio-ökologische Umgebung der Klasse eine entscheidende Rolle. Die kleine Welt, in der sich Peter und Michael gut verstehen oder in der Susanne und Aische dauernd Streit haben, in der Frau Müller vergöttert und Herr Lehmann gehasst wird, bricht die großen Lerntheorien herunter auf die konkrete Mit- und Umwelt einer Klasse hier und jetzt. Sozial-ökologisch orientierte Wissenschaftler „sehen im Klassenzimmer eine sozial und kulturell organisierte Miniwelt, in der Lehrer und Schüler bei der gemeinsamen ‚Sinnstiftung‘ zusammenwirken. Der dadurch definierte Bedeutungshorizont aber ist es, der die Lehr- und Lernaktivitäten in der Klasse überhaupt erst verstehbar und in ihrer Wirkung auf die Leistungen verstehbar macht.“ (Ebd. 129) Wen wundert es also, dass nach einer Metaanalyse hunderter von Studien zur Unterrichtseffektivität als Variablen mit dem größten Einfluss auf die Schulleistung genannt werden: Positive soziale Interaktion, ferner Klassenmanagement, Klarheit des Unterrichtes und gute Ausrichtung auf Inhalte. (Einsiedler 2000, 121) Eine – ebenfalls empirisch bestätigte – Konsequenz daraus ist z. B., nicht nur einzelnen Schülern und Schülerinnen Rückmeldungen zu ihren Leistungen zu geben; vielmehr gilt, dass das Selbstvertrauen (und sein Prognosewert für Schülerleistungen!) „um so größer ist, ... je mehr leistungsrelevante Rückmeldungen klassenweise anstatt individuell oder gruppenweise gegeben werden“ (Helmke/Weinert 1997, 147).

! Als Praxistipp könnte man daraus ableiten: Lobe also die *ganze* Klasse, nicht nur einzelne! Sorge dafür, dass die *Klasse* ein positives Leistungsbild entwikkelt, dann hat auch der Einzelne etwas davon!

Zugpferde und Bremser

Einerseits gilt es, „durch soziale Interaktion mit einer oder mehreren Bezugspersonen einer bereits höheren Entwicklungsstufe die Lernleistungen gezielt zu fördern" (Steiner 1996, 307) – also die „Zugpferde" zu nutzen. Umgekehrt gilt auch: Eine Klasse kann erheblichen Druck auf die einzelnen Schüler und Schülerinnen ausüben, ein bestimmtes Leistungsniveau *nicht* zu überschreiten. Besonders die opinion leader können großen Einfluss auf die tolerierte Leistungshöhe haben: „Potentielle Spitzenschüler werden unter Gruppendruck dazu gezwungen, ihr Leistungsfähigkeit künstlich unter ihren Möglichkeiten zu halten, ohne dass sie sich dagegen wehren könnten." (Steiner 1996, 293) Und weiter: Negative und positive Zuschreibungen von Verhaltenseigenschaften sind auch unter Schülern relevant, denn der bekannte *„Pygmalion-Effekt"* (= Vorinformationen über eine Person – auch wenn sie realiter unzutreffend sind – bestimmen ihre Behandlung) gilt nicht nur für die Wahrnehmung der Schüler durch den Lehrer, sondern auch für Schüler und Schülerinnen untereinander: Wenn einem Schüler oder einer Schülerin Intelligenz, besondere Potenziale etc. nicht nur von der Lehrkraft, sondern auch von den peers zugeschrieben werden, wird er/sie entsprechend behandelt und wird sich auf die Dauer in seinem/ihrem Selbstbild auch entsprechend entwickeln. (Mietzel 1998, 309) Die pädagogische Konsequenz daraus ist, Schüler und Schülerinnen vor negativen Zuschreibungen zu bewahren, die Klassenkameraden immer wieder aufmerksam zu machen auf die positiven Eigenschaften eines Mitschülers und Vor-Urteile abzubauen.

Bereits diese ersten Befunde zur Bedeutung der Gesamtklasse für das individuelle Lernen des Einzelschülers belegen überzeugend die Notwendigkeit, frontalunterrichtliche Situationen sorgfältig im Hinblick auf die Entwicklung einer Klasse zu gestalten. Aber es geht um mehr. Der Klassenunterricht fördert nicht nur kognitive, sondern auch soziale Lernprozesse.

Die Klasse als soziales System

Eine Schulklasse ist grundlegend durch zwei Systemebenen zu charakterisieren, die sich überschneiden (Gordon 1970, 1 ff.).

1. Das formale *äußere System* einer Schulklasse wird bestimmt durch die allgemeinen rechtlichen, institutionellen und schulorganisatorischen Bedingungen: Jahrgangsklassen, Leistungs- oder Grundkurs in der Oberstufe des Gymnasiums, differenzierter Fachleistungskurs einer Gesamtschule, Stundenplan, zeitliche Vorgaben der Fachstunden und Lehrereinsätze etc. Zu einem großen Teil gibt diese Systemebene Normen, Standards, Organisationsformen und Abläufe einer konkreten Klasse vor.

2. Darüber hinaus und von dieser Ebene abhängig bildet jede Klasse ein *inneres System* aus, das die konkreten Rollen, die Beziehungen, die situations- und

personbezogenen Normen, die Atmosphäre und das Klima bestimmen, – kurz die gesamte Gruppendynamik der Klasse oder des Kurses. Mit Bezug auf den bekannten amerikanischen Soziologen T. Parsons in den 50er Jahren stellen Helmke und Weinert fest (1997, 87): „Durch die alltägliche Erfahrung einer bestimmten Position innerhalb einer leistungsbezogenen formalen Schulklassenstruktur und durch das Erleben der Rolle in der informellen Klassengemeinschaft der Gleichaltrigen erwirbt der Schüler ... eine neue Qualität seiner individuellen Identität: Er erfährt, daß es neben den zwischenmenschlichen Beziehungen universalistische Leistungsnormen gibt ..." Alle Schüler gewinnen ihre Identität also durch die Erfahrung einer bestimmten Position in der formalen Struktur (z. B. Gymnasiast oder Hauptschüler) und durch das Erleben ihrer Rolle in der jeweiligen Klasse (Außenseiter, Star, Mitläufer o.ä.).

Die pädagogische Gestaltung der informellen Ebene bezieht sich auf die folgenden wichtigen Elemente der Gruppendynamik einer Schulklasse.

In jeder Klasse bilden sich im Laufe der gemeinsamen Arbeit vor allem bestimmte Rollen unter den Schülern und Schülerinnen aus. Was muss die Lehrkraft über Rollen in einer Klasse wissen?

Rollen klären
Von besonderer Bedeutung für die Entwicklung der Klasse als Gruppe ist die Ausbildung

- *aufgabenorientierter Rollen* (z.B. der Koordinator, der Initiator, der kritische Bewerter, der praktische Durchführungsförderer), aber auch

- *gruppenprozessorientierter Rollen* (z.B. der Ermutiger, der Konfliktschlichter, das „vorbildliches Mitglied" – immer auch in der weiblichen Form!).

Es gibt aber auch
- *ego-zentrierte Rollen* (z.B. der Quertreiber, der Dauerredner, der „Hilflose", der Aggressive, der Unterstützungsbedürftige, der Kasper oder Clown usw.) (Sader 1991, 81).

Wie man gezielt, vor allem mit Spielen oder Übungen, klarmachen kann, zu welchen Rollen die Schüler und Schülerinnen neigen und wie die Flexibilität zur Übernahme gewünschter Rollen angebahnt werden kann, wird im Kapitel 4.6 demonstriert.
Um die Entwicklung von Rollen zu fördern, bedarf es der behutsamen Intervention der Lehrkraft. Sie muss vorsichtig vor allem auf soziale Etikettierungen durch die Schüler und Schülerinnen eingehen, insbesondere auf Außenseiter in der

Klasse achten. In einer neueren Studie weist u.a. Holtappels (2000, 231 ff.) auf die große Gefahr sozialer Etikettierungen im Zusammenhang mit Gewaltverhalten bei Schülern hin. „Eine ‚abweichende' Identität eines gewalttätigen Schlägers entsteht dadurch, dass Rollenerwartungen in Interaktionen so stetig und rigide gehegt werden, so dass der Schüler sich letztlich zur Übernahme einer solchen Identität deshalb gedrängt fühlt, weil ihm keine andere als die angesonnene Gewalttäterrolle zugestanden wird." (Ebd. 232)

Stigmatisierungsprozesse können die Folge sein, weil solchermaßen etikettierte Schüler faktisch einen neuen sozialen Status mit entsprechenden Rollenerwartungen seitens der Klasse (und der Lehrkräfte !) erhalten. Von ihnen wird nun erwartet, dass sie sich entsprechend verhalten, – und das Selbstbild entwickelt sich in Richtung Schläger, Außenseiter oder Sonderling. Sie erfüllen immer mehr die Erwartung, Abweichler zu sein. Nach der Theorie des „labeling approach" und der „selffullfilling prophecy" werden somit „jene Einstellungs- und Verhaltensmuster verstärkt oder sogar erst bewirkt, die die Schule eigentlich zu verhindern sucht – insbesondere auch Schulverdrossenheit und Schulunlust, Aggression und Gewalt" (ebd. 234). Wenngleich auch vor schnellen, einseitigen Kausalerklärungen gewarnt werden muss, so „belegen die bisher präsentierten Ergebnisse, dass die von den Schüler/innen selbst wahrgenommene soziale Etikettierung als bedeutsamer Faktor im sozialen Kontext der Schule angesehen werden kann. Etikettierung und Gewalt treten in hohem Maß gemeinsam auf" (ebd. 241).

Ein weiterer wichtiger Faktor innerhalb der Sozialpsychologie der Schulklasse ist die Gruppenkohäsion.

Kohäsion: Zusammenhalt fördern

Das Maß des Zusammenhaltes der Gesamtgruppe wird als Kohäsion (oder Kohärenz) bezeichnet. Landläufig wird davon ausgegangen, dass eine hohe Kohärenz günstig für die Sacharbeit sei. Aber der Zusammenhang zwischen Kohärenz und Leistung ist nicht einfach positiv linear: „Bei geringer Kohäsion verbrauchen die Mitglieder ihre Energie weitgehend für die Schaffung, Aufrechterhaltung und Verbesserung ihres Status und für andere Gruppenprozesse; für die Aufgabe selbst bleibt wenig. Bei mittleren Graden von Kohärenz werden viele Energien für die Sache selbst freigesetzt. Bei hoher Kohärenz kann die Leistung wieder absinken; die Gruppenmitglieder haben sich einen Kaffee gekocht, sitzen gemütlich zusammen, sprechen über sich selbst und als Gruppe und vergessen darüber ihre Aufgabe, weil das Gespräch wesentlich anziehender ist als die gestellte Aufgabe." (Sader 1991, 104)

Man kann daraus folgern, dass die Lehrkraft eine mittlere Kohärenz der Klasse anstreben sollte, das Bemühen um eine gute Klassengemeinschaft darf nicht verwechselt werden mit einem Kaffeekränzchen, in dem sich zwar alle wohl fühlen, aber nichts geleistet wird. Auch ist eine gute Kohärenz nicht identisch mit einem

Klima, in dem Konflikte unterdrückt werden. Besonders die hochkohärenten Gruppen versuchen, abweichende Meinungen möglichst zu reduzieren und Abweichler schnell wieder „zur Räson" zu bringen, während die Toleranz bei nicht so hochkohäsiven Gruppen gegenüber Abweichlern größer ist. (Frey/Schnabel 1999, 176) Insofern ist auch die Leistung des einzelnen durchaus vom Zusammengehörigkeitsgefühl abhängig.

In der Praxis der Schule dürften die meisten Lerngruppen oder Klassen allerdings zu wenig Kohärenz haben, um ihre Energien optimal für die Sacharbeit einzusetzen. Deshalb wird es eher nötig sein, das Zusammengehörigkeitsgefühl und ein entsprechendes „Wir-Bewusstsein" zu stärken, wobei Konkurrenz innerhalb der Klasse eher schädlich, Wettstreit zwischen Gruppen oder (mit andern Klassen!) eher förderlich ist.

! Es kommt darauf an, ein positives „Beziehungskonto" aufzubauen, auf dem sich (ähnlich wie bei einem Bankkonto) Erlebnisse summieren: „Ist das Beziehungskonto (Erlebniskonto, Erfolgskonto) aufgrund vieler positiver gemeinsamer Erfahrungen und konstruktiver (wertschätzender) Kommunikation und Interaktion positiv, so werden auch negative Bemerkungen eher als neutral interpretiert oder aber toleriert. Man ist großzügiger und wohlwollender." (Ebd. 173)

Klima fördern

Kohäsion ist weitgehend abhängig von der „Atmosphäre", vom „Klima" in der Klasse. Damit ist eine in der empirischen Unterrichtsforschung schwer greifbare – weil nur mit vagen Begriffen zu umschreibende – Ebene angesprochen. „Darunter versteht man im allgemeinen die kollektive oder individuell erlebte Qualität der Schulklasse als eines sozialen Systems. Wichtige Komponenten des Klassenklimas sind: Kooperation und Vertrauen zwischen Lehrer und Schülern („Kohäsion'); Kameradschaft in der Klasse; Identifikation mit der Unterrichtsarbeit (durch Erfahrungsnähe, Verständlichkeit, Erfolgsaussicht bei Anstrengung); erlebte Leistungsanforderungen im Unterricht; Disziplinanforderungen; Betonung von Wettbewerb und Konkurrenzdenken." (Helmke/Weinert 1997, 98) Die letzten beiden Faktoren (Wettbewerb und Konkurrenzdenken) sind sicher nicht als Empfehlungen gemeint...

Klar aber ist, dass es erhebliche gruppenbezogene emotionale Effekte auf das Lernen gibt, aber auch, dass unterrichtsmethodische und didaktische Maßnahmen der Lehrkraft (Erfahrungsnähe des Unterrichts, Verständlichkeit, Leistungsanforderungen, s.o.) mit der emotionalen Atmosphäre zusammen hängen. Bereits die klassischen Arbeiten des Ehepaars Tausch (1970) haben betont, wie wichtig und günstig die *emotionale Dimension* des Lehrerverhaltens für die Entwicklung der

Atmosphäre in einer Schulklasse sind: Wertschätzung, emotionale Wärme und Zuneigung (vs. Geringschätzung, emotionale Kälte, Abneigung). Ebenso wichtig ist die *Lenkungsdimension* mit minimaler Lenkung, Autonomie-Gewähren, minimaler Kontrolle (vs. maximal starke Lenkung, autoritäre Kontrolle, Restriktion). Dies wird in neueren Studien (Schweer 2000, 129 ff.) bestätigt, vor allem weil das Vertrauen eine „basale Komponente der Lehrer-Schüler-Interaktion" ist (ebd. 129).

Zu einem *vertrauensvollen Klima* gehören vor allem auch der gegenseitige Respekt, sowohl gegenüber der Lehrkraft als auch unter den Schülern und Schülerinnen. Neuerdings wird auch wieder „Höflichkeit" als unverzichtbares Element des Umganges miteinander beachtet (PÄDAGOGIK H.5/2000). Ein gutes Klima entsteht durch Rücksichtnahme gegenüber langsamen Lernern und Schwächeren, gegenseitige Hilfe, Übernahme von Verantwortung und die Vereinbarung einiger für Schüler und Lehrer gleichermaßen verbindlicher Regeln, aber auch durch Spaß, Lachen und Pausen!

In einer offenen, vertrauensvollen und wertschätzenden Atmosphäre kann auch jeder seine Gefühle und Auffassungen äußern, – ohne dass es (wie in manchen Selbsterfahrungsgruppen) zu einem Offenheitszwang kommt. Vertrauen und Offenheit zu fördern (siehe Kapitel 4.6) ist ein heikles Thema, weil hier Vorsicht geboten ist vor Künstlichkeit, vor „Seelenstriptease" und vor dem zwanghaften Niederreißen individueller Schutzzonen und Grenzen. An kaum einer andern Stelle ist die Einfühlsamkeit des Lehrers oder der Lehrerin so gefordert wie bei der Förderung von Vertrauen und Offenheit im Aufbau einer konstruktiven Klassenatmosphäre.

Feedback organisieren

Gefördert wird die Kohäsion auch durch das Erlebnis von *positiver Rückmeldung*, wie andere einen Schüler oder eine Schülerin in der Klasse erleben. Negative Kritik gibt es meist genug, aber die Stärken und die vorhandene „Sympathie" einer Person werden selten thematisiert. Das gilt vor allem für Schüler oder Schülerinnen, von denen man im allgemeinen annimmt, dass sie kaum positive Eigenschaften hätten. Gerade dann aber ist für diese Kinder oder Jugendlichen und für die Gruppe überraschend, was positive Rückmeldungen bewirken können.

> **!** Bedeutsam ist nämlich die sozialpsychologische *Reziprozitätsregel*:
> „Wenn ich von jemandem erfahre, daß er oder sie mich gut leiden kann, so führt das ... zu einem positiven Gefühl für ihn bzw. für sie" (Sader 1991, 96 f.)

Insofern ist es eine nützliche und praktische Konsequenz aus der sog. Attraktionsforschung und speziell der Anwendung der Reziprozitätsregel, positive Gefühle, Eindrücke und Wahrnehmungen auch zu formulieren und verbal auszudrücken, wenn sie vorliegen. Damit ist kein ungerechtfertigtes Loben gemeint, wohl aber konkret verhaltensbezogene Feedbacks.

Feedback-Spiele und Übungen (siehe 4.6: Interaktionsübungen) müssen sehr genau in ihrem Stellenwert überlegt und vom Lehrer auf Einhaltung der Regeln kontrolliert werden, damit Konflikte kanalisiert und nicht ausgeweitet werden! Denn: Feedback zu geben wie Feedback anzunehmen muss erst gelernt werden! Positives Feedback-Geben hat auch großen Einfluss auf die Bildung von Normen in der Klasse, die das Verhalten steuern.

Normen in der Klasse

Jede Gemeinschaft lebt von bestimmten Normen, die zum Teil von außen (s. o. „äußeres System") vorgegeben, zu einem großen Teil aber auch informell und intern entwickelt werden. Eine zentrale Hilfe zur Verbesserung der Klassengemeinschaft ist es, nicht die einzelnen Personen ändern zu wollen, sondern zunächst die Normen der Gruppe in den Blick zu nehmen. Sie bilden eines der zentralen Bezugssysteme, die das konkrete Verhalten der Klassenmitglieder regeln. Die meisten Normen aber sind implizit, gar nicht bewusst, sie bleiben undiskutiert und gelten als Selbstverständlichkeit. Oft bilden sie sich auch erst im Laufe eines längeren Prozesses. Manche werden überhaupt erst sichtbar, wenn sie übertreten werden.

Unterschieden wird zwischen *deskriptiven* Normen, die tatsächliche Denk- oder Verhaltensweisen beschreiben (in dieser Klasse bei diesem Lehrer ist es üblich geworden, dass ungefähr die Hälfte zu spät kommt), und *präskriptiven* Normen, die gesetztes oder vereinbartes Verhalten vorschreiben (wir werden künftig nur anfangen, wenn alle pünktlich sind). Die Vielfalt von Normen ist groß, teilweise können sie sich auch widersprechen (wir setzen uns für ein gemeinsames Ergebnis ein, aber jeder einzelne Wunsch soll auch beachtet werden). In jeder Klasse besteht ein Bedürfnis nach Normen, weil sie Sicherheit geben und Prozesse wie Verhalten kalkulierbar machen. Das Problem besteht allerdings darin, dass oft ein Bewusstmachen, eine Auseinandersetzung und rationale Vereinbarungen über Normen fehlen. Es ist darum nötig, das „Selbstverständliche" (im positiven wie im negativen Normenbereich) aufzudecken, problematische Normen zu hinterfragen, – kurz: Normen zum Thema zu machen mit dem Ziel, eine möglichst breite Übereinkunft der Klasse über wichtige Normen zu erreichen. Wenn nämlich eine Klasse über längere Zeit Normeinhaltung dann auch erlebt, festigt dies die entsprechenden Normen, während das dauernde Erleben von Normverletzungen auf längere Zeit die Gültigkeit der betreffenden Normen schwächt! (Sader 1991, 203)

Insbesondere beim Problem des *Mobbings* unter Schülern und Schülerinnen kommt es in der Regel zur schleichenden Nicht-Beachtung von Normen, zu einer dauerhaften Täter-Opfer-Beziehung, wenn sowohl ein typischer „Bully" als auch ein „Prügelknabe" vorhanden sind. Was passiert dann? „Durch den Bully werden der Umgangston und die Spiele rauer und aggressiver. Kleinere Streitigkeiten eskalieren häufiger zu ernsten Auseinandersetzungen. Früher oder später wird der Bully den typischen Prügelknaben entdecken. Der Bully wird in der Folge einige Mitläufer anstiften, den Prügelknaben ebenfalls zu schikanieren." (Busch/Todt 1998, zit. nach Neubauer 2000, 202). Hier zeigt sich überdeutlich, wie Gruppennormen und Gruppenzwang eine wichtige Rolle für die Entwicklung solcher Mobbing-Beziehungen spielen.

> **!** Daraus lässt sich die *praktische Konsequenz* ableiten: „Beachte, daß jede Normeinhaltung zur Normverfestigung führt. – Greife frühzeitig ein, wenn eine Entwicklung in eine unerwünschte Richtung geht." (Sader 1991, 203)

Wie sich die Entwicklung humaner und demokratischer Normen mit Leistungsfähigkeit einer Gruppe und lebendigem Lernen verbinden lässt, hat Ruth Cohn mit ihrem Modell der „Themenzentrierten Interaktion" in vielen Beispielen praktisch demonstriert. (Cohn/Terfurth 1993)

Die Klasse entwickelt sich: Typische Phasen unterstützen
Jede Klasse macht – wie es für Gruppen typisch ist – bestimmte Entwicklungsphasen durch.
Aus der Fülle unterschiedlicher Phasenmodelle ist das bekannte Schema von Tuckman besonders hilfreich, wie es von Pallasch für schulische Gruppen konkretisiert wurde. (Pallasch 1993, 114)

- Die *erste Phase: Forming* – eine neu zusammengesetzte Klasse lernt sich kennen und bildet erste Formen des Miteinander aus. Auf der latenten Beziehungsebene stehen Fragen im Vordergrund, die zwar meist nicht ausgesprochen werden, dafür aber ungleich dramatischer für die einzelnen Schüler und Schülerinnen sind: Was wird hier passieren? Werde ich akzeptiert werden? Gerate ich an den Rand oder werde Außenseiter? Wer sind die andern überhaupt? Wer wird mein Gegner sein, mit wem kann ich mich verbinden? Wie komme ich mit „blöden Typen" klar? Wie wird man mit mir umgehen? Diese Anfangssituation macht eine Unterstützung des Prozesses gegenseitigen Kennenlernens nötig, ein erstes „warming up", das vor allem Informationen übereinander vermittelt. Dazu helfen zahlreiche Kennenlern- und Vertrauensspiele (näheres Kapitel 4.6). Insbesondere die Übergänge in der Schullaufbahn (von der Grundschule in die Sekundarstufe, später in die Oberstufe etc.) müssen viel sorgfältiger unter sozialpsychologischen Gesichtspunkten beachtet werden, weil hier die (unbewussten, aber auch manifesten) Ängste der Schüler und Schülerinnen erheblich sind.

- Die *zweite Phase: Storming* – Konflikte treten auf: es „stürmt". Oft beginnt nach dem ersten Einschätzen der Klassenmitglieder ein Gerangel um Macht und Einfluss; Spannungen und Widerstände treten auf, Rivalitäten, Unter-gruppen, Cliquen zeigen sich, jedes Mitglied sucht seine Position im sozialen Gefüge der Gruppe. Bei personbezogenen Konflikten muss vor allem gelernt werden, den Kontrahenten zu respektieren und nicht zu verletzen. Ganz ent-scheidend für ein angemessenes Lösen von Konflikten sind die bereits erwähn-ten Feedback-Techniken. Feedback soll nicht-verurteilend, möglichst be-schreibend, kurz und direkt sein, die eigenen Reaktionen auf ein vom andern gezeigtes Verhalten ausdrücken, keine Interpretationen und Spekulationen („das tust du doch nur, weil...") enthalten und auch das Positive einbeziehen.

- Die *dritte Phase: Norming* – bestimmte Normen bilden sich (s.o.), die das sozia-le Leben der Lerngruppe regeln. Auch hierzu gibt es brauchbare Spiele und Übungen, die diesen Prozess unterstützen und in sozial verträgliche Bahnen lenken.

- Die *vierte Phase: Performing* – die Klasse hat gelernt, kooperativ zu arbeiten und Aufgaben gemeinsam zu lösen. Die Energie wird nicht mehr primär für die Klärung der Beziehungsebene verbraucht, sondern kann in die Findung von Lösungen investiert werden. Doch Vorsicht: Es kann jederzeit passieren, dass Themen der voraufgegangenen Phasen wieder auftreten. Wenn die Lehr-kraft dies spürt, sollte sie sich nicht scheuen, entsprechende Hilfen bereitzu-stellen.

- Eine *fünfte Phase* signalisiert, dass es zu den Selbstverständlichkeiten in der Klasse gehört, die Ergebnisse von Einzel-, Gruppen oder Partnerarbeit regel-mäßig auszutauschen: *Informing*. Der Informationsfluss ist gut organisiert, Konfrontationen sind nicht aggressiv, sondern dienen der sachlichen Ausein-andersetzung. Man fühlt sich interdependent, wechselseitig voneinander ab-hängig und aufeinander angewiesen.

- Jede Gruppe aber kommt irgendwann an ein Ende: Ich ergänze darum das vorliegende Phasenmodell um eine ausdrückliche *Phase sechs, die Abschieds-phase*. Ein Schuljahr geht zu Ende, die Klasse wird aufgelöst, die Gruppe hat ihre Arbeit beendet. Das innere Thema ist: Langsame Distanzierung versus Anklammern („Wir wollen zusammenbleiben!") Auch dieser Prozess muss be-dacht und zur Abrundung gebracht werden, vielleicht durch kleine Abschluss-rituale.

> **!** *Zusammenfassend* lässt sich festhalten: Bei der Förderung der Klassenge-
> meinschaft geht es um das Einüben grundlegender sozialer Kompetenzen,
> nicht um eine fragwürdige Gemeinschaftsideologie. Grundlage sind die zentra-
> len Themen einer Sozialpsychologie der Schulklasse: Die Pflege und Entwick-
> lung des inneren Systems, die Analyse und Veränderung von Rollen, der Aufbau
> einer angemessenen Kohäsion, Pflege des sozialen Klimas und der Atmosphäre,
> die Etablierung hilfreichen Feedbackverhaltens, der kritische Umgang mit Nor-
> men, die bewusste Unterstützung bei den typischen Entwicklungsphasen einer
> Gruppe, – aber auch die ständige Selbstreflexion der Lehrkraft.

Sozialverhalten muss trainiert werden, eine Klasse entwickelt sich nicht natur-
wüchsig vom „wilden Haufen" zur „arbeitsfähigen Gemeinschaft". Die Formel
mancher allzu sehr auf ihre Fachinhalte fixierten Lehrkraft: „Frontalunterricht
mal Zeit gleich arbeitsfähige Klasse" stimmt eben nicht. Eine Schulklasse wird
weder durch passives Abwarten noch durch Zauberei zur emotional befriedigen-
den Arbeitsgruppe, sondern durch bewusste und gezielte Einflussnahme auf das
Gruppengeschehen. Klassenunterricht ist dabei unverzichtbar, weil in dieser sozialen Formation vor allem auch Erfahrungen gemacht und Fähigkeiten gelernt
werden können, die Schüler und Schülerinnen in größeren Gruppen im beruflichen Bereich, in der Freizeit, im politischen Engagement usw. benötigen. Das
schließt persönliche Kompetenzen wie Konflikte lösen, Helfen, Entscheidungen
organisieren, Toleranz zeigen wie sich durchsetzen ebenso ein wie elementare de-
mokratische Rituale: eine Rednerliste führen, Abstimmungen durchführen, eine
Diskussion leiten, Wahlen leiten u.a.m.
Der Klassenunterricht ist dazu ein sinnvolles Arrangement. Anfangs wird die
Lehrkraft das Modell bilden, später sollen Schüler und Schülerinnen eine solche
Kultur des Umgangs selbstständig entwickeln, indem sie Partizipation aktiv ein-
fordern. Das gilt auch und vor allem für die *ängstlichen* Schüler und Schülerin-
nen: Sie erleben Anforderungssituationen mit „Öffentlichkeit" als besonders be-
drohlich, reagieren besonders empfindsam auf „evaluative Situationen" (an die
Tafel gehen, etwas vortragen, eine Übung im Sportunterricht vormachen) und
brauchen unbedingt die positive Verstärkung jedes kleinen Schrittes durch die
Lehrkraft und durch die Mitschüler/innen, – ähnlich wie Allergiker – in „kleinen
Dosen". (Czeschlik 2000, 220)
Abschließend fasse ich die zentralen lernpsychologischen Aspekte des Frontalunterrichts zusammen, um zu zeigen, dass der Frontalunterricht – so wie er in
dem hier vorgestellten Konzept verstanden wird – keineswegs den Ergebnissen
der modernen Lernforschung – vor allem dem Konstruktivismus – widerspricht.
Allerdings wird auch die Dialektik von Stoffdarbietung und Instruktion einer-

seits sowie eigentätigem und selbstgesteuertem Lernen andererseits deutlich werden. Führung durch die Lehrkraft und selbsttätige Aneignung von Lerngegenständen durch die Schüler stehen in einem dialektischen Verhältnis.

3.4 Lernpsychologische Grundlagen des Frontalunterrichtes

Der traditionelle Frontalunterricht (mit seinem Anteil von über 75% an den Sozialformen) hat die – in der kognitiven Lernforschung lange Zeit dominierende – Instruktionspsychologie zur Grundlage. Als entscheidende Gegenbewegung der jüngeren Zeit hat sich aber das konstruktivistische Lernverständnis entwickelt. Ist es integrierbar mit dem „Instructional Design"? Oder handelt es sich um zwei Extreme („puristische Positionen")? Können beide nur in einer pragmatischen Auffassung von Lernen untergebracht werden? Welches Lernverständnis kann dann den Frontalunterricht begründen?

Das erste Extrem: Instruktionspsychologie – effektiv und auf hohem Niveau

Grundlegende Annahmen der Instruktionspsychologie (und der daraus entwickkelten didaktischen Modelle) sind vor allem: Um Wissen zu vermitteln, übernehmen Lehrende den aktiven Part, Lernende eher den passiven. In der Anlage von Lehr-/Lernprozessen ist dann systematisch-schrittweise vorzugehen. Im Mittelpunkt steht eine Auffassung von Lernen, „die den Prozess des Wissenserwerbs als einen streng regelhaft ablaufenden Prozess der Informationsverarbeitung interpretiert, der sich eindeutig beschreiben und damit auch erfolgreich steuern lässt" (Reinmann-Rothmeier/Mandl 2001, 606). Die im Lehrplan festgehaltenen Inhalte sind möglichst systematisch darzubieten und zu organisieren. Das ist ohne Frage eine rein technologische Lehrstrategie, – die allerdings mit einer durchdachten, in großen Teilen empirisch gut abgesicherten Vorgehensweise aufwarten kann. Die folgenden fünf Komponenten einer instruktionspsychologisch fundierten Didaktik zeigen dies (Leutner 2001, 268), wobei die Klammerbemerkungen von mir stammen:

1. Beschreibung des gewünschten *Soll- oder Zielzustandes* einer Person (oder Klasse), bezogen auf ein bestimmtes Wissensgebiet. Dazu muss man natürlich die Lehrziele genau definieren und den Lernstoff analysieren. (Das ist allemal besser als die „Türklinkendidaktik"– H. Meyer 2001 –, bei der sich die Lehrkraft kurz vor Betreten des Klassenraumes eine grobe Vorstellung davon macht, was denn heute so „dran" sein müsste.)

2. Beschreibung *zielrelevanter Ist-Zustände* der Schüler und Schülerinnen vor Beginn der Instruktion. Notwendig (und durchaus überzeugend) ist also die Analyse von Lernvoraussetzungen. (Das tut jeder Referendar heute noch in

seiner Unterrichtsvorbereitung, weil es Teil jedes didaktischen Modells und außerdem vernünftig ist.)

3. Explikation des Prozesses für den *Übergang vom Ist- in den Soll-Zustand.* (Dazu muss man den angestrebten Lernprozess analysieren und die passenden methodischen Schritte auswählen, – auch sehr vernünftig.)

4. Spezifikation derjenigen *instruktionalen Bedingungen*, die geeignet sind, den Übergang zu fördern. (Hier geht es also um ein konkretes Instruktionsdesign. Auch das ist sinnvoll, – denn wer nicht weiß, was die Schichten und Elemente einer Thematik sind, wie sie in einem Lehrgang zusammengehören, was worauf aufbaut, was vorausgesetzt wird usw., unterrichtet Kraut und Rüben, vermittelt aber kein systematisches Wissen.)

5. Spezifikation von Verfahren zur *Beurteilung des Lernerfolgs* und anderer instruktionaler Effekte (Messung und Evaluation des Lernprozesses, – wer könnte schon Einwände erheben gegen eine Überprüfung, ob man auch da angekommen ist, wohin man wollte?)

Verbindet man dann dieses Grundmodell eines „Instructional Designs" mit den konkreten Lehr-/Lernschritten einer Unterrichtsstunde oder Unterrichtseinheit , so ergibt sich eine neunschrittige Anleitung für den Aufbau und die Durchführung praktischen Instruktionsunterrichtes nach kognitionspsychologischer Forschung (Gagné 1985):

1. Die Aufmerksamkeit der Lernenden gewinnen;
2. die Lernenden über das Ziel der Unterrichtseinheit (oder –stunde) informieren;
3. relevantes Vorwissen aktivieren;
4. den Lehrstoff mit Hinweis auf bedeutsame Eigenschaften präsentieren;
5. den Lernprozess anleiten;
6. die Lernenden das im Instruktionsziel geforderte Verhalten ausführen lassen;
7. die Lernenden über die Richtigkeit des Verhaltens informieren (und ggf. notwendige Schritte wiederholen);
8. die Leistung der Lernenden abschließend beurteilen;
9. das Behalten und den Transfer des Gelernten unterstützen durch weiteres Üben, vor allem in wechselnden Kontexten.

Wie weit sich der Instruktionsunterricht bis heute gehalten hat, zeigt das engagierte Plädoyer Jochen Grells (2000, 35 ff.) für das direktive Unterrichten. Konsequent fällt er die Vorentscheidung: „Deine Aufgabe als Lehrer ist es, den Schülern etwas beizubringen." (Ebd. 40) Erster Schritt dazu ist die *Demonstration und Präsentation* des Unterrichtsstoffes. Zweiter Schritt: *Üben unter Anleitung.* „Man stellt eine Frage oder Aufgabe, sie wird von den Schülern beantwortet. Man gibt dem Schüler Feedback. Man stellt eine neue Frage usw." (Ebd. 42) „Mit diesen Lehrerfrage-Schülerantwort-Feedback-Sequenzen wird so lange weitergeübt, bis alle Schülerinnen und Schüler den Lernstoff beherrschen." (Ebd. 42) Dritter

Schritt ist das *selbstständige Üben*. Erst wenn alle Schüler sicher geworden sind, dürfen sie ohne Lehrerlenkung weiter üben.

Grell stellt selbst die Frage: „Sind diese Prinzipien trivial?" und antwortet: „Na und?" Ansonsten plädiert er für Pluralismus und Freiheit des Lehrers in der Methodik.

Auffällig ist die starke Lehrerzentrierung dieses Modells, seine Konzentration auf den Primat und die Optimierung der Instruktion und die Art und Weise, wie Unterricht geplant, organisiert und gesteuert werden muss, damit Lernende die präsentierten Wissensinhalte in ihrer wesentlichen Systematik verstehen und sich diese zu eigen machen. Die Rolle des Lehrenden besteht also im wesentlichen in der Funktion eines *didactic leader* (Reinmann-Rothmeier/Mandl 2001, 607), der die Wissensinhalte präsentiert, erklärt, die Lernenden anleitet und ihre Lernfortschritte überwacht (systematische Überprüfung, zu welchen Ergebnissen die eingesetzten Instruktionsstrategien und -methoden geführt haben). Eine eigene Strukturierung des Lernstoffes durch die Lernenden ist nicht erforderlich.

> **!** Das ist traditioneller, klassischer Frontalunterricht: Höchst effektiv (wenn die Schüler und Schülerinnen mitspielen), wirksam für Stoffvermittlung (wenn es denn nur darum geht) und theoretisch wie empirisch gut abgesichert (wenn denn die Theorie die Unterrichtswirklichkeit bestimmt). Die Lehrerzentrierung in einem (durchaus variablen) Instruktionsunterricht wird auch im Fazit zweier der bekanntesten Lernforscher, keineswegs Vertreter eines traditionellen Paukunterrichtes, betont: Der Lehrer „gibt die Ziele vor; zerlegt den Unterrichtsstoff in kleine, überschaubare Einheiten; vermittelt das notwendige Wissen; stellt Fragen unterschiedlicher Schwierigkeit ...; er sorgt für ausreichende Übung; kombiniert in zweckmäßiger Weise Klassen-, Gruppen- und Individualarbeit; kontrolliert beständig die Lernfortschritte der einzelnen Kinder und hilft in möglichst unauffälliger Art bei der Vermeidung oder Überwindung von Lernschwierigkeiten. Die Wirksamkeit dieses Verfahrens, insbesondere für jüngere Schüler und für Schulfächer mit ausgeprägtem hierarchischen Lernzielaufbau (wie Mathematik, Naturwissenschaften), ist wissenschaftlich gesichert" (Helmke/Weinert 1997, 136).

Nun hat aber die neuere Kognitionspsychologie der 80er und 90er Jahre eine Fülle von differenzierenden Bedingungen für Lernprozesse erarbeitet (Überblick bei Einsiedler 1996, Leutner 2001). Diese Ergebnisse zeigen die Grenzen des bisher dargestellten Lernverständnisses. Im Folgenden ein kurzer Überblick.

● Speicher im Gehirn

Neurobiologische und hirnbiologische Forschungen (zum Folgenden: Spitzer 2002) haben Theorien zur Informationsverarbeitung in Speichersystemen ent-

wickelt, die meist in Analogie zum Computer konstruiert wurden: Arbeitsspeicher (inclusive Kurzzeitgedächtnis), Langzeitgedächtnis mit verschiedenen Re-
präsentationsmodi („Untergedächtnissen"), z. B. für verschiedene Wissenstypen
(deklaratives Wissen: Wissen über Fakten und Sachverhalte), prozedurales Wissen (Wissen, das Voraussetzung für Fertigkeiten ist, also Wissen, „wie man etwas
macht"), strategisches Wissen (Heuristiken, also Findetechniken und Problem-
lösestrategien), metakognitives Wissen (das der eigenen Kontrolle und Steuerung
von Lernprozessen zugrunde liegt), aber auch für verbale Fähigkeiten und Glau-
bens- und Wertüberzeugungen. Freilich speichert unser Gehirn die Informationen nicht in einzelnen „Abteilungen", sondern in komplexen Netzwerken, die
verschiedene Hirnregionen einschließen. Diese Erkenntnisse haben eine wichtige
didaktische Konsequenz, die auch im traditionellen Frontalunterricht durchaus
beachtet wurde: Je mehr Sinneskanäle bei der Informationsaufnahme beteiligt
sind, desto komplexer und differenzierter wird die Wissensorganisation. Man
spricht daher auch von „multipler Enkodierung".

● Sinneskanäle nutzen

Multiple Enkodierung hilft aber nicht nur dazu, Informationen „multimodal" zu
repräsentieren, sondern verbessert auch die spätere Abrufbarkeit erheblich. Bildhafte, auditive, taktile Reize usw. führen dazu, dass verschiedene Sinnesorgane
beteiligt sind, mehrere Gehirnregionen mitschwingen und ein breites Netz
bedeutungshaltiger Assoziationen entstehen kann. Wird ein Lerninhalt (wie beim
klassischen Instructional Design) zu stark von seinen Kontexten abstrahiert, fehlen die notwendigen Redundanzen, d. h. die Verbindung von Nebeninformationen mit dem Lerninhalt, die in der Phase der Reproduktion die Erinnerung aber
begünstigen würden. Je mehr Nebeninformationen als „Hinweisreize" (in Form
von lebendigen Vorstellungen, selbst gefundenen Lösungen, persönlichen Erlebnisse, positiven Emotionen u.a.m.) fungieren können, desto höher ist die Wahrscheinlichkeit, dass etwas erinnert wird.
Natürlich ist das kein Plädoyer für allen möglichen „Entertainment-Schnick-
schnack", permanente action und Reizüberflutung in einer Unterrichtsstunde.
Werden nämlich unterschiedliche Sinneskanäle durch zu viele und zu unterschiedliche Informationen belastet, kann es auch zu Störungen in der Wahrnehmung und in der Kodierung von Informationen kommen (Interferenzen). Aber
die These von der multiplen Enkodierung spricht doch für mehr sinnliche Erfahrungen beim Lernen, für eine stärkere Handlungsorientierung (s.o. „Tu-Effekt",
Einsiedler 1996, 175), für Forschen, Entdecken und Erkunden gegenüber der
bloßen Instruktion oder Darbietung von Lerngegenständen, weil vielfältige Bezüge einer Sache deutlich werden („wir machen uns ein Bild von der Sache"). Vor
allem wenn Lernende selbst einen Sinnzusammenhang der Informationen herstellen können, wird der Aufbau von sog. „semantischen Netzwerken" gefördert.

● Komplexe Netze

Unser Wissen besteht, wie schon angedeutet, nicht aus Einzelbausteinen, sondern aus komplexen Netzen im Gehirn. Detail- und Faktenwissen muss integriert werden in eine komplexere Struktur, in „Zusammenhanggeflechte", in Ordnungsgefüge, in eine Vernetzung. Wenn wir etwas verstehen wollen, müssen wir neue, weiter als bisher greifende Zusammenhänge schaffen, die Sinnkonstanz haben. So muss z. B. das Wissen über „Boden- und Mineralbildung im Wald" zum Gesamtkonzept „Stoffkreislauf im Wald" integriert werden; oder Kenntnisse über die enorme künstlerische Produktivität in der Renaissancezeit in Nürnberg müssen vernetzt werden mit der Wirtschaftskraft und dem weltweiten Handel Nürnbergs usw. Sonst haben wir viele Einzelheiten gelernt, aber wenig verstanden. Es ist also sinnvoller, durch Netzwerktechniken „kognitive Landkarten" aufzubauen als enzyklopädischen Wissen zu vermitteln. Beim Abrufen ziehen wir dann sozusagen die Fäden unseres assoziativen Wissens zusammen, zu Netzknoten gleichsam, und können zielgerichtet das vorher eingeordnete Wissen anwenden.

● Hierarchien und Schemen

Dabei wird Netzwerkwissen in Hierarchien geordnet. Es gibt gute Gründe und empirische Belege dafür, „daß hierarchische Wissensstrukturierung eine für viele Anwendungsgebiete empfehlenswerte Lehr-/Lernstrategie ist." (Ebd. 181) Dies gilt auch dann, wenn Lernergebnisse „mit allen Sinnen" erworben wurden: Hilfen zur anschließenden Strukturbildung sind unerlässlich, weil sie sowohl horizontal (zusätzliche Relationen schaffen, Ähnlichkeiten und Unterschiede feststellen) als auch vertikal (weiterreichende Oberbegriffe, Systeme, Makroschemata) zu überdauernden Strukturen vernetzt werden müssen. Wie bereits Piaget gezeigt hat, ist Lernen gleichbedeutend mit dem ständigen Aufbau und Umbau von Schemen unserer Welterklärung. Schemen leiten unsere Wahrnehmung, unsere Erkenntnis und unser Handeln, sie sind notwendig zur Aufschließung und Einordnung weiteren Wissens und neuer Informationen. Zugleich wandeln sich Schemen lebenslang, solange wir lernen. Am Ende einer Unterrichtseinheit steht also nicht die „Ergebnissicherung" im Sinne der Sicherung gelernter Fakten, sondern die Systembildung, die Herausarbeitung von Makroschemen und Makrostrukturen für Wissensgebiete. Wissensstrukturierung in diesem Sinne ist aber nicht die Präsentation fertiger Systeme durch die Lehrkraft, sondern ein „dynamischer Wechselwirkungsprozeß zwischen vorhandenen und neuen Schemata und Wissensrepräsentation als selbstkonstruiertes System" durch die Lernenden (Einsiedler 1996, 187 f.).

● Handeln und Denken

Eine weitere sehr bedeutsame Weiterentwicklung der überwiegend auf Instruktion bauenden kognitiven Lerntheorie liegt in der handlungstheoretischen Grund-
legung von Lernen. Insbesondere Hans Aebli (1980/81, 1993) hat überzeugend
herausgearbeitet, dass sich Denkstrukturen aus verinnerlichten Handlungen entwickeln. Seine fundamentale These lautet: „Denken geht aus dem Handeln hervor, und es trägt ... noch grundlegende Züge des Handelns, insbesondere seine
Zielgerichtetheit und Konstruktivität." (1980, 26) Lernpsychologisch folgt daraus, dass Begriffsbildungsprozesse ihren Ausgang so oft wie möglich von konkreten Handlungsvollzügen nehmen sollten. Nicht mehr die didaktisch noch so geschickte Aufbereitung des Lehrstoffes steht dann im Mittelpunkt, sondern die auf
Handeln und Erkennen gerichtete Planung und Realisierung von Handlungs-
prozesses der Schüler und Schülerinnen. Schulischer Unterricht aber meint immer noch, aus Büchern vergegenständlichte Begriffe und Wissensinhalte holen
und Erkenntnisse in begrifflicher Form vermitteln zu können, ohne zu sehen,

dass dem Begriff das Begreifen, der Einsicht das Einsehen, der Erkenntnis das Suchen, Forschen, Beobachten, Nachdenken vorausgeht. Durch handelndes Lernen gelangen wir zu einem Wissen, das nicht nur aus Versatzstücken besteht, sondern aus einem Handlungsrepertoire, das uns befähigt, aktiv in die Welt einzugreifen.

● Gefühle beim Lernen

Auch die hohe Bedeutung von Emotionen, Interessen und Motivation beim Lernen wurde in der traditionellen Instruktionspsychologie zu wenig beachtet. Wir wissen inzwischen aus der neurobiologischen Hirnforschung einiges über das „limbische System" im Gehirn, das alle eingehenden Informationen und Sinneseindrücke bewertet und emotional eintönt. (Edelmann 2000, 14) Die emotionalen Tönungen eingehender Informationen werden mitgespeichert und begleiten die Denkprozesse. An Ereignisse, die mit starken Gefühlen verbunden sind, erinnern wir uns leichter als an solche, die uns emotional kalt ließen (wie z. B. das Lernen von Geschichtszahlen). Das hatte die Instruktionspsychologie unterschätzt. Auch das Interesse bestimmt wesentlich die Verstehensprozesse. Motivierte und hochinteressierte Lerner in empirischen Untersuchungen verknüpfen Begriffe besser und fachlich anspruchsvoller, sie verarbeiten den Lehrstoff in seinen Tiefenstrukturen, während niedrig Interessierte eher nur Oberflächenmerkmale eines Inhaltes wiedergaben. (Einsiedler 1996, 178)
Diese wenigen ausgewählten Forschungsergebnisse der neueren Kognitionspsychologie zeigen gegenüber dem alten Instructional Design, dass in sehr viel stärkerem Ausmaß die mentalen Aktivitäten der Lernenden berücksichtigt werden. Neben der Vermittlung von „objektiven" Wissensbeständen wird durchaus der Erwerb und auch die Ausdifferenzierung von *Lernstrategien* als förderungswürdig anerkannt.

Inhaltsneutrale Instruktionsstrategien?

Aber es liegt letztlich doch die Annahme nahe, dass Wissen unabhängig vom Lernenden existiere und als objektive Basis vermittelbar sei. Instruktionsstrategien können dann unabhängig vom zu vermittelnden Wissen eingesetzt werden. Dies ist genau die didaktische Denkfigur des traditionellen Frontalunterrichtes: Wenn er mit über 75% die dominierende Unterrichtsform ist, kann dies nur bedeuten, dass Lehrkräfte ihn für nahezu universell einsetzbar halten, für alle Ziele, für alle Lernenden, für alle Inhalte, alle Lernprozesse.

Ungelöste Probleme der Kognitionstheorie
Die kognitive Lerntheorie steht trotz ihrer grundlegenden Wandlungen und trotz ihrer Annäherung an ein konstruktivistisches Lernverständnis immer noch vor einigen ungelösten Problemen. (Zum Folgenden: Reinmann-Rothmeier/Mandl 2001, 612 f.)

• Es fehlen immer noch hinreichend differenzierte, überzeugende *empirische Befunde* für den Denkansatz des Instructional Design, vor allem für die behauptete Überlegenheit einer streng rationalen Gestaltung der Lehr-/Lernprozesse. Das Verfahren, Ganzheiten in elementare Teile und Sequenzen zu zerlegen und getrennt zu vermitteln, ist ein reduktionistisches Verfahren und sehr problematisch, vor allem, wenn mit der Einsicht nicht Ernst gemacht wird, dass Lerninhalte von der gesamten Wissensstruktur (s. o. „Vernetzung") und nicht von isolierten Teilen dieser Struktur („Häppchen-Didaktik") abhängig sind.
• Der Primat der Instruktion bedingt in der Regel eine weitgehend *passive Haltung* der Lernenden, die in einer eher rezeptiven Rolle gesehen werden. Dies wiederum reduziert die Eigeninitiative und Selbstverantwortung für das Lernen, was die Wahrscheinlichkeit erhöht, dass sich die Lernenden demotiviert oder bestenfalls extrinsich motiviert fühlen: Der Lehrer wird's schon richten... Schlimmstenfalls führt dies zu Unlust, Disziplinproblemen und Leistungsverweigerung.
• Das allein nach sachlogischen und systematischen Gesichtspunkten geordnete und aufbereitete Wissen hat mit den komplexen und wenig strukturierten Anforderungen und Erfahrungen in *Alltagssituationen* meist nur wenig gemeinsam. „Träges Wissen", das in Alltagssituationen kaum zur Anwendung kommt, ist die Folge.
Kein Wunder also, dass sich ein radikales Gegenkonzept zur kognitivistischen Instruktionspsychologie entwickelte. Ist es genau so extrem wie das Instructional Design?

Das zweite Extrem: Konstruktivistisches Lernen – schülerorientiert, aber unrealistisch?

Im Unterschied zur Instruktionspsychologie ist das konstruktivistische Lernverständnis inzwischen so bekannt, dass ich mich hier auf eine kurze Zusammenfassung beschränken kann. (Nähere Informationen bei Terhart 1999, Reinmann-Rothmeier/Mandl 2001, 613 ff., Siebert 2002, Jank/Meyer 2002)

1. „Wie wirklich ist die Wirklichkeit?" (Watzlawick)

Die produktorientierte Didaktik (Zielmarke: Wissen im Schülerkopf) wird vom Konstruktivismus scharf kritisiert: Ihr Grundverständnis sei das eines additiven Wissenszuwachses; das Lehrer-Schüler-Verhältnis werde bestimmt durch die Sender-Empfänger-Metapher; ihre Vorstellung der Abbildung objektiven Wissens im Kopf der Lernenden gleiche einer „Kübeltheorie des Geistes" (Landwehr 1997, 33). In diesen anfangs leeren Kübel habe der Unterricht Material (=Wissen) einzufüllen. Wissen bestehe aus letztlich passiv empfangenen Abbildungen, sozusagen originalgetreuen Widerspiegelungen der Wirklichkeit.

Aber diese Wirklichkeit (jedenfalls nach dem radikalen Konstruktivismus als Erkenntnistheorie) gibt es gar nicht, denn jeder Mensch konstruiert sich seine Erkenntnis der Welt selbst. Der Konstruktivismus geht davon aus, dass wir als Menschen unsere Welt durch Erkenntnisse und Einsichten selbst „herstellen". Zugespitzt ausgedrückt: Die Wirklichkeit wird von uns nicht *ge-*, sondern *er-*funden. Lernen ist demnach immer Selbstkonstruktion des Subjektes. Für die Einstellung des Lehrers gegenüber dem Schüler gilt: Ich kann dich letztlich nichts lehren. Ich kann dir Anregungen geben, aber das Lernen passiert in deinem Kopf, du konstruierst deine Erkenntnisse selbst. Grundannahme ist also der aktive Lerner, der sein Wissen selbstständig konstruiert.

Unser Gehirn ist dabei autopoietisch und selbstreferenziell, d. h. es entwickelt seine Kriterien, nach denen es die eigene Aktivität bewertet, autonom und ist dabei nur auf das bezogen, was in ihm ist. Das Gehirn ist autark. Zugespitzt formuliert: Unsere Wahrnehmungen und Erkenntnisse sind damit nicht direkte Abbilder der Wirklichkeit, sondern Konstruktionen, in denen wir lediglich den durch unsere Sinne empfangenen Signalen eine (subjektive) Bedeutung geben. Eine objektiv existierende Außenwelt ist eine Fiktion, – bestenfalls lässt sich darüber nichts sagen.

2. Primat der Konstruktion

Im Unterschied zu dem gegenstandszentrierten, auf Instruktion bauenden Lernverständnis steht im konstruktivistischen Lernverständnis der *Primat der Konstruktion*. Das Lehren tritt zugunsten des Lernens in den Hintergrund, eine Art Paradigmenwechsel. Wenn Wissen eine individuelle Konstruktion des Menschen (und keine Kopie der Wirklichkeit) ist, wenn Lernen ein aktiver, konstruktiver Prozess (und nicht das Transportieren von Wissen in Schülerköpfe) ist, dann muss die Lernumgebung den Schülern und Schülerinnen Situationen anbieten,

– in denen eigene Konstruktionsleistungen möglich sind,
– in denen kontextgebunden gelernt werden kann, kurz
– in denen das situierte Lernen im Mittelpunkt steht.

3. „Situierte Lernumgebungen"

Daher nimmt das Konzept der „situierten Lernumgebungen" in der konstruktivistischen Lernphilosophie breiten Raum ein. Allerdings weiß keiner so ganz genau, was mit situiertem Lernen gemeint ist. (Gerstenmaier 1999) Ausgangspunkt ist die Situated Cognition-Bewegung (in der unterschiedliche Wissenschaften wie kognitive Anthropologie, ökologische Psychologie und soziokognitive Richtungen beteiligt sind.) Sie wird durch folgende Grundüberlegungen charakterisiert:

- Wissen in einer Gesellschaft ist insofern immer situiert als es „geteiltes Wissen" ist, d. h. es wird von Menschen im Rahmen sozialer Transaktionen gemeinsam entwickelt und ausgetauscht;
- unser konkretes Handeln und Denken lässt sich jeweils nur auf dem Hintergrund eines konkreten sozialen Kontextes verstehen;
- daraus folgt, dass Lernen insofern situiert ist als es an die inhaltlichen und sozialen Erfahrungen der Lernsituation gebunden ist;
- Wissen wird aktiv erworben und konstruiert.

Statt die Schüler und Schülerinnen weitgehend isoliert arbeiten zu lassen und isoliert zu beurteilen, muss folglich das *kooperative Lernen* viel stärker betont werden. Dies kann in Partnerarbeit, Kleingruppen oder durch kooperative Settings in der Gesamtklasse im Rahmen des Klassenunterrichtes (Kreisgespräch, Diskussionen, Planspiele u.a.m.) geschehen. Denn Lernen „wird in situierter Perspektive weniger unter dem Aspekt des individuellen Wissenserwerbs gesehen, sondern als das Ausmaß an der Teilnahme des in Gruppen ge- und verteilten Wissens." (Gerstenmaier 1999, 237) Weiterhin wird großer Wert gelegt auf *authentische Kontexte*. Das meint zum einen, den Lernenden solche Aufgaben zur Verfügung zu stellen, die einen echten, wirklichen Bezug zur Alltagswelt der Lernenden haben; zum andern erfahren sie zugleich mit dem Wissenserwerb die Anwendungsmöglichkeiten dieses Wissens. Erst dann wird Wissen bedeutungsvoll. Allerdings darf das Wissen nicht zu eng auf die realen Kontexte fixiert bleiben, weil es dann nicht übertragbar ist auf andere Anwendungssituationen. Es muss also auch „dekontextualisiert" werden, indem mehrere Beispiele und unterschiedliche Kontexte für die Wissensanwendung angeboten werden. Auch müssen die Lernenden angeregt werden, die Inhalte unter verschiedenen Gesichtspunkten zu betrachten (multiple Perspektiven).

4. *Lehren heißt Lernsituationen arrangieren*

Die Rolle der Lehrenden besteht dann vor allem darin, Problemsituationen und Werkzeuge (tools) zur Bearbeitung zur Verfügung zu stellen, komplexe Lernsituationen zu arrangieren und die Lernenden bei Bedarf zu unterstützen. Die Lernenden haben eine viel stärkere *Eigenverantwortung* für die Steuerung und

Kontrolle des Lernprozesses. Das bezieht sich auch auf die Evaluation von Lern-prozessen, bei der weniger die Ergebnisse als vielmehr der Prozess des Wissens-erwerbs zum Gegenstand der Beurteilung gemacht wird. Darum steht die Evalua-tion auch nicht einzig am Ende, sondern erfolgt durch laufende Feedback-Infor-mationen während des Lernprozesses. Daran sind die Lernenden maßgeblich be-teiligt, bis hin zur konsequenten Selbstevaluation durch die Lernenden. Diese Notwendigkeit zur Überwachung und Reflexion des eigenen Lernprozesses wird auch „comprehension monitoring" genannt und ist in seinen positiven Effekten empirisch gut belegt. (Steiner 1996, 299 ff.)

Probleme des konstruktivistischen Konzeptes
Das dargestellte konstruktivistische Lernkonzept ist sicher eine pädagogische Vi-sion der Zukunft. Aber es bringt auch eine Reihe von schwer lösbaren Problemen mit sich.

● Zunächst ist die generelle Frage: Wenn alles Lernen auf Prozessen eines selbst-referenziellen und autopoietischen Gehirns basieren, das seinen Bezug nur zu sich selbst hat, wie kann man dann von außen Lernen anregen? Möglichkeiten sind sicher: Kognitive Konflikte zu erzeugen, Perturbationen im Sinne von Er-schütterungen bisher für gültig gehaltener Ansichten, Problemlösungen und Wissensbestände zu arrangieren, Dekonstruktionen bisher geglaubter Wahrhei-ten zu initiieren und eine Bewusstsein von der Kontingenz („es kann auch alles ganz anders sein") aller Erkenntnis zu schaffen. (Reich 1997). Aber auch beim aufregendsten kognitiven Konflikt können Schüler sagen: „Na und, was soll's?" Denn keiner kann garantieren, dass der „Funke überspringt". Lernen bleibt letzt-lich gebunden an die Bereitschaft des Lerners, selber lernen zu wollen.

● Nehmen wir an, diese Bereitschaft sei vorhanden oder geweckt worden. Dann kommt auf die Lehrkraft die Aufgabe zu, in einer Klasse von 25 Schülern und Schülerinnen für jeden einzelnen zu diagnostizieren, an welche Wissensbestände, kognitiven Verarbeitungsstrategien und Gewohnheiten individueller Wissens-konstruktion anzuknüpfen ist. Im Grunde müssten für 25 Schüler und Schüle-rinnen 25 hirngerechte Lernwege und Lernumgebungen bereitgestellt werden, damit jeder seinen eigenen „Driftzonen" (Kösel 1993) gemäß lernen kann. Kösel versteht in seiner „subjektiven Didaktik" (so der Untertitel seines Buches) unter Driftzonen jene individuellen Milieus, die sich aus dem Zusammentreffen der Anreizstruktur des Lernangebotes (durch den Lehrer) und den ganz persönlichen Entwicklungslinien der lernenden Individuen ergeben. Diese „Vielwirklichkeit" dürfte (Miller 2001, 16) Lehrkräfte an ihre Grenzen bringen. Ein völlig indivi-dualisierter Unterricht ist überhaupt nicht möglich – und auch nicht sinnvoll, weil damit das wichtige Element des Wissens als geteilte Bedeutung einer Gruppe (im situierten Lernen) nicht zum Tragen käme. Der Widerspruch zwischen individueller Selbstkonstruktion und Standards, die für alle dieselben sind, ist nicht auflösbar.

● Aus radikal konstruktivistischer Perspektive wäre es auch nicht mehr möglich (da es ja keine objektive Realität gibt), einen objektivierbaren Kanon von Lerninhalten zu bestimmen und Lernprozesse auf dieser Grundlage von außen anzuregen. Aber wie soll dann eine Gesellschaft definieren, was sie an kulturellen Gütern im Hinblick auf die jeweils nachfolgende Generation für tradierenswert hält (was sie ja in Lehr- und Bildungsplänen bekanntlich tut)? Zerfällt Unterricht in der öffentlichen Schule bei den erforderlichen Freiheitsgraden nicht in Beliebigkeit und Ineffektivität? Hinzu kommt, dass Leistungsstarke in der Regel von situierten Lernumgebungen stärker profitieren, Leistungsschwächere aber leicht auf der Strecke bleiben, so dass sich mit der Zeit die Gefahr eines Schereneffektes ergibt.

● Schließlich lassen die wenigen empirischen Befunde zur Überprüfung des konstruktivistischen Unterrichtskonzeptes noch keine differenzierten Schlüsse zu. Zwar scheinen Studien mit einer längerfristigen zeitlichen Perspektive den positiven Einfluss situierten Lernens bei der späteren Anwendungsüberprüfung des Gelernten zu bestätigen (Reinmann-Rothmeier/Mandl 2001, 623). In unmittelbar folgenden Wissenstests waren die Leistungen aber schlechter. Auf die grundlegende Schwierigkeit, dass die Kontextgebundenheit des Lernens dem notwendigen Lerntransfer entgegensteht („Dekontextualisierungsproblem"), haben wir schon oben verwiesen.

Integration von Instruktion und Konstruktion – ein pragmatisches Konzept

Als Fazit der bisherigen Diskussion kann festgestellt werden, dass inzwischen die Notwendigkeit und auch die Möglichkeit gesehen wird, Instruktion und Konstruktion in der neueren Kognitionspsychologie zu integrieren. Die Rede ist von „konstruktivistischen Instruktionsansätze(n)" (Reinmann-Rothmeier/Mandl 2001, 617) Ein überzeugendes Beispiel ist die bereits im Abschnitt 3.3.2 (Lernen vernetzen) beschriebene „Cognitive Flexibility-Theorie" mit der Technik des Landscape Criss-Crossing: Wissen multiperspektivisch und flexibel anwendbar erwerben, und zwar unter instruktionaler Anleitung. So betont denn auch eine empirische Untersuchung mit Schülern einer kaufmännischen Berufsschule als ein wichtiges Ergebnis die Notwendigkeit der Instruktion, gerade beim Lernen in multiplen Kontexten: „Schwierigkeiten hatten vor allem diejenigen Probanden, die mit multiplen Perspektiven, aber ohne instruktionale Unterstützung gelernt hatten." (Ebd. 619)

Die zentrale lernpsychologische Begründung des integrierten
Frontalunterrichtes

Instruktion und Konstruktion sind nur ein vermeintlicher Gegensatz. Ein pragmatisches Konzept wird beide Ansätze integrieren. Dies geschieht im sog. *„wis-
sensbasierten Konstruktivismus":* Hier wird nämlich Lernen „als eine persönliche
Konstruktion von Bedeutungen interpretiert, die allerdings nur dann gelingt,
wenn eine ausreichende Wissensbasis zur Verfügung steht. Zu deren Erwerb
kann jedoch auf instruktionale Anleitung und Unterstützung nicht verzichtet
werden" (ebd. 626). Das bedeutet: Es ist nicht möglich und sinnvoll, im
Frontalunterricht ständig fertige Wissenssysteme zu vermitteln, auf immer gleichen didaktischen Vermittlungswegen zu arbeiten, das Lernen im Gleichschritt
anzustreben, ohne Spielräume für die Eigenaktivität der Lernenden zu öffnen.
Genauso wenig möglich und sinnvoll ist es, allein den Konstruktionsleistungen
der Lernenden zu vertrauen.

Wer nichts weiß, der kann auch nicht vernetzt denken.

Es geht also nicht um ein theoretisches oder praktisches Entweder-Oder, sondern um „eine Balance zwischen expliziter Instruktion durch den Lehrenden
und konstruktiver Aktivität durch den Lernenden" (ebd. 627). Genau dies
meint das Konzept eines integrierten Frontalunterrichtes.

Wie kann ein solches integriertes Konzept, das Frontalunterricht und eigenständiges Lernen der Schüler und Schülerinnen vereint, aussehen? Es lässt sich mit
fünf Prozessmerkmalen des Lernens umschreiben (ebd., alle Zitate 626):

– „Lernen ist ein *aktiver* Prozess". Effektives Lernen ist nur bei aktiver Beteiligung
  der Lernenden möglich. Dabei ist Voraussetzung, dass sie Motivation und ein
  situatives Interesse entwickeln.
– „Lernen ist ein *selbstgesteuerter* Prozess". Wissenserwerb unterliegt stets einer
  gewissen Steuerung, Kontrolle und Verantwortung durch den Lernenden, auch
  wenn das Ausmaß sehr unterschiedlich ist. Aber Wissenserwerb *ohne* jeglichen
  Selbststeuerungsanteil ist nicht denkbar.
– „Lernen ist ein *konstruktiver* Prozess." Lernen baut aber stets auf vorhandenen
  Kenntnissen und Fähigkeiten auf. Ohne einen hinreichenden Erfahrungs- und
  Wissenshintergrund sind solche Aufbauleistungen als eigene Konstruktionen
  nicht möglich, es ergeben sich keine kognitiven Prozesse, die wirklich dauerhaft
  das eigene Können und Wissen stabilisieren.

– „Lernen ist ein *situativer* Prozess". Lernen erfolgt immer in spezifischen Kontexten. Diese kontextuellen Bezüge liefern den Interpretationshintergrund für
die Bewertung der Lerninhalte. Sie ermöglichen und begrenzen zugleich die
konkreten Lernerfahrungen.
– „Lernen ist ein *sozialer* Prozess". Aus der Eingebundenheit des Einzelnen in eine
Gemeinschaft ergibt sich, dass Wissen zugleich auch aus sozialen Aus-
handlungsprozessen erwächst. Kooperativen Situationen kommt daher eine
erhebliche Bedeutung zu.

Wer Unterricht längerfristig plant, braucht über diese allgemeinen Prozessmerk-
male hinaus aber Grundorientierungen, nach denen er/sie das konkrete Vorgehen
gestaltet. Unterschiedliche Sozialformen, verschiedene methodische Arrangements, Medien, Lernmaterialien usw. sind eingebettet in eine dominierende
Grundorientierung. Für ein Lernen im integrierten Frontalunterricht bieten sich
drei unterschiedliche Grundorientierungen an. Sie werden von Reinmann-
Rothmeier/Mandl (1998, 475 ff., in anderer Reihenfolge) folgendermaßen beschrieben. Der Frontalunterricht spielt dabei eine immer stärker *ab*nehmende
Rolle.

● Erstens: *Systemvermittelnde Lernumgebungen*

Es geht um die Vermittlung fertiger Systeme von Wissensbeständen. Die Lernenden erwerben Faktenwissen, wobei sie stark von außen angeleitet und auch kontrolliert werden. Lernziele werden operational definiert, insbesondere reproduk-
tives Wissen und automatisierte Fähigkeiten werden angestrebt. Der Unterricht
gleicht weitgehend der Instruktion, wobei den Lernenden systematisch aufbauend Informationen dargeboten werden, um das festgelegte Instruktionsziel zu erreichen.
Ein solches Modell dürfte weitgehend dem traditionellen Frontalunterricht entsprechen. Aber auch im integrierten Frontalunterricht ist dieses Modell dann
sinnvoll, wenn die Lernenden z. B. zunächst einen systematischen Überblick
über ein neues Gebiet brauchen, zu dem sie noch wenig Vorkenntnisse haben.
Erst dann können sie fruchtbar eigenständig arbeiten.

● Zweitens: *Adaptive Lernumgebungen*

Der Begriff adaptiv meint, dass sich die gesamte Gestaltung der Lernumgebung
stark an die Bedürfnisse, Vorkenntnisse und Fertigkeiten der Lernenden anpasst.
Die Lernumgebung ist aber offener, nicht ausschließlich aus dem „System" des
Stoffes abgeleitet und schließt Elemente eigentätigen Lernens ein. Die Rolle der
Lehrkraft ist ausdrücklich unterstützend, durchaus aber auch lenkend. Die

Funktion des Lehrenden ist die des „facilitators", der den Wissenserwerb durch geeignete Schritte erleichtert. Ferner ist wichtig, dass Lernende nicht nur Wissen erwerben, sondern dass ihnen auch realistische Probleme geboten werden, bei denen sie den Anwendungskontext des Wissens kennen lernen. Und schließlich wird großer Wert gelegt auf die soziale Gestaltung der Lernumgebung, d. h. es soll z. B. auch in Gruppen gelernt werden.

● Drittens: *Problemorientierte Lernumgebungen*

Kerngedanke ist hier das Konzept des explorativen Lernens: Die Lernenden sind aktiv und erarbeiten sich selbst neues Wissen, wobei die Lernumgebung ihnen geeignete Probleme anbietet. Mit möglichst wenig Anleitung und Steuerung von außen erwerben sie Problemlöse- und Selbststeuerungsfertigkeiten, setzen sich selbst intensiv mit neuen Inhalten auseinander. Zunehmend übernehmen sie Verantwortung für den Verlauf und das Ergebnis des Lernens. Aufgabe der Lehrenden ist es, Probleme und „Werkzeuge" zur Problembearbeitung zur Verfügung zu stellen und auf eventuelle Bedürfnisse der Lernenden entsprechend zu reagieren. Man könnte dieses Modell auch die Hochform „Freier Arbeit" nennen.
So stark dieses Modell den Erkenntnissen der modernen Wissenserwerbsforschung entspricht, – so wenig darf kritisch übersehen werden, dass ein solches exploratives Lernen bisweilen sehr zeitaufwendig ist. Es kann auch bei größeren Stoffmengen unökonomisch werden und zur Orientierungslosigkeit führen. Untersuchungen zu diesem Ansatz haben gezeigt, „daß Lernende zwar auf der einen Seite genügend Freiraum für konstruktive (Lern-)Aktivitäten brauchen, auf der anderen Seite aber auch – in Abhängigkeit von ihren bestehenden Lernvoraussetzungen – Unterstützung benötigen, wenn Probleme auftreten, die für Lernende (ohne Hilfe) die Gefahr der Überforderung mit sich bringen." (Reinmann-Rothmeier/Mandl 1998, 485) Es hat sich nämlich herausgestellt, dass z. B. *zu viele* Wahlmöglichkeiten den Lerner verunsichern, wenn er über die Bedeutung der Optionen nicht ausreichend Bescheid weiß, also nicht einschätzen kann, ob die ihm zur Verfügung stehenden Strategien für bestimmte Wahlen auch ausreichen. (Hofer 1997, 240)
In allen drei Typen von Lernumgebungen hat der Frontalunterricht seine Funktion: In den *systemorientierten, gegenstandzentrierten* Lernumgebungen steht er im Mittelpunkt, um eigenaktives Schülerlernen überhaupt erst zu ermöglichen. In den *adaptiven* Lernumgebungen wird zwar stärker selbsttätig gelernt, aber die frontale Instruktion begleitet als unverzichtbares Element den Aneignungsprozess. Allerdings treten Frontalphasen in den Hintergrund und werden nur noch gezielt eingesetzt, wenn es für den gemeinsamen Lernfortschritt unumgänglich ist. In den *problemorientierten* Lernumgebungen schließlich arbeiten die Lernenden überwiegend selbstständig, in Gruppen und nur durch einführende und koordinierende Frontalphasen unterstützt.

Damit ist die problemorientierte Lernumgebung die ideale Zielperspektive. Sie enthält eine Kombination von Merkmalen instruktionspsychologischer Ansätze des Kognitivismus mit Prinzipien kostruktivistischen Lernverständnisses. In der unterrichtlichen Praxis kann diese Perspektive aber nur in variabler Gewichtung und Ausprägung realisiert werden.

Unterstützung und Kontrolle

Zusammengefasst: „Lernen ohne jegliche instruktionale Unterstützung ist in der Regel ineffektiv und führt leicht zur Überforderung. Lehrende können sich deshalb nicht darauf beschränken, nur Lehrangebote zu machen, sie müssen den Lernenden auch anleiten und insbesondere bei Problemen gezielt unterstützen." (Reinmann-Rothmeier/Mandl 2001, 628) Die Effekte einer solchen unterstützenden Kontrolle (nicht aber eines dominanten Lehrerverhaltens mit autoritärem Kontrollstil!) zeigten in einer empirischen Studie an 1200 Grundschulkindern im Mathematikunterricht, „dass die Schüler unter unterstützender Kontrolle gute mathematische Leistungen erzielen, eine positive Einstellung zum Lernen entwickeln, im Unterricht aktiv mitarbeiten und vergleichsweise wenig Prüfungsangst haben." (Ebd. 629)

Die Dialektik von Führung und Aneignung

Wir haben gesehen: Die Anleitung zum Lernen und der Prozess des Selbstentdeckens müssen im Frontalunterricht kein Widerspruch sein. Im Gegenteil: Führung durch die Lehrkraft und die Aneignung von Wissen und Fähigkeiten durch die Schüler und Schülerinnen sind wechselseitig aufeinander angewiesen. Im dialektischen Denkmuster: Aus der These „Frontalunterricht ist notwendig" und der Antithese „Selbstverantwortetes Lernen ist das Ziel der Schule" ergibt sich erst in der konkreten Abarbeitung dieses Widerspruches eine Integration auf höherer Ebene (Synthese): „Frontalunterricht ist gelungen, wenn das instruktionsorientierte Lehren des Lehrers bei den Schülern das eigentätige und selbstgesteuerte Lernen auslöst, unterstützt und fördert." Die konstruktivistische Didaktik und die neuere Didaktik zum subjektiven Lernen führen den Frontalunterricht keineswegs ad absurdum, sondern weisen ihm als gezielte instruktionale Unterstützung eigentätigen und selbstgesteuerten Lernens der Schüler eine nicht zu unterschätzende Funktion zu.

Dabei hat der Frontalunterricht nicht nur „Service-Charakter" für andere Unterrichtsformen, sondern ist auch Konsequenz einer alten Erfahrung: Unser Denken neigt einerseits zum Erfassen, Ordnen, Strukturieren, Systematisieren, Kategorisieren usw., andererseits aber auch zur Öffnung, zur Kreativität, zu Verstehensprozessen statt Faktenrezeption etc. Kurz: Offene Denkwege sind genauso wichtig wie vorgegebene, bewährte. Öffnen und schließen, Bewegung und Ruhe, Autonomie und Abhängigkeit, Variabilität und Uniformität, Grenzöffnung und Grenzschließung, Ordnung und Freiheit sind Pole eines Kontinuums. Sie spiegeln den Pendelvorgang im Leben, sind Lebensprinzipien, die sich auch im Lernen zeigen. In diesem „Balanced thinking" (Schaefer/Yoshika 2000) hat der Frontalunterricht mit seinen vielfältigen Funktionen seinen unverzichtbaren Ort.

Ich verstehe frontalunterrichtlich vermittelte Informationen als ein *Angebot* für den Lernenden, seine Wissenskonstruktion eigentätig in Gang zu setzen, d. h. selbstständig kognitiv sein Wissen zu „konstruieren". Lernen ist immer ein subjektiver Vorgang, der zwar von außen angeregt werden kann, dessen entscheidender Effekt aber darin besteht, dass das Subjekt bestehende kognitive Strukturen für sich neu organisiert, je nach seinem eigenen Verstehenshorizont neue Informationen einordnet und zu neuen gedanklichen Netzen weiterentwickelt. Wenn Unterricht überhaupt erfolgreich sein soll, dann nur so. Lernen passiert immer im Kopf des eigentätigen Subjektes als Wechsel zwischen den aufgezeigten Polaritäten, – oder überhaupt nicht. Das gilt für den Frontalunterricht ebenso wie für Gruppenarbeit, Freiarbeit oder Projektunterricht!

Damit die Abarbeitung des scheinbaren Widerspruchs zwischen Frontalunterricht und selbstgesteuertem Lernen der Schüler praktisch gelingen kann, müssen drei Elemente immer wieder ausbalanciert werden:

- Die frontalunterrichtliche Führung der Lernenden im Klassenverband *und* komplexe Lehr-Lern-Arrangements für eigenständige Arbeit;

- die anfängliche Anleitung *und* der zunehmende Freiheitsspielraum: Die Lehrkraft wird ihre Interventionen zunehmend auf Impulsgebung reduzieren;

- die notwendige Kontrolle *und* die zunehmende Lernberatung: Die Lehrkraft beschränkt sich auf Beratung (Caoching) und sorgt für eine langsam wachsende Selbstevaluation der Lernenden.

! Keine Angst vor Frontalunterricht
• Bei einem solchen Grundverständnis braucht niemand mit Frontalunterricht ein schlechtes Gewissen zu haben. Wenn er im Rahmen einer durchdachten *Methodenvielfalt* praktiziert wird, also auf Integration in schüleraktivierenden Methoden zielt, hat er seinen berechtigten Stellenwert und sollte so professionell wie möglich durchgeführt werden.

Das wird gerade von der konstruktivistischen Didaktik – wie das folgende Zitat eines prominenten Vertreters zeigt – ebenso anerkannt wie in den Konsequenzen sehr realistisch eingeschätzt: Unter dieser Voraussetzung eines beweglichen Frontalunterrichtes als einer anspruchsvollen Lernkultur „bekäme ein erneuerter Frontalunterricht wieder einen ganz anderen Stellenwert. Weil diese Form von Unterricht an die Lehrkräfte sehr hohe Ansprüche stellt, ist aber weiterhin mit ungenügendem Frontalunterricht zu rechnen. Deshalb aber – wie es heute so häufig getan wird – den Frontalunterricht ausschließlich durch selbstgesteuerten Unterricht zu ersetzen und zu glauben, die gute Schule sei damit gerettet, dürfte sich bald als Irrtum erweisen, denn ich betrachte es als unwahrscheinlich, dass ausschließlich selbstgesteuertes Lernen effektiv bleibt. ... Zu viele Eigenaktivitäten und Gruppenarbeiten können ebenso langweilig werden wie der Frontalunterricht." (Dubs 1995, 901)

Die im folgenden Kapitel enthaltenen Anregungen und Praxishilfen setzen daher eine generelle Bereitschaft zur methodischen Vielfalt und ein erzieherisch-didaktisches Gesamtkonzept jedes/r einzelnen Lehrenden voraus. Nur unter dieser Voraussetzung geht es um „guten" Frontalunterricht. Das heißt aber auch: Frontalunterricht muss aus seinem Dornröschenschlaf aufgeweckt werden und sich grundlegend ändern: Weg von der durch erstarrte Routinen und ideenlose Häppchendidaktik geprägten Unkultur des „Beybringens" hin zu einer modernen, lernpsychologisch gut begründeten, lebendigen und effektiven Unterrichtskultur.

4. Guter Frontalunterricht: Methodische Möglichkeiten

4.1 Planen – inszenieren – motivieren: *der Einstieg*

Frontalunterricht ist kein Kaspertheater. Bei allem Bemühen um die Planung eines lebendigen, abwechslungsreichen und effektiven Unterrichtes darf der Lehrer nicht zum Entertainer werden, der eine Meute desinteressierter Schüler und Schülerinnen zu unterhalten hat. Der Einstieg in ein Unterrichtsthema zum Beispiel ist keine Werbeshow.

Planen
Um Schüler und Schülerinnen für ein Unterrichtsthema zu motivieren und zu „öffnen", ist es zweckmäßig, sie bereits bei der Planung des Unterrichtes einzubeziehen (siehe die Vorschläge in Abschnitt 3.3.6: Planen – koordinieren – auswerten). Unterrichtseinstiege als gemeinsame Planung des Unterrichtes mit den Schüler und Schülerinnen haben einige Vorteile, z. B.:

- Der Unterricht wird zu einem gemeinsamen Anliegen von Lehrern und Schülern.
- Die Schüler und Schülerinnen fühlen sich mitverantwortlich, sie organisieren und denken eher mit.
- Die Folge ist eine Entlastung der Lehrkraft, weil sie weniger anzuordnen braucht.
- Lernenden wird Gelegenheit geboten zu lernen, wie man Lernprozesse organisiert, ein Thema strukturiert und in geeigneten Arbeitsformen bewältigt.

Ziel ist es dabei, die Identifikation mit dem Unterrichtsthema zu fördern: Aus *einem* Thema wird *unser* Thema. Im Übrigen sei hier auf die Fülle der Literatur zur Unterrichtsplanung verwiesen (z. B. Peterßen 1998, Jank/Meyer 2002).
Die folgende Szene zeigt, wie eine handlungsorientierte Mitplanung von Schülern und Schülerinnen aussehen kann.

Beispiel: Handlungsorientierte Schülerbeteiligung

12. Jahrgang einer gymnasialen Oberstufe zu Beginn des neuen Semesters. Geplant wird ein fächerübergreifender Unterricht (Biologie, Erdkunde, Religion) zum Semesterthema „Wachstum und Regelung". Nach Erledigung einiger for-

maler Kursangelegenheiten schreibt ein Lehrer das neue Semesterthema „Wachstum und Regelung" an die Tafel. Die Tische werden umgruppiert, so dass ein großer Tisch entsteht. Die Schüler und Schülerinnen breiten darauf eine Fülle von Früchten und Gemüsesorten aus, die sie mitgebracht haben. Ihre Hausaufgabe war, Früchte zu besorgen und sich über die Besonderheiten dieser Früchte (Herkunftsland, Preise, Verwendung etc.) kurz zu informieren. Mit Kurzvorträgen vorgestellt werden u.a. die Honigmelone, Kartoffeln, Äpfel, Citrusfrüchte, Bananen, Tomaten, Buchweizen, Birnen und Zucchini.

Eine Fülle von Fragen und Assoziationen taucht auf, teils von den Schülern, teils als kritische Nachfragen und Anstöße der anwesenden Fachlehrer für Biologie, Erdkunde und Religion. Dabei hat der Kollege, der diesen Unterrichtsabschnitt leitet, einige Mühe, das eigentliche Semesterthema „Wachstum und Regelung" immer wieder bewusst zu machen. Schließlich beendet er diesen Abschnitt, indem er direkt fragt: „Was machen wir jetzt damit? Was liegt biologisch gesehen auf dem Tisch? Was hat das mit unserem Semesterthema zu tun? Was stellt ihr euch vor?" Fragen und erste Ideen werden gesammelt und in einem nächsten Abschnitt in Kleingruppenarbeit auf Karteikarten durch die Schüler notiert und erweitert. Dazu werden die Tische wieder zurückgestellt, und die Früchte dürfen gegessen werden.

Nach einer ausführlichen Gruppenarbeitsphase werden die Karteikarten gesammelt, systematisiert und zu Fragestellungen gebündelt. Dieses Arbeitsergebnis der Einstiegsphase bildet die Grundlage für die Planung des Semesterthemas mit den Schülern und Schülerinnen. Das Ganze entwickelte sich im weiteren Unterrichtsverlauf – entgegen der Vorplanung der Lehrer – zu einem Projekt, – die Schüler und Schülerinnen hatten die Lehrer „links überholt".

Dieses Beispiel belegt, dass das Verfahren der kooperativen Unterrichtsplanung (das in Kapitel 3.3.6 beschrieben wurde) in der Praxis gelingen kann, wenn es gut strukturiert wird und vom Lehrer frontalunterrichtlich angeleitet wird.
Insbesondere bei der Planung von Lernumgebungen für eigenverantwortliches Lernen der Schüler und Schülerinnen sind klare Verabredungen und Strukturierungen unverzichtbar. Für die Sekundarstufe hat sich folgendes Vorgehen bewährt (Golecki 2002, 24 f.):

- Ausführliches *Vorgespräch* mit der Klasse, in dem die wesentlichen Anforderungen der folgenden Phase (z. B. Fachbezüge, methodische Vorgaben wie Experimente, Befragungen etc., Zeitplan, Arbeitsergebnisse, Bewertungskriterien) besprochen, ausgehandelt und gemeinsam beschlossen werden;
- einen *Lernvertrag* abschließen, der die verabschiedeten Punkte festhält und von den Lernenden ebenso wie von der Lehrkraft unterschrieben wird;

- verbindliche *Zwischenschritte* einplanen, *Beratungstermine* festlegen und *Fixpunkte* zum gegenseitigen Zwischenresümee organisieren (z. B. „Präsentationen in Kladde");
- Kriterien für *Leistungsbewertungen* transparent machen, diskutieren und festlegen.

Aber auch in einer frontalunterrichtlichen Einzelstunde verbessert es den Lernerfolg, wenn der Lehrer oder die Lehrerin ihre Planung den Schülern und Schülerinnen gegenüber offen legt (siehe Kapitel 3.3.6): Bekanntgabe der Ziele, der Zeitstruktur mit Wechsel der Arbeits- und Sozialformen etc.

Inszenieren
Unterricht soll bewusst inszeniert werden (Jank/Meyer 2002, 114). Dabei sind die Unterrichtseinstiege von zentraler Bedeutung (eine Fundgrube mit praktischen Anregungen findet sich bei Greving/Paradies 1996).
Besonders der Frontalunterricht zeigt aber oft eine langweilige, eingeschliffene Palette von Inszenierungsmustern: „Anknüpfung" an die letzte Stunde („Erinnert sich noch jemand, worüber wir das letzte Mal gesprochen haben?" – Unterricht als Fortsetzungsroman); Kontrolle der Hausaufgaben, um dann mühsam zum nächsten Themenbrocken voranzuschreiten; „Faktenschleuder" (mit dem Overheadprojektor, nach dem Motto: Friss oder stirb!), aus der dann Einzelthemen abgeleitet werden; die wenig spannende Lehrerdarbietung eines Experimentes am Anfang der Stunde (die dann in einer chemischen Formel endet) u.a.m.
Aber Inszenierungsmuster können den Anfang frontalunterrichtlicher Phasen auch spannend, motivierend und lebendig gestalten. (Greving/Paradies 1996) Das folgende Beispiel zeigt, wie ein Übergang vom „offenen Schulbeginn" zum „Anfang einer Unterrichtsstunde" mit Frontalunterricht aussehen kann.

Beispiel : Den Schutt wegräumen

Morgens ½ 8 Uhr in einer Gesamtschule, „Offener Beginn". Herr U. sitzt im Klassenraum am Lehrerpult. Einige Schüler des 5. Jahrganges sind schon da. Drei sitzen an Tischen und machen Hausaufgaben, ein Junge liest in einem Comic-Heft. Mehrere Schüler umlagern Herrn U. am Lehrertisch. Die Atmosphäre ist locker und entspannt, zugleich aber ungemein lebendig. Kaum zu bremsen sind die Kinder, als sie erzählen, was sie in der letzten Zeit erlebt haben, – vom Streit mit Klassenkameraden über die versiebte Mathearbeit bis zur Geburtstagsfeier. Ein Kind lässt sich von Herrn U. noch mal die Matheaufgaben der letzten Stunde erklären, ein anderes zeigt begeistert und stolz seine Hausaufgaben vor mit dem Kommentar: „Ich habe diesmal richtig Lust zu Mathe gehabt". Langsam füllt sich die Klasse, die Kinder spielen mit Jonglierbällen und lassen sich von

Herrn U. noch mal die Kreuzwurftechnik erklären. Schulisches und Außerschulisches hat Raum, das was die Schüler mitbringen, bestimmt ohnehin den Anfang des Unterrichtes.

Es ist 8 Uhr 30. Deutlich ist jetzt die Zäsur: der Einstieg in die erste Unterrichtsstunde. Auch hier einige gewohnte Schritte:

– Herr U. notiert die Namen der Fehlenden, wobei die Kinder meist erklären, warum jemand fehlt.

– Dann steht er auf und wartet, bis es ganz ruhig ist. Freundlich und „mit Herz" kommt dann das „Guten Morgen!" und wird beantwortet mit einem fast lustvollen „Guten Morgen, Herr U.!"

– Herr U. kündigt an, was passieren wird: Er muss Frau D. vertreten, die noch im Stau steckt. „Wir machen jetzt erst mal ein bisschen Mathe bis Frau D. kommt, dann habt ihr Unterricht bei Frau S., dann wieder Mathe bei mir, und zum Abschluss bauen wir in der letzten Stunde weiter an unseren Jonglierbällen.!" Der Tag hat eine inhaltliche Struktur, die Kinder quittieren dies mit einem kollektiven „Au ja".

– „Wollen wir einen Song singen?" Der Vorschlag wird begeistert aufgenommen. Herr U. greift zur Gitarre und die Klasse singt den Song vom Kuchenlied („Hätt' ich dich heut erwartet, hätt' ich Kuchen da...")

– Erst jetzt erfolgt die Ankündigung: „Eine Runde Kopfrechnen mit Matrize!" Eifrig holen die Kinder die Matrizenblätter hervor, die Runde beginnt, immer wieder unterbrochen durch Erklärungen bei einigen Aufgaben.

– Auch der Hauptteil der Stunde wird klar erkennbar eingeleitet: Der Lehrer steht auf, klappt das Heft laut zu und schreibt die Aufgabe 8789: 17 an die Tafel. „Das werden wir jetzt üben, bis alle es können." Und so geschieht es – mit einer sehr aufmerksamen Klasse, die auf erstaunliche Weise einen ansonsten als trocken geltenden Frontalunterricht aktiv meistert.

In der Regel mögen Schüler und Schülerinnen solche „sanften Übergänge" zur Unterrichtsarbeit. Wichtig sind am Ende dieser Übergänge aber Strukturierungen, weil sie den Unterrichtsbeginn energetisch „abfedern", d. h. die verstreuten Energien bündeln und auf das Kommende richten. Man hat noch einige Momente Zeit für sich selbst, das ist vertraut, bekannt und gibt Sicherheit. Weitere Beispiele, die Wege zur Konzentration zeigen:

● Manche Klassen haben ein *Windspiel* aufgehängt, das die Lehrerin beim Betreten des Klassenraumes in Bewegung setzt und das einige Minuten läutet. Wenn es verklungen ist, müssen alle Schüler und Schülerinnen ruhig auf ihren Plätzen sitzen (so die gemeinsam getroffene Vereinbarung). Der Unterricht beginnt konzentriert. Für die Beendigung von schülerselbsttätigen Arbeitsphasen ist auch eine *Klangschale* wunderbar geeignet, deren Ton über eine gewisse Zeit noch im Raum schwingt und sehr beruhigend wirkt.

- Auch kleine *„Ruhe-Übung"* helfen, den motorischen Überschuss, der vielleicht noch aus der letzten Sportstunde mitgebracht wurde, abzubauen: Zwei Minuten den Kopf auf den Tisch legen, die Augen schließen und schweigen. Oder: die „Kutscherhaltung" einnehmen – zwei Minuten auf dem Stuhl sitzen, den Oberkörper leicht nach vorne gebeugt, während die Arme schlaff herunterhängen (die früheren Droschkenkutscher konnten so ein Nickerchen machen, ohne von der Kutsche abzusteigen). Auch: "Gehirnknöpfe rubbeln" – eine Hand wird auf den Hals gelegt und streicht langsam zum Brustbein in Höhe der Schlüsselbeine, bis sie die kleinen unter den Schlüsselbeinknochen liegenden Kuhlen erreicht. Die andere Hand liegt auf dem Bauchnabel. Eine halbe Minute lang werden die kleinen weichen Kuhlen massiert, dann werden die Hände gewechselt und noch mal massiert. Das Gehirn wird wach und denkbereit. (Man mag von kinesiologischen Übungen halten, was man will, diese jedenfalls habe ich selbst als sehr wirksam getestet. Weitere ähnliche Übungen bei Dennison/Gail 1999)

Über solche für die Atmosphäre bedeutsamen Übungen und Techniken hinaus müssen Einstiege aber auch in ein Thema hineinführen und dazu motivieren, sich auf die Sache einzulassen. Dazu bieten sich an:

Themeninszenierungen
1. Überwiegend verbreitet sind *konventionelle, zumeist stark lehrerzentrierte Einstiege*:
- übende Wiederholung,
- Hausaufgabenkontrolle,
- Kurzinformation über den geplanten Unterricht, Angabe des Themas mit ersten Arbeitsaufträgen oder anschließendem fragend-entwickelnden Unterricht u.a.m. Statt solcher eher langweiligen Einstiege bieten sich vor allem Eröffnungsformen an, die spannende Denkanstöße enthalten.

2. Besser sind *sinnlich anschauliche Einstiege*:
- Fesselnd ist immer die Ankündigung „Ich habe euch etwas mitgebracht." Das kann sein: ein unter einem Tuch verborgener Gegenstand, der ertastet werden kann und anschließend Thema des Unterrichtes wird; der „Suchtsack" als Einstieg in das Thema Drogen (in einem undurchsichtigen Sack befinden sich suchtrelevante Gegenstände wie Zigarettenschachtel, Tabletten, Spritzen ohne Nadel, Klebstoff etc., jeder sucht durch Tasten einen Gegenstand, beschreibt und errät ihn, anschließend wird die Frage bearbeitet, was der Gegenstand mit Sucht zu tun hat – Alfs 1993);
- ein Gegenstand zum Herumreichen und Untersuchen;

- die leere Pfirsichdose, an der sich eine komplette Vertretungsstunde aufhängen lässt (von Konservierungstechniken über die Geographie des Ursprungslandes bis zur Volumenberechnung),
- ein Musikstück, das einen Themenaspekt anspricht u.a.m.

3. Noch besser sind: *Erstaunen und Neugier hervorrufende Einstiege*:
- Man kann einen Widerspruch konstruieren (z. B. durch Vorführen, wie ein schweres Holzstück schwimmt, ein leichteres, kleines Stück Eisen aber untergeht);
- man kann etwas verfremden (z. B. zum Thema Männer/Frauenrollen: ein Text von Alice Schwarzer, in dem die Rollen humorvoll umgekehrt werden: die Frau gibt ihrem Mann Taschengeld, lädt ihn zum Essen ein, verlangt von ihm das Hemdenbügeln usw.);
- oder etwas verrätseln (z. B. einen kleinen Text in „Geheimschrift" vorlegen);
- oder provozieren und bluffen (z. B. ein „unmögliches" Verhalten als Macho vorspielen),
- mit einigen Schülern vorher insgeheim ein „unsichtbares Theater" (Augusto Boal) vereinbaren, das dann als Provokation und Bluff während des Stundenanfanges gespielt wird u.a.m.

4. Hervorragend sind: *Schüleraktive Einstiege*:
- Auf Tischen liegen verschiedene Angebote zur Erarbeitung des Themas „Volumenberechnung bei Körpern", Schüler und Schülerinnen wählen eine Möglichkeit und bearbeiten diese anschließend in Gruppen mit denen, die das Gleiche gewählt haben;
- man kann zu einem Thema ein Standbild bauen, dann variieren und diskutieren;
- man kann zwei Schüler sich gegenseitig interviewen lassen zu einer Streitfrage mit anschließendem Bericht (jeder stellt die Meinung des andern vor!);
- man kann die Schüler bitten, sich entlang einer „Meinungslinie" quer durch den Klassenraum zu einer kontroversen Frage („Soll Deutschland Waffen an Dritte-Welt-Länder verkaufen?") zu positionieren (rechts: völlige Zustimmung, weiter zur Mitte: teilweise Zustimmung; Mitte: keine Meinung, weiter nach links: eher dagegen, ganz links: total dagegen). Die Aufstellung geschieht ohne zu sprechen, anschließend tauschen sich die Teilnehmenden über die Gründe für ihren Standort aus;
- ferner können Schüler und Schülerinnen am Anfang etwas sortieren (z. B. mitgebrachten Müll nach Sorten und Wiederverwertbarkeit), etwas sammeln (z. B. Aspekte eines Themas auf einer Mind-Map an der Tafel);

- etwas vergleichen (z. B. zwei Bilder) oder Leerstellen in zwei Skizzen ausfüllen;
- etwas in einer gelenkten Phantasiereise mit geschlossenen Augen erleben (z. B. eine Szene aus einem anschließenden Gedicht) u.a.m.

Unterrichtseinstieg mit Schülerbeteiligung

Manchmal dauern Einstiege auch länger, weil sie ein umfassendes Thema vorbereiten. Ein gelungenes Beispiel für einen solchen länger dauernden „Einstieg" in ein Thema enthält die folgende Szene.

Beispiel: Gittergedichte

In einer 10. Realschulklasse will der Lehrer, Herr R., im Politikunterricht das Thema „Einsatz deutscher Soldaten in Krisengebieten" behandeln. Sein Ziel ist es, mit der Klasse im Rahmen dieses Themas das Buch von Harald Tondern: „Der Einsatz" zu lesen, eine Geschichte von einem jungen Bundeswehrsoldaten, der sich freiwillig zu einem UNO-Einsatz meldet und dabei das Grauen des Krieges am eigenen Leib erfährt. Wichtig ist ferner, dass auch die Freundin des jungen Soldaten eine zentrale Rolle spielt, so dass sich auch die Mädchen in der Klasse angesprochen fühlen können.
Herr R. betritt die Klasse mit einem freundlichen „Guten Morgen", das von einzelnen Schülern und Schülerinnen mäßig beteiligt, aber wohlwollend erwidert wird. Aus seiner Tasche nimmt er einen Stapel Zettel heraus, legt sie vor sich auf

das Pult und beginnt mit einer Erklärung: „Ihr wisst aus dem Fernsehen und aus der Zeitung, dass im Moment der Einsatz deutscher Soldaten in Krisengebieten wieder heftig diskutiert wird. Krieg, Schießen, Frieden, was hat das mit uns zu tun? In wenigen Jahren werden viele von euch bei der Bundeswehr sein, spätestens dann wird die Frage brennend für euch. Und übrigens auch für die Freundinnen der Jungen. Dazu gibt es einen unglaublich spannenden Roman, den ich mit euch lesen und diskutieren möchte. Er ist von Harald Tondern und heißt: Der Einsatz." Insbesondere die letzten Sätze haben die Aufmerksamkeit der ganzen Klasse geweckt. Alle schauen Herrn R. erwartungsvoll an. Der erste Impuls hat gewirkt.

„Ihr habt sicher eure eigene Meinung und eure Auffassungen zu diesem Thema Krieg, Schießen, Frieden. Ich möchte, dass wir uns zuerst damit beschäftigen. Dazu habe ich euch etwas mitgebracht." Herr R. verteilt einen Stapel gelber, grüner und weißer DIN A 4-Blätter und bittet immer zwei Schüler, sich auf eine Farbe zu einigen und einen entsprechenden Bogen zu nehmen. Schließlich sind alle mit Bögen versorgt.

„Ihr seht auf den Bögen nur den Beginn einzelner Zeilen. Jede Farbe hat unterschiedliche Zeilenanfänge, drei verschiedene Gedichte, die es aber noch nicht gibt. *Ihr* schreibt sie! Bitte einigt euch, ob ihr dies zu zweit oder allein machen wollt. Man nennt das Gittergedichte, weil die Zeilenanfänge nur die Gitter sind, die noch gefüllt werden müssen. Ihr habt dazu genug Zeit. Nachher lesen wir die Gedichte vor, besprechen sie und hängen sie dann in der Klasse auf."

Ohne Rückfragen machen sich die Schüler und Schülerinnen an die Arbeit. Anfangs etwas verhalten, dann mit wachsendem Engagemant. Auffällig ist, dass kaum jemand lacht, die Gesichter spiegeln Anstrengung und zeigen, dass die Schüler und Schülerinnen sehr ernsthaft bei der Sache sind. Alle machen die Aufgabe in Partnerarbeit.

Eines der drei Gittergedichte lautete:

Es war...
Da...
Morgens...
Nahm...
Las...
Groß...
Es ist...
Jetzt...
Wieder...
Es ist Krieg!

Im folgenden nur ein besonders beeindruckendes Beispiel von zwei Schülern:

Es war *Ahmed, der den Streit anfing.*
Da *mischten sich die andern ein.*
Morgens *mit Worten, abends mit dem Knüppel.*
Nahm *Ahmed den Schlagring, holten die andern die Messer..*
Las *man ihnen nie vor, wie Krieg beginnt?*
Groß *war die Begeisterung, als die Väter Gewehre holten..*
Es ist *nicht mehr privat.*
Jetzt *muss jeder kämpfen!*
Wieder *ohne die Kinder zu fragen.*
Es ist Krieg!

Die weitere Arbeit mit Vorlesen, Kommentaren, Besprechen dieser Gedichte dauerte länger als geplant. Emotional hatte das Thema die Schüler und Schülerinnen gepackt. Ihre eigenen Produkte wurden die Brücke zum späteren Lesen des Romans.

Dieser inhaltlich und methodisch gelungene Unterrichtseinstieg hat seine Stärke in der Verbindung von Information über die Absicht und Planung des Lehrers und Eröffnung von Handlungsmöglichkeiten für die Schüler und Schülerinnen. Er rückt das Unterrichtsthema „in den Fragehorizont" der Schüler und Schülerinnen und aktualisiert gleichzeitig deren Voreinstellungen, Interessen und Vorkenntnisse. Seine Ernsthaftigkeit ist geeignet, die Verantwortungsbereitschaft für das neue Thema zu fördern und sich motiviert auf den Roman einzulassen. Damit verbindet er die kognitive mit der affektiven Ebene. Natürlich kann die entwickelte Lern- und Arbeitsbereitschaft im Laufe der Unterrichtssequenz wieder durch andere Faktoren verloren gehen, aber der Einstieg verheißt eigentlich eine positive Entwicklung.

Motivieren

Inszenierungen des Unterrichtsbeginns haben nicht nur den Sinn, die Aufmerksamkeit zu bündeln und zu fokussieren, Neugierde zu wecken, Spannung aufzubauen und Fragehaltungen zu entwickeln. Sie sollen vor allem jedem einzelnen seinen persönlichen und individuellen Zugang zur Sache ermöglichen. Im Konzept der Themenzentrierten Interaktion von Ruth Cohn (TZI) heißt das: Jedes Haus (= Sache, Gegenstand) hat viele Türen; es kommt darauf an, dass jeder *seine* Tür findet. Wie wir im Abschnitt über die Lernpsychologie (vgl. 3.4) gesehen haben, konstruieren wir alle subjektiv unsere Welt. *Meine* Tür ist der Zugang zu *meiner* Sicht der Sache. Mehr als Türen zu öffnen, kann die Lehrkraft nicht tun.

Das ist allerdings sehr viel angesichts der gängigen Praxis, die Motivation der Schüler und Schülerinnen immer schon vorauszusetzen und so zu tun, als können man gleich zur Sache kommen. (Weitere Motivationshilfen in PÄDAGOGIK H. 9/2002)

Frontalunterrichtliche Unterrichtsplanung ist also nicht darauf angelegt, kurzfristige Überraschungseffekte zu organisieren und „Motivationsschnickschnack" (Grell) zu zelebrieren. Es geht um das Inszenieren von Bildungserlebnissen. Bildend aber wird ein Unterrichtsgegenstand erst dann, wenn Schüler sich mit ihm identifizieren, motiviert sind, ihn zu erfahren, – kurz: lernen wollen. Inszenierungen können auch zu Selbsttäuschungen der Lehrkraft geraten, wenn die Lehrkraft einzig die eigene Nähe und Begeisterung für den Lerngegenstand in den Mittelpunkt stellt: Die Schüler und Schülerinnen werden dazu gezwungen, die Identifikation mit der Lehrerhaltung als Merkmal des Unterrichtserfolges anzusehen. (Eikenbusch 2001, 18) Die Inszenierung von Unterricht muss auch Distanz zum Thema zulassen, weil sonst eine unreflektierte Idealisierung entsteht. Sich in ein Thema einzuarbeiten, kann eben auch mühsam sein. Darum abschließend und zusammenfassend einige Kriterien für motivierende Einstiege.

Kriterien für motivierende Einstiege

1. Den Schülern und Schülerinnen wird ein möglichst einsichtiger und klarer *Orientierungsrahmen* gegeben. Wie bei einer Reisegruppe erklärt der Leiter am Anfang: Was ist das Ziel, wohin geht die Reise? Was kann man dadurch gewinnen, wozu ist das gut, was ist der Nutzen? (Statt fehlende Motivation, Lernunlust und Widerstand den Schülern anzulasten, ist es viel hilfreicher, sich zu fragen, ob man die eben gestellten Fragen eigentlich den Lernenden plausibel beantwortet hat! Weidenmann 2002, 77) Durch einen klaren Orientierungsrahmen wird der geplante Unterrichtsablauf transparent, die Inhalte, Methoden und Schritte werden erklärt, Sinn und Verbindlichkeit der Arbeit gesichert. Aber auch die emotionale und motivationale Seite wird betont: Was macht daran vielleicht besonderen Spaß, was ist eine „schwierige Nuss", mit welchen Hindernissen und Hürden müssen wir rechnen?

2. Der Einstieg führt so bald wie möglich auf den *Kern des Themas* oder der Sache hin. Geniale Tricks, die aber nur Nebenaspekte beleuchten, Effekthascherei, die zwar kurzfristig motiviert, aber keine echten Fragen erzeugt, werden vermieden. Statt dessen sorgt ein Überblick über das zu erarbeitende Gebiet dafür, dass sich alle eine Vorstellung über das Kommende bilden können. Ein solcher Überblick darf aber nicht der erschlagen und entmutigen.

3. Der Einstieg berücksichtigt die *Vorerfahrungen* und das Vorverständnis der Schüler mit dieser oder einer ähnlichen Sache: Haben sie negative Erfahrungen

dazu gemacht (vielleicht bei einer anderen Lehrkraft), welches sind die vermutlichen Interessen, Einstellungen und Haltungen dem Thema gegenüber, was bringen sie aus dem Zeitabschnitt *vor* meiner Stunde mit? Dann aber auch: Welche inhaltlichen Vorkenntnisse haben die Lernenden, welches ist ihre arbeitsmethodische Kompetenz, auf welche Handlungslogik der Schüler treffen die Lehrziele des Lehrers, wie kann man die Schüler atmosphärisch „abholen" und einstimmen?

4. Der Einstieg sorgt dafür, dass über die äußere Herstellung von Ruhe, Aufmerksamkeit und Arbeitsvoraussetzungen hinaus eine *innere Arbeitshaltung* der Lernenden entsteht, die man vielleicht mit „innerer Disziplin" bezeichnen könnte: Neugier auf das Thema, gespannte Aufmerksamkeit für weitere Informationen und Schritte, eine sich dem Thema öffnende Bereitschaft und ein wachsendes Interesse. Nun kann man an der äußeren Ruhe der Klasse noch nicht ablesen, ob dieser innere Prozess der Entwicklung einer sachbezogenen Arbeitshaltung gelungen ist, ob also die Fremddisziplin in die Selbstdisziplin überführt wurde. Manchmal gilt auch die Erfahrung: „Der Appetit kommt beim Essen." Denn: Nicht zuletzt im Handlungsvollzug entsteht Interesse.

Wir wissen aus Forschungen zur Entstehung von Interessen, dass diese sich in einem komplexen Prozess von mitgebrachten Erfahrungen, neuen explorativen Erfahrungen, Anreizen durch die Außenwelt und Aussicht auf Erfolg oder Anerkennung entwickeln. (Schiefele/Prenzel 1991, 819 ff.) Bestimmend sind sowohl das Fähigkeitsselbstbild des Schülers als auch das methodische Geschick des Lehrers (auf Schülerfragen einzugehen und neue Fragen zu entwickeln). Grundbedingungen für die Entstehung von Interesse sind

- eine wachsende kognitive *Komplexität des Gegenstandes* (z. B. wenn ein Schüler ein immer versierterer Internet-Benutzer wird),
- entsprechende *Handlungsmöglichkeiten* (wie z. B. beim Bauen von Flugzeugmodellen, mit denen man etwas anfangen kann),
- die emotionale *positive Tönung der Gefühle* bei der Beschäftigung mit der Sache (z. B. wenn jemand vor Begeisterung die Zeit vergisst)
- und die Einordnung in die *individuelle Werthierarchie* (z. B. weil mir persönlich die Sache wichtig ist – selbstinstrumentale Orientierung – und nicht weil ich etwas für eine Prüfung können muss, obwohl es mich eigentlich langweilt – instrumentelle Orientierung.)

5. Die Konsequenz dieser Ergebnisse der Interessenforschung für den Unterrichtseinstieg liegt darin, die Schüler und Schülerinnen nicht in die Rolle zu drängen, immer nur auf Lehrerimpulse zu *re*agieren. Wenn das Interesse einmal geweckt ist, liegt es nahe, an die frontalunterrichtliche Phase Möglichkeiten zum Agieren, z. B. zum forschenden Lernen, Entdecken, Probieren, Experimentieren

usw. anzuschließen, – kurz: sinnlich-*handlungsorientierte Elemente* verstärkt in den Unterrichtsverlauf einzuplanen.

6. Unterrichtsinszenierungen nehmen Rücksicht auf *unterschiedlich motivierte Lerner.* Die Misserfolgsängstlichen (deren Motivation in der Vermeidung von Misserfolgen liegt, sie haben Angst vor dem Versagen und schreiben Misserfolge ihrer eigenen Unfähigkeit zu) erhalten Angebote, die ihnen wenig Angst machen und einen erfolgreichen Start ermöglichen. Die Erfolgsmotivierten (deren Motivation in der Erwartung von Erfolg auf Grund eigener Kompetenzen besteht) werden stärker herausgefordert, – immer einige „Zentimeter" über ihren bisherigen Leistungen verortet. Um diese Differenzierung zu erreichen, stellt die Lehrkraft unterschiedliche Anforderungen, dies auf der Grundlage einer genauen und individuellen Kenntnis der Schüler und Schülerinnen.

7. Aus der Fülle der in der Lernpsychologie entwickelten Motivationshilfen für den Unterricht (Gage/Berliner 1996, Rheinberg 2002) sind für die *Anfangsphase* besonders wichtig:

- positives Feedback so oft wie möglich und angebracht (kein „pädagogisierendes Loben"!),
- unterstützen statt sanktionieren (keine Noten und Beurteilungen am Anfang!),
- die mitgebrachte Neugier der Schüler und Schülerinnen nutzen (jeder Mensch ist von Natur aus neugierig, man muss nur herausfinden, worauf!),
- hin und wieder etwas Unerwartetes tun (doch Vorsicht vor Clownerie und Abnutzungseffekt!),
- so unterrichten, dass die Lernenden Appetit auf mehr bekommen (aber keine künstlichen, demotivierenden Verzögerungen!),
- an Bekanntes anknüpfen, das die Schüler und Schülerinnen aus dem Lebensalltag kennen (und dabei persönliche Intimgrenzen wahren!),
- mit Spielen und Simulationen arbeiten (ohne dies mit der Wirklichkeit zu verwechseln!),
- konkurrierende Motivationssysteme möglichst reduzieren, also z. B. den Konflikt eines Schülers zwischen Anerkennung in seiner Clique und Erfüllung der Leistungsansprüche der Lehrkraft minimieren, die unangenehmen Konsequenzen für Schüler, die sich am Unterricht beteiligen („Streberverdacht"), so gering wie möglich halten,
- und schließlich: das gesamte soziale Klima der Schule verbessern (z. B. dafür sorgen, dass gute Leistungen mit einem hohen sozialen Status in der Schule verbunden sind und dass nicht Kriminalität, Gewalt und Störungen zu hohem Prestige unter den Schülern und Schülerinnen führen).

Natürlich wäre es eine Illusion und zugleich eine Überforderung der Lehrer und Lehrerinnen zu erwarten, dass Interesse und eine entsprechende Motivation sich bei allen Schülern und Schülerinnen überhaupt und dann noch gleichzeitig, möglichst zum gewünschten Zeitpunkt, einstellt. Manche Lehrkraft ist darum auch schon sehr zufrieden, wenn die „Des-Interessierten" wenigstens die anderen nicht stören ...

Die Fülle der aufgezeigten Möglichkeiten darf insgesamt nicht dazu führen, die Bedeutung des Einstieges zu *über*schätzen. Ein interessanter und motivierender Einstieg führt zu Enttäuschung und Frustration bei den Lernenden, wenn anschließend ein trockener Unterrichtsablauf folgt, der die geweckten Interessen nicht aufnimmt und kultiviert. Auch können Erfahrungen der Schüler aufgrund der längeren Kenntnis ihres Lehrers zu bestimmten Erwartungen im Hinblick auf Einstiege in Unterrichtsstunden führen (auch die Schüler kennen ihre Pappenheimer = Lehrer!). Denn langjährig erlebte, ideenlose Routinen, die niemanden vom Hocker reißen, haben negative Folgen für die Erwartungshaltung. Positiv wirkt sich eine vertrauensvolle Beziehungsebene aus, die gewisse Vorschusslorbeeren ermöglicht, auch wenn einmal ein Einstieg langweilig ist oder misslingt. In diesem Sinn ist der Einstieg nicht der Anfang...

Frontal, aber demokratisch: die Moderationsmethode

Will man die ganze Klasse aktiv am Unterrichtsprozess beteiligen, an der Planung, Durchführung und Auswertung, bietet sich die Moderationsmethode an. (Zur Moderationsmethode ausführlicher: Gudjons 1998, Nissen/Iden 1999) Ursprünglich im Wirtschaftleben erfunden, hat sich die Moderationsmethode inzwischen vielfältig auch im pädagogischen Bereich bewährt und ist zu einem Verfahren geworden, dessen pädagogische Bedeutung weit über die bloße Effektivierung von Arbeit und Lernen hinausgeht.

Der handlungsorientierte Ansatz dieser Methode intendiert vor allem ein demokratisches Grundverständnis von Lernen und Arbeiten. Statt Belehrung zu erfahren werden die am Lernprozess Beteiligten angeregt, ihre eigene Problemlösungskompetenz zu erweitern, gemeinsam „interaktiv" zu lernen und zu arbeiten, weitgehend selbst über inhaltliche Ziele zu entscheiden und den Prozess ihrer Arbeit unter Beteiligung aller zu arrangieren. (Ich habe die wichtigsten Schritte des Verfahrens als kooperative Planung bereits unter 3.3.6 erklärt.) Die Rolle des Lehrers und der Lehrerin ändert sich vom „Beybringer" zum Moderator und Organisator von Schülerlernprozessen. Die Lehrkraft steuert den Prozess dabei „von vorne", aber sie organisiert ihn so, dass alle mitmachen, dass die Schritte für alle transparent sind und dass die Schüler und Schülerinnen selbstständig, weitgehend unabhängig von der Lehrkraft, mit zunehmender Ausschöpfung ihrer Kompetenzen lernen und arbeiten. Der Lern- und Arbeits*prozess* bekommt also eine hohe Bedeutung. Der Lehrer wird zum „Moderator". Damit wird statt der Rolle des Lenkenden die des Vermittelnden im schüleraktiven Gestaltungsprozess betont. *Zusammengefasst* liegen die Vorteile der Moderationsmethode darin,

– dass alle Teilnehmenden aktiv in den Arbeitsprozess einbezogen und daher motivierter sind,
– dass die Sach- und Kooperationskompetenz der Lerngruppe genutzt und keiner ausgeschlossen wird,
– dass Wissen aktiv angeeignet und Probleme selbständig gelöst werden und
– dass die Arbeitsergebnisse in der Regel effektiver, befriedigender, transparenter und verbindlicher sind.

Die Arbeit mit der Moderationsmethode bedarf einiger Übung (vielleicht ist auch für die Lehrkraft ein Ausbildungswochenende hilfreich). Tägliches Brot im Frontalunterreicht dagegen sind Lehrerdarbietungen.

4.2 Erzählen – vortragen – demonstrieren: *die Darbietung*

Eine der häufigsten Formen des Unterrichtseinstieges im Frontalunterricht ist die Darbietung eines Themas durch die Lehrkraft, z. B. vortragen, erzählen, schildern, berichten, demonstrieren usw. Dieses Element wird in der Literatur zusammenfassend meist als „Lehrervortrag" bezeichnet. Er ist eines der Kernstücke des Frontalunterrichtes und muss daher besonders gut arrangiert und durchgeführt werden (Apel 2002, 2007).

Geschichten erzählen
Leider ist die Kultur des Erzählens in den Sekundarstufen unserer Zeit weitgehend unterentwickelt. Es gibt wohl kaum etwas Spannenderes als eine lebendig erzählte Geschichte. Nicht nur Kinder in der Grundschule, sondern auch Oberstufenschüler sind bei einer gut erzählten Geschichte aufmerksame und gespannte Zuhörer! Bereits die Ankündigung: „Ich erzähle euch jetzt einmal eine Geschichte!" schafft eine Erwartungshaltung und sorgt für eine ruhige, in der Regel disziplinierte Atmosphäre. Dass die Schüler und Schülerinnen bei der Lehrererzählung passiv seien, ist nur der äußere Eindruck: Zuhören ist nicht nur lustvoll, sondern bewirkt auch eine intensive und hohe innere Aktivität, eine besondere Dynamik im Kontakt zwischen Lehrkraft und Klasse.
Eine Geschichte kann geeignet sein, Sachinformationen zu vermitteln (z. B. die Geschichte vom Traum des Chemikers Kekulé, der von einer sich in den Schwanz beißenden Schlange träumte und so die Formel für den Benzolring entdeckte, oder die Geschichte vom Bittgang Heinrichs nach Canossa, der die Spannung zwischen Kirche und Staat im Mittelalter wiederspiegelt u.a.m.). Aber auch eine Erfindung, eine Problemlösung, eine Reise durch ein fremdes Land, das Leben fremder Menschen usw. können in die Form einer (durchaus mit fiktionalen Ele-

menten angereicherten) Geschichte vorgestellt werden. Hilbert Meyer ((2001, 115) schlägt vor, sich die L – P – D – Regel für das Erzählen einzuprägen: Tote Sachverhalte können in lebendige Handlungen übersetzt werden, wenn man sie lokalisiert (also sich konkrete Orte für die Handlung ausdenkt), personalisiert (leibhaftige Menschen und Figuren auftreten lässt) und dramatisiert (die Handlung zuspitzt, Konflikte einbaut, Gefühle einbezieht). Darüber hinaus gibt es das Erzählen einige Grundregeln:

Tipps für das Erzählen einer Geschichte

- Eine gute Geschichte ist alterstufengemäß, anschaulich, spannend und enthält einen Handlungsablauf. Ein Spannungsbogen steigert die Wirksamkeit.
- Eine gute Geschichte wird nicht vorgelesen, sondern frei erzählt, wobei ein kleiner Spickzettel gute Dienste leisten kann.
- Eine Geschichte ist eine Geschichte und kein Unterrichtsgespräch. Innerhalb des Erzählens kann und soll man nicht auf eine gelenktes Unterrichtsgespräch umschalten.
- Beim Erzählen ist die Körpersprache besonders wichtig: Eine klare frontale Position, sparsame Schritte im Raum, unterstreichende Gestik, passende Mimik, angemessene Körperhaltung machen die Erzählung eindringlich und lebendig. Kleine Accessoires, die in das Erzählen integriert werden, können die Anschaulichkeit und Gedächtniswirksamkeit noch erhöhen.
- Eine passende Geschichte wird gut ausgewählt und vorbereitet, vielleicht zu Hause gestaltet oder geübt.
- Eine Geschichte hat mit ihrem Schluss entweder ein Ende (z. B. wenn es sich um eine Weihnachtsgeschichte in einer Feier handelt) oder eine Fortsetzung (wenn sich daran eine inhaltliche Weiterführung des angeschnittenen Themas anschließen soll). Dieser Stellenwert muss klar sein.

Über das Erzählen hinaus gibt es eine Fülle von Darbietungsformen, die vom Vorlesen über die Gedichtrezitation bis zum Zeigen, Vormachen, Demonstrieren usw. reichen. Wie kann eine darbietende Unterrichtsphase lebendig gestaltet werden? (Zum Folgenden vgl. Gudjons 2000, 59 ff.)

Lebendig darbieten

Zuerst muss überlegt werden, ob eine Darbietung überhaupt angebracht ist: Welches ist ihr Stellenwert im Kontext der gesamten Unterrichtseinheit? (Vgl. Abschnitt 3.3.1: Informieren und darbieten)

- Bietet mein Lehrervortrag tatsächlich die *beste Möglichkeit* zur rationellen Stoffvermittlung? Geht es um das Informieren, um Einführung eines neuen

Themas, um das Anbieten von Hintergrund- und Zusatzkenntnissen? Oder will ich etwa Fertigkeiten vermitteln (z. B. Prozentwertberechnungen üben), dann müsste ich andere Handlungsmuster wählen.

- Welche *Funktion* kann mein Lehrervortrag haben?
  – Unverzichtbare Sachinformationen vermitteln, z. B. eine erläuternde Erklärung zu einem naturwissenschaftlichen Thema, eine Erörterung in sozialkundlichen, sprachlichen Fächern, ein Problemaufriss mit offenen Fragen zur Weiterarbeit, zu der bestimmte Sachinformationen nötig sind.
  – Einschübe in einen laufenden Arbeitsprozess („Ich stelle euch folgende noch zu bearbeitende Fragen und Aufgaben vor... und mache euch Vorschläge für eure eigene Weiterarbeit...").
  – Zusammenfassungen von Unterrichtsphasen, z.B. zur Wiederholung vor einer Klassenarbeit u.a.m.

- Sind die *Voraussetzungen* für meinen Lehrervortrag vorhanden (inhaltlich, von der Altersstufe her, von den Interessen der Lernenden und von der aktuellen Atmosphäre her)?
Nach der begründeten Entscheidung für den Lehrervortrag muss ein klarer Rahmen für die darbietende Phase festgelegt werden. Dabei ist zu bedenken:

- Was sollen die Schülern und Schülerinnen *während der Darbietung tun* (oder nicht)? Z. B. einfach nur genau zuhören, Fragen notieren, Zwischenfragen stellen, sich Notizen machen, Skizzen mitzeichnen usw.

- Die Lehrkraft selber muss sich unbedingt *gut vorbereiten*. Nichts ist langweiliger als ein nicht durchdachter Vortrag, der sachliche Präzision und mediale Präsentation durch Weitschweifigkeit und Redundanz ersetzt. Eine gute inhaltliche, zeitliche und vor allem mediale Vorplanung ist die halbe Miete des darbietenden Unterrichts: Folien vorbereiten, Bilder sortieren, Tafelskizzen vorher aufzeichnen und evtl. verdecken. Für die inhaltliche Gliederung gibt es ein empfehlenswertes „Spickzettelverfahren": Jeder Gedanke oder jede wichtige inhaltliche Information wird auf eine Karteikarte DIN A 7 notiert, die Karten werden als Stapel geordnet und die jeweils abgearbeitet Karte wird beim Vortrag unter den Stapel geschoben. So kann man die abschreckende „große Vortragsmappe" vermeiden.

- Die *Durchführung* der darbietenden Phase sollte unbedingt konsequent sein. Möglicherweise kann man kurze Zwischenfragen erlauben, aber es darf kein „Kommunikationsamalgam" entstehen, etwa eine Mischung aus Vortrag und gelenktem Unterrichtsgespräch. Was aber tun, wenn Störungen durch Schüler oder Schülerinnen auftreten? Es ist äußerst wichtig, während der Darbietung, Blickkontakt zu den Schülern und Schülerinnen zu halten. Störungen „meinen" immer etwas, sie müssen entschlüsselt werden, weil sie eine Bedeutung haben. Fühlen sich die Zuhörenden überfordert? Haben sie den Sinn der darbietenden Phase nicht verstanden? Handelt es sich um Störungen auf der Beziehungsebene zur Lehrperson? Oder sind die Schüler und Schülerinnen von der vorhergehenden Sportstunde einfach zu müde?

● Ein darbietender Unterrichtsabschnitt sollte ein klares und erkennbares *Ende* haben. Das mag banal klingen, aber es wird leicht unerträglich, wenn noch dauernd Nachschübe kommen: „Ach so, ja, das habe ich noch vergessen ...". – „Übrigens hat zu unserm Thema Platon schon gesagt ..." – „Ja, da fällt mir gerade noch ein, dass Frau Schulz euch in Bio ja schon folgendes dazu erklärt hat ..."

● Es muss schließlich auch klar sein, wie es nach dem Vortrag *weitergeht*: Können Fragen gestellt werden, soll sich eine Diskussion anschließen, werden Arbeitsaufgaben verteilt, gibt es Handout oder andere Materialien, die weiterführend in Einzel-, Partner- oder Kleingruppenarbeit bearbeitet werden sollen?

Einen Lehrervortrag in Szene setzen
Lehrkräfte reden viel, das gehört zu ihrem Beruf. Für einen guten Lehrervortrag können sie jedoch von der modernen Präsentationsmethodik, wie sie in der Wirtschaft und im Geschäftsleben entwickelt worden ist, eine Menge abgucken. (Praxisnahe Anleitungen finden sich bei Hartmann/Röpnack/Jacobs-Strack 1999, Will 2001, Weidenmann 2002.) Bilden wir uns nicht ein, dass wir für unsere Schüler und Schülerinnen auf die Berücksichtigung der praktischen Hörerpsychologie und auf die bewährten rhetorischen Stilelemente verzichten könnten! Lernende haben ein Recht darauf, nicht mit laienhaften verbalen Berieselungen gelangweilt zu werden, sondern professionell gestaltete Lehrervorträge zu erleben.

➤ Planen Sie sorgfältig den *Einstieg in den Vortrag*. Er erfüllt drei Funktionen:

1. *Kontakt aufbauen* – den Blick auf die Schüler und Schülerinnen richten, vielleicht eine freundliche Begrüßung, warten, bis alle ruhig sind. Aus der empirischen Forschung ist auch die hohe Bedeutung der eigenen Begeisterung (Enthusiasmus-Faktor) bekannt, die Weidenmann (2002, 62) in ein Bild kleidet: Langweilig ist die „Buß- und Bettagseinstellung" (mit ernster, aber ermüdender Predigt), gelungen die „Weihnachtshaltung": Ich verkündige euch eine frohe Botschaft, die mich selbst begeistert...
2. *Neugierig machen* – ein ungelöstes Problem an den Anfang stellen („Napoleon wollte mit einer ziemlich kleinen Armee das riesige Russland erobern"), an ein aktuelles tagespolitisches Ereignis anknüpfen („Heute morgen hatte die Mor-

genpost eine fette Schlagzeile"), eine personal story erzählen, wie man selbst zu dem Thema gekommen ist, auf die Erfahrungen der Schüler und Schülerinnen Bezug nehmen, Lebensnähe herstellen („Ihr müsst zu Hause den Mülleimer runterbringen, aber wie geht es mit dem Müll eigentlich weiter?"), an eine Erfahrung der Lerngruppe anknüpfen („Bei dem Theaterstück gestern in der Aula..."), betonen, dass es sich um ein „brandheißes Thema" handelt, provokative Fragen stellen, zum Widerspruch reizen („Frauen können einfach nicht so gut rechnen wie Männer, das liegt an ihrem Gehirn") u.a.m.

3. *Orientierung geben, den Nutzen klarmachen* – kurz erklären, was man nach dem Vortrag wissen wird, welchen Nutzen dies hat und wozu es sinnvoll ist. („Wenn ihr aufmerksam zuhört, seid ihr hinterher nicht nur schlauer, sondern könnt auch dreimal so schnell...") So wird die Relevanz für die Lernenden deutlich und bleibt nicht das Geheimnis des Lehrers. Es ist übrigens empirisch gut belegt, dass Mitteilungen über die Wichtigkeit und ggf. auch über die Schwierigkeit der folgenden Darbietung die Motivation erhöhen und das Lernen verbessern. (Gage/Berliner 1996, 406) Vor allem hilft ein kurzer Überblick über den Aufbau des Vortrages – Gedankengang, Teile, Hauptargumente oder Fragen – zur besseren Orientierung. Professionell ist es, wenn die Gliederung auf einer Folie oder an der Tafel zum Mitverfolgen stehen bleibt.

➤ *Gliedern Sie den Lehrervortrag.* Die Gliederung soll sich an der Sache ausrichten und zugleich für die Hörenden verständlich sein. Klare Einleitung (empfohlen werden 10–15% der Gesamtzeit für die Einleitung), ein Hauptteil und ein Abschluss sind immer noch rhetorische Stilmittel von Bedeutung. Gut aufgebautes Material ist bekanntlich leichter zu lernen als Kraut und Rüben in den Gedanken. Und: Geben Sie klar und eindeutig die Ziele an, die Sie verfolgen (der empirisch nachgewiesene Zusammenhang zwischen Zieleindeutigkeit und Lernleistung liegt immerhin bei 0.50 bis 0.26 als Korrelationskoeffizienten – Gage/Berliner 1996, 407).

➤ Die *Sprache in der Darbietung* ist einfach und verständlich. Vermeiden Sie lange Sätze und Schachtelsätze. Erklären Sie Fachbegriffe, schreiben Sie diese an die Tafel (mit Erklärung). Anregende *rhetorische Stilmittel* sind: die Zuspitzung („Ich will mal übertreiben..."); eine (vielleicht fiktive) Erlebnisschilderung („Luther dachte so für sich, als er vor dem Kaiser in Worms stand ..."); Schüler als Experten ansprechen („Wie Jan gestern uns die Vermehrung der Regenwürmer erklärt hat..."); empörende rhetorische Fragen („Hat sich Stauffenberg denn nicht klargemacht, dass er einen Menschen töten will, auch wenn es der Tyrann Hitler war?"); gedankliche Falldiskussion („Stellt euch mal vor, ein Verbrecher kehrt nach dem Freigang nicht zurück"); bildhafte Vergleiche („Das war so ähnlich wie ein Glas kaltes Wasser bei 35 Grad im Schatten"); sachliche Gegenüberstellungen („Beim Ringen geht es um.., beim Boxen aber um...") und schließlich ganz einfach: Fragen („Was muss ich zuerst tun? Nach dem Hauptwort suchen?") u.a.m. Gut bewährt hat sich auch die *Beispiel-Regel-Beispiel-Technik* (R-B-R), etwa in folgender Formulierung zur türkischen Außenpolitik: „Als islamisches Land will die Türkei friedliche und freundschaftliche Beziehungen zur EU herstellen. (Regel) Dies soll durch kulturellen Austausch, aber vor allem durch intensive Handelsbeziehungen geschehen. (Beispiel) In der Türkei glaubt man, dass zwischen islamischen Ländern und der europäischen Welt bessere Beziehungen hergestellt werden müssen. (Regel)" – Also: Keine Angst vor ein wenig geschickter Rhetorik! Modulieren Sie durchaus Ihre Stimme, sprechen Sie auch mal ganz leise oder dann wieder temperamentvoll. Bewegen Sie sich im Raum, aber nicht wie ein Tiger im Käfig. Bedenken Sie: Einschlafreferenten gibt es genug, aber auch an hohlen Showmastern besteht kein Bedarf.

➤ Bauen Sie durchaus *Wiederholungsschleifen* ein. Aber nicht zu auffällig und zu penetrant. Ein guter Vortrag zeichnet sich auch dadurch aus, dass er Zeit lässt und Gelegenheiten zum Abspeichern der Informationen einräumt. Mehr als drei Schwerpunkte oder Kernaussagen in einem Vortrag sind erfahrungsgemäß ohnehin nicht zu merken. Lassen Sie unbedingt *Denkpausen* entstehen. Geben Sie auch Impulse für die anschließende Verarbeitung Ihres Vortrages („Das sollte die Afrika-Gruppe mit Bernd, Petra und Oliver unbedingt mal genauer untersuchen..."), gestehen Sie auch zu, dass Sie nicht alles wissen und beantworten können.

➤ Achten Sie unbedingt auf die *Rückkopplung* während ihrer Präsentation. Sie können dies einfach tun durch genaue Beobachtung der Reaktionen der Zuhörenden, aber auch durch geplante Rückfragen („Heike, du machst so ein kritisches Gesicht, kannst du uns nachher mal sagen, was dich bei diesem Gedanken stört?"), Sie können auch „Kontrollmechanismen" einbauen, indem Sie während des Vortrages dazu auffordern, dass die Schüler und Schülerinnen sich praktische Beispiele überlegen sollen oder eigene Erfahrungen dazu entwickeln usw.

➤ Es erhält die Aufmerksamkeit, wenn kurze *interaktionelle Sequenzen*, notfalls als Muntermacher, in den Vortrag eingebaut werden. Fragen Sie: „Wer hat schon mal einen Schlauch geflickt? Bitte meldet euch." Das bricht von vornherein eine passive Kino- und Konsumentenhaltung auf. Oder Sie bitten die Schüler und Schülerinnen, mit dem Nachbarn oder in Dreiergruppen Lösungsvermutungen zu sammeln und zu notieren. Doch Vorsicht: Lassen sie sich im Anschluss an solche kurzen interaktionellen Sequenzen nicht auf Diskussionen ein, die die Vortragsform aufweichen. Verschieben Sie Fragen und Diskussionswünsche lieber in einen Fragenspeicher, vielleicht kann auch ein Schüler entsprechend protokollieren.

➤ Besondere Aufmerksamkeit ist angebracht, wenn der Lehrervortrag sich auf die *Demonstration* eines chemischen Versuches, eines physikalischen Experimentes, die Erklärung eines kunstgeschichtlich bedeutsamen Bildes u.ä. bezieht. Hier müssen visuelle und verbale Aspekte sorgfältig koordiniert werden. Die Gefahr lauert nämlich darin, dass das Angucken unaufmerksam für die sprachlichen Erläuterungen macht, – oder umgekehrt, dass viele unkoordinierte Erklärungen (vorwärts-rückwärts, hin-her) den sichtbaren Ablauf z. B. eines Versuches stören. Wird z. B. eine Tabelle erläutert, sollen Sache, Hörer und Vortragender verbunden werden. Ungünstig wäre zu sagen: „Hier die Tabelle zum Zusammenhang von Alter und politischer Einstellung." Günstig hingegen: „Wird man mit zunehmendem Alter auch konservativer? Die Tabelle gibt eine überraschende Antwort." (Nach Weidenmann 2002, 65)

➤ Schließlich hat ein Witzbold einmal ganz richtig formuliert. „Sie dürfen über alles sprechen, *nur nicht über 15 Minuten.*"

Von entscheidender Bedeutung über das gesprochene Wort hinaus ist das Lernen „mit den Augen". Darum geht es im folgenden Abschnitt.

4.3 Tafel – Folien – Medien: *die Anschauung*

Anschauung – wozu?
Dass Anschauung besonders im Frontalunterricht von größter Bedeutung ist, gehört zu den ältesten didaktischen Einsichten. (Zu den folgenden Abschnitten Peterßen 1994, Gudjons 2000). Anschauung dient drei Bereichen:

1. Lerninteressen wecken

Durch Anschauung können Lerngegenstände so aufbereitet werden, dass sie die Hinwendung des Lerners zur Sache – und zwar längerfristig, nicht als bloßes Strohfeuer – bewirken, also Lernprozesse in Gang setzen. Doch Vorsicht: Nicht jedes Anschauungsmittel, nicht jedes Medium bewirkt das!

Beispiel: Die Jeans

Eine Lehrerin hatte eine Jeans-Hose mit wunderschön applizierten Flicken mitgebracht. Sie hielt die Hose eine Weile hoch, – ein „stummer Impuls" zur Eröffnung des Themas „Applikationen". Doch die Schüler und Schülerinnen redeten nur über die neueste Jeans-Mode, über Marken, Preise etc. Was lief falsch? Das Anschauungsmittel darf keine ablenkenden Nebenreize haben, es muss eng auf den Inhalt bezogen sein; es muss eindeutig und attraktiv genug sein, um das Interesse weiterführend in die beabsichtigte Richtung zu lenken. Dazu ist u. U. ein Verbund unterschiedlicher Anschauungsmittel (treatment) nötig. Wer allerdings zuviel auf einmal darbietet oder Bilder mit zuviel Informationen zeigt, riskiert Interferenzen (Verwirrungen), die von der Sache eher ablenken als auf sie hinführen.

2. Begreifen erleichtern

Lerninhalte sind oft „ideell", müssen also wahrnehmbar gemacht und begriffen werden. Zwei Kriterien sollten dabei erfüllt werden: Anschauungsmittel müssen den Inhalt in seiner Struktur angemessen abbilden (d. h. sie sollen isomorph sein) und sie müssen die didaktische Absicht (z. B. in einer bestimmten Lerngruppe) auch tatsächlich einlösen (sie sollen valide sein). Es muss dabei nicht immer das „Original", ein Gegenstand o.ä. sein, manchmal können Bilder sogar mehr leisten. Letztlich bestimmt erst der Erfolg, ob ein gewähltes Anschauungsmittel den Inhalt unverfälscht vergegenständlicht hat und ob in einer spezifischen Lerngruppe die beabsichtigte Wirkung eintritt.

3. Behalten fördern

Schließlich fördern Anschauungsmittel das Behalten. Die meisten Menschen behalten Gesehenes besser als Wörter. Aber ein behaltenes Bild ist nicht einfach nur ein Abbild im Gehirn. Es ist Ergebnis eines individuellen Konstruktionsprozesses: Ein und dasselbe Bild wird bei verschiedenen Lernenden unterschiedlich gespeichert. Auch die Wahrnehmung eines Bildes ist also ein höchst aktiver Vorgang. Didaktisch bedeutet dies: Wir müssen eine ausreichend aktive und eigentätige Auseinandersetzung bei der Beschäftigung mit Bildern ermöglichen (starke Aktivität beim Speichern fördert die Vernetzung!). Bloße Berieselung durch Bilder in einer Lehrerdarbietung fördert das Abschalten statt der konstruktiven Verarbeitung.

Anschauung wird vor allem gefördert durch die Arbeit mit der Tafel. Leider ist der Umgang mit der Tafel im Frontalunterricht oft schludrig, ungeplant und zufällig, so dass die vielfältigen Möglichkeiten der Tafelarbeit nicht genutzt werden.

Die Tafel

Die Tafel gehört seit Jahrhunderten als Herzstück in den Unterrichtsraum. Bereits Anfang des 16. Jahrhunderts wird sie erwähnt und dann im Laufe des 19. Jahrhunderts administrativ verordnet, in allen Einzelheiten beschrieben und in ihren verschiedenen Formen in den Einrichtungskatalogen der Schulen penibel registriert (Legler/Otto 1985, 665). Das muss Gründe haben: Die Wandtafel ist offensichtlich ein zentrales didaktisches Medium des Frontalunterrichtes.

Hartmut von Hentig und die Wandtafel

„Hätte ich unter alten und neuen Unterrichtsmitteln ein einziges zu wählen, ich wählte Tafel-und-Kreide. Was macht dieses Mittel so brauchbar?
– Es ist universal.
– Es ist einfach, in jedem Augenblick und auch ohne Vorbereitung zu handhaben.
– Es erlaubt beispielsweise, während ich rede, ein neues Wort, einen unbekannten Namen, das Gehörte und Gemeinte auch vor das Auge der Schüler zu bringen.
– Es läßt diese miterleben, wie die Erklärung, die ich gebe, zustande kommt, wie eine Ordnung entsteht, wieviel Zeit das braucht und wie nützlich und befriedigend Klarheit, Verständlichkeit, Gegensatz und Unterscheidung sind.
– Ich bin vor allem ganz frei in der Verwendung dieses Mittels, ich kann es nebenbei benutzen oder zum Haupteffekt machen; ich kann dazu reden oder dazu schweigen, ohne die Aufmerksamkeit der Schüler zu verlieren; ich kann Fehler schnell beseitigen; ich kann die Schüler an einer gemeinsamen Operation beteiligen: 'Und wie fälle ich jetzt das Lot? – willst du's versuchen, Gertrud'?" (v. Hentig 1984, 22)

Didaktische Möglichkeiten der Tafelarbeit
Die Tafel kann einmal der Darbietung von Lernstoff dienen. Zum andern ist sie geeignet zur Dokumentation von Lernprozessen. Die erste Funktion – Darbietung von Lernstoff – ist in erster Linie Aufgabe des Lehrers oder der Lehrerin. Die zweite Funktion – Lernprozessdokumentation – bezieht hingegen stärker die Schüler und Schülerinnen ein, sei es, dass diese selbst die Tafel benutzen, sei es, dass der Lehrer die Lernprozesse an der Tafel festhält. Daraus ergeben sich vielfältige Möglichkeiten der Tafelarbeit.

➤ *Mit dem Tafelbild informieren*

Informationen zum Unterrichtsthema lassen sich auf vielfältige Weise über die Tafel vermitteln: Die „Tagesordnung" für die Stunde; ein Sachtext mit Unterstreichungen, Hervorhebungen oder in Spalten angeordneten Gegensätzen; eine Graphik, Tabelle oder Diagramm; eine Skizze über Zusammenhänge; in Kästen eingerahmte Kernaussagen u.a.m. Solche Informationseinheiten müssen sorgfältig vorbereitet und in der Regel *vor* der Stunde angeschrieben werden.

Beim Stundenaufbau können sie am Anfang stehen, z. B. um ein Thema anzureißen. Sie können aber auch den Höhepunkt einer Stunde bilden, sei es zur inhaltlichen Konkretisierung eines vorher entwickelnd gestalteten Unterrichtsgespräches, sei es um weitere Schritte und Impulse einzuleiten. Sie können aber auch Zusammenfassungen von Arbeitsschritten am Ende der Stunde sein oder Weiterführungen zur Gruppenarbeit, Hausarbeit oder für weitere Unterrichtsstunden bilden. Sie werden als „statisches Tafelbild" bezeichnet, weil sie im Unterrichtsprozess unverändert bleiben.

➤ *Dynamisch mit dem Tafelbild arbeiten*

Spannender ist das „dynamische Tafelbild": Der Lehrer entwickelt während eines darbietenden Abschnittes einer Stunde vor den Augen der Schüler und Schülerinnen eine Skizze schrittweise, z. B. die Funktion eines Schalters im Stromkreis oder den Weg eines Produktes von der Herstellung zum Verbraucher u.a.m. Solche Zusammenhänge lassen sich durch eine Tafelskizze oft eindeutiger vermitteln als durch viele Worte.

Im Unterschied zum statischen Tafelbild oder z.B. zu einem Arbeitsblatt mit einer fertigen Zeichnung sind die Lernenden am Prozess der Entstehung mit ihren Augen und Ohren beteiligt. Auf diese Weise kann ein Zusammenhang schrittweise entfaltet werden. Bild- und Sprachelemente können dabei kombiniert werden (z. B. durch farbig hervorgehobene neue Begriffe in der Skizze). Wo immer möglich, sollten Lehrende darauf achten, dass ein Tafelbild vor den Augen der Schüler entsteht, was eine sorgfältige Vorplanung nicht ausschließt, sondern unabdingbar macht. Gelegentlich kann natürlich auch spontanes Improvisieren nützlich sein. Die verschiedenen Felder der Tafel können genutzt werden. Sinnvoll ist es, bei aufgeklappter Tafel der Leserichtung des Auges zu folgen, d. h. bei der Entwicklung eines Tafelbildes links zu beginnen, nicht aber rechts außen oder in der Mitte. Informationen sollen in sinnhaft zusammenhängenden Blöcken zusammengestellt werden (kein „Kraut- und Rüben-Tafelbild"!). Bei umfangreicheren Tafelbildern sollte eine Überschrift in der Mitte platziert werden.

➤ *Tafelbild interaktiv gestalten*

Eine Steigerung ist das „interaktive Tafelbild": Die Schüler und Schülerinnen werden in das Entstehen oder Verändern eines Tafelbildes einbezogen. Sie können z. B. Vermutungen äußern, die vom Lehrer in das entstehende Tafelbild aufgenommen werden: Wie wird sich der Verlauf eines Flusses ändern, wenn bestimmte geologische Bedingungen auftreten? Wie müsste eine Wechselschaltung im Stromkreis aussehen, damit wir das Licht am Anfang und am Ende eines Flures aus- und einschalten können? Schüler und Schülerinnen können dabei selbst nach vorne kommen und etwas probieren, ergänzen, verändern, gestalten. Der Vorteil der Tafel (im Unterschied zur Folie) ist, dass man durch gezieltes und leichtes Auswischen mehrere Versuche nacheinander entwickeln kann.

Eine Variante des interaktiven Tafelbildes ist auch das „Vormachen/Nachmachen". Für alle sichtbar erklärt die Lehrerin z.B. im Geometrieunterricht zunächst, wie man das Lot in einem rechtwinkligen Dreieck fällt. Anschließend versucht dies eine Schülerin an der Tafel ebenfalls, der nächste vielleicht an einem spitzwinkligen Dreieck. Der Vorteil dabei ist, dass alle Lernenden die notwendigen Schritte miterleben können und dass Lehrer (oder eben auch die Schüler) Hilfen geben und Fehler sofort korrigieren können. Das Üben mit Hilfe der Tafel ist daher eine weitere wichtige Funktion des Tafeleinsatzes.

➤ *Dramaturgisches Tafelbild*

Die Kunst des Tafeleinsatzes kann darin gipfeln, dass das Tafelbild (gemeint ist immer Wort und Bild an der Tafel!) zum Angelpunkt einer ganzen Unterrichtsstunde wird: Sach-, Sinn- oder Problemzusammenhänge werden im Laufe einer Stunde grafisch mit Text und Bild dargestellt und entwickelt. Phasen der gesprächsweisen Erarbeitung werden mit der Visualisierung an der Tafel verbunden, Texte und Bilder können dabei integriert werden. Die Entwicklung eines solchen großen, dramaturgischen Tafelbildes zieht sich als roter Faden durch die ganze Stunde und hat am Ende die Funktion der Ergebnissicherung. Viele Lehrkräfte bereiten es besonders gründlich vor und lassen es dann auch von den Schülern abschreiben.

➤ *Mit der Tafel veranschaulichen*

Die Tafel sollte so oft wie möglich „Stoff für das Auge" repräsentieren. Die gilt vor allem für das Veranschaulichen von Sachverhalten: Ein Bild kann wertvoller als 1000 Worte sein. In der Regel erinnern wir uns z. B. an die kleinen Männchen, die ein Referent während seines Vortrages die Tafel gezeichnet hatte, viel eher als an seine Worte; uns fallen bei den Bildchen die Stichworte wieder ein, wir bilden visuelle Erinnerungsketten. Die Tafel eignet sich für einfache Visualisierungen aus dem Stehgreif, z. B. inhaltliche Zusammenhänge in grafische Darstellungen umsetzen (wie ein Kreislauf, ein Netzwerk, eine Kette). Hilfreich ist es auch, Bilder zu nutzen, die die Sprache anbietet („jemandem auf den Zahn fühlen", „eine Idee geht baden", „etwas wird hochgelobt" usw.). Über viele Möglichkeiten in den unterschiedlichsten Fächern, solche Visualisierungen mit einfachen Mittel aufzubauen, informiert das Buch von Roland Bühs: Tafelzeichnen kann man lernen. (Hamburg 1989)

➤ *Lern- und Arbeitsprozesse dokumentieren*

Schüler und Schülerinnen können Lösungsideen vorstellen oder die Tafel zur Unterstützung eines Referates nutzen. Ferner können Schülergruppen die Tafel in die Präsentation von Arbeitsergebnissen einbeziehen, seien es Ergebnisse von Gruppenarbeit, Mitteilungen am Ende einer Freiarbeitsphase oder Produkte aus Projekten. Sie können auf diese Weise ihre Lern- oder Arbeitsprozesse sichtbar und für andere kommunizierbar machen.

Schließlich ist die Tafel gut verwendbar, um auch während einer Stunde Lernprozesse zu dokumentieren. Der Lehrer kann sie als eine Art Kladde benutzen, um wichtige Stichworte festzuhalten, Wörter mit schwieriger Rechtschreibung zu notieren, Arbeitsaufträge, Fragen u.v.a. zu vermerken. Anspruchsvoller ist die Möglichkeit, ein Simultanprotokoll der Stunde an der Tafel anzufertigen. Schüler der Sekundarstufe können dabei gut üben, einen Gesprächsverlauf in seinen wesentlichen Aussagen festzuhalten, eine Struktur herauszuarbeiten, Kernargumente einer Diskussion zu erkennen. Schüler neigen allerdings in der Regel dazu, z. B. Wörter an der Tafel zu klein zu schreiben. Sie sollten üben, so groß zu schreiben, dass alle die Schrift lesen können (was im übrigen natürlich auch für Lehrer gilt!).

➤ *Nachteile der Tafelarbeit*

Ein gravierendes Problem ist vor allem, dass die Tafel im Frontalunterricht auch eine *Disziplinierungsfunktion* hat: Sie ist im wesentlichen ein Instrument des Lehrers, der die Aufmerksamkeit aller Schüler lenkt und keine abweichenden und ablenkenden Aktivitäten duldet („Hier vorne spielt die Musik!"). Das verleitet Schüler natürlich auch zu vorgetäuschter Aufmerksamkeit („Dösen mit konzentriertem Blick"). Außerdem wirkt die Tafel insofern disziplinierend, als sie Schülerbeiträge kanalisiert und nur in „gereinigter" Form als Unterrichtsergebnis schriftlich festhält. Schulwissen wird verbindlich normiert.

Zum *Machtinstrument* wird die Tafel, wenn sie als Mittel der Leistungskontrolle und -überprüfung eingesetzt wird. Einen Schüler nach vorne zu holen und ihn eine Aufgabe allein lösen zu lassen, ist ebenso verbreitet wie beliebt. Steht dann noch unausgesprochen (aber von Schülern und Schülerinnen in der Regel geahnt) die Absicht im Hintergrund, jemanden „vorzuführen" und seine Faulheit oder Schwächen zu zeigen, wird Tafelarbeit zur Strafe.

Schließlich ist darauf zu achten, dass die Tafelarbeit während eines Unterrichtsprozesses keine *Eigendynamik* entfaltet. Wenn die Lehrkraft z.B. während eines Versuches laufend unterbricht, um etwas an die Tafel zu schreiben, so stört sie immer wieder das Hauptgeschehen. Die Aufmerksamkeitsrichtung der Schüler wird diffus und die Hauptlinie des Geschehens wird unterbrochen. Eigentlich sollte der Tafeltext ein Nebenprodukt sein, aber er gewinnt hier einen zu hohen Stellenwert und kann zur Hauptsache werden. Dasselbe gilt für ein Tafelbild, das während einer Diskussion entsteht (außer die Protokollfunktion war von vornherein klar und vereinbart).

Vorteile des Folieneinsatzes
Im Grunde gilt natürlich vieles von dem, was wir über die Tafelarbeit gesagt haben, auch für den Einsatz des Tageslichtschreibers. Für die Fülle der Arbeitsmöglichkeiten mit den verschiedenen Geräten (Durchlicht- und Auflicht-Projektoren, Visualizer, LCD-Großprojektoren für Computerdaten aus dem Laptop z. B. mit Powerpoint) gilt der Grundsatz: „Ein Weniger an Animation animiert mehr!" (Will 2001, 87)

Als generelle Vorteile des Folieneinsatzes sind zu nennen:

● Gegenüber der Tafel : Folien sind beliebig oft einsetzbar, man kann sie im Unterschied zu einem Tafelbild immer wieder verwenden. Ein Tafelbild wird irgendwann abgewischt, auch wenn es äußerst gelungen ist. Folien sind auch unter Kollegen austauschbar, z.T. kann man sie auch im Zusammenhang mit Unterrichtsmaterial – dann in meist hoher Qualität – kaufen.

● Man bleibt bei der Arbeit mit Folien mit dem Gesicht den Schülern und Schülerinnen zugewandt. Anders als bei der Arbeit an der Tafel hat man die Lernenden nicht im Rücken beim Zeichnen oder Erklären eines Bildes! Allerdings wird hier oft der Fehler gemacht, dass sich die Lehrkraft umdreht und – während sie spricht – auf das Bild an der Wand schaut und dort (womöglich mit dem Zeigestock) etwas erklärt, statt auf es auf der Folie zu zeigen und dabei in die Klasse zu blicken!

● Gegenüber Projektor und Episkop kommt man meistens mit normalem Tageslicht aus. Bei ungewöhnlich hellem Sonnenlicht muß man freilich den Raum durch Fenstervorhänge zumindest im vorderen Bereich etwas abdunkeln.

● Man kann Bilder aus Büchern auf Folien kopieren, ohne die vielleicht seltenen oder kostbaren Originale immer mit in die Klasse nehmen zu müssen. Damit gewinnt auch die Ruhe der häuslichen Vorplanung ein größeres Gewicht: Man kann Folien zu Hause sorgfältig gestalten, hat sie im Unterricht sofort parat und muss nicht in der Pause vor einer Stunde ein Tafelbild anfertigen.

● Man kann eine Fülle von Darstellungstechniken einsetzen (s.u.), die das Zuhören spannend und interessant machen, hinterlässt plastische Erinnerungsspuren in den Köpfen, bündelt die Aufmerksamkeit nach vorne, was beim Frontalunterricht unabdingbar ist.

- Unterschiedliche Folienstifte (wasserlöslich!) mit verschiedenen Strichstärken, Folienmarker zum Hervorheben von Textpassagen oder Bildteilen, spezielle „Folienradierer", die das lästige Abwischen mit dem angefeuchteten Tempo-Taschentuch überflüssig machen, erleichtern sowohl das Anfertigen von Folien für den Unterricht als auch das Arbeiten an Folien im Präsentationsprozess.

Inszenierung des Folieneinsatzes
Ein Folieneinsatz muss genauso sorgfältig inszeniert werden wie die Arbeit an der Tafel! Wenn man ideenlos nur Fertigfolien verwendet, schöpft man das Potenzial des Overheadprojektors lange nicht aus. Folgende Möglichkeiten bieten sich an.

- *Vortrag und Folieneinsatz* können *koordiniert* werden: Der optische Eindruck wird geschickt durch einen verbalen Kommentar ergänzt. Dies geschieht (als bewusste Inszenierung!) in folgenden Schritten:

1. Kurze Vorbereitung auf den Inhalt: „Menschen hungern. Wie ungerecht die Nahrung auf der Erde verteilt ist, zeige ich euch jetzt."

2. Die Folie wird gezeigt. Sprechpause! Die Schüler können sich – während die Lehrkraft schweigt – die Abbildung in Ruhe anschauen.

3. Erklären der Folie: „Ihr seht die verschiedenen Erdteile. Die rote Farbe bedeutet: Unterernährung. Gelb sind die Gebiete markiert, in denen die Menschen gerade ausreichend ernährt werden. Grün heißt: Hier gibt es genug Nahrung für alle. Diejenigen Länder, die Nahrung im Überfluss produzieren, sind blau gekennzeichnet."

4. Explizites Kommentieren der Folie: „Wie ihr seht, ist die Nahrungsüberproduktion auf folgende Länder konzentriert…"

Hilfreich ist es, wenn die Lehrkraft dabei mit einem Stift auf die jeweils relevanten Teile der Folie hinweist. Dabei muss man den Schülern genug Zeit zum ruhigen Betrachten und Studieren geben! Aber auch hier droht ein banaler Fehler: Benutzt man die Hand oder den Finger zum Zeigen, verdeckt man leicht Teile der Folie, wird zu unpräzise und erzeugt den sog. „Batman-Effekt", bei dem die Schatten der Hand über die Folie huschen, statt scharf und genau die entscheidenden Stellen gezielt anzusteuern.

- *Live-Folien*: Auf einer leeren Folie entsteht während des Vortrages ein Bild, eine Skizze, Begriffe werden notiert und mit Verbindungslinien in ein Netzwerk gebracht. Die Zuschauenden erleben die Entwicklung auf der Folie Schritt für Schritt mit, was die Aufmerksamkeit eher anspricht als die Erklärung einer fertigen Folie. Das Entwickeln eines Bildes aktiviert die Betrachter stärker und hilft, das Lernergebnis zu sichern. In einer Darbietung ist es von besonderem Vorteil, wenn dies dialogisch geschieht, d. h. wenn die Lernenden durch Fragen, Bitten um Vorschläge, Sammlung von Ideen in den Entwicklungsprozess einbezogen werden.

● *Teilfertig-Folien*: Man bereitet eine oder mehrere Folien mehr oder minder detailliert vor und ergänzt sie während der Darbietung, entweder durch Einzeichnen von Details, Einfügen von Wörtern, Beschriftungen, Markierungen, Hervorhebungen. So können z. B. in einer freien Spalte zum Thema „Organe im menschlichen Körper" von den Schülern Gewichte von Gehirn, Herz, Leber etc. geschätzt und vom Lehrer eingetragen werden. Anschließend kann eine vorher verdeckte Spalte Anlass sein, die Schätzungen mit der Realität zu vergleichen. Ein solches Verfahren hebt sich wohltuend vom Konsum fertiger Folien ab.

● *Overlaytechnik*: Ein Beispiel : „Wie wird der Bundespräsident gewählt?" Mit einer Grundfolie (Folie 1) wird in die Fragestellung eingeführt: Wie wählt die Bevölkerung den Bundespräsidenten? (Skizze von Wahlvolk, Abstand zum Bundespräsidenten) Zwei weitere Folien werden dann schrittweise zur Ergänzung darüber gelegt: Folie 2 zeigt, wie das Wahlvolk die Landtage (neu im Bild) und den Bundestag (neu im Bild) wählt, Folie 3 führt die Bundesversammlung als Wahlgremium des Präsidenten ein. Auf diese Weise vermeidet man eine zu hohe Komplexität eines Einzelbildes und lässt einen Vorgang (hier die Wahl des Präsidenten) schrittweise entstehen.

● *„Striptease-Technik"*: Die umgekehrte Technik zum Overlay. Man nimmt z. B. von drei übereinanderliegenden Folien einzelne weg, bis die Grundfolie sichtbar ist, oder schiebt eine neue Folie dazwischen. So kann man z. B. ein volles Gefäß „entleeren" und mit neuem Inhalt „füllen" oder demonstrieren, wie ein Gewässer voller Schadstoffe durch biologische Maßnahmen wieder gereinigt wird (Folien entsprechend wegnehmen), bis sich neue Fischarten darin tummeln (neue Folien entsprechend auflegen).

● Man sollte auch *Schüler* anregen, ebenfalls Folien anzufertigen oder bei der Vorstellung von Arbeitsergebnissen zu verwenden.

● Wer von Folien nichts hält, sollte die vielen Chancen von Wandzeitungen und (inzwischen auf Kopierern riesig vergrößerbaren) Plakaten nutzen.

Tipps zum Folieneinsatz

1. *Kombinieren* Sie Folien möglichst oft mit anderen Medien (Buch, Tafel, Film etc.), kein „Folienmonismus". Folien werden dann langweilig.

2. Stellen Sie Folien *selbst her*, verwenden Sie nicht nur Fertigfolien. Günstig ist immer, wenn etwas vor den Augen der Schüler entsteht, sei es von einer leeren Folie ausgehend, sei es durch Veränderungen einer Teilfertig-Folie.

3. *Wenige Aussagen* pro Folie sind besser als Informationsflut. Halten Sie die Informationsdichte eher gering (Faustregel: eine Figur, ein Bild oder wenige Zentralaussagen pro Folie, Punktgröße mindestens 14 oder 16).

4. Verwenden Sie *mehr bildhafte Elemente*, nicht nur Worttext.

5. Gestalten Sie Folien *farbig* (Gelb und Orange sind bei der Projektion aber fast nicht zu sehen, ebenso wie dünnes Rot, gut sichtbar sind Schwarz, Blau, Violett und Grün). Nehmen Sie wasserlösliche Folienstifte mit unterschiedlicher Strichstärke. Achten Sie unbedingt auf klare Schrift: ausreichend groß, neben Kleinbuchstaben auch GROSSE verwenden.

6. Sie können auch Folien durch ein Papier *teilweise abdecken*, um nach und nach die Informationen zu präsentieren. Doch Vorsicht: Man sollte das nicht übertreiben, denn besonders Erwachsene (Elternabend!) empfinden dies gelegentlich als Gängelung.

7. Nutzen Sie die verschiedenen, oben beschriebenen *Techniken*.

8. Beim Auflegen einer Folie überzeugen Sie sich durch einen kurzen Blick auf die Projektionswand von *der guten Sichtbarkeit*. Ist die Folienarbeit beendet, sollte das Gerät sofort ausgeschaltet werden.

9. *Bewahren Sie wichtige Folien auf*, legen Sie sich ein systematisch geordnetes Folienarchiv an, das Sie für Ihren späteren Unterricht immer wieder nutzen können.

Gefahren

Die größte Gefahr beim Folieneinsatz ist, sich von den technischen Möglichkeiten allzusehr faszinieren zu lassen und dabei den didaktischen Sinn zu vergessen. So kann der Folieneinsatz eine Eigendynamik entwickeln, der die technische Spielerei in den Vordergrund rückt, statt Folien als dienendes Medium zu verwenden. Auch verleiten Folien und ihre vielfältigen Möglichkeiten dazu, dass der Lehrer lieber selbst Informationen darbietet, statt sie von Lernenden erarbeiten zu lassen. Bombardements mit noch so geschickt gestalteten Folien, zu schnell aufgelegte Folien, überladene oder winzig beschriebene Folien, Zahlenfriedhöfe und Tabellenflut, wenig aktivierende Foliendarbietungen haben einen minimalen Lerneffekt. Als Leitlinie kann bisweilen gelten: „Folien schlachten – statt Folienschlachten!" (Will 1994)

So sehr ich für eine Orientierung an der Präsentationsmethodik (z. B. in der Wirtschaft) plädiere, so wenig schätze ich das Übergewicht des technischen Equipments. Auch bei der Arbeit mit Laptop und Powerpoint darf die Faszination der technischen Möglichkeiten nicht den Inhalt und die Sache, um die es geht, dominieren. Alle Technik hat Support- (d. h. Unterstützungs-) Funktion. Unterricht darf nicht zum Medienzauber verkommen!

Bilder richtig einsetzen

Angesichts der Bilderflut durch Werbung, Fernsehen, Illustrierte usw. darf der Einsatz von Bildern im Frontalunterricht auf keinen Fall die heutige fastfood- und Konsummentalität fördern. Bildmaterial ist nur sinnvoll, wenn es zur produktiven Auseinandersetzung anregt. Dabei werden zwei Arten von Bildern unterschieden: *Abbilder* (z. B. Foto, Zeichnung) und *logische (oder analytische) Bilder* (z. B. Verlaufkurven, Diagramme). Es kommt bei beiden Arten darauf an, über das einfache Erkennen (das, was zu sehen ist) hinaus zum Erschließen des Informationsgehaltes und der Mitteilungsabsicht des Bildproduzenten durchzudringen. Dieses wird „Bildverstehen 2. Ordnung" genannt. Mit Bildern kann man wesentliche Inhalte, Mitteilungen, Informationen, Zusammengehöriges viel schneller und anschaulicher darstellen als mit vielen Worten. Wie kann man Bilder für diesen Zweck richtig nutzen?

➤ *Sprechen Sie mehrere Sinne an.*

Die optische Darbietung von Bildern wird dabei in sprachliche Informationen eingebettet. Auge und Ohr werden aktiviert, Informationen werden mehrkanalig aufgenommen. Die Schüler und Schülerinnen sind durch Bilder, die im Rahmen verbaler Präsentationen angeboten werden, doppelt aktiv: Sie verarbeiten die Informationen der Wortsprache des Lehrers und entschlüsseln gleichzeitig den „Übersetzungsvorgang" der bildsprachlichen Zeichen. Dazu brauchen sie allerdings Zeit und ggf. auch Anleitung, sich intensiv mit einem Bild (gleich welcher Art) zu beschäftigen. Nicht die unterhaltsame Fütterung von Zuschauern, sondern eine effektive Nutzung der Bilddarbietung ist das Ziel. Ein Bild ist Sprechanlass für die Lehrkraft wie für Schüler und Schülerinnen. Hier liegt eine gute Möglichkeit, frontal darbietende Phasen durch schüleraktive Verfahren weiterzuführen: Bilder in Gruppen auswerten, vergleichen, kommentieren, verändern. Anschließend werden die Ergebnisse in einer neuen Frontalphase zusammengetragen.

➤ *Motivieren und argumentieren Sie mit Bildern.*

Gewöhnlich schauen wir auf einer Buchseite, die Text und Bild enthält, zunächst auf das Bild: Es macht uns aufmerksamer als der Text, visuelle Reize wecken eher Interesse und Neugier. Auch lassen sich Meinungen und Überzeugungen durch Bilder stark beeinflussen (Sie kennen das vor allem aus der Werbung), weil Bilder auch die Gefühle berühren und emotionale Bedürfnisse wecken bzw. befriedigen. Besser als lange verbale Schilderungen der verheerenden Wirkung von Atombomben sind z. B. Bilder von Opfern des Hiroshima-Angriffes. Geschickt eingesetzte Bilder können stark motivierend wirken, wenn sie Interesse wachrufen, Rätselhaftes vorstellen, Neugier für einen Zusammenhang wecken.

➤ *Präsentieren und fokussieren Sie Inhalte mit Bildern.*

Durch ein Bild wird etwas stellvertretend dargestellt und vor Augen geführt. Sie sprechen z. B. über Bäume und zeigen einfach Bilder von Fichten, Buchen und Erlen. Damit fügen Sie dem gesprochenen Wort Konkretheit hinzu. Das ist vor allem hilfreich, wenn die Sache nicht im Original gezeigt werden kann (z. B. das Rückenmark), wenn sie also repräsentiert werden muss. Sie können auch „in das Bild eingreifen", um dem Betrachter zu helfen, die wesentlichen Informationen zu erkennen; sie können Ausschnitte aus bestimmten Sachverhalten in den Brennpunkt rücken (z. B. durch ein eingekreistes Detail mit einem Fragezeichen, durch gezielte Beschriftung oder Pfeile, durch farbliche Gestaltung, durch Einbau einer „Lupenvergrößerung" u.a.m.). Damit wird zugleich das Behalten und Erinnern von Informationen unterstützt, manchmal so eindrucksvoll, wie kein natürliches Exemplar diese Informationen liefern könnte.

➤ *Erklären Sie mit Bildern.*

Nehmen wir an, Sie wollen erklären, wie ein Generator (am Beispiel eines Fahrraddynamos) funktioniert. Dazu müssen Sie bestimmte Elemente vorstellen (Spulen, Rotor, Stromfluss etc.). Das ist rein verbal fast unmöglich. Bildinformationen stellen die Sache weit besser dar als die Wortsprache. Nun kommt es Ihnen aber nicht nur auf die Einzelteile an, Sie wollen auch, dass die Schüler die dynamischen Beziehungen zwischen diesen Elementen verstehen (= ein mentales Modell aufbauen), d. h. den Ablauf verstehen. Auch dies ist mit einer weiterführenden Technik bildhaft gut möglich, indem Sie z. B. durch langsames Übereinanderlegen von Bildteilen auf dem Overheadprojektor Schritt für Schritt die Abläufe „entstehen" lassen. Dabei ist allerdings wichtig, den Lernenden genügend Zeit zu lassen, die Sequenzierung nachzuvollziehen und zu „durchschauen".

➤ *Arbeiten Sie mit visuellen Symbolen.*

Am bekanntesten sind hier Diagramme (Säulen-, Kreis- oder Fließdiagramme), mit denen sich Abläufe, Strukturen und Netze visualisieren lassen. Ein einfaches Beispiel für ein solches Beziehungsnetz ist die Umsetzung der Regeln der Blutübertragung: Welche Blutgruppe wem spenden kann bzw. wer von wem Blut erhalten kann, lässt sich durch Pfeile und Buchstaben sehr anschaulich darstellen. Es handelt sich um die einfache Umwandlung einer komplexen wortsprachlichen Mitteilung in eine einfache visuelle Symbolsprache. Bei der Präsentation von Tabellen und Diagrammen wird immer zuerst eine Übersicht über die gesamte Tabelle gegeben, danach werden die einzelnen Spalten oder Zahlen herausgehoben.

➤ *Nutzen Sie Bilder zur Lernkontrolle.*

Sie überprüfen, ob ein Sachverhalt verstanden worden ist, indem Sie z. B. eine Abbildung ergänzen lassen („Wie müsste die Kurve nach den uns vorliegenden Informationen weitergehen?"), eine Abbildung korrigieren lassen („Was ist falsch an der Reihenfolge der Bilder für die Nahrungsmittelkette?") oder eine Abbildung als Säulendiagramm zu einem Sachverhalt durch die Lernenden selbst herstellen lassen („Bitte stellt die Hochwasserkatastrophen der letzten 10 Jahre in einem Säulendiagramm dar. Die Profis unter euch machen das mit dem PC.").

Eine Fülle von Chancen bieten auch bewegte Bilder in Filmen, Videos etc. Doch auch hier ist Vorsicht geboten vor einer Kino-Berieselung: Beobachtungsaufgaben, gezielte Fragen zum Film, Unterbrechung der Vorführung an geeigneten Stellen mit dem Auftrag, Fortsetzungsmöglichkeiten zu überlegen, Kritik des Filmes, Wiederholung einzelner Passagen, Stoppen zu Standbildern, die genauer analysiert werden u.a.m. sind Möglichkeiten, solches Bildmaterial in seinem Informationsgehalt gründlich auszuwerten.

4.4 Anreize – Vorschläge – Impulse: *das entdeckende Lernen*

Kaum ein Verfahren bedarf so sorgfältiger Planung durch die Lehrkraft wie das entdeckende Lernen der Schüler und Schülerinnen. Der Frontalunterricht hat vor allem die Aufgabe, die Kompetenz zum selbstständigen entdeckenden Lernen durch angeleitetes Entdecken in der Klasse vorzubereiten und zu fördern. Entdeckendes, problemlösendes Lernen bildet deshalb ein zentrales Übergangsfeld zum selbstgesteuerten Lernen. Aber bis Schüler und Schülerinnen selbstgesteuert lernen können, ist einiges zu lernen und einzuüben. Klar ist auch, dass beim entdeckenden Lernen der Gesichtspunkt der Selbststeuerung mehr und mehr in den Vordergrund rückt. Darum treten frontalunterrichtliche Phasen mehr und mehr zurück.

Ein praktisches Modell entdeckenden Lernens
Ein sinnvolles und zweckmäßiges Modell zur Planung und Durchführung entdeckenden Lernens umfasst sieben Schritte. (Landwehr 1997, 89 ff.) Ich konkretisiere es an einem durchgehenden Beispiel.

1. *Eine leitende Problemstellung wird bestimmt.*
Beispiel: In einer Unterrichtseinheit der Sekundarstufe von etwa 8 bis 16 Wochenstunden geht es um das Thema Werbung. Die Lehrkraft sucht nun in ihrem Vorbereitungsprozess eine geeignete Fragestellung, die Grundlage entdeckenden Lernens sein kann. Nach einiger Überlegung formuliert sie: „Wodurch wirkt Werbung? Und wodurch unterscheidet sich wirksame (= gute) Werbung von unwirksamer (= schlechter) Werbung?" Dabei werden ungeeignete Nebenaspekte, die den Erkenntnisprozess behindern oder vom Thema ablenken, ausgesondert (z. B. wie teuer Werbung ist, moralische Fragen, – das kann Gegenstand eines sich anschließenden Unterrichtes sein). Themen werden als Fragen formuliert und haben nach Möglichkeit einen Bezug zum realen Leben der Lernenden, sind für sie relevant, aktuell und authentisch, machen neugierig oder betroffen. Vor allem aber muss das Thema eine kreative Lernaktivität ermöglichen.

2. *Der Erkenntnisgewinn wird reflektiert.*
Die Lehrkraft überlegt: Was können und sollen die Schüler und Schülerinnen beim Thema Werbung an Erkenntnissen gewinnen? Welche Lebenssituationen, Sachverhalte und Fragen können durch die neuen Erkenntnisse geklärt, verstanden, besser bewältigt werden? Wozu sind die gewonnenen Erkenntnisse hilfreich? In unserem Beispiel wären dies u.a. Einsichten darüber, dass wirksame Werbung nicht nur ästhetisch gestaltet wird, sondern auch Manipulationstechniken gezielt einsetzt (Steuerung der Aufmerksamkeit durch Schlüsselreize, Reizintensität, zielgruppenorientierte Bedürfnisansprache, Weckung von Gefühlen, manipulative Versprechen, symbolische Wunscherfüllung, Wortassoziationen usw.). Zentral ist auch die Erkenntnis, dass man diese Mechanismen durchschauen und sich dagegen wehren kann.

3. *Der Erkenntnisprozess wird analysiert.*
Die Lehrkraft versetzt sich in die Teilnehmerperspektive und vergegenwärtigt sich, welche mutmaßlichen Antworten die Lernenden auf die Ausgangsfrage geben könnten (z. B. Vermutungen über Tricks, die der Konsument nicht durchschaut und denen er sich hilflos ausgeliefert fühlt, die ästhetischen Mittel). Anschließend werden die notwendigen Sachkenntnisse bestimmt, die zur Lösung der Ausgangsfrage unverzichtbar sind: Welche Inhalte sind unverzichtbar? (z. B. Grundlagen der Werbepsychologie, Unterscheidungen verschiedener Werbeträ-

ger, zentrale Begriffe wie Zielgruppe, Manipulation, Wahrnehmung, Bedürfnisse, Reize).

4. Eine geeignete Form der Problemkonfrontation wird gewählt.

Ist eine direkte Problemkonfrontation möglich (z. B. mit Materialien und praktischen Beispielen?) Welches methodische Arrangement ist geeignet, die Fragestellung so in den Unterricht einzubringen, dass sich die Lernenden angesprochen fühlen und zur aktiven Auseinandersetzung motiviert werden? Die Lehrperson entscheidet sich z. B. für folgendes Vorgehen: Sie hängt ca. 20 Werbebeispiele auf, die zunächst verdeckt sind. Fünf Sekunden lang werden sie dann aufgedeckt, die Schüler und Schülerinnen notieren die Produkte, die ihnen spontan ins Auge gesprungen sind, diese Bilder erhalten je 2 Punkte. Anschließend werden alle Bilder für 3 Minuten ausführlicher betrachtet, wobei diejenigen Produkte und Bildmotive notiert werden, die im Gedächtnis haften geblieben sind. Wieder werden Punkte für Produkterinnerung und Bilderinnerung verteilt. In einer dritten Phase werden die Bilder nochmals aufgedeckt, um diejenigen Bilder mit Punkten auszuzeichnen, von denen man sich positiv angesprochen fühlt. Jetzt können auf der Grundlage der vergebenen Punkte die drei erfolgreichsten und die drei schlechtesten Werbebeispiele ermittelt werden. Es folgt eine kurze Plenumsdiskussion über Hypothesen zur Wirksamkeit von Werbung.

5. Die Lernenden suchen selbst aktiv eine Lösung.

Nach dieser frontalen Phase werden Arbeitsgruppen gebildet mit dem Auftrag: „Analysiert die erfolgreichen und die negativen Beispiele: Mit welchen Mitteln wird gearbeitet? Fasst eure Ergebnisse in einem Merkblatt (oder auf einer Wandzeitung) zur Gestaltung ‚erfolgreicher' Printwerbung zusammen." Die Lernenden werden zur selbstständigen Auseinandersetzung mit der leitenden Problemstellung angeregt. Hier werden nun auch ergänzende Materialen verwendet (z. B. kurze Texte zur Werbepsychologie, zu wichtigen Begriffen oder Techniken). Allerdings kann sich damit der selbstständige Entdeckungsprozess verringern. Andererseits kann die Arbeit durch das Einbeziehen dieser Materialien fachlich solider werden, indem neue Gesichtspunkte hinzu kommen. Bei unerfahrenen Lernenden kann die Lehrkraft auch als Hilfsmittel eine Anleitung zu den wichtigsten Verfahrensschritten geben.

6. Die erarbeiteten Lösungen werden ausgewertet und überprüft (Evaluation).

Sachlich richtige Gesichtspunkte müssen mit den durch die Lernenden gefundenen verglichen werden. Dabei müssen die eigene Problemlösung überdacht und ggf. auch Fehler korrigiert werden. Die Lehrkraft unseres Beispieles entscheidet sich für das Verfahren der „Expertengruppen": Zu einzelnen Manipulationstechniken werden neue Expertengruppen gebildet, die sich auf der Grundlage bereitgestellter Unterlagen in ihr Thema einarbeiten und ihr Wissen anschließend an ihre ursprüngliche Arbeitsgruppe weitergeben. Die Merkblätter oder Wandzeitungen werden auf Grund der neuen Informationen korrigiert, überarbeitet oder neu formuliert.

Denkbar ist aber statt der Expertengruppen auch ein eingeschobener informierender Lehrervortrag, der die nötigen Sachinformationen präzise vermittelt und Grundlage für die Überprüfung der erarbeiteten Gruppenlösungen ist.

7. Die gewonnenen Erkenntnisse werden angewendet.
Die erarbeiteten Erkenntnisse bilden eine wichtige Grundlage dafür, Werbung durchschauen zu können und sich als Konsument kritisch(er) zu verhalten. Die Lehrkraft schlägt als nächsten Schritt vor, dass die Schüler und Schülerinnen nun selbst Werbeplakate herstellen und anschließend mit dem Klassenplenum auswerten. Eine originelle Idee wäre eine abschließende Diskussion mit einem Werbefachmann (Expertenbefragung).

> **❗ Integrierter Frontalunterricht – geschickt arrangiert**
> Insgesamt zeigt das Planungsbeispiel eine gelungene integrative Verbindung frontaler Unterrichtsphasen mit anderen Sozialformen. Gleichzeitig werden induktive (entdeckende) Elemente sowie Informationsvermittlung und Informationsaneignung/-verarbeitung geschickt aufeinander bezogen. Die Lehrkraft tritt vor allem an den „Nahtstellen" des Unterrichtsganges in Erscheinung und wechselt zwischen moderierenden, beratenden Rollenanteilen (z. B. während der Gruppenarbeit) und anleitenden sowie informierenden Rollenanteilen (z. B. bei der Problemkonfrontation oder in einer Lehrerdarbietung).

Gleichzeitig werden an diesem Beispiel noch einmal die grundlegenden Schritte des Problemlösungsprozesses deutlich. Dazu nun eine Reihe praktischer Möglichkeiten.

Schritte zum Problemlösen
1. Problemkonfrontation.
Die Problemkonfrontation kann geschehen durch *Präsentation eines Falles* (ein Neubaugebiet wird geplant, ein Sozialhilfeempfänger berichtet, ein Gerichtsentscheid), durch eine *praktische Aufgabenstellung* (wir wollen aus Milch Käse herstellen, ein Schulgarten soll angelegt werden), durch eine Gegenüberstellung von *Pro- und Contra-Argumenten* (Leserbriefe, Parteien zur Atomkraft), durch ein *einleitendes Streitgespräch* (amerikanische Debatte, stummer Dialog – siehe 4.5), durch einen *Fragebogen* und Diskussion der Ergebnisse (Video-Konsum der

Schüler unserer Schule, Gesundheitsverhalten der Menschen), durch einleitende *Rollenspiele* mit offenen Fragen zur Problemlösung u.v.a. Immer geht es um einen ansprechenden Herausforderungsgehalt.

2. Das Problem analysieren.
Den Schülern und Schülerinnen können folgende Fragen mit auf den Weg gegeben werden: Welche Ursachen haben zu diesem Problem geführt? Welche Erwartungen und Bedürfnisse haben Konfliktparteien? Welche technischen Probleme stellen sich? Egal ob in Gruppen oder im Klassenplenum das Problem analysiert wird, – wichtig ist, dass allen klar wird, wonach genau gesucht wird. Entdeckendes Lernen ist kein blindes Herumprobieren ohne Zielvorstellung. Hilfreich sind hier vor allem Visualisierungen.

3. Lösungsmöglichkeiten finden.
Hier sind *Findetechniken* (Heuristiken) gefragt: z. B. lautes Denken im Prozess der Problembearbeitung, Ja-Nein-Fragen zu den einzelnen Faktoren auf dem Lösungsweg, Fließdiagramme anfertigen, einen Zusammenhang mit ganz einfachen Skizzen visualisieren, Zweck-Mittel-Analysen erstellen, Problemanteile mit Gegenständen symbolisch darstellen, Mind-Mapping, Hypothesenbildung und experimentelle Überprüfung u.v.a. sind sinnvoll.

4. Lösungsvorschläge beurteilen, überprüfen und erproben.
Man kann Ideen nach ihrer Lösungswahrscheinlichkeit mit Klebepunkten auswählen, Verfahrensvorschläge praktisch ausprobieren, einen Probelauf veranstalten, Vorschläge mit Expertenlösungen vergleichen, eine Lösungshierarchie entwickeln, einzelne Schritte kombinieren u.v.a.

Die Steuerung des Problemlöseprozesses durch *Impulse* ist für das gelenkte Entdecken mit der Klasse ein wichtiges Element. Es gilt in der Unterrichtsmethodik als ein Verfahren, das Lehrerlenkung und selbstständiges Denken der Lernenden verbindet (Bönsch 1991, 96, Keck 1983, 5): Sachimpulse (mitgebrachte Halme verschiedener Getreidesorten werden untersucht), visuelle Impulse (Bilder von verschiedenen Gebirgen werden gezeigt und verglichen), Modelle als Impulse (eine mitgebrachte Dampfmaschine wird untersucht), verbale Impulse unterschiedlichster Art (Nachfragen, Aufmerksam-Machen, Auffordern zum Selbst-Sehen, Gegenargumente formulieren, Provokation und Herausforderung einbringen). Immer haben Impulse – im Unterschied zum fragend-entwickelnden Verfahren – die Funktion, den Unterricht nicht im Schrittchentrott zu steuern, sondern durch offene Interventionen für das Äußern eigener Ideen durch die Schüler und Schülerinnen zu sorgen. Impulse haben Aufforderungscharakter: Sie müssen durch die Schüler und Schülerinnen „entschlüsselt" werden, lassen also mehrere Wege als Reaktionen offen. Das macht den Reiz von Impulsen aus. Insgesamt stärken sie die Struktur eines Problemlöseprozesses und helfen, sich sachorientierten Lösungen zu nähern.

Beispiele entdeckender Verfahren

Man kann die Bandbreite der vielen möglichen Beispiele nach dem Grad der Lenkung durch die Lehrkraft unterscheiden.

➤ So steht am Anfang eine relativ starke *Lehrerlenkung*, wie z. B. bei der Erarbeitung eines philosophischen Problems oder bei der Suche nach der Lösung eines komplizierten physikalischen Problems.

➤ Eine weitere Möglichkeit bietet die sog. *Anchored Instruction* (Peterßen 1999, 36 f., auch zum folgenden Beispiel) An die Stelle bloßer Wissensvermittlung tritt die Präsentation von Problemaufgaben, die mediengestützt, an lernergemäße Kontexte anknüpfend aktive Problemlösungen ermöglicht.

Beispiel: Der verletzte Adler

Jasper Woodbury ist ein Abenteurer, über den per Video Geschichten zusammengestellt wurden. Die Schüler und Schülerinnen werden an ein Problem herangeführt. Aber die Geschichte bricht ab, wenn das Problem zu erkennen ist. Alle nötigen Informationen zur Lösung sind in der Geschichte enthalten, aber die Lernenden werden genötigt, vorher erworbenes Wissen aus verschiedenen Bereichen zu aktivieren. Ein Wildhüter findet in seinem Naturschutzpark einen verletzten Adler, der dringend medizinisch versorgt werden muss, weil er sonst stirbt. Adler sind ohnehin selten geworden. Zum Transport von der Fundstelle im Wald bis zur Tierklinik kommt nur ein Ultra-Light-Drachen in Frage. Wie kann eine Lösung aussehen? Beiläufig wurde in der Geschichte einiges erzählt über die Bedingungen: die begrenzte Ladekapazität des Drachens, über die technischen Möglichkeiten so eines Drachens, den kleinen Tank u.a.m. Ein weiteres Problem sind Berechnungen der weiten Strecken im Dreieck zwischen Startpunkt, Fundort des Adlers und Tierklinik. Um den Adler zu retten, müssen Ideen mit solidem mathematischem Kenntniserwerb (u. a. Pythagoras) verbunden werden. Lernende müssen schwer arbeiten, um den Adler zu retten. Sie lernen durch aktives Problemlösen.

➤ Etwas umstrittener ist die sog. *Leittext-Methode* für das entdeckende Lernen. Sie stammt aus der beruflichen Bildung. (Peterßen 1999, 170) Durch einen Text mit einer klar formulierten Aufgabe (z. B. Anfertigen eines Werkstückes) wird selbstständige Planung, Ausführung und Kontrolle von Tätigkeiten gefördert.

Lernende müssen sich selbstständig die nötigen Informationen beschaffen, können Experten (z. B. den Meister) befragen, müssen eigenständig Entscheidungen treffen (z. B. Fertigungsweg und Betriebsmittel festlegen) und gelangen über das Ausführen, Kontrollieren und Bewerten schließlich zu einer eigenständigen Problemlösung. Grundlegende Schritte sind also: 1. Konfrontation mit der praktischen Aufgabenstellung, 2. Wissen aneignen (Fragestellungen beantworten), 3. Kontrolle der vorausgesetzten Kenntnisse, 4. Arbeitsplanung, 5. Ausführung der Arbeiten, 6. Beurteilung des Arbeitsprozesse und des Arbeitsproduktes.

➤ Besser für die allgemeinbildende Schule geeignet ist die *Fallmethode* (Flechsig 1996, 62 ff.). Ein Fall zu einem ausgewählten Problem wird den Schülern und Schülerinnen vorgelegt mit dem Auftrag, die hier angesprochenen Probleme zu analysieren, Lösungsvarianten zu entwickeln und eine eigene begründete Entscheidung zu treffen. Wer sich mit einem Fall beschäftigt, muss auf die Falldokumentationen zurückgreifen (z. B. Vernehmungsprotokolle, Krankenblätter, Vermerke in Personalakten, Zeugenaussagen). Die Lehrkraft muss aber eine Auswahl treffen und für eine übersichtliche Ordnung des Materials sorgen: In welchem Umfeld spielt sich der Fall ab? Welche Daten müssen zur Verfügung stehen? Welche rechtlichen Bedingungen sind zu beachten? Auch Hintergrundinformationen müssen bereit gestellt werden (wer war der Kranke, welche Vorgeschichte hatte er, was ist wichtig zum Verständnis der Krankheit, welche Medikamente gibt es überhaupt). An einem komplexen Sachverhalt wird problemorientiert gelernt, indem Entscheidungen und Lösungen für den Fall gefunden, präsentiert und mit den tatsächlich in der Fallsituation praktizierten Lösungen verglichen werden.

Methodisch angelegt wird eine Fallstudie in den Phasen:
– *Vorbereitung* (Einführung der Lernenden in den Sachbereich, Präsentation des Falles)
– *Analysephase* (Durcharbeiten des Fallmaterials, Interpretation, zusätzliche Informationsbeschaffung),
– *Bearbeitungsphase* (Arbeitsgruppen bilden, Problemdefinitionen vergleichen, Lösungsmöglichkeiten erörtern, Entscheidungen fällen),
– *Bewertungsphase* (Vorstellen der Lösungen, Entscheidung im Plenum für eine Lösung) und
– *Anwendungsphase* (Vergleichen der gefundenen Lösung mit der in der Realität tatsächlich gefällten Entscheidung, Kritik daran).

➤ Sehr gut im Klassenunterricht praktikabel sind auch das *Konferenzspiel* und andere Simulations- und Rollenspiele: Insbesondere Konfliktsituationen, an denen mehrere Parteien beteiligt sind, lassen sich durch eine inszenierte Auseinandersetzung in einem Konferenzspiel darstellen. Voraussetzung ist, genügend Hintergrundinformationen bereit zu stellen (welche Positionen vertreten die Parteien, welches ist die aktuelle Konfliktsituation, was wollen sie erreichen, in welche Institutionen sind sie eingebunden, schriftliches Material kann vorher verteilt werden).

Ein Konferenzspiel hat folgende Schritte:

1. *Darlegung der Ausgangssituation* (per Information durch die Lehrkraft, z. B. ein politischer Entscheid, ein unerwartetes Ereignis, das einen Interessenkonflikt auslöst),

2. *Bildung von Spielgruppen* und deren *Instruktion* durch Sachinformationen (entweder mit spezifizierten Rollen innerhalb der Gruppe oder als einfache Interessengemeinschaft z. B. von Jugendlichen),

3. *Konferenzvorbereitung* innerhalb der Spielgruppen,

4. *Konferenz der Spielgruppenvertreter* (Delegierte bringen ihre Interessen ein mit dem Ziel, eine Problemlösung zu finden, notfalls geht die Konferenz auch ohne Lösung auseinander, dann müssen die Gruppen erneut beraten, was sehr spannend werden kann),

5. *Verfassung eines Statements* in den Gruppen zur vorgeschlagenen Problemlösung: Wie sehen wir die Entscheidung, sind wir einverstanden, zielen wir eine erneute Verhandlung an?

6. *Auswertung* des Spieles: Die Statements werden im Plenum vorgestellt, der Spielverlauf wird besprochen. Welche Einsichten haben wir gewonnen?

➤ Wie bereits in der *Grundschule* konkrete und alltagsnahe Problem gelöst werden können, zeigt das Beispiel *„Schatzsuche"* (Foster 1993, 75 f.): Die Lehrkraft hat einen Aufgabenparcour außerhalb der Schule vorbereitet, der von einzelnen Schülergruppen abgearbeitet wird. Verschiedene Gegenstände wie ein bestimmtes Geldstück, bestimmte Blätter, Kräuter, ein Korken von mehr als 2,5 cm Durchmesser, eine Theaterkarte, ein Hufeisen, ein Artikel mit einem französischen Warenaufdruck etc. müssen gesammelt werden, Gebäude und Verkehrsschilder werden in Skizzen festgehalten, Bücher sind in einer Bibliothek zu besorgen, Busfahrpläne zu berechnen und Telefonate zu erledigen usw. Die beste Gruppe wird prämiert. Sinn des Ganzen ist es, Kinder anzuregen, in praktischen Problemsituationen handlungsfähig zu werden.

➤ Schließlich sind das *Brainwriting* (kollektives Schreiben zu einem Problem ohne zu sprechen), das Herausspringen aus gewohnten Lösungswegen durch kreative Verfahren (Bugdahl 1995) oder das *Brainstorming* geeignet, zu kreativen Problemlösungen zu kommen. (Bugdahl 1995) Ein Brainstorming hat bestimmt Regeln: 1. Eine klar formulierte Fragestellung (z. B. „Welche Möglichkeiten gibt es, in der Schule Energie zu sparen?") 2. Möglichst viele und wilde Ideen (sie sollen ungehemmt und frei geäußert werden, auch wenn sie verrückt oder unrealistisch erscheinen) 3. Keine Kritik der Ideen und Vorschläge (das kommt hinterher) 3. Fortführen von geäußerten Ideen (Trittbrettäußerungen sind erwünscht, Rucksackideen konkretisieren die Vorschläge) 4. Die geäußerten Ideen werden festgehalten (Folie, Tafel, Protokoll) 5. Schließlich werden sie selektiert und die praktikabelsten Lösungsvorschläge werden herausgefiltert und ggf. erprobt.

In allen Beispielen ist die Lehrergeduld ständiger Begleiter entdeckenden Lernens bei den Schülern. Im Gegensatz zum Studiendirektor Dr. S., der entdeckende Fragestellungen in Goethes Faust immer gezielt gleich selbst beantwortete, diese sogleich an der Tafel dokumentierte und die „richtigen Gefühle" im Faust bereits vor den Unterrichtsstunden in den Entwürfen seiner Tafelbilder notiert hatte. Er brauchte dann nur durch geschickte Fragen darauf zu warten, dass sich diese bei den Schülern einstellten (Eikenbusch 2001, 16 f.). Dr. S. vermied in seinem „entdeckenden Lernen" risikoreiche Entwicklungen. Aber: Das Risiko erhöht die Motivation zum Lernen.

➤ Generell haben sich beim *Stellen von Aufgaben (für das Entdecken) folgende Hilfen* bewährt (Weidenmann 2002, 77 ff.):

1. Die Schüler und Schülerinnen werden informiert, warum sich der Lehrer für diese Aufgabe und nicht für etwas anderes entschieden hat. Das schafft Vertrauen bei den Lernenden, dass diese Aufgabe wohl überlegt, sinnvoll und im Ablauf des Lernprozesses richtig platziert ist.
2. Die Lernenden werden genau instruiert, was sie tun sollen. Arbeitsaufträge für Gruppen müssen präzise und verständlich sein. Es kann auch günstig sein, den Auftrag schriftlich zu formulieren (Tafel oder Arbeitsblatt). Die Lehrkraft tut in jedem Fall gut daran, sich zu überzeugen, ob alle die Aufgabe verstanden haben. Das erspart die späteren häufigen Interventionen bei Arbeitsgruppen. (Nürnberger Projektgruppe 2001, 35)
3. Die Hilfsmittel, Materialien und Ressourcen müssen bekannt sein und bereitstehen. Hilfreich können auch Tipps sein, wie man damit umgeht. Das schafft Anregungen und macht Mut zum Ausprobieren. Auch Hinweise zur Nutzung des Internet oder von Programmen können hilfreich sein.
4. Es muss klar sein, ob die Arbeit ergebnis- und produktorientiert sein soll (oder ob die Gruppe einfach etwas frei diskutieren kann) und wie die Ergebnisse festgehalten (dokumentiert) und vor allem präsentiert werden können. Ist dies klar, kann die Gruppe bereits während der Arbeit entsprechende Maßnahmen bedenken und gerät am Ende nicht unter Zeitdruck.

Vieles hängt ab von den Gesprächsformen im Unterricht. Wie kann der Frontalunterricht das Erarbeiten, das Besprechen und Debattieren fördern?

4.5 Erarbeiten – besprechen – debattieren:
die Gesprächsformen

Ein sinnvolles Einteilungskriterium unterschiedlicher Gesprächsformen ist der wachsende Grad der Freiheit für die Schüler und der abnehmende Grad der Lenkung durch den Lehrer. Die Fülle unterschiedlicher Gesprächsformen lassen sich in vier Haupttypen zusammenfassen:

... enge Führung

1. Das *eng geführte Gespräch*, das aus dem ständigen Wechsel von Frage und Antwort besteht und im Grunde auf reines Abfragen hinausläuft. Es hat gelegentlich auch seine Berechtigung, wenn es z. B. um kurze Kontrollfragen zur Sicherung des Stoffes geht, wenn ein Ausgangsniveau der Kenntnisse zu Beginn eines neuen Abschnittes gesichert werde muss oder wenn ganz einfach etwas eingeübt werden soll. Völlig ungeeignet ist es für das Erarbeiten neuer Erkenntnisse oder für Systematisierungen. Hier ist eigenes ruhiges Nachdenken mit dem Freiraum zu fehlerhaftem „Probedenken" erforderlich. Eine produktive Suchhaltung kommt in eng gegängelten Gesprächen nicht auf, weil die Denkrichtung genau festgelegt ist. Die Urform dieser Technik ist das aus dem

Mittelalter stammende Katechesieren. (Fuhrmann 1998, 11) Wir haben schon in Kapitel 3 gesehen, dass die angeblich „erarbeitenden" Gespräche im Grunde oft Mogelpackungen sind: Sobald ein Schüler etwas Unpassendes sagt, wird es auf die Lehrerlinie zurechtgebogen; der Lehrer wiederholt beharrlich eine Frage, bis das richtige Stichwort kommt. Schüler und Schülerinnen lernen bei dieser Art „Gespräch", wie langweilig es ist, wenn jemand fragt, der die richtige Antwort schon kennt...

2. Das *zielorientierte Gespräch*, das zwar auf das (im Lehrerkopf) schon festgelegte Ziel hinausläuft, aber doch mehr Raum für die Beteiligung durch Schüler und Schülerinnen lässt. Die Lernenden können z. B. bei der Suche nach Möglichkeiten der Winkelmessung verschiedenen Ideen äußern, bis sie durch zielorientierte Lehrerimpulse darauf kommen, dass zur Winkelmessung nicht ein Längen-, sondern ein Drehungsmaß nötig ist. Die Urform hierfür ist die Kunst des sokratischen Gespräches (Mäeutik). Die Gefahr ist allerdings, dass diese Gesprächsform ohne Engagement bei den Lernenden bleibt, denn es ist bisweilen sehr deutlich zu spüren, dass eine Sache aufoktroyiert wird („man merkt die Absicht und ist verstimmt"). Schüleräußerungen, die vom angestrebten Ziel wegführen, sind dysfunktional. Absurd wäre es aber z. B., die Kreiseinteilung in die Summe von 360 Grad (diese ist eine rein historische Setzung) „zielorientiert" zu erarbeiten, statt dieses Faktum einfach mitzuteilen.

3. Das *problemhaft-heuristische Gespräch* lässt einen erheblich größeren Spielraum für die Lösungssuche durch die Lernenden. Zwar liegt die Gesprächsleitung auch hier bei der Lehrkraft, die durch unterschiedliche Anregungen (Fragen, Denkanstöße, nonverbale Stimuli etc.) das Gespräch lenkt, aber die Schüler und Schülerinnen können weitgehend selbstständig z. B. Erfahrungen einbringen, Gesetzmäßigkeiten entdecken, Schlussfolgerungen ableiten, Ideen für Problemlösungen entwickeln oder auch selbstständig Vorschläge einbringen u.a.m. Eingesetzte heuristische Techniken sind „Findeverfahren" und setzen voraus, dass es nicht um eine einzige (algorithmische) Lösungsmöglichkeit geht. Der Gegenstand verlangt eine argumentative Auseinandersetzung, wertende Stellungnahmen, Interpretationen, kritische Durchdringung u.a.m.

4. Das *freie Gespräch*, insbesondere die Schülerdiskussion, schließlich betont den Diskurs als herrschaftsfreie Form der Auseinandersetzung mit einer Sache oder einem Thema. Das Ergebnis ist weitgehend offen, sei es bei der Diskussion aktueller Ereignisse, einer Kontroverse über eine Romanfigur, über das Verhalten eines Schülers oder ein wissenschaftliches Forschungsergebnis. Die Kraft des Argumentes zählt. Gleich, ob die Lehrkraft die Leitung hat oder ein/e Schüler/in, das freie Gespräch setzt bestimmte Regeln voraus. Viele Klassen haben sich gemeinsam solche Gesprächsregeln erarbeitet und sie im Klassenraum für alle gut sichtbar aufgehängt.

Natürlich muss am Anfang eines Gespräches klar sein, welchen Charakter das Gespräch haben soll, welchen Stellenwert es im Gesamtablauf des Unterrichtes hat: Soll etwas Neues eingeführt oder gemeinsam erarbeitet werden, sollen Ergebnisse gesichert werden oder geht es um Üben und Wiederholen? Geht es um freien Meinungsaustauch oder um ein eng an der Sache orientiertes Erarbeitungsgespräch? Hat das Gespräch vielleicht auch etwas mit mündlicher Leistungsbeurteilung zu tun? (In der Oberstufe des Gymnasiums gibt es bekanntlich eigene Noten für mündliche Kursmitarbeit.)

Nützliche Tipps für das erarbeitende Unterrichtsgespräch
Eine gute Gesprächskultur einer Lerngruppe entsteht nicht von heute auf morgen. Sie muss längerfristig aufgebaut werden. Voraussetzung dazu ist das Schaffen eines guten Klimas. Lassen Sie sich durch die folgenden Tipps einfach anregen, Ihre Gesprächsführung als Lehrkraft zu verbessern.

➤ Sie können bereits durch Ihre *Grundeinstellung* und Haltung den Lernenden gegenüber viel zu einem guten Gesprächsklima beitragen: Ist Ihre Haltung echt, kommunikativ, kontaktfreudig und flexibel, so wird sich dies auch nonverbal in Ihren Signalen ausdrücken (siehe 5.2: Körpersprache). Die Lehrkraft kann im Gespräch abwarten (Wartezeit! Siehe 3.3.2: Stoff erarbeiten), sie kann zuhören, und ist in ihrer eigenen Sprache ein Modell für die Schüler und Schülerinnen: Sie passt sich nicht dem Slang der Schüler und Schülerinnen an, spricht einfach, klar gegliedert, kurz und prägnant und achtet auf zusätzliche Stimulanzen in ihren Redebeiträgen.
Vor allem aber ist die Grundhaltung der Lehrkraft im Gespräch eine „akzeptierende Neugier" (Weidenmann 2002, 15). Akzeptieren heißt: Du wirst so angenommen, wie du bist, wie du dich äußerst. Neugier bedeutet: Du bist jemandem wichtig, egal was du sagst. Ein Beispiel für diese zentrale Grundhaltung der akzeptierenden Neugier. Schüler: „Ich hab das nicht verstanden." Lehrer A: „Na gut, dann erkläre ich es noch mal." Lehrer B (mit akzeptierender Neugier): „Ok. Was genau begreifst du nicht? Was fehlt dir genau, um es zu begreifen?" Im ersten Fall wird der Schüler zugeschüttet, im zweiten Fall angeregt, Bestandsaufnahme zu machen; der Lehrer erfährt genau, wo es hapert und worauf er aufbauen kann. Man kann dies auch die diagnostische Frage nennen.

➤ Bereits zu *Beginn eines Gespräches* achtet die Lehrkraft darauf, dass nicht alle Beiträge der Schüler und Schülerinnen einzig zur Lehrkraft gesprochen werden: Sie fordert Schüler auf, Bezug zum vorhergehenden Redebeitrag zu nehmen („Was meinst du zu dem, was Jörg eben gesagt hat"), sie fordert auch leistungsschwache Schüler und Schülerinnen zu Anfang mit einfachen Fragen heraus („Petra, was siehst du auf diesem Bild?") und sorgt so für den Abbau von Angst und Hemmungen. Von vornherein achtet sie auf eine konzentrierte Gesprächsatmosphäre, macht notfalls eine Pause, bis sich alle eingestimmt haben. Nicht benötigte Materialien sollten weggepackt sein.

➤ Während des Gespräches scheut sie sich nicht, klar zu *strukturieren*: Schüler reden nicht durcheinander, sondern nacheinander (vorzügliches Hilfsmittel für den Lehrer: Statt der üblichen Appelle einfach eine Pause machen, warten, bis niemand mehr etwas sagt, dann mit einer gezielten Frage neu ansetzen, also das Gespräch verlangsamen). Auch inhaltlich sind Strukturierungen sinnvoll. („Wir haben bisher viele Vermutungen über die Schäden gehört, die der Bau des Staudammes anrichtet. Gibt es auch Vorteile?" Oder: „Wir kommen jetzt zum gleichschenkligen Dreieck. Es hat zwei gleiche Winkel. Aber es fällt noch mehr daran auf.") Zielklarheit im Gespräch schützt vor ermüdenden Abschweifungen. Bei Versuchsklassen, in denen die Lehrkraft das Gespräch klar strukturierte (Anknüpfung an vorherige Stundenergebnisse, Ziele des Gespräches am Anfang angeben, Themen nennen, Überleitungen durch Signale hervorheben, wesentliche Gesichtspunkte hervorheben, abschließend Ergebnisse zusammenfassen) lag der Durchschnittswert der Lernleistung „über den Durchschnittswerten von drei Viertel der ‚schlecht strukturierten Klassen'". (Gage/Berliner 1996, 549)

➤ Klare *Signale* helfen, einen inhaltlichen roten Faden zu wahren. Dieser Zusammenhang zwischen klaren Signalen der Lehrkraft und hohen Lernleistungen der Schüler wurde ebenfalls empirisch nachgewiesen. (Ebd. 546)
– Signale können das *Ende eines Gesprächsabschnittes* markieren („Gut. Das genügt, was die Auswirkungen einer Inflation betrifft. Jetzt gehen wir mal an die Ursachen heran."),
– Signale können *auf Wichtiges aufmerksam machen* („Merkt euch den Begriff ethnische Minderheiten, er spielt in der Ausländerpolitik eine wichtige Rolle." Oder: „Jetzt achtet besonders auf die Reaktion des Wassers.") – übrigens in der Wirksamkeit ebenfalls empirisch gut belegt (ebd.) –,
– Signale können zu *erhöhter Aufmerksamkeit* führen (z. B. in die Hände klatschen, deutlich den Kopf schütteln, die Arme ausbreiten, auch verbale Äußerungen wie „Und jetzt kommt's..., alle herschauen."),
– Signale können *Zusammenfassungen* ankündigen („Im Wesentlichen haben wir bisher drei Reaktionen festgestellt..."),
– Signale können eine kognitive *Niveausteigerung* ankündigen („Bisher haben wir uns die Sache aber zu leicht gemacht..."),
– insgesamt sind Signale also ein *zentrales Steuerungsinstrument* des Gesprächsverlaufes.

➤ Schließlich liegt eine enorme Hilfe für das erarbeitende Gespräch im sog. *situierenden Fragen.* (Weidenmann 2002, 27) Wie wir bereits in Kapitel 3 gesehen haben, stellt situatives Lernen einen Zusammenhang mit andern Kontexten her, was praktisch folgendes heißt. Wenn die Lehrerin z. B. fragt: „Wann ist Cäsar ermordet worden?" verlangt sie vom Schüler nur, nach einer Jahreszahl im Gedächtnis zu blättern. Fragt sie aber z. B. : „Wie würde wohl Cäsar seine Ermordung erklären?", dann setzt sie eine Vielzahl von Situationen, Kontexten, Prozessen in Gang, Bilder entstehen, Szenen, Cäsar spricht. Lernpsychologisch gesehen müssen für diese Frage viele Wissensbestände neu zusammengestellt werden. Die Frage stellt einen situativen Kontext her (fragen wir mal Cäsar selbst) und führt zu neuen Vernetzungen bestehender Wissensbausteine. Oder im Biologieunterricht kann der Lehrer fragen: „Welche Bestandteile hat eine Doldenblüte?" Er kann aber auch situierend fragen: „Du bist eine Biene – fliege mal eine Doldenblüte an und erzähle, was du siehst und tust!"

Regeln für ein gutes Gespräch
Wie schon angedeutet müssen Unterrichtsgespräche nicht immer so zielorientiert sein wie der Typus des erarbeitenden Gespräches. Für die unterschiedlichen Gesprächsformen gibt es eine Reihe von hilfreiche Regeln, insbesondere zur Reaktion auf Schüleräußerungen. Bewährt haben sich folgende Hinweise (Orth 1998, 6 ff.):

1. Lassen Sie Ihren Schülern und Schülerinnen *Zeit zur Beantwortung* von Fragen und Impulsen. Lernende brauchen diesen Zeit-Raum, in dem sie nachdenken, ihre Überlegungen ordnen und Antworten in Gedanken vorformulieren können. Die Lehrkraft soll nicht gleich den ersten Schüler aufrufen, der sich meldet. Geht sie zu schnell auf Meldungen ein, ziehen die andern Schüler ihre Beiträge zurück. Schade, vielleicht war etwas Wichtiges dabei. Also zunächst Antworten einfach sammeln, sich zurückhalten.

2. *Loben* Sie Ihre Schüler für das, was sie gut gemacht haben. Die empirischen Belege für hohe Wirksamkeit des positiven Feedbacks für Lernende sind frappierend. (Gage/Berliner 1996, 560). Die beste Form des Lobes ist aber nicht ein überschwängliches „Toll!! Wunderbar!! Prima!!", sondern die Akzeptierung einer Schüleridee für das Gespräch („Was Ali eben gesagt hat, bringt uns einen wichtigen Schritt weiter.") Das Akzeptieren einer Schüleridee zeigt dem Schüler als positive Rückmeldung, dass man seine Idee wertschätzt und ernst nimmt. Die motivierende Wirkung ist nicht zu unterschätzen! Auch hier lässt sich eine positive Korrelation zwischen Akzeptieren von Schülerideen und Lernleistung eindeutig empirisch nachweisen. (Ebd., 562) Dagegen muss indirekt spottendes „Loben" unbedingt vermieden werden („Schön, dass bei dir

der Groschen endlich gefallen ist." Oder: „Fein, dass du endlich aufgewacht bist.") Vor allem aber seien Sie offen für originelle Schülerbeiträge und Antworten, auf die Sie selbst gar nicht gekommen sind. Sie hervorzuheben, bedeutet eine besondere Form der Anerkennung eines Schülers.

3. Geben Sie nur *minimale Lernhilfen* bei der Beantwortung von Fragen und Problemen. Kleine Hinweise sind besser als vorweg genommene Antworten. Erinnern Sie an bereits Bekanntes („Denkt mal an die Geschichte von Zwerenz ‚Nicht alles gefallen lassen!" Oder: „Moleküle haben doch die Eigenschaft...")

4. Fördern Sie *lernschwache Schüler und Schülerinnen.* Viele Klassengespräche verlaufen zwischen der Lehrkraft und einer Handvoll immer aktiver Schüler. Günstig ist es, lernschwache Schüler zuerst aufzurufen, bei einfachen Fragen, unkomplizierten Impulsen. Auch ruhige, stille oder schwache Schüler sollten angesprochen werden, aber nicht, indem sie bloßgestellt werden. Gehen Sie immer wieder auf Beiträge leistungsschwacher Schüler ein, das fördert ihr positives Selbstbild. Doch Vorsicht: Die Bekräftigung muss sachangemessen sein, unangemessenes Lob wird von den Mitschülern schnell als „pädagogische Aufbaumaßnahme" durchschaut!

5. Gegenseitiges *Zuhören* ist Voraussetzung jedes Gespräches. Die Lehrkraft sollte sich also nicht scheuen vor der Aufforderung, sich überhaupt erst einmal gegenseitig zuzuhören. Es fördert auch die Interaktion unter den Lernenden. Notfalls fordert die Lehrkraft auch einen Schüler auf, den Redebeitrag eines anderen zu wiederholen, bei jemandem nachzufragen, auch einem andern zu widersprechen u.a.m. Diese langfristige Arbeit an der Fähigkeit zum Zuhören ist bekanntlich eine der Sisyphus-Arbeiten jeder Lehrkraft... Nicht gemeint ist das sog. „Lehrerecho", das jede Äußerung wiederholt und bereits Referendaren abgewöhnt wird.

6. Lässt die Konzentration und Aufmerksamkeit nach, sind Lernende vielleicht bloß erschöpft, machen Sie einfach eine kleine *Pause.* („Ich merke, dass ihr unkonzentriert seid. Wir machen jetzt mal eine Pause von drei Minuten. Macht bitte kurz das Fenster auf und lasst frische Luft herein. Dann machen wir weiter.") Warum eigentlich nicht?

7. Die Beiträge der Schüler und Schülerinnen werden sehr *unterschiedlich* sein. Unpräzise Beiträge lassen Sie genauer formulieren („Das muss aber noch genauer gesagt werden."), provokante oder einseitige Beiträge stellen Sie zur Diskussion („Was Mike eben gesagt hat, steht aber im Widerspruch zu den bisherigen Äußerungen! Wie seht ihr das?") Zweckmäßig ist es also, Beiträge an die anderen Schüler weiter zu geben. Und: Geben Sie sich nicht mit allzu kurzen Antworten zufrieden. Natürlich hängt das mit der Fragetechnik der Lehrkraft zusammen. Aber achten Sie auf Begründungen für das, was gesagt wird. („Wie kommst du darauf?") Geben Sie sich nie mit der ersten richtigen Antwort zufrieden. Fordern Sie weitere Beiträge ein.

8. Gehen Sie auf *provozierende Schülerbeiträge* nicht ein als wären sie ernst gemeint. Wenn ein Schüler z. B. auf die Frage, was Menschen glücklich machen kann, antwortet: „Man muss nur seine Eltern erschießen!", dann ignorieren Sie den Beitrag. Vielleicht schütteln Sie einfach mit krauser Stirn den Kopf und signalisieren Ihre Missbilligung. Aber bleiben Sie höflich. Schüler merken sofort, wenn Sie sich persönlich angegriffen fühlen. Reagieren Sie auf die Sache bezogen, oft hilft auch etwas Humor, um die Sache nicht eskalieren zu lassen. Es ist auch kein Autoritätsverlust, wenn Sie sich im Falle eines Irrtums von Schülern korrigieren lassen.

9. Tritt „*Funkstille*" ein oder beteiligen sich Schüler und Schülerinnen mangelhaft, gibt es einige nützliche Reaktionen (Gage/Berliner 1996, 452): Abwarten und schweigen (es sei denn die Atmosphäre wird peinlich), Fragen, was das Stillschweigen bedeutet, selber Vermutungen anstellen, warum keiner etwas sagt (Aufgabe unklar? Anforderungen zu schwierig? Angst vor Blamage?), andere kleine Techniken einsetzen (s. u. Bienenkörbe, Paarinterview, Murmelphasen), notfalls die Unterrichtsform wechseln.

10. Intervenieren Sie rechtzeitig, wenn sich *sachliche Irrtümer oder Fehler* festsetzen (z. B. die Meinung, dass alle Säugetiere Landlebewesen sind oder dass ein Königreich keine Demokratie sein kann). Klare Korrekturen durch kurze Informationen sind unersetzlich. Was aber ist zu tun, wenn Schüler offensichtlich falsche Antworten geben? Hier ist ein sensibles Eingehen auf die Individualität des Schülers nötig. Ist die Beziehung zum Lerner stabil und belastbar, seine Persönlichkeitsstruktur fest genug, kann der Lehrer den Fehler sofort und direkt korrigieren oder die Antwort kritisieren. Aber nicht alle Lernenden vertragen das. Bewährt hat sich folgende Reaktion: Ohne Kommentar die Frage an einen andern Schüler stellen und dessen (richtige) Antwort bestätigen. Wird auf diese Weise eine falsche Antwort einfach ignoriert, bleibt dem Schüler eine dramatische Kritik oder Erniedrigung erspart. Der Fehler wird aber trotzdem indirekt dadurch korrigiert, dass die Lehrkraft die richtige Antwort eines andern Schülers einfach bestätigt.

Ein einfaches, aber in der Praxis sehr erfolgreiches Modell für *lebendige, ertragreiche Unterrichtsgespräche* hat Thomas Unruh (2002) entwickelt. Es funktioniert in fünf Schritten:

1. Das Thema (oder die Fragestellung) wird schriftlich fixiert.
2. Alle Schüler reden zunächst zu zweit in einem „Murmelgespräch" über das Thema.
3. Die Lehrkraft „sammelt" dann die Beiträge, Schüler nehmen sich gegenseitig dran. Der Lehrer macht sich nur Notizen, er kommentiert nicht, fragt nicht, wiederholt nichts.

4. Anschließend fasst der Lehrer die Beiträge der Schüler in einem kurzen Resümee zusammen – ohne jede Wertung.
5. Erst darauf folgend klärt er, korrigiert falsche Darstellungen. Aus den Schülerbeiträgen formuliert er das nächste (neue) Thema zur Vertiefung oder Weiterführung. Die nächste Runde beginnt wieder bei Schritt 2.

Argumentative Urteilsbildung

Geht es in einem Unterrichtsgespräch um argumentative Urteilsbildung, wird oft eine Strategie gewählt, die ein von der Lehrkraft als richtig gewertetes Urteil so verpackt, dass die Lernenden „von sich aus" in einem lehrergesteuerten Unterrichtsgespräch zum gewünschten Urteil gelangen sollen. Dabei geht es dann nicht um die Förderung eines persönlichen, kritisch reflektierten Urteils bei den Schülern und Schülerinnen, sondern um das Übernehmen eines im Voraus als richtig definierten Urteils. Kein Wunder, dass dies bei den Lernenden oft zu Reaktanz (Widerstand gegen manipulative Einschränkung des Freiheitsspielraumes) führt und dass die psychische Energie dafür verbraucht wird, sich gegen den als manipulativ empfundenen Beeinflussungsversuch zur Wehr zu setzen. (Zum Folgenden Landwehr 1997, 161 ff.)

Sinnvoller ist also ein Verfahren, das den Prozess der selbstständigen Meinungsbildung organisiert und dafür sorgt, dass unreflektierte Vor-Urteile kritisch hinterfragt und eine differenzierte Begründung des eigenen Urteils gefördert werden. Dazu bietet sich folgendes Verfahren an, das in *sechs Schritten* funktioniert.

1. *Konfrontation mit einer provokativen Auffassung.* Beispiel: Ein italienischer Arzt hat angekündigt, demnächst menschliche Embryonen zu klonen. Das sei für den medizinischen Fortschritt erforderlich.

2. *Suche nach Pro- und Contra-Argumenten.* Die Schüler und Schülerinnen tragen Argumente für und gegen diese Position zusammen. Diese werden festgehalten (Folie, Tafel oder Papierstreifen pro Argument). Varianten: a) Die Argumente werden in Gruppen gesammelt und auf Papierstreifen (zwei Farben, für alle sichtbar groß genug geschrieben) notiert. b) Unterplena werden zu Pro und Contra gebildet. c) Eine Gruppe von Schülern diskutiert in einem fish-bowl (s. u.) die kontroversen Argumente, während die Klasse beobachtet und die Argumente schriftlich festhält.

3. *Ordnen der Argumente.* Argumente können zu Clustern zusammengefasst werden, für ähnliche Argumente kann eine gemeinsame Formulierung gesucht werden. Passende Überschriften zu den Argumentgruppen helfen zur Systematisierung. Hier zeigt sich, dass die Arbeit mit Papierstreifen keine Spielerei ist, sondern den Ordnungsprozess technisch erheblich erleichtert.

4. *Informationsphase.* In einer zwischengeschalteten Phase werden Sachinformationen vermittelt (z. B. rechtliche Grundlagen, Stellungnahmen von Fachleuten), entweder als schriftliches Material oder auch als Lehrervortrag (mediengestützt). Steht ausreichend Zeit zur Verfügung, können die Lernenden auch selbst Recherchen im Internet durchführen, wenn sie dazu kompetent sind und die entsprechende PC-Ausrüstung zur Verfügung steht. Diese Phase ist wichtig, um nicht allein bei dem mitgebrachten Wissen (oder Pauschalurteilen) stehen zu bleiben, sondern um die selbst erarbeitete Argumentationsliste zu erweitern und neue Gesichtspunkte zu gewinnen.

5. *Bewerten der Argumente.* In Arbeitsgruppen sollen sich die Schüler und Schülerinnen auf die fünf stichhaltigsten Pro- oder Contra-Argumente einigen und diese in eine Rangliste bringen. Damit wird eine kritische Analyse der vorgebrachten Argumente angeregt. Anschließend wird das Ergebnis dem Plenum vorgestellt.

6. *Abschließende Stellungnahme.* Alle Lernenden erhalten den Auftrag, ein kurzes Statement von ca. zehn Zeilen zu verfassen, in welchem sie die unter 1. vorgestellte Position mit Hilfe der zusammengetragenen Argumente beurteilen. Die Statements werden – evtl. in begrenzter Anzahl – im Plenum vorgetragen und diskutiert. Ob die Lehrkraft die Statements mit nach Hause nimmt und mit Feedbacks versieht oder mit einer Note, ist denkbar, aber nicht zwingend.

Modelle mit hoher Eigenaktivität der Lernenden
Insbesondere bei den letzten beiden Beispielen (Unruh und Landwehr) geht es darum, Gesprächsformen zu finden, die bei größtmöglicher Zurückhaltung des Lehrers eine möglichst hohe Eigenaktivität der Lernenden zu ermöglichen. Weitere Beispiele sind:

➤ Das *Expertengespräch.* (Landwehr 1997, 176 ff., Bußmann 2002) Außerschulische Fachleute eines Gebietes stehen als „Informationsquelle" zur Verfügung. Damit diese Personen aber keine Vorträge halten, ist eine gute Vorbereitung von Fragen durch die Schüler und Schülerinnen nötig. Hilfreich sind sechs Phasen:

1. Sich mit dem Thema vorher auseinandersetzen (eigene Erfahrungen, Gedanken, vorhandenes Wissen, Einstellungen etc. sammeln);
2. Fragen zusammenstellen (sinnvoll ist die Unterscheidung von Fragen nach Tatsachen, nach theoretischen Erklärungen, nach Erfahrungen des Experten, nach persönlichen Stellungnahmen des Experten), festhalten und ordnen;
3. Expertenbefragung I (auf 20–30 Minuten begrenzt nimmt der Experte Stellung, bei komplexen Fragen sollten ihm diese vorher mitgeteilt werden);
4. Verarbeitung in Gruppen (bisherige Antworten diskutieren, Verständnisfragen und weitere Fragen formulieren);

5. Expertenbefragung II (die Zettel mit den Gruppenfragen werden vorgelesen und vom Experten beantwortet);
6. Abschluss (bei kontroversen Themen werden die Antworten des Experten im Plenum diskutiert, ging es mehr um Sachinformationen, können die Schüler eine Rangreihe der wichtigsten Erkenntnisse erarbeiten).

➤ Die *amerikanische Debatte* (Langhammer 1997) ist ein ausgezeichnetes Verfahren, das mehrere Ziele vereinigt: Genaues Zuhören, eingehen auf Argumente, Beweglichkeit im Argumentationsstil, sprachliche Präzision im Argumentieren, Kooperation in der Entwicklung von Argumenten. Es funktioniert so:

1. Nachdem ein *kontroverses Thema* festgelegt wurde (z. B. „Sollen kriminelle Ausländer abgeschoben werden, auch wenn ihnen im Heimatland die Todesstrafe droht?"), wird die Klasse in zwei Unterplenen aufgeteilt: eine Pro- und eine Contra-Gruppe. (Ist die Klasse zu groß, können auch drei Kleingruppen zu Pro und drei zu Contra gebildet werden.) Auf der Grundlage bereit gestellter Materialien (Zeitungsartikel, kurze Texte, Berichte) arbeiten sich die Gruppen in das Thema ein und sammeln für ihre Position Argumente.
2. Jede Gruppe bestimmt dann mehrere *Diskutanten* und stattet jede Person mit einigen Argumenten aus (bewährt haben sich Kurzformulierungen auf Karteikärtchen). Der Lehrer sollte die Debatte leiten und streng auf die Einhaltung der folgenden Regeln achten.
3. Die Diskutanten sitzen sich *paarweise als „pro" und „contra" gegenüber*, so dass eine Reihung von Paaren gebildet wird (möglichst nicht mehr als 6–8 Paare).
4. Der erste Teilnehmer der Pro-Seite beginnt, indem er sein *erstes Argument vorträgt*. Er spricht es mit Blickkontakt zu seinem Partner der Gegenseite. Er hat dafür bis max. zwei Minuten Zeit. Anschließend muss der Partner der Gegenseite das vorgetragene Argument kurz zusammengefasst wiederholen (erschwerende Variante: Teilnehmer 1 muss der Zusammenfassung zustimmen!).
5. Erst jetzt darf der *Partner der Gegenseite* sein Argument vortragen, wobei er darauf achten soll, dass er es möglichst geschickt an das gehörte Argument anschließt, es also gut „einfädelt". Er spricht es zum zweiten Partner der Pro-Gruppe mit Blickkontakt. Wieder stehen nur zwei Minuten zur Verfügung. Der angesprochene Partner wiederholt, um dann sein Argument anzuschließen.
6. So geht es im *Wechsel bis zum letzten Paar*. Steht genug Zeit zur Verfügung und sind noch Argumente „im Kasten", kann das Ganze rückwärts bis zum Ausgangspunkt wiederholt werden. Wichtig ist, dass die Zuhörer sich ruhig verhalten, keine Nebengespräche führen und sich auf ihre evtl. vorher verteilten Beobachtungsaufgaben konzentrieren.

7. *Variante*: Statt der strengen paarweisen Argumentation (Schritt 4 + 5) kann auch frei argumentiert werden: Wer hat das jeweils passende Gegenargument? Diese Form endet, wenn alle Argumente genannt wurden.
8. Zum *Schluss* kann eine inhaltliche Diskussion im Plenum nochmals die unterschiedlichen Argumente aufgreifen.
9. *Zeitbedarf*: 30–40 Minuten zur Vorbereitung, 15–20 Minuten je Runde der Debatte (abhängig von der Zahl der Teilnehmenden), 30 Minuten für die Auswertung.

Die amerikanische Debatte ist sehr anstrengend, zeigt aber nach meiner Erfahrung eine enorme Konzentration der Teilnehmenden und hat wahrnehmbare Folgen für den Diskussionsstil der Lerngruppe in der Zukunft.

➤ *Fish-bowl*. Der Name zeigt, dass einige Teilnehmer sich wie Fische in einem Aquarium bewegen, während andere zuschauen. Das ist das Grundprinzip. Ähnlich wie bei der amerikanischen Debatte wird zunächst das Diskussionsthema festgelegt. Es muss nicht notwendig kontrovers sein, sondern kann sich auch auf die Vorstellung und Diskussion von Sachverhalten beziehen (z. B. auf verschiedene Theorien zum Weltraum). In Kleingruppen haben sich die Schüler und Schülerinnen vorher in die Thematik eingearbeitet, wobei bereit gestelltes Material wieder helfen kann. Jede Kleingruppe bestimmt einen oder zwei Teilnehmer für das fish-bowl. Anschließend wird der Raum umgeräumt, so dass ein Innenkreis von 6–8 Stühlen (das ist das fish-bowl mit den Diskutanten) von einem Außenkreis umgeben wird (das sind die Beobachter, die entweder frei beobachten können oder sich bestimmte Beobachtungsaufgaben vorher überlegt haben). Und nun kommt eine wichtige Maßnahme: Ein Stuhl im Innenkreis bleibt leer. Auf diesen Stuhl dürfen sich Teilnehmende aus dem Außenkreis für max. eine Minute setzen, um während der Diskussion einen Beitrag zu leisten, eine Frage zu stellen oder einen Widerspruch einzubringen. Nach einer Minute *muss* der Stuhl wieder geräumt werden, wobei es der fish-bowl-Gruppe überlassen bleibt, ob und wie sie den eingebrachten Beitrag aufnimmt. Die Diskussion im fish-bowl sollte auf 20–30 Minuten begrenzt sein. Anschließend äußern sich die Teilnehmer im Außenkreis: Wie haben wir die Diskussion erlebt? Welche Argumente oder vorbereiteten Beiträge kamen zu kurz? Was möchten wir ergänzen?

Eine *Variante*, die ich vielfach erprobt habe, macht das fish-bowl noch spannender: das „Abticken". Wenn ein Mitglied einer Vorbereitungsgruppe den Eindruck hat, dass „sein" Gruppenvertreter müde geworden ist, nicht gut argumentiert oder zu passiv ist, kann man von hinten das Gruppenmitglied kurz anticken. Das ist das Signal dafür, dass man selbst dieses Gruppenmitglied nun ablösen möchte, um als Mit-Diskutant in das fish-bowl einzusteigen. Bei der Erklärung des fish-bowl-Verfahrens müssen die Lernenden allerdings ausdrücklich zum Abticken ermutigt werden. Die Lehrkraft sollte auch klarstellen, dass das Abticken manchmal eine Befreiung und „Erlösung" vom Stress des Diskutierens ist!

➤ *Podiumsdiskussion*. Es hat sich gezeigt, dass das fish-bowl eine viel lebendigere und flexiblere Form des Gespräches ist als die bekannte Podiumsdiskussion. Trotzdem kann die Podiumsdiskussion auch eine willkommene Abwechslung im Allerlei der Plenumgespräche sein. Unterschiedliche Meinungen sollen möglichst scharf profiliert werden.

➤ Schließlich gibt es eine *Reihe kleinerer Techniken*, die Gespräche lebendiger und für die Lernenden attraktiver machen können:

➤ Das *Blitzlicht*: In nicht zu großen Lerngruppen äußern sich alle Teilnehmenden nacheinander sehr kurz – zwei bis drei Sätze maximal – zu einer vorgegebenen Frage (z. B. Wie habe ich mich in dieser Unterrichtsstunde gefühlt? Wie fand ich das Klassengespräch? Sollen wir in der Klasse eine gemütliche Sitzecke einrichten? Aber auch: Was interessiert mich an Hitler? Was empört mich an der Globalisierung? Was möchte ich von der Fotosynthese noch genauer wissen?) Möglich ist also ein breites Spektrum unterschiedlichster Fragen. Sie sollten aber drei Kriterien genügen: a) Die Frage muss *kurz* beantwortbar sein, b) die Frage darf nicht darauf zielen, einen „Offenbarungseid" zu leisten, c) die Frage muss zu einer wirklich subjektiv-persönlichen Stellungnahme auffordern. Blitzlichter ergeben ein interessantes Meinungsbild und liefern wichtige Informationen für alle Lerngruppenmitglieder. Die Lehrkraft sollte sich ebenfalls beteiligen und sich die andern Äußerungen kurz notieren, um für sich daraus Konsequenzen zu entwickeln.

➤ *Murmelphasen*: Man kann mit dem Tischnachbarn für wenige Minuten zu einem Thema reden, ohne feste Aufgabe, eher als freier Austausch von Gedanken. Großer Vorteil: Die Lehrkraft hört nicht mit, man kann sich freier äußern, auch mal sagen, dass einen der ganze Quatsch überhaupt nicht interessiert...;

➤ *Partnerinterview*: Zu einer vorgegebenen Themenstellung befragen sich gegenseitig zwei Partner, um die Meinung oder Position des Gegenübers kennen zu lernen. (Variante in nicht zu großen Gruppen: Anschließend wird das, was der Partner gesagt hat, vom Gegenüber (!) im Plenum mit einer kurzen Zusammenfassung vorgestellt, – eine ausgezeichnete Übung zum Zuhören!);

➤ *Bienenkörbe*: Kurzfristig werden 4er- oder 6er-Gruppen gebildet, die zu einer Frage, einer These, einem Verfahrensvorschlag o. ä. Stellung nehmen. Die Gesprächsergebnisse werden im Plenum nicht ausgetauscht. Bienenkörbe dürfen einfach „summen", Teilnehmende werden animiert, sich überhaupt zu äußern – eine gute Vorbedingung, um anschließende Informationen aufzunehmen oder weiter zu diskutieren.

➤ Etwas formalisierter ist die Technik des *„Doppelkreises"* (auch „Karussel-Gespräch" genannt): Die Mitglieder einer Lerngruppe suchen sich jeweils einen Partner und stellen sich in einem Doppelkreis auf: Partner A innen (mit dem Rücken zur Kreismitte), Partner B mit Blickkontakt ihm gegenüber im Außenkreis. A und B unterhalten sich max. eine Minute zu verschiedenen, von der Lehrkraft jeweils eingegebenen Themen. Nach einer Minute rückt der Außenkreis um eine Person weiter nach rechts. Die Lehrkraft gibt für jeweils drei Partner-Gespräche ein Thema vor, z. B. „Was ist deine Lieblingsmusik und warum?" oder auf den Unterricht bezogene Fragen: „Wie hättest du an Hamlets Stelle gehandelt...?" Für die nächsten drei Paargespräche folgt ein vertiefendes, erweiterndes oder auch neues Thema. Man kann diese Gesprächsform vielfältig variieren. Ihr Ziel ist es, viele Schüler und Schülerinnen untereinander ins Gespräch zu bringen, wobei man sich den Partner nicht aussuchen kann, weil man durch die Drehung des Außenkreises immer wieder andern begegnet.

➤ Schließlich kann man auch kommunizieren, ohne zu sprechen: *„Stilles Gespräch"* heißt das Verfahren. Auf vier (max. sechs) Tischen hat die Lehrkraft große Wandzeitungen ausgelegt, auf denen ein Satzanfang steht. Daneben liegen verschiedene farbige dicke Filzstifte. Die Schüler und Schülerinnen werden nun gebeten, ohne zu sprechen (streng auf diese Regel achten!) zwischen den Tischen zu wandern und ihre Meinungen, Kommentare, Statements etc. zu den Satzanfängen aufzuschreiben. Dabei sollen sie möglichst oft auf das bereits Geschriebene Bezug nehmen: es fortsetzen, es bestätigen, ihm widersprechen, es ergänzen. Wichtig ist die Beachtung der Satzanfänge, eine genügend große Schrift und die bereits genannte Bezugnahme auf Äußerungen. Ein Beispiel (für viele andere Möglichkeiten von Satzanfängen): 1. Wandzeitung: „Unterricht ist spannend, wenn ..."; 2. Wandzeitung: „Wir sollten als Schüler und Schülerinnen ..."; 3. Wandzeitung: „Ich lerne besonders gut durch ..."; 4. Wandzeitung: „Unbedingt abschaffen sollten wir ..." Natürlich kann man auch hier Themen notieren, die sich auf Unterrichtsinhalte beziehen, Einzelfragen vertiefen oder Problembereiche formulieren.

Wenig kontrollierbar, dafür aber meist lebendig und schülergemäß sind Gespräche, bei denen Schüler die Rolle der Lehrkraft übernehmen.

Schüler als Lehrer

Die herkömmliche Rolle der Lehrkraft kann auch auf den Kopf gestellt werden. Schüler und Schülerinnen übernehmen Lehrfunktionen. (Zahlreiche Beispiele in PÄDAGOGIK H. 11/1997) Dies wird in der einschlägigen Diskussion als „reziproke Instruktion" verhandelt (Helmke/Weinert 1997, 136). In der Regel lernen Schüler und Schülerinnen in kleinen Gruppen mit variabler Rollenverteilung: Abwechselnd übernehmen verschiedene Schüler die Rolle des Lehrenden, die Gruppe arbeitet so als wäre dies normaler Klassenunterricht. Die Erfolge dieses Verfahrens sind überraschend positiv: Sie belegen günstige Auswirkungen auf die Lernleistungen und starke positive Effekte auf die Lernmotivation. (Ebd. 136 f.) Es ist auch möglich, dass ein einzelner Schüler vor der ganzen Klasse die Lehrerrolle übernimmt und zu einem Thema „unterrichtet", in dem er besondere Kenntnisse hat. (Gage/Berliner 1996, 537) Er unterrichtet seinen Lehrer (!), aber auch die Klasse, kann gefragt werden, warum er gerade dies oder jenes tut, warum er sein Lösungsverfahren (z. B. eines Problems) einem andern vorzieht usw. Solche Maßnahmen, bei denen die Rollen zwischen Lehrer und Schüler getauscht werden, haben sich in empirischen Untersuchungen als außerordentlich effektiv erwiesen. (Gerstenmaier 1999, 239) Das gleiche Prinzip kann auch im dyadischen Lernen angewendet werden, indem in einem Tandem wechselseitig der eine die Lehrfunktion, der andere die des Lernenden übernimmt.

4.6 Gemeinschaft gestalten: *die Interaktionsübungen*

Wenn die Lernleistungen der Schüler und Schülerinnen von der Qualität des sozialen Verbandes „Klasse" abhängen (wie wir im Abschnitt 3.7. über die Klassengemeinschaft gesehen haben), dann sollte jede Lehrkraft (also nicht nur Klassenlehrer) die Entwicklung der Gruppe im Blick haben. Über das ganz normale alltägliche Gespräch zu Vorkommnissen in der Klasse hinaus sind gezielt eingesetzte Interaktionsübungen dazu sehr hilfreich. (Anleitungen und zahlreiche Beispiele zum Folgenden bei Gudjons 1997)

Unter Interaktionsspielen verstehe ich eine Spielform, die für soziale Lernprozesse vier Merkmale einlöst:

1. Es handelt sich um *klar abgrenzbare Unterrichtssituationen*, in denen vom Lehrer oder der Lehrerin mit definierbarer Absicht spielerische Elemente zur Förderung der Interaktion von Gruppen (Klasse wie Kleingruppen) eingesetzt werden.

2. Innerhalb eines klaren Settings („Spielregeln") soll gleichzeitig *schöpferische Gestaltung* möglich sein, also Raum für gruppenspezifische Veränderungen und Variationen gegeben werden.

3. Interaktionsspiele sind auf ein formulierbares *Ziel* bezogen, sie sind damit weder Unterhaltung noch beliebige Spielerei.

4. Es geht um direkte und unmittelbare soziale *Erfahrungen „am eigenen Leibe"* (nicht um Belehrung). Dazu ist ein straffreier Experimentierraum nötig: keine Benotung, keine Sanktionen, wohl aber (kritische) Rückmeldung.

Zwei Funktionen von Interaktionsspielen

Erstens: *Interaktionsspiele sind am Unterrichtsthema orientiert.*

Sie stehen im Zusammenhang mit der inhaltlichen Arbeit im Unterricht, unterstützen aber die soziale Seite des Lehr-/Lernprozesses und dienen der Optimierung der Arbeit an einem Sachthema durch Pflege der Beziehungen, der Kommunikations- und Kooperationsprozesse.:

Beispiel „Märchengruppen"

1. *Ziel*: Motivierender emotionaler Zugang zum Thema und Kennenlernen der Kinder

2. *Durchführung*: Eine geplante Unterrichtseinheit beschäftigt sich mit Märchen (es geht genauso für Kurzgeschichten oder andere Texte). Der Lehrer hat aus jeweils einem Märchen vier bis fünf zentrale Figuren ausgewählt und auf je eine Karteikarte geschrieben (erstes Märchen: rote Karten, zweites Märchen grüne, drittes blaue usw.) Die Kinder ziehen nun die Karten und finden sich als Kleingruppe für „ihr" Märchen zusammen. Sie erhalten die Aufgabe, in die gezogene Figur hineinzuschlüpfen und ganz zu dieser Figur zu werden. Sie führen dann eine Unterhaltung (z.B. zur Frage, warum ich nicht anders konnte, was ich vielleicht lieber getan hätte, was ich in der Märchenhandlung empfunden habe, wie ich die andern Personen des Märchens sehe usw.).

3. *Auswertung*: Anschließend können die Kinder vielleicht eine Szene vorspielen, die eine kreative Variante des Märchens darstellt.

Die Kinder lernen sich aus der Perspektive unterschiedlicher Figuren, in die ja immer auch persönliche und subjektive Phantasien einfließen, genauer kennen. Sie interagieren, statt Erklärungen des Lehrers zu lauschen. Sie entwickeln einen emotionalen Bezug zum Sachthema, indem sie miteinander in Kontakt treten und zugleich das Thema bearbeiten. Ohne große didaktische Phantasie kann der Lehrer die Gruppenergebnisse für die Weiterführung des Unterrichtes fruchtbar machen. Das Prinzip ist leicht auf die Sekundarstufe übertragbar.

Zweitens: Interaktionsspiele sind an sozialen Lernprozessen orientiert.

Sie bilden hier einen eigenen Lernbereich zum Aufbau von sozialen Kompetenzen. In Klassenlehrerstunden, auf Klassenreisen oder in regelmäßigen Spielstunden führt der Lehrer mit seiner Klasse Interaktionsspiele durch, allerdings nicht als Spielerei oder Freizeitbeschäftigung. Der Vorteil: Freude, Motivation und Lust bei Schülern und Schülerinnen. Das soziale Lernen ist befreit vom Stoffdruck, von traditionellen Leistungsvorstellungen und von Zensuren. Die Gefahr: Schulische Lerngruppen dürfen nicht unter der Hand zu gruppendynamischen Selbsterfahrungsgruppen werden. Die Übertragbarkeit auf die „Ernstsituation" des normalen Unterrichtes kann misslingen, Interaktionsspiele bleiben dann isoliert.

Man kann aber auch Interaktionsspiele „zwischendurch" anwenden, z. B. zur Sammlung und Konzentration vor dem Einstieg in die Sacharbeit oder als Entspannung nach einer anstrengenden Lerneinheit.

Beispiel: „Gewitter"

Die Schüler und Schülerinnen schlagen vorsichtig lauter werdend mit den Händen auf den Tisch, auf ein Handzeichen des Lehrers ertönt ein gemeinsamer lauter Schlag als „Blitz", – mit anschließendem Fäustetrommeln als Donner. Dann trommeln sie leise mit den Fingern wie Regentropfen, der Regen verebbt, einzelne leise Tropfen sind nur noch zu hören, bis es ganz still nach dem Gewitter wird und man die Stille hören kann usw.

In der Praxis wird das Auswahlkriterium für den Einsatz eines Spieles ein konkreter Bereich, ein Ziel, eine Dimension des Gruppengeschehens sein, das der Lehrer oder die Lehrerin beeinflussen will. Es ist darum sinnvoll, die Vielzahl von Interaktionsspielen nach den wesentlichen Dimensionen des Gruppenlebens einzuteilen. Das sind folgende zehn Bereiche:

Dimensionen der Förderung des Gruppenlebens

1. Vorstellen, Kennenlernen, „warming up" einleiten
2. Wahrnehmung, Beobachtung, Kommunikation schulen
3. Die eigene Person und ihr Verhalten in der Gruppe kennenlernen
4. Vertrauen, Echtheit und Offenheit fördern
5. Feedback geben und annehmen lernen
6. Über die Gruppenarbeit reflektieren: Metakommunikation
7. Rollen und Normen klären und gestalten
8. Kooperation lernen
9. Entscheidungen treffen und Konflikte lösen
10. Kreativität, Spontaneität, Phantasie fördern

Diese Dimensionen helfen zu klären, was ich als Lehrkraft eigentlich fördern will, also das Ziel konkret zu bestimmen. Viele Spiele sind dabei polyvalent, d.h. für mehrere Ebenen einsetzbar. Sie wirken auch auf verschiedene Kinder und Jugendliche unterschiedlich, – das muss man sich vorher klar machen. Und man muss einschätzen, ob ein Spiel zum Entwicklungsstand einer Klasse passt. Es gibt dabei einen fließenden Übergang zwischen Spiel und Übung. In der Tat wird auch geübt: Zum Beispiel das genaue Wahrnehmen eigener und fremder Reaktionen, das Lösen eines Konfliktes, die Kooperation bei einer Aufgabe, das Ausdrücken von blockierenden Gefühlen und Störungen, aber auch von Freude, positiven Rückmeldungen und Erfolgserlebnissen. Oft ist auch der Körper beteiligt, statt des üblichen Stillsitzens bewegen sich die Schüler und Schülerinnen im Raum, drücken etwas mit dem Körper aus, bauen etwas, malen, machen Geräusche u.v.a.

Beispiele für verschiedene Gruppendimensionen
• Welche Lehrkraft kennt nicht die Situation, dass die Lernenden *unmotiviert* „herumhängen", dass sich Müdigkeit und Langeweile ausbreiten. „Was ist los? Wo seid ihr?", möchte man fragen. Man kann dies mit einem nonverbalen Interaktionsspiel tun.

Beispiel: „Motorinspektion"

1. *Ziel*: Aufklärung, wieweit sich die Lernenden mit der Aufgabe, dem Thema, der Gruppensituation identifizieren. Hilfen geben zum Aussprechen von Desinteresse, Stagnation oder auch Engagement.
2. *Durchführung*: Die Schüler und Schülerinnen bilden stehend einen Kreis. In die Mitte wird ein Gegenstand gelegt, der die Arbeitsaufgabe, das Thema darstellt (z.B. symbolisch ein Buch im Deutschunterricht, ein Apfel in Sachkunde, eine CD in Musik, eine Pappe mit einer Rechenaufgabe usw., je nach Thema). Nun wählen alle gleichzeitig durch langsames Ausprobieren einen Standort, der der gegenwärtigen Bereitschaft zum Engagement entspricht („Wie groß ist deine Lust und dein Interesse an ..."). Wer stark beteiligt ist, stellt sich nahe daran, wer weniger daran interessiert ist, geht in entsprechend größere Entfernung. Es steht der ganze Raum zur Verfügung, ja man kann u.U. auch aus dem Raum herausgehen. Während der Übung soll solange nicht gesprochen werden, bis jeder seinen Platz gefunden hat, der seiner gefühlsmäßigen Nähe oder Ferne zum Thema oder der Arbeitsaufgabe entspricht. – Erst jetzt dürfen sich die Teilnehmenden verbal äußern.
3. *Auswertung*: Was lähmt mein Interesse? Warum stehe ich hier? Was kann ich selber ändern? Was müsste der Lehrer ändern? Was können wir gemeinsam tun?

• Ein weiteres zentrales Thema für die Funktionsfähigkeit einer Lerngruppe sind die *Rollen* der Teilnehmenden, die sich hilfreich oder blockierend für die Gesamtgruppe auswirken können. Im Laufe der Entwicklung einer Klasse bilden sich oft unter der Hand verschiedene Rollen aus. Bleibt dieser Prozess unbeachtet, kann es zu erheblichen Störungen des Miteinander kommen. Wie die Lehrkraft Einsichten darüber vermitteln kann, zu welchen Rollen die Lernenden neigen, und wie sie mehr Flexibilität zur Übernahme gewünschter Rollen anbahnen kann, zeigt das folgende Spiel.

Beispiel: „Die Panne mit dem Bus – oder: Wir alle spielen unsere Rolle"

1. *Ziel*: Training von Rollenflexibilität, Erproben von gewünschtem Rollenverhalten, Feedback über gezeigtes Rollenverhalten

2. *Durchführung*:
a) Die Klasse oder Gruppe spielt eine Situation, z. B. dass sie in einem Bus sitzt, der plötzlich auf einer einsamen Dorfstraße in einer sehr verlassenen Gegend eine Panne hat (oder eine andere Szene). Jeder Teilnehmer verhält sich in der Rolle, wie er dies normalerweise in der Klasse auch tut. Die Situation wird durchgespielt. Zeit: ca. 10 Minuten. Anschließend geben sich die Schüler und Schülerinnen kurz Feedback, wie sie sich in der gespielten Rolle gegenseitig wahrgenommen haben. (Günstig ist ein Wechsel in den Stuhlkreis!)
b) Für die anschließende Runde wählt jeder Teilnehmende eine deutlich andere, alternative Rolle gegenüber der ersten. Er spielt z. B. so, wie er unter keinen Umständen sein möchte. Die Szene wird erneut gespielt, anschließend wieder Feedback über die Eindrücke und Wahrnehmungen (Stuhlkreis).
c) Anschließend wählt jede/r eine Rolle, wie er/sie gerne sein möchte, was er/sie anstrebt, vielleicht als Experiment. Erneutes Spiel der Szene, anschließend Feedback: Wieweit ist das gelungen, was war unnatürlich, wo zeigen sich aber auch neue, ungewohnte Möglichkeiten? (Stuhlkreis)
3. *Auswertung*: Wer macht immer was in unserer Klasse? Welche Rollen liegen mir? Welche Rollen sind für eine Gruppe förderlich/hinderlich? Wie flexibel bin ich, mir ungewohnte Rollen einzunehmen? – Und mit Bezug auf die Realität der Gruppe: Welche Rollen sind bei uns „unterbelichtet", z. B. bei Unterrichtsgesprächen, beim Üben und Wiederholen, in der Arbeit von Kleingruppen. Wer hat die Fähigkeit, Rollen zur Förderung der Gruppe zu übernehmen? Welches bisher gezeigte Rollenverhalten in der Klasse ist störend und sollte abgebaut werden? – Gesamtzeit: mindestens 90 Minuten.

● Wir hatten auch bereits gesehen, welche hohe Bedeutung eine gute *Atmosphäre* und ein gutes Klima in der Klasse haben. Gewöhnlich sind die Schüler und Schülerinnen stark in der Kritik an anderen. Was sie kaum können, ist positives Feedback zu geben, das ausschließlich aufbauend und konstruktiv ist. Eine meist überraschende, aber sehr effektive und wirksame Übung ist folgende.

Beispiel: „Stärkenbombardement"

1. *Ziel*: Feedback geben im Bereich von Fähigkeiten, Begabungen und Stärken
2. *Durchführung*: Die Klasse sitzt möglichst in Hufeisenform, ein leerer Stuhl steht am offenen Ende. Ein Schüler oder eine Schülerin (evtl. nach Aufforderung durch den Lehrer, „etwas Schönes zu erfahren") setzt sich darauf und bleibt schweigend sitzen. Die anderen äußern nun spontan, was sie an ihm/ihr als Stärken, Vorzüge, Fähigkeiten (auch am Beispiel konkreter Situationen) erfahren haben. Die Gruppe wird ausdrücklich aufgefordert, sich klar zu werden, dass an jedem Menschen „etwas Gutes" ist und in diesem Spiel nur das zu benennen. Was

hat der Teilnehmer für Stärken, welche Situationen fallen uns ein, wo wir sein Verhalten geschätzt habe, was kann er/sie gut, wo ist die Person mir wichtig geworden? – Es dürfen ausschließlich positive Rückmeldungen gegeben werden. Der Lehrer fordert u.U. bei indirekter und verklausulierter Kritik auf, dasselbe noch mal nur positiv zu formulieren.

3. *Auswertung*: Wie ist es dem Betroffenen gegangen, als er/sie soviel Gutes hörte? Kann er/sie das glauben? Was macht es uns schwer, einander auch Gutes zu sagen? Wie schwer ist es uns gefallen, Kritik einmal bewusst wegzulassen? Wie können wir Regeln finden, diese positiven Rückmeldungen untereinander zu verstärken?

Dieses Spiel blendet ganz bewusst Konflikte einmal aus (die werden in anderen Settings bearbeitet). Aber das Erlebnis solcher positiver Rückmeldungen wirkt nach meiner Erfahrung wie eine warme Dusche, löst manchmal von selbst Verkrampfungen und ist bei Schülern und Schülerinnen jeder Altersstufe nach einiger Gewöhnung äußerst beliebt.

• *Feedback* kann aber auch *kritisch* sein. Wenn eine Klasse die Grundregeln des Feedbacks gelernt hat und beherrscht, kann sich die Atmosphäre auf faszinierende Weise wandeln. Leider verstehen die meisten Lehrkräfte nicht, dass es einen erheblichen Unterschied zwischen Ermahnung, Zurechtweisung, Schimpfen und formal geregeltem kritischen Feedback gibt. Folgende Regeln sind sehr nützlich.

Regeln für das Feedback

• Beziehe dich auf konkrete Einzelheiten, die nicht lange zurück liegen, sondern gut in Erinnerung sind.
• Gib dein Feedback so bald wie möglich und vermeide dabei Verallgemeinerungen und Pauschalisierungen. Beziehe dich nur auf ein ganz konkretes Verhalten.
• Biete dein Feedback an, aber zwinge es nicht auf.
• Beschreibe kurz das Verhalten und sage dann, wie du dich dabei gefühlt hast, was es bei dir ausgelöst hat. Sprich nicht per wir, sondern per ich. Versuche dabei, moralische Bewertungen oder allgemeine Deutungen zu vermeiden.
• Wenn sich andere zur selben Angelegenheit anders äußern wollen, können sie das tun. Es darf unter keinen Umständen eine Diskussion darüber geben, wer „Recht" hat. Persönliche Eindrücke und Reaktionen sind immer „richtig".
• Wenn du Veränderungsvorschläge hast, kleide sie in die Form von Wünschen.
• Wer Feedback bekommt, hört nur zu (auch wenn er nicht einverstanden ist). Nicht verteidigen, kontern oder dagegen argumentieren. Sammle die Feedbacks einfach wie in einem Korb und entscheide für dich selbst, ob und was du verändern willst.

Zur vorsichtigen Hinführung zum Feedback gibt es kleine Spiele wie das „Tier-spiel" (jedem Teilnehmenden wird gesagt, was für ein Tier er/sie sein könnte), ernstere Formen wie „Beschwerde- /bzw. Anerkennungsschreiben" (die Gruppe oder einzelne schreiben einem Mitglied einen ritualisierten Brief) oder den direkten „Heißen Stuhl", auf den sich jemand setzt, der von der Gruppe gesagt bekommt, wie er auf sie wirkt (nur zuhören ohne Verteidigung, abschließend soll er/sie als Ritual den Satz sagen: „Ich danke euch, dass ihr mir das gesagt habt, ich will darüber nachdenken.")

Allerdings: Wer Interaktionsspiele durchführt, sollte Kenntnisse von Gruppen-prozessen, von Faktoren der Gruppeninteraktion und Kommunikationsprozessen, aber auch vom Zusammenhang der Identitätsentwicklung des einzelnen Jugendlichen mit Gruppenentwicklungsprozessen haben. Wildes Drauflosspielen (weil die Kollegin mit ihren Spielen doch so tolle Erfolge hatte) ist das Gegenteil von Interaktionspädagogik. Die kritische Rede von den „gruppendynamischen Spielchen" meint eben dies: Hier und da mal ein Spielchen anzubieten, ein gutgemeintes, aber falsch platziertes Vertrauensspiel, ein Soziogramm zur Transparenz der Beziehungsebene (u. U. mit katastrophalen Folgen für Außenseiter), ein nonverbales Berührungsspiel (wo die Mädchen die Jungen doch eigentlich lieber auf den Mond schießen wollen).

Bedingungen für Interaktionsspiele

Interaktionsspiele sind gegenüber solchem „Wildwuchs" gekennzeichnet durch drei klare Bedingungen:

1. Sie haben einen *identifizierbaren Anlass*, der durch genaue Diagnose der Gruppensituation auf seiten des Lehrers oder der Lehrerin ermittelt wird, Indikation genannt. Die oben genannten 10 Dimensionen des Gruppenlebens sind eine wichtige Hilfe für den Lehrer oder die Lehrerin um herauszufinden, wo die Förderung genau ansetzen soll.

2. Die Lehrperson hat eine *bestimmte Absicht* und sie schätzt ein, was in einem Spiel anfangs intendiert wird und was nach der Durchführung erreicht (oder eben manchmal auch nicht erreicht) wurde.

3. Interaktionsspiele haben einen verdichtenden *Fokus*, d. h. sie „isolieren" einzelne Elemente von Interaktionsprozessen, die kontrolliert durch ein Spiel mit klaren Regeln angegangen werden. Wer alles zugleich machen will, erreicht meist gar nichts.

Wer Interaktionsspiele einsetzt, muss dies also reflexionsgeleitet vor dem Hintergrund theoretischer Überlegungen tun, d. h. „indikationsorientiert" vorgehen, prüfen und von der Diagnose der Gruppensituation her begründet entscheiden, welches Spiel in welcher Variante angemessen und hilfreich sein kann. Dazu helfen folgende Regeln.

Regeln zur Anwendung von Interaktionsspielen

1. Klären Sie für sich selbst die Frage: Wo steht die Gruppe, welches sind ihre Eigenarten, wie werden/könnten die Schüler und Schülerinnen reagieren? Stellen Sie sich dabei auch einzelne Kinder oder Jugendliche vor!
2. Bestimmen Sie genau den Anlass und definieren Sie das Ziel für ein Spiel. Reflektieren Sie nach Abschluss des Spieles, was sich verwirklicht hat und was unerfüllt geblieben ist!
3. Spielen Sie nie ein Spiel, das Sie nicht vorher (in einer andern Gruppe) selber erlebt und erprobt haben!
4. Planen Sie so genau wie möglich den Ablauf und die Zeit, besorgen Sie die benötigten Materialien vorher! Lassen Sie Raum für freie Entwicklungen, auch wenn Sie dann nicht alles schaffen.
5. Überlegen Sie vorher, welche Spielvariante für Ihre Klasse die geeignete ist! Halten Sie sich offen für spontan nötige Alternativen.
6. Erteilen Sie klare und eindeutige Spielanweisungen, geben Sie am Anfang evtl. einen ganz knappen Überblick über den Ablauf! Stellen Sie sicher, dass Ihre Spielmoderation von allen verstanden wird.
7. Kein Spiel ohne – notfalls auch nur kurze – Auswertung und Reflexion mit den Teilnehmenden!
8. Entscheiden Sie, ob die Teilnahme freiwillig sein soll (dies kann bei heiklen Spielen Grundregel sein) oder ob Sie prinzipiell von verbindlicher Teilnahme ausgehen (dies wird die Regel sein, die aber für einzelne Mitglieder der Klasse auch ausgesetzt werden kann)!
9. Wenn ein Spiel einen klaren negativen Verlauf nimmt und das Ziel aus dem Blick gerät, brechen Sie es rechtzeitig ab! Verlassen Sie sich dabei auf Ihre Wahrnehmung und auf Ihr eigenes Gefühl. Wenn möglich, erklären Sie dies kurz, besser noch: Sprechen Sie mit den Schülern und Schülerinnen über die Gründe des Abbruchs (deutlich die Sitzordnung wechseln, z.B. Rückkehr in den Stuhlkreis!).
10. Sorgen Sie für die notwendigen Voraussetzungen und Rahmenbedingungen (z.B.: Eltern, Kollegen, Schulleitung informieren, genügend Platz schaffen, Kontext einer Spielstunde beachten u.a.m.)!

Die Förderung der Klassengemeinschaft durch Interaktionsspiele, aber auch der Unterrichtseinstieg, die Darbietung, die Anschauung, das entdeckende Lernen, hilfreiche Gesprächsformen (nicht zu vergessen das Üben und Wiederholen sowie die Vermittlung von Lerntechniken) enthalten eine solche Fülle methodischer Möglichkeiten, dass jede Darstellung einzelner Techniken ein eigenes Buch füllen würde.

5. Guter Frontalunterricht: Raumregie, Körpersprache und Interaktion

5.1 Raumregie: Die Bühne im Klassenraum

Im Frontalunterricht stehen Lehrkräfte auf der Bühne, – wie Schauspieler im Theater. Aber: Wissen Sie, wie Sie auf Ihre Schüler (jenseits Ihrer Worte) eigentlich wirken? Aus der Kommunikationspsychologie können wir ungemein viel lernen über diese enorme Wirkung „auf derBühne". Es ist vor allem die Körpersprache, die wir oft übersehen, gerade in pädagogischen Zusammenhängen. (Argyle 1992, Heidemann 1996, Rosenbusch/Schober 2000, Retter 2000)

Kommunizieren jenseits der Wörter
Menschliches Sozialverhalten generell ist ohne Entschlüsselung des nonverbalen Systems nicht verstehbar. Nonverbale Kommunikation ist ursprünglicher, unmittelbarer, gleichsam „natürlicher" (sozusagen dichter an unserer Biologie). Manchmal ist das Nonverbale der verbalen Sprache überlegen (wie der verliebte Blick), manchmal aber auch geeignet, verbale Äußerungen abzumildern (eine lächelnd geäußerte Kritik). Steht eine Lehrkraft vor der Klasse, dann sendet sie durch Erscheinungsbild, Körperhaltung, Mimik, Gestik, sprachliche Modulationen, Positionierung und Bewegung bewusst (oder eben meistens völlig unbewusst!) eine Fülle von Signalen aus. Diese Signale kommen intuitiv an. Sie „lügen" nicht, Schüler spüren sofort, „was los" ist, das ist ihnen vertraut. Die nonverbale Sprache ist unglaublich eindeutig. Gelegentlich werden aber auch widersprüchliche Signale gleichzeitig gesendet (z. B. Stirn runzeln und lächeln). Dann ist ihre Wirkung schwieriger zu interpretieren und damit viel ungenauer als verbale Kommunikation. Darin liegt ein schwer zu verkraftender Widerspruch. In keinem Fall aber darf man die Wirkung nonverbaler Sprache unterschätzen! Das gilt umgekehrt auch für Signale, die die Schüler und Schülerinnen senden und die von der Lehrkraft aufgenommen und gedeutet werden.
Innerhalb der nonverbalen Kommunikation ist es sinnvoll, zwei Hauptarten von „Zeichen" zu unterscheiden. (Retter 2000, 336) Einmal: *Bewusste* Mitteilungen oder Zeichen, die den Empfänger zu einem bestimmten Verhalten oder Handeln bringen sollen (z. B. mit dem Finger auf etwas zeigen, damit die Schüler sich etwas anschauen). Zum andern: *Unbewusste* Zeichen (mit denen aber nichts Konkretes mitgeteilt werden soll, z. B. schwitzen oder zittern) oder Mitteilungen, die ebenfalls nicht willentlich gesteuert sind, aber eine große Wirkung haben können

(z. B. den Kopf einziehen bei Angst, sich aufrecken bei Empörung oder Wider-spruch). Nicht immer gelingt eine zutreffende Deutung solcher nicht-verbalen Zeichen, etwa wenn sie stark kulturell bedingt sind (z. B. gilt häufiges Sich-Ver-beugen in Japan als höflich, in Deutschland wird es leicht als untertänig oder devot missverstanden). In der Decodierung nonverbaler Mitteilungen liegt die Quelle zahlreicher Missverständnisse. Wenngleich nonverbale Signale insgesamt auch schlechter steuerbar sind als verbale, so kann doch das Bewusstsein, ja sogar ihr Training, dazu helfen, die Kommunikation eindeutiger zu machen und „un-gewollte Nebenwirkungen" zu mindern. Dabei kommt der Sprache des ganzen Körpers eine hervorragende Bedeutung zu, z. B. wie sich die Lehrkraft im Raum bewegt. Ein erster Aspekt ist deshalb die Berücksichtigung der „Choreografie", also wie man die Gesetzmäßigkeiten des Klassenraumes im Frontalunterricht be-achten und nutzen kann.

Raumregie: die „Bühne" im Frontalunterricht
In einem kleinen, leider wenig bekannten Artikel hat der Lehrer, Schauspieler und Regisseur Werner Müller (1999) das Klassenzimmer als Bühnenraum inter-pretiert. Er gelangt dabei zu äußerst aufschlussreichen Aspekten für den Frontal-unterricht.
Im Laufe langer Erfahrung mit dem Theater in den vergangenen Jahrhunderten haben sich einige Gesetzmäßigkeiten des „Raumes" gezeigt, die auch für den Unterricht relevant sind. Im Frontalunterricht ist normaler Weise der Aktions-raum der Lehrkraft durch eine gedachte „Rampe" definiert. Man muss sie sich als schmalen Streifen vor der ersten Sitzreihe der Schüler vorstellen, genau wie im Theater. Durch diese gedachten Rampe ergibt sich ein rechteckiger Raum nach hinten (in der Regel zur Tafel). Dies ist sozusagen die „Bühne" der Lehrkraft. Alle Linien, die nun parallel oder im rechten Winkel zu dieser gedachten Rampe ver-laufen, werden die *statischen Linien* dieses Bühnenraumes genannt (Abb. 16).

Alle Diagonalen dieses Raumes bilden die *dynamischen Linien* (Abb. 17).

Es ist keineswegs gleichgültig, wo sich die Lehrkraft auf ihrer „Bühne" bewegt. Nach der alten Erfahrung des Theaters gilt analog: Wenn die Lehrkraft parallel zur Rampe vor der Klasse auf und ab geht (also die statischen Linien benutzt) so hat dies auf die Schüler und Schülerinnen („die Zuschauer") eine unbewusste Wirkung: Die Lehrkraft strahlt eher Statik, Ruhe (manchmal auch Langeweile) aus. Dies kann beruhigend, aber auch einschläfernd sein. Statische Linien kön-nen auch feierlich wirken, was sinnvoll, aber auch komisch sein kann (letzteres z. B. wenn die Lehrkraft sich beim Betreten des Klassenraumes starr auf den stati-schen Linien bewegt.) Bevorzugt die Lehrkraft hingegen die dynamischen Linien,

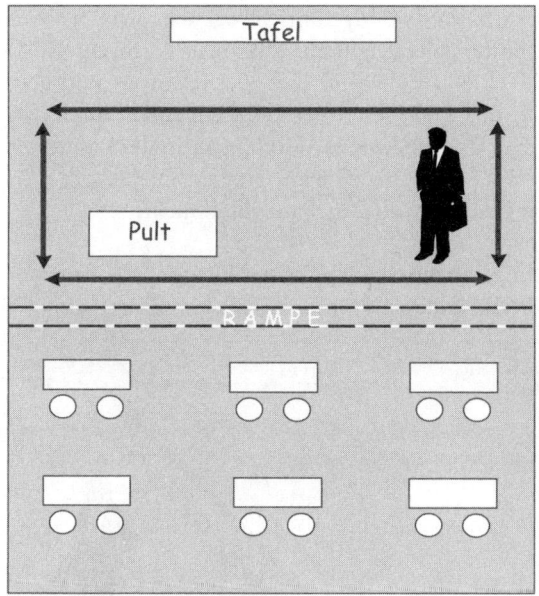

Abb. 16: Die „Bühne", statische Linien

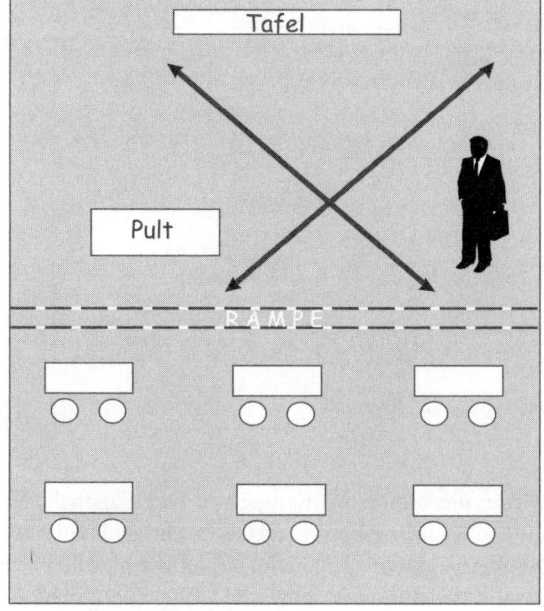

Abb. 17: Dynamische Linien

so wirkt sie eher aufmunternd, dynamisch, was aber auch bisweilen die Schüler in ihrer Konzentration ablenken kann. Diagonale erzeugen also Dynamik. Natürlich, so würde ich ergänzen, wird dies alles relativiert und beeinflusst durch Körperhaltung, Mimik und Gestik der Lehrkraft sowie durch das, *was sie sagt*. Dennoch sollte man die unbewusste Wirkung allein der Positionen nicht unterschätzen. Erfahrene Theaterregisseure nutzen diese Effekte selbstverständlich und professionell. Wir merken es als Zuschauer bloß nicht.

Eine weitere wichtige Unterscheidung in der Deutung des frontalen Handlungsraumes der Lehrkraft ist die *starke* und die *schwache Diagonale*.

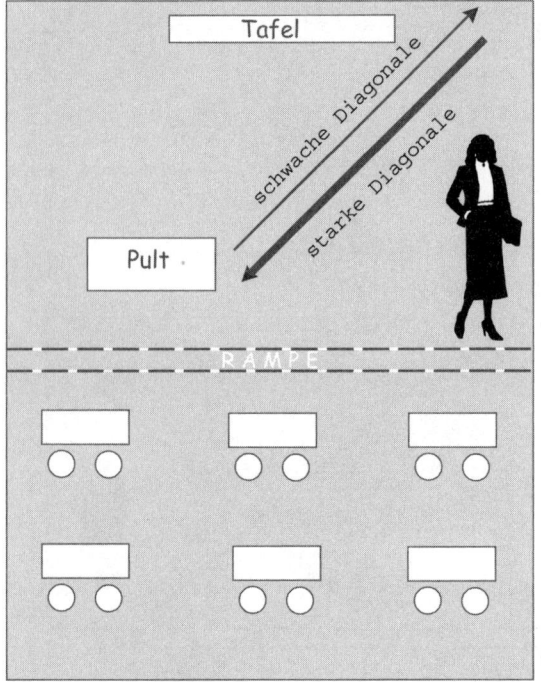

Abb. 18: Starke und schwache Diagonale

Stellen wir uns wieder die Bühne mit Rampe vor. Der diagonale Weg vom Hintergrund der Bühne in Richtung Rampe ist der mächtigere, die Kommunikation wirkt bedeutungsvoller (= starke Diagonale) als auf der gleichen Strecke von der Rampe zur Rückwand der Bühne (= schwache Diagonale). Steht z. B. die Lehrkraft mit dem Rücken an der hinteren Bühnenwand und ein Schüler in der schwachen Diagonalen spricht sie an (z. B. „Entschuldigen Sie, dass ich zu spät komme."), so hat die Lehrkraft nicht nur wegen des Inhalts der Schülerrede die stärkere Position, sondern auch von der Raumwirkung her. Steht der Schüler aber in der starken Diagonalen und entschuldigt sich für seine Verspätung, wird die Lehrkraft unbewusst nicht mehr so stark „auftrumpfen" wie in der ersten Position.

Hält ein Schüler vor der Klasse ein Referat und steht die Lehrkraft schräg hinter ihm auf der starken Diagonalen (womöglich noch mit verschränkten Armen!), begünstigt dieses Verharren auf der starken Diagonalen eher unsicheres Verhalten beim Schüler, anders als wenn die Lehrkraft die starke Diagonale aufgibt und sich zum Zuhören z. B. auf den Platz des Schülers setzt.

Spricht die Lehrkraft über längere Zeit (Lehrervortrag), so kann es gelegentlich auch sinnvoll sein, die starke Diagonale bis in die Klasse hinein zu „verlängern", weil dies intensivierend wirkt: Der normale Sprechabstand von mindestens zwei Metern bei ca. 25 Schülern wird dadurch verringert, dass die Lehrkraft durch Annäherung an einen Schüler den Kontakt verstärkt, dann aber auch durch behutsames Zurücktreten wieder verringert. Insbesondere schüchterne Schüler können so aus der Anonymität der Klasse „herausgeholt" werden: Der Kontakt bricht zu ihnen auch nicht ab, wenn die Lehrkraft allmählich wieder die normale Ansprachedistanz vor der ganzen Klasse einnimmt. (Heidemann 1996, 97) Allerdings muss beim „proxemischen" Verhalten" (also dem Wechsel von Annäherung und Distanz) sorgfältig auf die Distanzzonen gegenüber den einzelnen Schülern und Schülerinnen (s. u.) geachtet werden.

Weil ich gegenüber diesen von Werner Müller beschriebenen Wirkungsmechanismen skeptisch war und sie für isoliert, zu automatisch und übertrieben hielt, habe ich in Seminaren mit Studierenden diese Positionen und ihre Wirkungen überprüft. Ohne dass die Studierenden etwas über statische und dynamische Linien, starke und schwache Diagonalen wussten, haben sie nahezu übereinstimmend die von Müller beschriebenen Gesetzmäßigkeiten in ihrer Wirkung bestätigt. Das hat mich ermutigt, diese Phänomene hier darzustellen. Vielleicht probieren Sie es selber einmal durch Experimentieren aus.

Schließlich muss auch ein *statischer* und ein *dynamischer Mittelpunkt* im Raum beachtet werden. Der statische Mittelpunkt der „Klassenraumbühne" befindet sich etwa in der Mitte der Bühne kurz vor der Rampe (Abb. 19). Seht die Lehrkraft auf diesem Punkt, vereinigt sie die Aufmerksamkeit der Schüler und Schülerinnen auf die eigene Person, wirkt dabei selbst aber auch leicht statisch. Man kann sich leicht vorstellen, warum das Katheder in der alten Schule (meist noch erhöht) an diesem Platz stand.

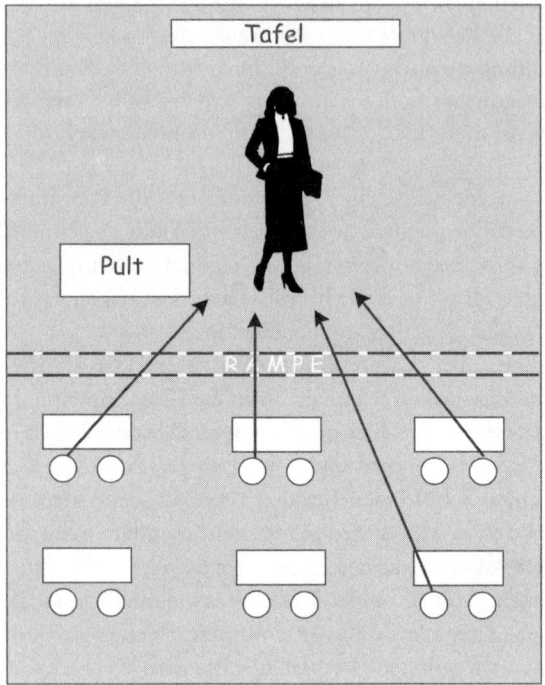

Abb. 19: Statischer Mittelpunkt

Die beiden dynamischen Mittelpunkte (Abb. 20) hingegen befinden sich etwa im „goldenen Schnitt" (= Verhältnis 2:1) links und rechts an der Rampe.

Von diesen beiden Punkten lässt sich am besten Kontakt zu den Zuhörern aufnehmen. Es sind eher „Zuwendungspunkte". (Der statische Mittelpunkt ist dagegen eher ein „Saugpunkt" für die Aufmerksamkeit.) Die Lehrkraft kann beide dynamischen Mittelpunkte nutzen, sie sind gleichwertig. Allerdings muss die Lage der Fenster bedacht werden, die Lehrkraft sollte also nicht diejenige dynamische Position wählen, bei der die Mehrzahl der Schüler und Schülerinnen gegen helles Licht schauen würde.

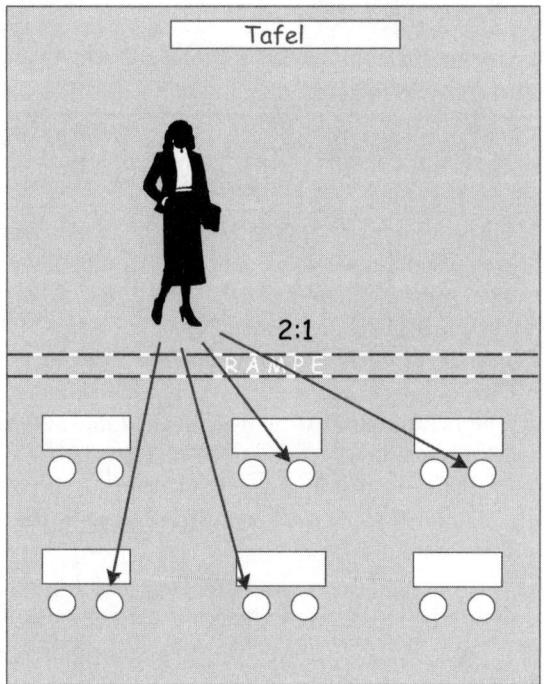

Abb. 20: Dynamische Mittelpunkte

Nun darf man diese Mittelpunkte nicht als „richtig" oder „falsch" verstehen, vielmehr kann man sie je nach Intention variabel einsetzen: Will man die Aufmerksamkeit der Schüler und Schülerinnen „einsammeln", sollte dies von der Position
in der Mitte (statische Position) geschehen; möchte man hingegen Fragen an die
Schüler weitergeben, ihnen Denk- und Diskussionsräume eröffnen, wäre eine der
beiden dynamischen Punkte günstiger (die statische Position bei Diskussionen
unter den Schülern also ausgesprochen dysfunktional). Für die Platzierung des
Pultes (sofern die Lehrkraft es während der Stunde benutzt) gilt entsprechend:
Mittig entspricht dem statischen Mittelpunkt, eher seitlich einem der beiden dynamischen Mittelpunkte. Es wird verständlich, warum die unterschiedlichen Intentionen in einer Stunde ein länger dauerndes Sitzen der Lehrkraft hinter dem
Pult als nicht günstig erscheinen lassen.

Beispiele für die „Choreografie"

Als Beispiele praktischer Anwendung dieser choreografischen Gesetzmäßigkeiten schlägt Müller u. a. vor (ebd. 95):

- Will die Lehrkraft in einer unruhigen Klasse *Ruhe schaffen* (ohne etwas zu sagen), wird dies von einem der dynamischen Punkte aus länger dauern als wenn sie im statischen Mittelpunkt steht.
- Die Lehrkraft gibt am Ende der Stunde *Hausaufgaben* auf: Von einem der dynamischen Mittelpunkte aus werden sie eher in Richtung unverbindlicher Angebote verstanden; steht die Lehrkraft dagegen im statischen Mittelpunkt, so ist auch die Hausaufgabenstellung „zentral".
- Möchte die Lehrkraft auf *ihrem „Recht"* bestehen (z. B. wenn es um die Durchsetzung einer Ordnungsregel geht oder um eine Sacherklärung zu einer Frage, für die es nur eine richtige Antwort gibt), geschieht dies zweckmäßiger Weise vom statischen Mittelpunkt aus. Gibt sie aber ihre eigene Meinung z. B. im Sozialkundeunterricht zu einem Problem kund und will sie die Lernenden zur Mitarbeit oder gar zum Widerspruch herausfordern, sollte dies von einem der dynamischen Mittelpunkte aus tun.
- Ähnliches gilt für den *Standort des Overhead-Projektors*: Ist der Inhalt der Folie zentral, steht der OHP in der Mitte; begleitet die Folie nur illustrierend die Lehrertätigkeit, sollte der OHP im goldenen Schnitt stehen und der Lehrer möglichst in der Mitte.

Abschließend noch einige interessante Erfahrungen. Will die Lehrkraft am Ende der Stunde wissen, ob die Schüler und Schülerinnen noch Fragen haben und tut sie dies vom statischen Mittelpunkt aus, lehnen sich die Schüler und Schülerinnen zurück und fühlen sich nicht angesprochen. Vom dynamischen Mittelpunkt aus gefragt, werden sich zumindest einige „angesprochen" fühlen. (Ebd.96) Ähnliches gilt für die Beantwortung einer Schülerfrage. Probieren Sie, diese vom statischen Mittelpunkt aus zu beantworten, Sie werden als Lehrkraft selbst am Klang ihrer Stimme merken, dass die Antwort etwas kühler und sachlicher ausfällt, als wenn die Frage vom dynamischen Mittelpunkt aus beantwortet wird. „Es ist ja auch klar: Sie haben sich im dynamischen Punkt dem Schüler ,zugewandt', während Sie ihn im statischen Punkt auf sich zentriert haben." (Ebd. 97) Interessant ist auch zu bemerken, wie sich die Stimme an den unterschiedlichen Punkten unwillkürlich (also ohne bewusste Absicht) verändert. Im statischen Mittelpunkt steht man nicht nur im wörtlichsten Sinn statisch auf den Fersen, sondern auch die Stimme wird fester. Im Gegensatz dazu steht man im dynamischen Mittelpunkt automatisch im Standbein-Spielbein und verändert dadurch seine Stimme.

Diese Choreografie und Raumregie ist ferner abhängig von der Sitzordnung.

Sitzordnung
War in früheren Zeiten die Sitzordnung durch Bänke und Tische oder Sitzpulte vorgegeben, so machen moderne Klassenmöbel viele Varianten möglich. Alle Varianten haben Einfluss auf die Kommunikationsstruktur im Klassenunterricht (Gage/Berliner 1996, 440 ff). Es gibt Vergleiche unterschiedlicher Sitzordnungen im Hinblick auf die Beteiligung der Lernenden an Unterrichtsdiskussionen. Schüler und Schülerinnen, die die Lehrkraft direkt anschauen können, nehmen in der Regel engagierter an der Diskussion teil als Schüler, die an den Seiten sitzen (ebd.441). Wichtigste Variable der Sitzordnungen ist der Blickkontakt zur Lehrkraft. Direkter Blickkontakt fördert die Kommunikation, sowohl unter den Klassenmitgliedern als auch zwischen Lehrkraft und Klasse. Ungünstig ist daher die klassische

• *Block-Sitzordnung*
Die Schüler und Schülerinnen sitzen (wie im Theater) in nacheinander angeordneten Reihen der Lehrkraft gegenüber. Dadurch kann die Lehrkraft zwar leichter alle im Blick haben (und ggf. für Ruhe sorgen), aber Gespräche untereinander werden erschwert (die meisten schauen sich in die Rücken). Diese Sitzordnung fördert die „Zuschauer-Haltung". Besser ist daher die verbreitete

• *Hufeisen- (oder U-) Form*
Blickkontakt ist leichter möglich (auch wenn in der Regel wegen zu großer Klassen noch einige Schüler in der Mitte des U quer sitzen, meist mit einem Mittelgang), Schüler und Schülerinnen können besser miteinander kommunizieren. Gute Erfahrungen wurden damit gemacht (sofern der Raum groß genug ist), die Lernenden im U so zu platzieren, dass in der Mitte Raum bleibt, um jederzeit schnell einen Stuhlkreis herstellen zu können. Ein weiterer Vorteil der „freien Mitte" ist (Diepold 1999, 54): Der Freiraum bietet Ruhe, es ist dort nicht so „wuselig", Schüler und Schülerinnen lassen gern ihren Blick durch den Raum wandern, um neue Ideen während der Arbeit zu entwickeln, der Raum ist klar strukturiert und im Bedarfsfall leicht umzuräumen (z. B. für Gruppenarbeit). Überhaupt sollte man das schnelle Umräumen der Stühle und Tische für Gruppenarbeit oder Arbeit in anderen Formationen üben. Die Lernenden können dabei durchaus auch selbst entscheiden, in welcher Sitzordnung der folgende Unterrichtsabschnitt am besten zu bewältigen ist. In der oben beschriebenen Choreografie kann die Lehrkraft auch flexibel die Positionen wechseln, bis dahin, dass sie sich „von der Bühne herunter begibt" und sich an eines der offenen U-Enden stellt. Damit signalisiert sie eine größere Nähe zur Lerngruppe.

● *Gruppentische*
Diese Sitzordnung ist sinnvoll bei konstant bleibenden Tischgruppen. Leicht lassen sich kurzfristige Gruppenarbeitsphasen in die Stunde einbauen. Für das gemeinsame Gespräch im Klassenunterricht ist die Gruppensitzordnung aber nur bedingt brauchbar, weil meist einige Lernende mit dem Rücken nach vorne sitzen müssen und sich mit ihrem Stuhl in der gemeinsamen Gesprächsphase entsprechend drehen müssen (dann aber können sie den Tisch z. B. zum Schreiben nicht benutzen).

● *Stuhlkreis* – in der Regel nur für besondere Phasen im Unterricht sinnvoll (z. B. Morgenkreis, Besprechungen, freie Diskussionen u.a.m.).

In einigen empirischen Untersuchungen (Gage/Berliner 1996, 441 f.) fand man heraus, dass es in den verschiedenen Sitzordnungen bestimmte Plätze gibt, deren Potenzial für Interaktionen in Klassengesprächsphasen entweder hoch, mittel oder gering ist. Die folgende Abbildung 21 (nach Gage/Berliner 1996, 442) zeigt diese Verteilung.

● In der *traditionellen Block-Sitzordnung* sind es die vordern Mittelplätze und die dann nach hinten folgenden Mittelplätze, die eine hohe Interaktion zeigten (gekennzeichnet mit dem Buchstaben H). Mittlere Interaktion fanden sich vor allem auf den Randplätzen in der vorderen Hälfte (ausgedrückt durch den Buchstaben M). Geringe Interaktion (Buchstabe G) wiesen vor allem die Plätze im hinteren Bereich auf.
● Bei der *U-Form* zeigen die Plätze an den vorderen Enden des U mittleres Interaktionspotenzial, die Schenkel des U nach hinten geringes und der „Boden" des U hohes Interaktionspotenzial.
● Bei *Tischgruppen* zeigt sich eine ziemlich bunte Verteilung.

Nun kann man einwenden, dass nicht ein bestimmter Platz von sich aus ein Interaktionspotenzial hat, sondern das die Beteiligung an Gesprächen von der Eigenart jedes einzelnen Schülers abhängt. Lässt man Schüler aber Plätze frei wählen, so zeigt sich, dass sie die Plätze entsprechend ihrer Kommunikationsfurcht oder Kommunikationsbereitschaft wählen! Lernende mit hoher Kommunikationsfurcht neigen z. B. dazu, genau die Plätze zu wählen, die als geringfügig interaktiv gelten.
Als *Fazit* kann man festhalten, dass für den Frontalunterricht tendenziell eine Sitzordnung mit dezentralisierter Struktur, in der vielfältiger Blickkontakt (face to face) möglich ist, am günstigsten ist (offene U-Form). Sie verhindert, dass die Lehrkraft zu dominant die Blicke permanent auf sich zieht, und ermöglicht, dass die Beiträge aller Lernenden nicht nur gehört, sondern auch gesehen werden können.

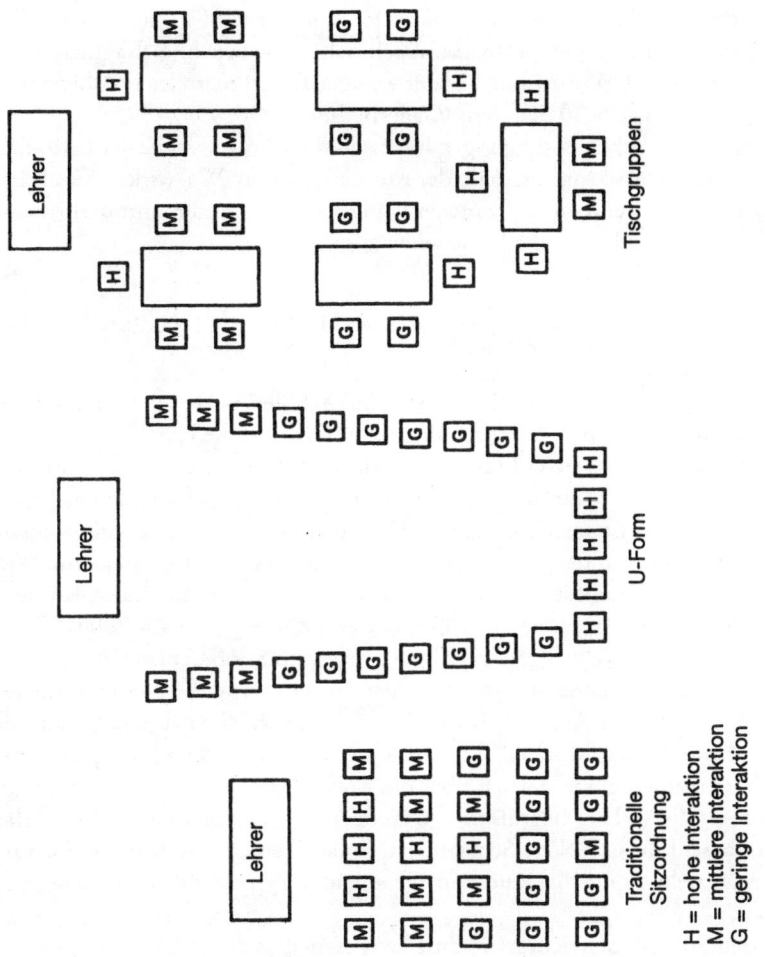

Abb. 21: Sitzordnungen und Interaktionspotenzial

Obwohl Forschungen zur Klassengröße nur sehr kleine Effekte der Klassengröße auf die Lernleistung ergeben haben (dafür aber sehr wohl auf das Klima in der Gruppe und auf das Lehrer- und Schülerverhalten – v. Saldern 2001, 328 f.), wird jeder Praktiker bestätigen, dass sich auch die Klassengröße durchaus auf die Beteiligung der Lernenden auswirkt. Auch Schüler gaben in Befragungen an, sie könnten sich in Gruppen von 15 oder weniger Teilnehmern leichter beteiligen als in Gruppen von 25-30 Schülern (Gage/Berliner 1996, 454).

Über die räumlichen Bedingungen hinaus ist die Körpersprache der Lehrkraft ein hochwirksamer Faktor innerhalb der Kommunikation. Wie wirken Sie als Lehrer oder Lehrerin, wenn Sie in frontalen Unterrichtsabschnitten unmittelbar vor der ganzen Klasse stehen und alle Sie sehen können?

5.2 Körpersprache: Die Lehrkraft vor der Klasse

Macht man sich klar, dass die Schüler und Schülerinnen während des Frontalunterrichtes über lange Zeitabschnitte ihren Blick auf die Lehrkraft richten (hoffen wir einmal, dass sie es brav tun und keine Comics lesen ...), so wird schnell einsichtig, welche Fülle von Signalen sie durch die Körpersprache der Lehrkraft erreicht. Damit ist nicht nur die Ästhetik der äußeren Erscheinung gemeint, – auch diese sollte für die Schüler und Schülerinnen keine Zumutung sein. Wichtiger noch sind die meist unbewussten „Mitteilungen", die durch den Körper ausgestrahlt werden. (Heidemann 1996, Retter 2000, Rosenbusch 2004)

Das körpersprachliche Signal geht in der Regel um Sekundenbruchteile dem voraus, was wir anschließend verbal mitteilen: Bereits wenn die Lehrkraft die Klasse betritt, strahlen die Augen z. B. ein "Ich freue mich, euch zu sehen!" aus, bevor das verbale "Guten Morgen!" kommt. Oder ein entsprechendes negatives Signal („Ich habe mich grade tierisch über die Kollegin Borsig am Kopierer geärgert") bestimmt die verbale Begrüßung: Wütender Blick, gefolgt von einem verbalen: "Na, da seid ihr ja." Nach Schätzungen findet menschliche Kommunikation zu zwei Dritteln nonverbal und nur zu einem Drittel verbal statt (Heidemann 1996).

Für den Frontalunterricht ist wichtig zu wissen, dass die Personwirkung der Lehrenden vorne nicht allein durch die herausgehobene Stellung (s. o. Raumregie) als Gegenüber der Klasse begründet ist, sondern erheblich durch die Körpersprache beeinflusst wird. Drei Dimensionen der Körpersprache sind vor allem für den Frontalunterricht bedeutsam.

● *Blickkontakt*
Größte Wirkung im Kontakt hat der Blick. Das Vermeiden von Blickkontakt wird im allgemeinen als Unsicherheit, Kontaktverweigerung oder auch als passive

Unterlegenheitsgeste gedeutet. Beim Zuhören schaut man in der Regel das Gegenüber doppelt so lange an wie beim Sprechen. (Retter 2000, 343) Auch kann der Blick eine sehr unterschiedliche Ausdrucksqualität haben, vom starren, ausgiebigen Blick als Drohsignal bis zum kurzen Augen-Aufreißen beim Erschrecken.

Im Unterricht regelt sich ein erheblicher Teil der verbalen Kommunikation über den begleitenden Blickkontakt. Dabei werden Personen, die viele Blicke aussenden, als attraktiver eingestuft; wer lange Blicke aussendet, wird als dominant wahrgenommen. Zu intensiver Blickkontakt wird als unangenehm empfunden. Der Blickkontakt ist mit der Gesichtsmimik verbunden und drückt in dieser Kombination eine breite Skala von Gefühlen aus: Freude, Angst, Überraschung, Traurigkeit, Wut, Interesse u.a.m. Während die Lehrkraft beim Zuhören gegenüber *einem* Schüler eher intensiven Blickkontakt zeigt, verringert sich dieser beim Ansprechen der ganzen Klasse deutlich. Es ist ja auch unmöglich, zu 25 oder mehr Augenpaaren gleichzeitig Blickkontakt zu halten. Wem es schwer fällt, beim Reden einzelne Schüler anzuschauen (weil man sonst den roten Faden zu verlieren glaubt), dem kann ein kleiner Trick helfen: Man sucht sich einen Punkt hinten im Raum dicht über den Köpfen und schaut des öfteren dorthin. Besser ist es aber, einzelne Schüler oder Schülerinnen anzuschauen. Bei Nervosität ist es ratsam, sich einen „Plus"-Schüler (das ist ein positiv gestimmter Schüler) auszusuchen und diesen des öfteren anzuschauen, wobei sich der positive Kontakt in der Regel auf andere Schüler und Schülerinnen überträgt. Man kann beobachten, wie die Schüler und Schülerinnen neben einem des öfteren freundlich lächelnd Angeschauten ebenfalls unbewusst leicht zu lächeln beginnen.

Auf keinen Fall sollte man z. B. am Anfang der Stunde, wenn man beginnen möchte, zur Tür oder aus dem Fenster sehen, denn dieser Blick verrät, wohin der Lehrer eigentlich gern fliehen würde, u. U. im Gegensatz zu dem, was er verbal äußert. Ratsam ist es ferner, erst zu blicken, dann zu sprechen, den Blick also als Kommunikationsinstrument bewusst einzusetzen. Dies gilt vor allem dann, wenn der Lehrer von einem Schüler oder von allen eine Antwort erwartet. Anfänger halten diese Blickpausen oft nicht durch, sondern reden schnell weiter. Damit wird die Chance einer Phase des Innehaltens und der konzentrierten Ruhe vertan. Schließlich sollte man einzelne Schüler oder Schülerinnen nicht zu lange und intensiv anschauen, weil dieses entweder als aggressiv oder als besondere Annäherung gedeutet wird (es sei denn, man will diese Wirkung bewusst erzielen). Am wichtigsten ist es, auch von vorne den Einzelnen bewusst wahrzunehmen.

● *Körperstellung*
Vor der Klasse wirkt unruhiges Hin- und Hergehen („Tiger im Käfig") ablenkend gegenüber dem Unterrichtsinhalt. Ebenso ungünstig ist das Gegenteil: erstarrt über längere Zeit auf der selben Stelle zu verharren („Salzsäule"). Wenn der Platz

gewechselt wird, dann sollte dieses unter verstärktem Blickkontakt geschehen, nicht überhastet oder hektisch, weil diese Unruhe die Konzentration stört.

Abb. 22: Eingeknickte Haltung: Kontaktunterbrechung

Im Frontalunterricht sollte die Lehrkraft sich grundsätzlich vorne aufhalten, es sei denn, dass besondere Maßnahmen (z. B. etwas einsammeln) den Gang zu einzelnen nötig machen. Günstigste Position ist das freie Stehen in der Nähe des Lehrertisches, wobei die ganze Körperlänge sichtbar sein sollte. Dabei ist es wichtig, den statischen und die dynamischen Mittelpunkte (s.o.) zu beachten! Sitzen vor der Klasse ist zwar weit verbreitet, hat aber ungünstige Nebenwirkungen (z. B. fehlende Übersicht). Umstritten ist das verbreitete Sitzen auf dem Lehrertisch vor allem dann, wenn man ein Buch in der Hand hat und der Körper den Schülern und Schülerinnen gegenüber eingeknickt ist (Kontaktunterbrechung, Abb. 22).

Ferner empfiehlt es sich, die Aufmerksamkeit der Schüler und Schülerinnen möglichst auf wenige Punkte zu konzentrieren (Tafel, Overhead, Person des Lehrers oder eines Schülers) und nicht während des Sprechens nach hinten in den

Klassenraum zu gehen. Wenn die Lehrkraft etwas an die Tafel schreibt, also der Klasse den Rücken zuwenden muss, sollte sie grundsätzlich nicht sprechen, sondern erst danach sich wieder offen zur Klasse wenden. Eine womöglich während des Tafelanschriebs einsetzende Unruhe kann ohnehin nicht wirksam unterbunden werden, wenn der Blickkontakt fehlt. Schweigt die Lehrkraft während oder nach dem Tafelanschrieb und wendet sich mit offenem Blick ohne Worte der Klasse zu, entsteht symbolisch ein Kommunikationskreis, bei dem sich ein verstärkter Kontakt zwischen Tafel (= Sender) und Schüler (= Empfänger) ergibt, der durch den Körper der Lehrkraft (= verstärkender Blick auf Schüler und Schülerinnen) unterstützt wird.

Geht die Lehrkraft aus bestimmten Gründen auf die Klasse zu (s. o.) oder durch die Reihen, muss sie die Distanzzonen zu den Schülern und Schülerinnen wahren. In der Regel geht man von einem unbewussten Schutzabstand von etwa 70 cm aus (bei Jugendlichen und Erwachsenen). Verletzungen dieser Distanzzone werden unbewusst ebenfalls entweder als Aggression oder als Intimität gedeutet. Besonders Jugendliche in der Pubertät mögen es gelegentlich ganz und gar nicht, wenn die Lehrkraft sich bei schriftlicher Einzelarbeit von hinten „anschleicht", sich halb über den Schüler oder die Schülerin beugt, um bei einer Aufgabe zu helfen oder zu kontrollieren...

● *Mimik und Gestik*
Von großer Bedeutung für die Wirkung des Lehrers auf Schüler ist die Kongruenz zwischen verbalen Äußerungen und begleitenden körperlichen Signalen, insbesondere durch Mimik und Gestik. Wer versucht, freundlich zu sein und gleichzeitig wütend dreinschaut oder die Fäuste ballt, wirkt nicht „stimmig" und ruft Irritationen oder gar Ablehnung hervor. Natürlich hat man das nicht immer unter Kontrolle, aber Training und bewusste Aufmerksamkeit können viel verändern (Heidemann 1996).

Möglichst zu vermeiden sind Überlegenheitssignale (Zurückwerfen des Kopfes bei einer verbalen Schülerattacke z. B. spiegelt den vorübergehenden Verlust der Selbstkontrolle wieder), Spottsignale (auslachen), Zurückweisungssignale (Körper abwenden, ausgestreckte Hände mit den Handflächen zum Schüler), Signale der Langeweile (Gähnen, in die Ferne schauen mit glasigem Blick, wiederholter Blick auf die Uhr), Ungeduld (mit den Fingern trommeln), – alles dieses sind hohle Dominanzgebärden, die Unsicherheit oder Ablehnung der Lehrkraft gegenüber auslösen können. Auch sollten solche Körpersignale vermieden werden, mit denen die eigene Unsicherheit auf Schüler und Schülerinnen übertragen werden kann (Zappeln, Einknicken des Oberkörpers nach vorn, Kreuzen der Beine, „Laschi-Pose", Abb. 23).

Abb. 23: Unsicherheit ausstrahlende „Laschi-Pose"

Förderlich sind ermunternde und unterstützende Signale, die Anteilnahme oder Neugierde ausdrücken. Von nicht zu unterschätzender Bedeutung ist das Lächeln: Es ist (kulturübergreifend) ein Signal für Kontaktbereitschaft und für die Akzeptanz anderer Menschen. (Retter 2000, 344) Doch Vorsicht vor einem aufgesetzten Keep-smiling (Dauergrinsen)! Unechtes Lächeln wird als Zeichen der Unehrlichkeit, Verstellung oder der Unterwürfigkeit gedeutet.

Günstig für eine Kontakt schaffende Körperhaltung sind auch offene Gesten mit der Hand (Handinnenfläche zeigt nach oben!) und zu locker in Brust- oder Bauchhöhe verbundene Hände, die Ruhe und entspannte Konzentration ausstrahlen, ein kleiner Tipp vor allem für Berufsanfänger, die oft nicht wissen, wohin mit den Händen (Abb. 24). Häufiges Nasereiben, Lippenzusammendrücken, Wangereiben oder Stirnrunzeln lassen die Lehrkraft hingegen fahrig und emotional unkontrolliert erscheinen.

Jede übertriebene Mimik und Gestik allerdings wirkt negativ bis lächerlich. Auch bei allem Training (das Üben vor dem Spiegel ist durchaus empfehlenswert) sollte die unverwechselbare Persönlichkeit der Lehrkraft sichtbar sein, ihre Originalität darf keiner Künstlichkeit geopfert werden.

Abb. 24: Entspannte Körperhaltung

Körpersprache im Frontalunterricht

Grundsatz: Nicht durch die hervorgehobene Stellung der Lehrkraft („Bühne")
allein, sondern vor allem durch die Körpersprache wird die Personwirkung
beeinflusst. Körpersprache ist trainierbar.

Blickkontakt

- Kein Blickkontakt = Deutung als Kontaktverweigerung oder passive Unterlegenheit
- Erst blicken, dann sprechen
- Vermeiden: Blick in Richtung Fluchtweg wenden (Tür, Fenster)
- Ratsam: „Plus-Schüler" suchen, um positiven Kontakt auf alle Schüler zu übertragen
- Schüler nie zu lange und intensiv anschauen
- Einzelne bewusst wahrnehmen

Körperstellung

- Ungünstig: der „Erstarrte" und der „Wanderer"
- Gelegentlicher Platzwechsel, dabei Blickkontakt verstärken
- Günstigste Position: freies Stehen in Lehrertischnähe, ganze Körperlänge sichtbar
- Beachtung der Mittelpunkte. *Statisch* in der Mitte der „Bühne" = Aufmerksamkeit sichern, *dynamisch* im goldenen Schnitt = Kontaktangebot
- Gelegentlich erlaubt: Sitzen auf dem Tisch. Ungünstig: Sitzen hinter dem Lehrertisch
- Nicht während des Sprechens nach hinten in den Klassenraum gehen
- Distanzzonen zu Schülern wahren
- Während eines Tafelanschriebs nicht sprechen

Mimik und Gestik

- Gesten der Zurückweisung vermeiden (Finger-Taktschlag, Drohgebärden-Faust, Handflächen nach vorn)
- Übertriebene Mimik wirkt negativ
- Sparsame Gestik
- Unterstützende Ausdrucksmimik fördern
- Gelegentlich vor dem Spiegel üben und kontrollieren

5.3 Interaktion: Das Zusammenspiel unterschiedlicher Faktoren

Die unmittelbare Interaktion (face-to-face) zwischen Lehrkraft und Schülern ist eines der grundlegenden Merkmale des Frontalunterrichtes. In neueren Forschungsarbeiten zur Interaktion im Klassenzimmer wird nicht mehr von der Untersuchung einzelner Faktoren ausgegangen, sondern von der Betrachtung der Interaktion als einem Gesamt-System. (Brunner 2001, 385) Schüler und Lehrer beeinflussen sich gegenseitig. Unter systemischer Perspektive ist die Interaktion im System Schulklasse ferner eingebunden (sozusagen nach oben) in die Systemebene „Schule" und (gewissermaßen nach unten) in die Ebene von Teilsystemen wie Cliquen, Freundschaften, Koalitionen usw. Diese Sichtweise ist wichtig, weil z. B. Störungen der Interaktion dann nicht mehr nur als „internes" Klassenproblem gesehen werden, sondern im Zusammenhang mit den umfassenden Bedingungen zu verstehen sind. Die unterschiedlichsten Bedingungsfaktoren beeinflussen sich dabei wechselseitig und können nicht isoliert betrachtet werden. Ich gebrauche im übrigen Interaktion und Kommunikation weitgehend synonym. (Zur begrifflichen Unterscheidung: Retter 2000, 16)

Subjektive Theorien in der Interaktion

Ein gutes Beispiel für diesen zirkulären Zusammenhang von Faktoren der Interaktion sind die sogenannten subjektiven Theorien der Lehrkräfte. „Subjektive Theorien sind komplexe Aggregate von Konzepten, die untereinander in Form von impliziten Argumentationsstrukturen verbunden sind" (Wahl 2002, 231). Das heißt: In den subjektiven Theorien von Lehrkräften fließen Theoriebausteine aus dem Studium, Gelesenes, Berufserfahrung, persönliche Gedanken, eigene Konstruktionen etc. zusammen („komplexe Aggregate von Konzepten"). Diese Konzepte sind keine „reinen Theorien", sondern sind durchmischt mit eigenen Handlungserfahrungen und daraus gewonnenen Einsichten, Bewertungen und Handlungsstrategien (untereinander verbunden in der Form „impliziter Argumentationsstrukturen"). Solche subjektiven Theorien schließen im Unterschied zu wissenschaftlichen Theorien durchaus Widersprüche, Ungereimtheiten, Brüche in der Logik und Inkonsequenzen ein. Sie müssen dies auch tun, weil das Handeln in einer komplexen Wirklichkeit keineswegs immer widerspruchsfrei, konsequent, in sich logisch und „wasserdicht" ist. Anders könnten subjektive Theorien ihre handlungsleitende Funktion im Unterricht nicht erfüllen. Subjektive Theorien erlauben den Lehrkräften, neue Informationen während des Unterrichtes rasch zu verarbeiten, plausible Erklärungen für die meisten Vorgänge im Klassenraum zu finden und den Vorgängen eine innere Logik zu geben. (Nürnberger Projektgruppe 2001, 17)

Dies gilt insbesondere für die impliziten Persönlichkeitstheorien. Unter einer impliziten Persönlichkeitstheorie versteht man ein Bündel von Eigenschaften, die subjektiv als zusammengehörig erlebt werden: Die eine Lehrerin verknüpft die Eigenschaft eines Schülers, unpünktlich zu sein, automatisch mit der Eigenschaft „aufsässig", ein anderer Lehrer verknüpft die Eigenschaft „unpünktlich" aber mit „chaotisch" oder „unreif". (Schweer/Thies 2000, 61) Wird nun eine der als zusammengehörig erlebten Eigenschaften wahrgenommen, schließt man automatisch auf das Vorhandensein weiterer Eigenschaften, gleichgültig ob dies tatsächlich zutrifft oder nicht. Auffällig ist dabei, dass Schüler und Schülerinnen, die unserem Idealbild entsprechen, mehr gefördert werden als andere. Dieses Idealbild wird bestimmt durch (Frey 1989, 10/11):

- eine angenommene hohe Intelligenz,
- Fleiß und Arbeitsbereitschaft,
- Aufmerksamkeit gegenüber der Lehrperson,
- die Einstufung als leistungsstark.

Frey macht nachdrücklich darauf aufmerksam, dass diese Ungleichbehandlung von Schülern die Lehrkraft dazu zwingen sollte, Maßnahmen zu ergreifen: „Durch Unterlassen werden Sie zum Täter." (Ebd.) Auf praktische Hilfen werde ich gleich noch eingehen.

Aber auch Schüler haben solche impliziten Persönlichkeitstheorien über Lehrer: Wer streng im Unterricht ist, zensiert auch scharf; oder wer witzig ist, ist durchsetzungsschwach. Für Schüler ist besonders wichtig, was einen „guten Lehrer" ausmacht. An diesen subjektiven Theorien über einen guten Lehrer wird jeder schnell gemessen. Eine breite empirische Forschung (Hofer 1997, 226, Ditton 2002, 267) hat herausgefunden, dass zwei wesentliche Themen die Kategorisierungen der Lehrer durch die Schüler bestimmen: a) das „love-theme": menschliche Wärme, soziale Kompetenz, Rücksichtnahme auf Schülerwünsche; und b) das „mastery-theme": fachliches Können, Qualität des Unterrichtes (Spannung, Abwechslung, Erklären), Disziplin und Durchsetzungsfähigkeit. Beide Themen fließen in der Vorstellung vom „Wunschlehrer" zusammen.

Treffen nun solche impliziten Persönlichkeitstheorien von Lehrern und Schülern aufeinander, ist die gegenseitige Eindrucksbildung zwar zügig, aber die Wahrnehmung und damit die Interaktion können stark „verfälscht" werden. „Wenn Lehrer disziplinierte, interessierte und mitarbeitende Schüler wünschen, während Schüler Lehrer wünschen, die sie mögen und bei denen sie ihre individuellen Wünsche zur Geltung bringen können, dann sind Friktionen wahrscheinlich." (Hofer 1997, 227)

Sich selbst erfüllende Prophezeiungen

Seit den klassischen Arbeiten von Rosenthal, Brophy, Good u.a. zum sogenannten „Pygmalion-Effekt" gibt es in der empirischen Unterrichtsforschung eine große Zahl von Belegen für diesen Mechanismus der Auswirkung von Erwartungen auf die tatsächliche Interaktion in der Schulklasse. (Hofer 1997, Schweer/ Thies 2000, Brunner 2001) Wie ist dieser Mechanismus zu erklären? Unbewusst hegen wir gegenüber unseren favorisierten Schülern höhere Erwartungen. Dies teilen wir dem Schüler symbolisch auf vielfache Weise mit: Wortwahl, Mimik, Niveau der Ansprache, vermehrter Blickkontakt, mehr Drannehmen, mehr persönliche Zuwendung. Dann funktioniert dieser Mechanismus in der Klasseninteraktion nach dem Muster der „sich selbst erfüllenden Prophezeiungen" in drei Phasen:

1. Phase: Lehrkräfte entwickeln für jeden Schüler Erwartungen über dessen zukünftige Leistungen und Verhaltensweisen, die sich aus bestimmten Eigenschaften und Informationen herleiten. Empirisch belegt wurden als Faktoren (Frey 1989, 10/12): Äußere Erscheinung wie z. B. gutes Aussehen, Vorinformationen über Leistungsfähigkeit, Mitteilungen von andern Lehrern, angepasstes Verhalten, Erfahrungen der Lehrkraft mit älteren Geschwistern (!). Bedeutsam sind aber auch: Zugehörigkeit zu einer Minorität, ethnischen Gruppe oder Sozialschicht, Geschlecht, Arbeitsverhalten, Intelligenz u.a.m.

2. *Phase:* Die Lehrkraft „projiziert" die Erwartungen, indem sie den einzelnen Schüler entsprechend behandelt, dies durchaus über längere Zeit. Erwartungskonformen Ereignissen wird stärkere Beachtung geschenkt („Ich hab's ja gewusst."). Erwartungswidriges Verhalten (positiv oder negativ) wird auf situative, zufällige äußere Umstände zurückgeführt („Das war nur ein Ausrutscher").

3. *Phase:* Wenn die „Behandlung" des Schülers durch den Lehrer andauernd und konsistent ist, nähert sich die Leistung und das Verhalten des Schülers den Erwartungen an.

Dabei wird erwartungshohen Schülern stärkere sozio-emotionale Unterstützung geboten; sie erhalten genauere und günstigere Rückmeldung; ihnen wird ein schwierigeres Niveau (z. B. im Unterrichtsgespräch) angeboten, – mit mehr Frage- und Antwortgelegenheiten. Zu Beginn einer Stunde erfolgen häufig Interaktionen mit guten Schülern, um die Sache in Gang zu bringen, erst später kommen schwache Schüler verstärkt dran.

Nicht immer liegen die Lehrkräfte in ihrer Anfangseinschätzung von Schülern daneben: Viele Untersuchungen haben eine hohe Gültigkeit der Leistungseinschätzung durch Lehrer innerhalb ihrer Klasse ergeben. (Hofer 1997, 221) Lehrkräfte bilden ihre Erwartungen sehr früh im Schuljahr, sie korrigieren falsche Urteile aber durchaus im Laufe des Schuljahres; allerdings müssen die Diskrepanzen über längere Zeit anhalten. Es gibt Lehrer, die ziemlich anfällig sind für negative Erwartungseffekte und sich eher reaktiv verhalten („bei Mike ist Hopfen und Malz verloren"), und andere, die aktiv ihren Erwartungen entgegenwirken und z. B. schwache Schüler besonders beachten und fördern („das wollen wir doch mal sehn mit dir..."), – eine Art antiself-fulfilling prophecy. Aber Lehrkräfte bilden ihre Einordnungen der Schüler und Schülerinnen nicht nur eindimensional anhand der schulischen Leistung, sondern formen auch umfassendere Bilder von „Typen" aus (ebd. 225): Neigungsschüler (mit denen versteht man sich gut), Problemschüler (meine Sorgenkinder), Indifferenzschüler (da läuft alles von alleine, sie fallen nicht weiter auf) und Ablehnungsschüler (die entgegen dem pädagogischen Gewissen gefühlsmäßig unsympathisch sind).

Klarheit der Lehrkraft fördert Lernleistungen
Erwartungseffekte wirken sich aber nicht nur auf einzelne Schüler und Schülerinnen aus, sondern auch auf die ganze Klasse: Dichtes Lehrangebot, gut geordnete und strukturierte Darbietung, hoher Leistungsanspruch und Hilfen bei Misser-

folg haben auf die Dauer Einfluss auf die Leistungsfähigkeit einer Klasse. (Hofer 1997, 223) Ähnliches gilt grundsätzlich für die Lehrersprache vor der Klasse. Zu einer von den Schülern als „klar" wahrgenommene Sprache des Lehrers gehören z. B. das Vermeiden unnötiger Fremdwörter, klare Fragen, die Auswahl geeigneter Beispiele, das Ansprechen von Schülern auf ihre Schwierigkeiten, die Anordnung des Stoffes, das Anknüpfen an die Lerngeschichte der Schüler. Diese „Klarheit" des Lehrers im Unterricht steht in engem Zusammenhang mit guten Lernleistungen der Schüler. (Bromme 1997, 185)

Zur Verbesserung der sprachlichen Kommunikation trägt auch eine Beschäftigung mit dem bekannten Modell des Hamburger Psychologen Schulz von Thun (1992, 1995) bei, das jede Nachricht (und jedes Empfangen) nach vier Aspekten beschreibt (die vier Seiten der Kommunikation): 1. Sachinhalt (das, worüber ich informiere); 2. Selbstoffenbarung (das, was ich von mir implizit kundgebe: Absichten, Gefühle); 3. Beziehung (das, was ich von dir halte und wie wir zueinander stehen) und 4. Appell (das, wozu ich dich veranlassen möchte). Mit höheren Klassen kann man dieses Modell gut im Unterricht erarbeiten, um die Kommunikation in der eigenen Klasse zu analysieren.

Geschlechtsspezifische Aspekte

Bekannt ist auch die geschlechtsspezifische Seite der Klasseninteraktion. (Faulstich-Wieland 1991, Kraul/Horstkemper 1999, Holz-Ebeling 2001) Jungen und Mädchen werden unterschiedlich wahrgenommen und behandelt. Einige Beispiele: Jungen wird bereits im Grundschulalter durch Lehrkräfte eine geringere schulische Kompetenz, aber auch geringere sozial-emotionale Reife attestiert (was sich zum Beispiel an der erheblich höheren Überweisungsrate zu Sonderschulen zeigt); ihr unterrichtsstörendes Verhalten ist ausgeprägter; sie erhalten eher eine negativ getönte Aufmerksamkeit durch Lehrkräfte. Wenngleich Mädchen auf der andern Seite auch nicht unbedingt mehr positiv getönte Aufmerksamkeit erfahren (uneinheitliche Forschungsergebnisse – Holz-Ebeling 2001, 332), so gelten sie doch als sozialintegrativer, werden allerdings auch weniger „drangenommen", erhalten von der Lehrkraft eher indirekte Signale (die auf ein geringeres Zutrauen seitens der Lehrkräfte hindeuten), sie bekommen weniger anspruchsvolle und auf Verständnis gerichtete Fragen gestellt und erhalten schließlich weniger Lob für intellektuell-inhaltliche Aspekte der Arbeit. Sprachlich sind sie nicht selten den Jungen überlegen, dafür können diese abstrakte Sachverhalte besser grafisch darstellen.

Vor allem für den Unterricht in naturwissenschaftlichen Fächern gibt es erhebliche Unterschiede zwischen Jungen und Mädchen in den Interessenschwerpunkten, den gezeigten kognitiven Fähigkeiten, den affektiven Faktoren, dem Selbstkonzept, der Lehrer-Schüler/in-Interaktion u.a.m. (Frey 1989, 12/3 ff.) Inzwischen haben Forschungsprojekte zu Schulversuchen ergeben, dass die „reflexive

Koedukation" die besten Chancen bietet, beiden Geschlechtern zur Entwicklung ihrer Potenziale (ohne Benachteiligung des jeweils andern Geschlechts) zu verhelfen. (Kraul/Horstkemper 1999, 303 ff.) Verschiedene Ansätze zur reflexiven Koedukation sind derzeit noch in der Erprobung. (Thies/Röhner 2000, Biermann 2002)

Hat auch bei den Lehrkräften das Geschlecht Einfluss auf die Gestaltung unterrichtlicher Interaktion? Im Hinblick auf eine noch nicht sehr ausdifferenzierte Forschungslage resümiert die Potsdamer Pädagogin Marianne Horstkemper als eine der besten Kennerinnen der Szene: „Es lassen sich keineswegs durchgängige, gar dramatische Unterschiede zwischen den Geschlechtern im Sinne polarer Gegensätze (z. B. Sach- versus Beziehungsorientierung, Vermittlungskompetenz versus Erziehungsinteresse etc.) aufzeigen. Konstatieren lassen sich aber graduelle Unterschiede ... Sie zentrieren sich vor allem um eine stärkere Ausrichtung an den emotionalen Bedürfnissen und den Entwicklungsvoraussetzungen der Kinder und Jugendlichen..." (Horstkemper 2000, 146)

Schließlich ist ein wichtiger Aspekt der Interaktion im Frontalunterricht, dass die Rollen von Lehrkraft und Lernenden grundsätzlich nicht symmetrisch, sondern komplementär sind (um die bekannte Unterscheidung Watzlawicks 1972, 70 aufzugreifen). Dies ist der Fall, wenn das Verhältnis der Partner auf Unterschiedlichkeit beruht, denn dann „ergänzen" sich jeweils die Unterschiedlichkeiten, d. h. der Stärke des einen Partners entspricht die Schwäche des andern. Dieses Gefälle der Autorität beeinflusst natürlich die Beziehungsebene, die untrennbar mit jeder Interaktion auf der Sachebene verbunden ist: „Alle Kommunikationen, so auch Lehren und Lernen, finden immer auf zwei Ebenen statt, nämlich auf der Sachebene: *Was* wir lehren und lernen (Sachverhalte, Inhalte, Lernstoffe), und auf der Beziehungsebene: *Wie* wir miteinander lernen/umgehen (Art der Beziehung)." (Miller 2001, 25) Dabei spielt die unbewusste Dimension der Beziehungen (z. B. Projektionen, Widerstand, Übertragungen) eine nicht zu unterschätzende Rolle, wie einschlägige Arbeiten zur Psychoanalyse der Schule überzeugend demonstrieren. (Muck 1980, Hirblinger 1999)

Praktische Hilfen

Das alles ist kein Schicksal. Lehrkräfte können mit geeigneten Strategien die Interaktion in der Schulklasse verbessern. Was die Klasse als Gruppe betrifft, so wurden bereits zahlreiche Möglichkeiten im Abschnitt „Klassengemeinschaft fördern" (3.3.7 und 4.6) vorgestellt. Zur Aufklärung der eigenen Vor-Annahmen über Schüler und zum Abbau unreflektierter Interaktionen gibt es einige ganz praktische Hilfen (Gage/Berliner 1996, 534, Frey 1989, 10/7):

- Wenn es einem nach kritischer Analyse des eigenen Unterrichtes auffällt, dass man eine Schülerin „links liegen lässt", so sollte man sich bewusst vornehmen, sie öfter dran zu nehmen (evtl. in der Stundenvorbereitung bereits überlegen, wo dies sinnvoll möglich ist);

- die Lehrkraft kann sich darauf vorbereiten, bestimmte Schüler oder Schülerinnen bei der Beantwortung bestimmter Fragen oder für bestimmte Aufgaben bewusst aufzurufen;
- hat man mit einem Schüler Schwierigkeiten, so kann man einen anderen, den man gern hat, neben ihn setzen und so versuchen, neue Interaktionsmöglichkeiten zu finden;
- merkt die Lehrkraft, dass sie mehr mit den Jungen oder den Mädchen interagiert, so kann sie sich einen Erinnerungszettel auf das Pult legen, um z. B. gezielt eine Gruppe häufiger als die andere dranzunehmen;
- die Lehrkraft notiert sich die drei stärksten und die drei schwächsten Schüler und Schülerinnen, trägt die Häufigkeit der Interaktionen nach jeder Stunde ein und macht dies über 20 Stunden. Nach allen empirischen Untersuchungen (ebd.) verschlechtern sich die Erfolge der leistungsstarken Schüler keineswegs, wenn mehr schwächere drangenommen werden;
- die Lehrkraft bittet eine Schülerin oder einen Schüler, die Interaktion in der Klasse zu beobachten und nach vorher vereinbarten einfachen Kategorien eine Strichliste zu führen. Man kann die Ergebnisse auch mit der ganzen Klasse diskutieren (sehr wirksam!);
- insgesamt sind Feedback-Techniken ein hervorragendes Instrument zur Steuerung und Weiterentwicklung des Frontalunterrichtes (Bastian/Combe/Langer 2003, Gudjons 2006).

Vor allem aber kann die frontalunterrichtliche Interaktion verbessert werden durch ein gutes classroom-management.

5.4 Klassenmanagement, Störungsprävention und Rituale

Klassenmanagement (oder auch Klassenführung, Glöckel 2000, 39 ff.) als deutsche Übersetzung des aus den USA stammenden Begriffes „class-room-management" bezieht sich auf das Gesamtarrangement des Unterrichtes, also auch auf frontale Phasen. Klassenmanagement gehört – nach einer Metaanalyse hunderter Studien zur Unterrichtseffektivität – zu den immer wieder aufgefundenen Variablen, die Einfluss auf die Schulleistung haben. (Einsiedler 2000, 121) Das im Wesentlichen von Jacob S. Kounin (deutsch 1976) entwickelte Konzept des Klassenmanagements bezieht sich primär auf die Unterrichtsdisziplin als Bedingung für gelingende Lehr-/Lernprozesse.
Ein effektives Klassenmanagement ist ein wirkungsvolles Mittel zur Unterbindung von *Störungen* des Unterrichtes. Allerdings: Langweiliger Frontalunterricht produziert erst die Störungen, die er hofft, durch ein besonderes Management in den Griff zu bekommen. Vorsicht also im Umgang mit dem Instrument

„Klassenmanagement", wenn es zum Löschen selbst gelegter Brände taugen soll! Andererseits: Störungen entstehen aus einer Vielzahl von Gründen und bedürfen sehr verschiedener Interventionen. Neben bestimmten Konfliktlösungsstrategien und Interventionen wird gerade in neueren Arbeiten über Unterrichtsstörungen der von Kounin herausgearbeitete präventive Aspekt wieder betont (Nolting 2002, 42 ff.): Störungen lassen sich zu einem erheblichen Teil durch ein präventives Klassenmanagement vermeiden.

Ein gutes Klassenmanagement zeichnet sich allgemein durch folgende Merkmale aus (Ditton 2002, 281):

- Lehrkräfte halten einen klaren, strukturierten, interessanten und anregenden Unterricht,
- sie lassen Zeit zur Einübung des Stoffes,
- sie unterstützen das Lernen anregend und motivierend,
- sie zeigen eine hohe diagnostische Kompetenz,
- und verstehen es, sich durchzusetzen: Sie haben die „Klasse im Griff".

Auch wenn Lehrkräfte den Begriff Klassenmanagement (oder gar Klassen- "führung") als demokratisch gesonnene Sozialerzieher nicht so gerne hören, – die Schüler und Schülerinnen empfinden dies anders: Eine Studie an über 4000 Schülern und Schülerinnen des 9. Schuljahres hat eine Korrelation von positiver Wahrnehmung der Lehrkraft und ihrem Klassenmanagement von immerhin .42 ergeben, was der Autor so interpretiert: „Es ist also keineswegs so, dass weniger durchsetzungsfähige Lehrkräfte positiver wahrgenommen werden, vielmehr trifft das Gegenteil zu... Ein straffes Klassenmanagement ist demnach aus der Sicht der Schüler zu den Merkmalen einer guten Lehrkraft zu zählen." (Ditton 2002, 272, 280) Nicht gemeint ist ein dominantes Lehrerverhalten mit einem autoritären Kontrollstil. Während dominantes Lehrerverhalten mit einem autoritären Kontrollstil nach einer Grundschuluntersuchung an 1200 Kindern ungünstige Wirkungen auf z. B. mathematische Leistungen, Einstellung zum Lernen, aktive Mitarbeit und Prüfungsangst zeigte, hatte ein auf individuelle Hilfestellung ausgerichtetes Lehrerverhalten mit unterstützendem Kontrollstil für die genannten Bereiche positive Auswirkungen. (Reinmann-Rothmeier/Mandl 2001, 629)
Will man hohe Arbeitsbereitschaft fördern, das Ausmaß von Störungen minimieren, Ablenkung und Unruhe möglichst vermeiden, so empfiehlt Kounin (1970, dt. 1975) in seiner klassischen Arbeit über *Techniken der Klassenführung* für die Lehrkraft folgende Verhaltensweisen. (Vgl. auch Gage/Berliner 1996, 525, Nolting 2002, 27 ff., Kiper 2002, 179f.)

Gutes Management im Klassenraum heißt:

- *Allgegenwärtigkeit* (Kunstwort „withitness"): Seien Sie im Bilde über das Geschehen in der ganzen Klasse, haben Sie nach Möglichkeit immer alles im Blick. Zeigen Sie Präsenz. Erwecken Sie bei Ihren Schülern und Schülerinnen den Eindruck, dass Sie stets informiert sind, was überall und jederzeit in der Klasse vor sich geht. Vor allem sorgen Sie dafür, dass die Schüler und Schülerinnen von dieser Allgegenwärtigkeit *wissen*, – das macht einen großen Unterschied! So werden Sie ein gutes Timing dafür entwickeln, Fehlverhalten rechtzeitig zu bemerken und ihm frühzeitig zu begegnen. Dazu gehört die Fähigkeit, die eigene Aufmerksamkeit auf *Überschneidungen* zu richten (overlappingness): Üben Sie als Lehrkraft, sich zwei gleichzeitigen (sich überlappenden) Problemen zuzuwenden, ohne die Kontrolle über die Gesamtsituation zu verlieren. Originalbeispiel von Kounin (ebd. 93): Eine Lehrerin sagt, während sie in einer Gruppenarbeitsphase eine Gruppe besucht, zu einer Schülerin dieser Gruppe: „Lies weiter, Mary, ich höre dir zu." Fast gleichzeitig ermahnt sie zwei Störer an einem andern Tisch: „Dreht euch um und macht eure Arbeit" – ein Beispiel für gute Überlappung.
- *Reibungslosigkeit* (smoothness): Lenken Sie den Unterrichtsverlauf besonders bei Übergängen und Änderungen kontinuierlich; seien Sie weder selbst abgelenkt noch lenken Sie Schüler ab. Dazu gehört *Arbeitsschwung* (momentum): Sorgen Sie für einen guten Unterrichtsfluss, vermeiden Sie Stillstand und Verzögerungen. Seien Sie nicht sprunghaft, pendeln Sie nicht zwischen verschiedenen Inhalten, überproblematisieren Sie nicht Fragen des Benehmens, des Verhaltens und Einzeläußerungen.
- *Gruppenaufmerksamkeit* wecken (group alerting and accountability): Nutzen Sie Ihre Fähigkeit, stets die ganze Klasse zu aktivieren und nicht in der Beschäftigung mit einem einzelnen Schüler aufzugehen. Fokus im Frontalunterricht ist die ganze Klasse! Dazu gehört es auch, in Darbietungen oder erarbeitenden Unterricht immer wieder Spannungsmomente einzubauen („Jetzt kommt was Lustiges." – „Jetzt wird's vertrackt, da müsst ihr eure Denkermützen aufsetzen.") Und schließlich
- *Fähigkeiten und Herausforderungen hervorrufen* (valence and challenge arousal): Sorgen Sie dafür, dass Inhalt und Art des Unterrichtes angemessene Ansprüche stellen.
- *Abwechslungsreichtum* (seatwork variety and challenge): Vermeiden Sie Überdruss bei der Arbeit, indem Sie für Abwechslungsreichtum in den Inhalten, Methoden, Arbeitsmitteln, Sozialformen, Darbietungsweisen, Medien, Raumpositionen etc. sorgen. Klassenunterricht wie Einzelarbeit müssen abwechslungsreich gestaltet werden.

Die Wirksamkeit dieser Techniken der Klassenführung ist auch in einigen nachfolgenden Untersuchungen bestätigt worden, vor allem ihr Zusammenhang mit besseren Lernleistungen der Schüler und Schülerinnen (Belege bei Nolting 2002, 37 ff.). Innerhalb dieser für frontalunterrichtliche Phasen hilfreichen Management-Techniken möchte ich noch einige Einzelheiten hervorheben, weil sie durch weitere empirische Forschungen in ihrer positiven Wirkung gut belegt sind. (Nachweise zum Folgenden bei Gage/Berliner 1996, 526, 547, Einsiedler 2000, 109 ff., Perrez/Huber/Geißler 2001, 357 ff., Kiper 2002, 180 f.)

1. Besonders der *Beginn eines Schuljahres* ist eine wichtige Phase für die Klassenführung. „In den ersten vier Wochen bilden sich die Strukturen aus, die entscheiden, wie gut ein Unterricht organisiert ist und wie gut sich eine Klasse für den Rest des Jahres führen läßt." (Gage/Berliner 1996, 526)

2. Ein gutes Klassenmanagement führt auf die Dauer zu funktionierenden *Regelsystemen*, die nicht in jeder Stunde neu erfunden werden müssen. Klare Anweisungen zu geben und emotionales Verständnis für die Schüler widersprechen sich dabei nicht. Denn:

3. Ein gutes Klassenmanagement geht einher mit einem ausgeprägten Bewusstsein der Lehrkraft für die *Bedürfnisse und Probleme der Schüler*. Das heißt auch: Die Lehrkraft kann und sollte über Verbindlichkeit und Geltungsansprüche von Regelungen mit der Klasse verhandeln und ein von allen akzeptiertes Regelsystem etablieren. Ein positives Sozialklima ist sozial (und nicht einseitig leistungs-) orientiert, es thematisiert Gefühle von Lehrenden und Lernenden, es greift individuelle Bedürfnisse auf und wendet sich persönlich und flexibel den Schülern zu. Die Bedeutsamkeit dieses Musters der Lehrer-Schüler-Interaktion für die Qualität von Unterricht steht außer Frage. Die persönliche Zuwendung zu den Lernenden ist der Schlüssel für eine gute Schule!

4. Lehrkräfte waren besonders effektiv, wenn sie ihren *Schülern eindeutig klar machten, was sie von ihnen erwarteten*, nachprüften, ob die Schüler diese Erwartungen erfüllten, ihnen aber auch Rückmeldungen gaben, wie sie Abweichungen korrigieren könnten und ihnen nicht zuletzt die Verantwortung dafür übertrugen.

5. *Störungen* werden durchaus ernst genommen, aber mit minimalem Aufwand und sofort unterbunden.

6. Die *Unterrichtszeit* wird für Unterricht und nicht für Nebensächlichkeiten oder Ablenkendes verwendet. Dieses Merkmal, in der empirischen Forschung „time-on-task" genannt, hat eine außerordentlich große Bedeutung für die Qualität von Unterricht. Ein Unterricht, der als organisiert wahrgenommen wird, ist mit besseren Leistungen der Lernenden verknüpft.

7. Der Unterricht ist *förderungsorientiert*, d. h. er stützt leistungsschwache Schüler durch Tipps, Hilfen, spezielle Aufgaben. Für die Bandbreite der Klasse individualisiert die Lehrkraft auch kurzzeitig, indem sie nach Leistungsvermögen des einzelnen Lernenden differenzierte Fragen und Impulse äußert.

8. Klassenmanagement organisiert keineswegs nur die Maßnahmen der Lehrkraft. Es sorgt auch für ausreichende *Spielräume der Selbstständigkeit* der Schüler und Schülerinnen.

9. Nach zahlreichen Untersuchungen kann *Humor* ein wichtiger Faktor für ein gutes Klassenmanagement sein. Humor entschärft stressvolle Situationen, aktiviert die Aufmerksamkeit (!), und fördert das Behalten von Unterrichtsinhalten. Humor gehört darum in zahlreichen Studien zu den Merkmalen eines guten Lehrers. Kein Wunder also, dass die pädagogische Psychologe inzwischen ein Trainingsprogramm zur Entwicklung von Humor bei Lehrkräften entwickelt hat ... (Perrez/Huber/Geißler 2001, 394)

10. Schließlich ist das schon so oft in diesem Buch genannte positive, leistungs- und verhaltensbezogene *Feedback* der Lehrkraft an die Klasse oder an einzelne Lernende zu nennen. Das positive Feedback ist nach allen vorliegenden empirischen Untersuchungen eines der zentralen Steuerungsinstrument innerhalb der der Lehrer-Schüler-Interaktion. Im Unterschied zum personbezogenen Lob stellt Feedback die Bedeutung eines Fortschritts, einer Idee, einer Verhaltensweise für den Einzelnen oder für die Gesamtklasse heraus. (Also nicht: „Du bist super...!", sondern: „Deine Idee hat für uns alle das Problem gelöst!")

Klassenmanagement legt also insgesamt Wert auf Klarheit und Struktur in der frontalunterrichtlichen Interaktion. Um solche Strukturen auszubilden, sind auch Rituale hilfreich.

Rituale
Nachdem über lange Zeit das Thema Rituale in der Schule totgeschwiegen, ja verpönt war, hat die Zeitschrift PÄDAGOGIK (damals im Jahr 1987 hieß sie noch Westermanns Pädagogische Beiträge) mit Heft 7/8-1987 und vor allem mit Heft 1/1994 das Tabu gebrochen. Auf dem Boden einer immer noch gültigen Warnung Arno Combes (in H. 1/1994) vor Formierung, fassadenhaft-erstarrten Ablaufschemata, vor unreflektiertem szenischen Mitvollzug und einer „rituell induzierten, plakativen Affekt-Technokratie" (ebd. 22 f.) hat sich inzwischen eine sorgfältig abwägende Praxis entwickelt. (Von der Groeben 2000, Petersen 2001)

Die Ambivalenz von Ritualen lässt sich so beschreiben:

- *Einerseits* können sie Menschen einengen, Freiheit unterdrücken, Selbstständigkeit hemmen, ja Schüler versklaven, sie können offene oder verdeckte Machtmittel in der Hand der Lehrkräfte sein, mit denen Schüler manipuliert werden, – kurz sie können Herrschaft verschleiern. Rituale können sich als Inkarnation einer höheren Ordnung tarnen, für Kinder als Teil eines nicht durchschaubaren übermächtigen Systems erscheinen. Rituale können erstarren, leblos werden und verkrusten.

- *Auf der anderen Seite* können Rituale – besonders wenn sie gemeinsam beschlossen, eingeführt und immer wieder überprüft werden – Halt, Verlässlichkeit, Orientierung, Formung, Sicherheit, Entlastung und Strukturierung bieten. Rituale bewegen sich zwischen Offenheit und Geschlossenheit, Zeitlosigkeit und Vergänglichkeit, zwischen Anspruch auf Gültigkeit und Notwendigkeit der kritischen Überprüfung, Selbstverständlichkeit und rationaler Reflexion. Sie bleiben ambivalent.

Rituale können den Schulalltag rhythmisieren und umfassender bestimmte Handlungsweisen in einer Klasse auslösen, indem sie immer die gleiche Dramaturgie zeigen, darin aber selbst zu gestaltende Handlungsspielräume sichern (z. B. „Halbjahresritual zur Themenfindung", „Wochenausklang" oder „Den Schulabschluss gestalten"). Kleinere ritualisierte Handlungen kann man eher als Regeln verstehen, die Verhalten kurzfristig reglementieren, disziplinieren und auch sanktionieren (z. B. Melden und Drangenommen-Werden, Entschuldigungen für Zuspätkommen usw.). Es gibt dabei allerdings einen fließenden Übergang zwischen Ritualen, Bräuchen, Regeln, Sitten, Gewohnheiten usw. (dazu Petersen 2001, 15 ff.)

Rituale sind pädagogisch sinnvoll und „stimmen",

- wenn sie durch einen festen Handlungsrahmen Ordnung und Orientierung stiften und gleichzeitig Raum für individuelle Entfaltung lassen,
- wenn in ihnen gemeinschaftliche Werte und Überzeugungen zum Ausdruck kommen, in denen die Einzelnen sich wieder erkennen und denen sie zustimmen,
- wenn sie den Kern der Veränderbarkeit und Kritisierbarkeit in sich tragen, d. h. wenn sie gemeinsam verabredet und trainiert werden (wie die Bildung eines Sitzkreises nach Anzeichnen des Kreissymbols), und wenn nach einer Probezeit über Fortsetzung, Veränderung oder Beibehaltung beraten wird,
- wenn sie auf gemeinschaftsstiftende Erfahrungen zielen, d. h. die Klassenatmosphäre wirklich konstruktiv, d. h. im Sinne gegenseitiger Wertschätzung beeinflussen,
- wenn sie die Schüler und Schülerinnen im wachsenden Maß in die Gestaltung des unterrichtlichen Geschehens einbeziehen und den Lernenden auch für die

Etablierung, Einhaltung und Weiterentwicklung von Ritualen zunehmend Verantwortung übertragen wird.

Aus der Fülle möglicher Rituale greife ich als Anregungen nur wenige heraus, die besonders relevant und hilfreich für Unterrichtsphasen mit der *ganzen* Klasse sind. Sie heben z. T. das frontalunterrichtliche Setting auf, z. T. tragen sie dazu bei, es zu verbessern. Zunächst einige Beispiele für Rituale, die die Zeit (Schuljahr, Woche, Stunde) rhythmisieren (nach Petersen 2001, 79 f., 24 ff.).

Beispiel: Das Schulhalbjahr gestalten

Der Beginn eines neuen Schulhalbjahres lässt sich ritualisiert gestalten, indem die Perspektiven für jeden Einzelnen sowie für die Klasse konkretisiert, die Regeln oder Wünsche überdacht, der Klassenraum entsprechend der Arbeitsvorhaben und -verfahren neu gestaltet wird.

Zunächst beantwortet jeder Schüler eine Fragebogen zur Ich-Reflexion des vergangenen Halbjahres (Wo bin ich weitergekommen? Was nehme ich mir vor? Usw.). Es folgt ein Fragebogen zur Gruppenreflexion (Wir-Reflexion: Was waren unsere drei größten Erfolge? Drei Wünsche an die Gruppe... usw.). Anschließend findet ein Austausch in Tischgruppen und danach im Plenum statt. Die gefundenen Vereinbarungen und Ergebnisse werden zusammengefasst ausgehängt. Nach einer Pause (!) gibt die Lehrkraft einen Überblick über die Themen und möglichen Arbeitsformen des kommenden Halbjahres. Darüber hinaus steckt sie begründet ab, welche Partizipationsbereiche die Schüler und Schülerinnen haben, und stellt Themen zur Wahl. Im letzten Schritt erst erfolgt die Es-Reflexion, d. h. die Schüler nehmen auf einem vorbereiteten kurzen Fragebogen wiederum zu den anstehenden Themen und Arbeitsformen persönlich Stellung. Die Lehrkraft wertet die Antworten zu Hause aus, berichtet der Klasse darüber und hat einen Fundus von Orientierungen für den folgenden Unterricht gewonnen.

Dieses Ritual entfaltet seine Wirkung erst, indem es über einen längeren Zeitraum gelernt und eingeübt wird.

Ähnlich oder lockerer als Kommunikationsstunde kann man den Wocheneinstieg oder auch den Tagesanfang planen.

Beispiel: Rituale im Morgenkreis

Nach dem Anmalen des Kreissymboles bilden die Schüler und Schülerinnen selbstständig einen Stuhlkreis, setzen sich hin und signalisieren durch die gehobene Hand, dass sie für den Übergang in die nächste Phase bereit sind. Ein Gongschlag beendet diese erste Phase. Die Schüler unterhalten sich nun in einer Murmelphase über ihre Erlebnisse am Wochenende. Ein dreimaliger Gongschlag (nach Ablauf der vorher gestellten Uhr) beendet das Gemurmel und signalisiert den Beginn des gemeinsamen Austausches. Dabei liegt auf einem Samttuch ein „Redestein": Wer ihn nimmt, besitzt das Rederecht, erzählt kurz, was für ihn wichtig ist und darf drei Nachfragen gestatten. Er legt den Stein zurück, sobald er fertig ist. Ein anderer Schüler schließt sich an. Wachsende Unruhe, schwindende Zuhörbereitschaft oder Störungen im Laufe der Zeit werden durch das „Ruhezeichen" signalisiert: die gehobene Hand (dies gilt auch für den laufenden Unterricht) signalisiert, dass der Einzelne Ruhe fordert und selbst ruhig sein möchte. Spätestens wenige Minuten vor Stundenende beginnt die dritte und letzte Phase: Es läutet eine Uhr und ein dreimaliger Gongschlag signalisiert das Ende des Morgenkreises. Der Kreis löst sich in geordneter Form auf, die alte Sitzordnung wird wieder eingenommen, Redestein und Gong wandern an ihre festen Plätze. Es ist wichtig, dass diese dritte Phase als Übergang in die alte Ordnung bewusst inszeniert wird!

Man kann sich leicht vorstellen, dass die rituellen Elemente sich nach einiger Übung wohltuend von der verbalen Strukturierung durch Dauerkommandos der Lehrkraft (und vielleicht vehemente, lautstarke Versuche, für Ruhe zu sorgen) unterscheidet.

Beispiel: „Rednerpult"

Ähnlich kann die Szene gestaltet werden, wenn es um eine regelmäßige Stunde für „Freie Texte" geht (von der Groeben 2000, 23): Die Klasse sitzt bereits vor Eintreten der Lehrerin erwartungsvoll im Kreis, der zur Tafel hin geöffnet ist; dort steht ein Rednerpult. Die Schüler und Schülerinnen, die heute vorlesen möchten, melden sich und werden von der Lehrerin notiert. Nach einer Stillephase geht ein Kind zum Pult und liest seinen Text vor. Am Ende klatschen alle Beifall. Die Schülerin geht auf lobende, kritische oder fragende Äußerungen der anderen ein. Ähnliches gilt für das Vorspielen von Musik, Demonstration eines Experimentes, das jemand herausgetüftelt hat u.a.m. Kein Schüler muss sich anstrengen, für Ruhe zu sorgen, die Atmosphäre macht Mut, sich in den Mittelpunkt zu stellen, der Beifall ist keine Lüge, sondern Anerkennung für diese „mutige Tat" (was Kinder sehr genießen!).

Stundeneinstieg (siehe Kapitel 4.1) und *Stundenende* (siehe 3.3.6) können mit kleinen Ritualen ebenfalls gut gestaltet werden. Ob es die regelmäßige kleine Stille-Übung am Anfang ist, die Wahl der „Tagesfarbe" (aus einem Pool von verschiedenfarbigen Blättern), die die Tagesstimmung der Einzelnen signalisiert, die Meinungslinie (auf der die Kinder sich positionieren nach Befindlichkeit) bis hin zum gemeinsamen Lied, oder ob es der feste Zeitraum für die Bekanntgabe von Inhalt und Arbeitsweisen einer Stunde ist (an der Tafel mit verabredeten Symbo-

len für Arbeitsformen: Kreis für gemeinsames Unterrichtsgespräch, zwei Strich-
männchen für Partnerarbeit, mehrere für Kleingruppen, Haus für Hausaufgabe,
Stift für Schreibaufgabe usw.), – immer schaffen solche regelmäßig wiederkehren-
den Formen Klarheit, geben Sicherheit, regen zum persönlichen Ausgestalten an
und sind von großem Wert für die Gemeinschaftsbildung in der Klasse.

Das *Stundenende* kann ein Ritual bilden, das nur wenige Minuten dauert und als
„Schlussakkord" Reflexion und feedback ermöglicht (Petersen 2001, 46): Wenige
Minuten vor Stundenende läutet eine Uhr, – das Signal, die Arbeit unverzüglich
einzustellen. Nach einer Liste übernehmen 1–2 Schüler jetzt die Leitung. Sie stellen für alle Mitglieder nacheinander drei Fragen: „Wie gut habe ich heute mitge-
arbeitet? Wie gut hat die Zusammenarbeit geklappt? Wie interessant war das
Thema für mich?" Per Daumenprobe signalisiert jeder Schüler: gut/mittel/
schlecht, was nach einiger Übung dann auch verbal begründet werden kann, –
wobei Schüler im übrigen sehr gut lernen, mit knapper Zeit diszipliniert umzugehen.

Für den Frontalunterricht sind besonders solche kleinen Rituale sinnvoll, die die
unmittelbare Interaktion strukturieren.

- Ein immer wiederkehrendes Problem ist die Notwendigkeit, während einer
  Stunde für *Ruhe* zu sorgen. Natürlich kann die Lehrkraft es mit Schweigen und
  strengem Blick tun, mit geduldigem Abwarten oder mit nervösem Herum-
  schreien. Man kann aber auch folgendes kleine Ritual mit den Schülern und
  Schülerinnen vereinbaren: Die Lehrkraft hebt die rechte Hand. Von jetzt ab
  hat jeder noch einige Momente Zeit, Seitengespräche zu Ende zu bringen, kleine Nebentätigkeiten abzuschließen u.a.m. Erst wenn der Schüler bereit ist zu
  schweigen, hebt er ebenfalls die rechte Hand. Das ist das vereinbarte Signal:
  „Ich bin jetzt konzentriert und bereit." Nacheinander heben alle die Hand, bis
  Ruhe eingetreten ist. Die Zeit, die dieses kleine Ritual kostet, wird aufgewogen
  durch die authentische Bereitschaft zur Ruhe und Konzentration.
- Ähnliches gilt für die „*Ruhehand*" (s.o.): Wenn es bei Gesprächen mit der Klasse, bei Partner- oder Gruppenarbeit zu laut wird, können Schüler und Schüle-
  rinnen die rechte Hand heben und signalisieren damit: „Ich brauche mehr
  Ruhe und möchte, dass ihr auf mich Rücksicht nehmt!"
- Auf das *Windspiel*, das zu Anfang einer Stunde in Bewegung gesetzt wird, und
  bis zu dessen Verklingen alle zur Ruhe gekommen sein sollen, habe ich schon
  hingewiesen (siehe Kapitel 4.1 zum Unterrichtseinstieg).
- Manche Klassen haben folgendes Ritual vereinbart: In der Klasse ist ein *blauer
  Fleck*, ein *weißer Kreis* auf den Fußboden gemalt oder es steht eine kleine, stabi-
  le *Kiste* seitlich neben der Tafel. Wenn sich ein Schüler dort hinstellt, bedeutet
  dies augenblickliche Ruhe und Unterbrechung sämtlicher Tätigkeiten. Der
  Schüler kann jetzt eine Mitteilung machen, eine Frage stellen oder eine Bitte,

einen Wunsch äußern. Sobald er/sie den Platz verlässt, werden die anderen unterrichtlichen Tätigkeiten weitergeführt. Jeder Schüler muss entscheiden, ob und wie er auf das Gesagte eingeht.

- Ein kleines Ritual zum „Dampf ablassen" ist folgendes: Ebenfalls an einem bestimmten Platz in der Klasse ist eine *Teppichfliese* aufgeklebt. Wer sie betritt, hat das Recht zu schimpfen, zu meckern, Wut abzulassen etc. Die anderen hören zu, aber: Niemand verteidigt sich, es gibt keine Diskussion, keine Beruhigungsversuche, keine Rechtfertigungsversuche! Und zwar egal, was gesagt worden ist (Üben!!). Sehr spannend wird es, wenn die Klasse daran gewöhnt ist, dass auch die Lehrkraft diese Teppichfliese nutzt. Erfahrungsgemäß haben ihre Äußerungen von Ärger, Wut, Enttäuschung etc. von diesem Platz aus (weil er seltener genutzt wird) ein ungleich größeres Gewicht als die dauernd in den Unterricht eingestreuten Unmutsäußerungen!

- Auch das „*Auszeit-Nehmen*" ist ein kleines Ritual, das Unterrichtsstörungen sinnvoll vorbeugen kann. Es gibt zwei Varianten: a) Ein Schüler, der persönliche Probleme, Konflikte mit andern oder auch Ideen hat, die momentan für ihn wesentlicher sind als der laufende Unterricht, darf sich bei der Lehrkraft formell abmelden mit dem Satz: „Ich möchte eine Auszeit nehmen." Kurz und knapp wird vereinbart, wie lange die Auszeit dauern soll, wohin der Schüler geht und ob ihn jemand begleiten soll (diese Fragen gehören zum feststehenden Ritual). Nach der Auszeit ist der Schüler wieder dabei, wird aber von niemandem bedrängt zu erzählen, was denn los war. b) Die kleinere Variante: Während des Frontalunterrichtes kann es vorkommen, dass ein Schüler so erschöpft, abgelenkt oder unkonzentriert ist, dass er nicht mehr folgen kann. Er darf dann seinen Kopf auf die Arme legen und sich auf dem Tisch ausruhen. Er signalisiert für die Mitschüler wie für die Lehrkraft: „Ich möchte im Moment nicht angesprochen werden. Ich bin aber bald wieder da." Letzteres muss klar vereinbart werden, damit niemand die Auszeit zu einem Schläfchen missbraucht. Diese Form muss geübt werden, weil weder die Lehrkraft noch die Mitschüler daran Anstoß nehmen dürfen. Diese Form der Auszeit hat ein klares Ende.

- Für *Übergänge* (zum Beispiel: „Bitte räumt jetzt eure Sachen auf!") kann ein dreimaliger Gong verwendet werden, das Ende der Partnerarbeit kann durch Betätigen eines Windspieles angezeigt werden, das Ende einer Freiarbeitsphase durch ein etwas längeres Musikstück, das Frühstück durch ein kleines Spiel auf der Blockflöte oder ein paar Dreiklänge auf der Guitarre usw. Das Prinzip dabei ist, Kinderohren vor Lehrerkommandos zu schonen, – also statt der ohnehin überbeanspruchten Stimme der Lehrkraft andere (angenehmere!) kommunikative Signale zu etablieren.

Zurück zum Thema dieses Abschnittes: Es ging um ein sinnvolles Klassenmanagement. In diesem Zusammenhang zeigen die wenigen Beispiele für Rituale, welche wichtige Funktion sie für eine Kultur des Zusammenlebens haben und wie entlastend sie für den Dauerstress der Lehrkraft in Unterrichtsphasen mit der ganzen Klasse sein können. Klassenmanagement muss eben nicht nur heißen: Disziplinprobleme vermeiden, sondern kann auch bedeuten: Sich als Lehrkraft (legitimierbaren!) Ritualen anzuvertrauen, weil sie die Korsettstangen in der unterrichtlichen Interaktion sowie im Tages- und Zeitablauf des Unterrichtes sind. Rituale geben dem Zusammenleben Halt, sie stiften das Gefühl der Zugehörigkeit und Identität: Ich weiß – als Lehrkraft wie auch Schüler oder Schülerin – woran ich bin.

Doch was nützen alle diese Tipps, Einzelmaßnahmen, Ideen und Vorschläge zur Reflexion und Gestaltung des Frontalunterrichtes, wenn doch letztlich gerade in frontalen Unterrichtsphasen die Persönlichkeit der Lehrkraft, die da vorne steht, den Ausschlag gibt. Genau dieses Argument brachte kürzlich eine Kollegin in einer Diskussion zum Frontalunterricht: Die Persönlichkeit sei wichtiger als alles Handwerkszeug! Sie vermutete, dass es an der Wirkung der Lehrerpersönlichkeit läge, wenn ein und dieselbe Klasse bei der einen Lehrkraft diszipliniert und ordentlich mitarbeite, und bei der andern (bei vergleichbarem Unterricht) sich aufsässig und ablehnend zeige. Hat sie Recht?

5.5 Die Persönlichkeit der Lehrkraft und der Stil des Frontalunterrichtes

Was man genau unter „Persönlichkeit" versteht, ist schwer zu fassen. Möglicherweise wird der Begriff Lehrerpersönlichkeit als Variable für die Effektivität von Unterricht heute auch mehr und mehr durch den Begriff der Professionalität abgelöst (Bauer u.a. 1996). In diesem neuen Sinn wird der Lehrer zum Experten für Unterricht, der nicht mehr durch ein Bündel von Persönlichkeitseigenschaften zu charakterisieren ist, sondern der als kompetenter Fachmann mit nur begrenztem Einfluss angesehen wird. In der Forschung werden nicht mehr komplexe Wirkungen der Persönlichkeit untersucht, sondern Bedingungen herausgearbeitet, die einen erfolgreichen Experten ausmachen. (Bromme 1997, 188) Experten beherrschen drei grundlegende Anforderungen:

1. Eine effektive Organisation des Unterrichtsablaufes
2. Die Entwicklung des Stoffes im Unterricht
3. Die Organisation der Unterrichtszeit

Als *„harter Kern" eines professionellen Experten* schälten sich folgende Merkmale heraus: effiziente Klassenführung, gutes Zeitmanagement, Variation der Aufgabenschwierigkeiten, Rücksicht auf die Leistungsstärke der Schüler (insbesondere Sorge für leistungsschwache Schüler), diagnostische Sensibilität, Rückmeldekultur. (Bauer/Kopka 1994, 270). Aber sind diese professionellen Kompetenzen gleichbedeutend mit der Wirkung der Persönlichkeit?

Nach meiner Auffassung wird sich der Begriff der Persönlichkeit auch in der Pädagogik halten, so wenig wie es in der Psychologie gelungen ist, ihn abzuschaffen. Versuchen wir also herauszufinden, welche Bedeutung die Persönlichkeit der Lehrkraft für den Stil des Frontalunterrichtes hat. Ich orientiere mich angesichts der vielen Persönlichkeitsmodelle an einem umfassenden, aber eben so gut strukturierten Konzept, das bisher für die Lehrerpersönlichkeit kaum fruchtbar gemacht wurde. Es handelt sich um das psychoanalytisch orientierte Modell von Fritz Riemann, das ich nicht nur allgemein für Pädagogen, sondern konkret auf den Frontalunterricht hin zuspitzen will (Gudjons 2003).

Um es vorweg zu sagen: Unter dem Begriff Lehrerpersönlichkeit wird nicht diejenige Lehrkraft verstanden, die mit der normativen Einfärbung des Begriffes im Sinne einer „echten" Persönlichkeit gemeint ist: Diese ist stark, kann sich durchsetzen, sie verfügt über Autorität, ist aber zugleich milde, weise und verständnisvoll. Sie ist ebenso im Umgang mit Macht erprobt wie im Verhandeln geschickt usw. Alle Schüler hängen an ihren Blicken und Worten. Mein Verständnis von Persönlichkeit beinhaltet nicht eine solche „gestandene Lehrkraft", sondern die Tatsache, dass *jede* Lehrkraft eine Persönlichkeit ist. Jede Person hat ihre Wirkung, ihr individuelle, persönliche Ausstrahlung. Nicht ob jemand eine „echte" Persönlichkeit" ist, scheint mir wichtig, sondern ob jemand echt ist, – oder ständig mit einer Maske umherläuft, hinter der er etwas versteckt, was er selbst nicht kennt: seine Person. Vielleicht machen Sie sich mit der Lektüre der folgenden Ausführungen ein wenig auf die Suche, wie Sie eigentlich sind. Gerade im Frontalunterricht gewinnt die persönliche Wirkung für die Interaktion eine hohe Bedeutung.

Vier Grundtendenzen jeder Persönlichkeit

Wenn Sie vor einer Klasse stehen, regulieren die folgenden vier Grundtendenzen Ihre Beziehung zur Klasse, Ihr Auftreten, Ihre Einzelmaßnahmen sowie das Klima und die Atmosphäre. Diese vier Tendenzen sind uns als emotional mächtige Bedürfnisse nicht bewusst, gerade deshalb aber umso wirksamer: Erstens das Bedürfnis nach *Distanz*, welches uns schützt vor zu großer Abhängigkeit von den Schülern/Schülerinnen und dem „Einverleibt-Werden" durch sie; zweitens das gegenteilige Bedürfnis nach *Nähe*, welches uns bewahrt vor Isolation und Einsamkeit; drittens die Neigung zu *System, Ordnung und Dauer*, welche uns Schutz bietet vor Chaos, Unsicherheit und Vergänglichkeit; viertens die *Sehnsucht nach Freiheit und Spontaneität*, die unsere Angst vor Einengung, Unfreiheit und Erstarrung im Zaum hält. In einem Koordinatenkreuz dargestellt stehen sich jeweils zwei Grundtendenzen gegenüber, wobei sie sich entweder ergänzen oder auch widersprechen können; die Senkrechte reguliert das Nähe-Distanz-Thema, die Waagerechte das Ordnungs- und Freiheitsthema.

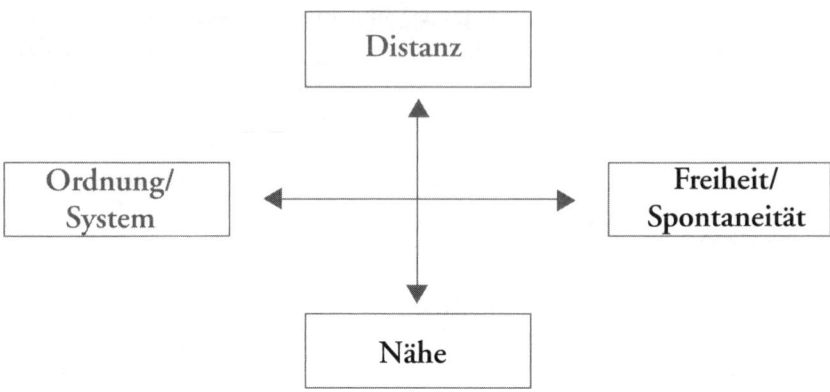

Abb. 25: Vier Grundtendenzen der Persönlichkeit

In der Regel verfügt jede Lehrkraft über alle vier Tendenzen. Aber sie sind stark unterschiedlich ausgeprägt, so dass eine Tendenz dominieren kann und die Lehrkraft z. B. als „Distanzmensch" oder als zwanghafter „Ordnungsfanatiker" wahrgenommen wird. Vergleicht man die Tendenzen im Koordinatenkreuz mit Speichen eines Rades, ergibt sich ein aufschlussreiches Bild: Ist eine Speiche sehr viel länger als die andern, würde das Rad „eiern", sind aber alle etwa gleich lang, läuft das Rad „rund". Das bedeutet: Diejenige Lehrerpersönlichkeit ist ausgeglichen in ihrer Wirkung, die alle Tendenzen in die Person integriert hat, die Überlängen abgearbeitet und Unterlängen erarbeitet hat. Guter Frontalunterricht zeichnet sich dadurch aus, dass die Lehrkraft ihre überdominanten Tendenzen kontrolliert und ihre unterentwickelten gezielt bearbeitet und verstärkt.

● Grundtendenz *Distanz* – oder: „Bleibt mir bloß vom Leib!"

Das Bedürfnis nach Abstand ist letztlich Ausdruck einer unbewussten Angst vor zu viel Nähe, vor Einengung des eignen „Spiel"-Raumes, vor Verlust der Unabhängigkeit gegenüber den Schülern und Schülerinnen. Überwiegt diese Tendenz, gestaltet die Lehrkraft den Frontalunterricht sehr sachlich. Auf Gefühle, Beziehungswünsche und Kontaktbedürfnisse der Schüler und Schülerinnen wird wenig oder gar nicht eingegangen. Die Ratio bestimmt das Unterrichtsgespräch, es geht nur um die Sache. Fehler werden sofort korrigiert. Im Kontakt zu den Schülern fehlen die emotionalen Mitteltöne (aufmuntern, trösten, emotional jemanden bestätigen usw.), die Atmosphäre wirkt bisweilen unterkühlt. Im Unterricht herrschen darbietende Formen vor, gelegentlich sieht es so aus, als wären die Schüler nur Statisten, – Publikum, vor dem die Lehrkraft sich gern allein reden hört. Die Sachleistung wird betont, nötige Zurechtweisungen oder Strafen sind „gerecht", aber nicht kindgemäß. Witzigkeit gegenüber Schülern kann zynisch und sogar verletzend sein, weil die Lehrkraft über den Witz nicht den Kontakt sucht, sondern die Distanz. Ironie hält ihr die Schüler vom Leibe.

Doch die Distanztendenz wirkt sich durchaus auch positiv aus. Die Lehrkraft gestaltet den Unterricht aufgrund ihrer hohen Sachkompetenz und nicht einschmeichelnd mit sachfremden Motivationstricks, um die Aufmerksamkeit zu wecken. Die Lehrkraft ist unbestechlich gegenüber Anbiederungsversuchen oder emotionalen Erpressungen durch Schüler und Schülerinnen. Sie buhlt auch nicht um die Gunst der Lernenden, sondern bleibt unabhängig. Wenn sie vorne steht, sorgt sie für Durchblick und Klarheit und achtet auf einen sachlichen Lernfortschritt. (Vielleicht sagen die Schüler und Schülerinnen über diesen Lehrer: „Wir mögen ihn zwar nicht, aber bei dem lernt man wenigstens etwas!")

• Grundtendenz *Nähe* oder· „Habt mich lieb!"

Die gegenteilige Tendenz der Nähe orientiert sich unbewusst an der Angst vor einem zu großen Abstand. Das Schlimmste wäre das Verlassen-Werden, sich von den Schülern und Schülerinnen abgelehnt zu fühlen, nicht akzeptiert zu sein. Überwiegt dieses Bestreben nach Nähe im Frontalunterricht, dann schweift der besorgte Blick ständig über die Klasse, ob vielleicht jemand kritisch oder gar feindselig guckt. Störungen werden als persönliche Angriffe wahrgenommen, die zeigen, dass man nicht mehr „liebgehabt" wird. Die Unterrichtsführung orientiert sich stark an den Reaktionen der Kinder, die Lehrkraft versucht in der Interaktion mit der Klasse so häufig und intensiv auf die Kinder einzugehen wie möglich. Stoff einfach durchzuziehen ist ihr unmöglich.

Eine große Gefahr im Frontalunterricht kann für Lehrkräfte mit dominierender Nähe-Tendenz darin liegen, dass das Thema „Wie komme ich an?" Übergewicht erhält. Alle Impulse und Strukturierungen gegenüber der Klasse orientieren sich unbewusst am Kampf um die Liebe und Anerkennung durch die Klasse. Dabei wird das Du wichtiger als das Ich. Das „trennende" Fordern fällt ihr schwer, sei es auf der Ebene der Sachansprüche (Kinder könnten sich überfordert fühlen), sei es beim Herstellen von Disziplin durch Verbieten und Nein-Sagen (die Kinder könnten sich verletzt fühlen). Wird dennoch einmal eine Strafe verhängt, „vergisst" die Lehrkraft, sie auch einzuhalten und zu kontrollieren. Einen Lehrervortrag konsequent und ohne Unterbrechung den Schülern zu offerieren, fällt ihr schwer. Lieber geht sie sofort auf Fragen oder Unterbrechungen ein, um die Aufmerksamkeit zu sichern. Unbewusst wird phantasiert: Wenn ich jemanden zurückweise, verliere ich seine Liebe. Das kann in einer grenzenlosen Selbstüberforderung enden oder bis hinein in die Depression führen.

Aber auch diese Tendenz hat ihren unschätzbaren Wert: Sie befähigt zum Eingehen auf die emotionalen Bedürfnisse von Kindern und Jugendlichen. Eine Lehrkraft mit gut entwickelter Nähe-Tendenz vermittelt den Lernenden im Unterricht das Gefühl, angenommen zu werden, sich geborgen zu fühlen, wahrgenommen und „berücksichtigt" zu werden. Die Interaktion mit der Klasse ist geprägt von Offenheit gegenüber Kontaktwünschen und Aufgeschlossenheit für die Belange der Gemeinschaft. Schlimm ist es für solche Lehrkräfte, wenn ihre Bereitschaft zur Nähe von Schülern und Schülerinnen ausgenutzt wird und wenn sie als Schwäche und fehlende Durchsetzungskraft interpretiert wird. Aber die Fähigkeit zur Fürsorge, zum Mit-Tragen und gelegentlich zum Mit-Leiden, die Hilfsbereitschaft und das Verständnis für die Lernenden schaffen eine Atmosphäre im Unterricht, die das Lernen fördert, die Menschen wahrnimmt und die Gefühle respektiert.

• Grundtendenz *System/Ordnung* – oder: „Wohin kämen wir, wenn..."

Bei Lehrkräften mit dominierender Tendenz zu System und Ordnung zeigt der Frontalunterricht klare Abläufe, Regeln und Gewohnheiten. Unbewusst herrscht jedoch in der Lehrkraft eine Angst vor Neuem, Unbekanntem, Spontanem, ja Chaotischem vor. Wenn schon Gruppenarbeit, dann mit sehr eng eingegrenzten und klar formulierten Aufgaben. Erfolge müssen überprüfbar sein. Deshalb wird der Frontalunterricht bevorzugt: Hier kann man alles im Blick haben, kontrollieren und überwachen. Die Tendenz zur Ordnung kann sich auch darin ausdrücken, dass Rituale zu Zwangshandlungen verkommen und Kontrollen pedantisch werden (akribisches Notieren von Störungen, zwanghaftes Aufräumen, Tafelwischen). Wichtiger als die Lebendigkeit in der Interaktion während des Unterrichtes ist, dass sich nichts der Macht und Kontrolle des Lehrers entzieht. Die Beziehung zu den Schülern und Schülerinnen ist nicht selten geprägt von diesem Kampf um Überlegenheit. Andererseits: Die Lehrkraft macht alles „richtig", aber es bleibt nur „korrekt" untereinander. Die Beschwerde gegenüber einer Klassenarbeit in der 5. Stunde z. B. wird „abgebügelt", juristisch einwandfrei: „Eine Mathearbeit darf bis zur 5. Stunde geschrieben werden. Tobt gefälligst vorher nicht soviel rum!" Die Schüler schweigen und nehmen es hin.

Eine Gefahr für die Interaktion im Frontalunterricht liegt vor allem darin, dass unter dem Deckmantel der Sicherung von Ordnung und Regeln feindselige Gefühle und Machtansprüche agiert werden. Sadistisch-quälerische Züge kann dies annehmen, wenn die Lehrkraft z. B. einen unaufmerksamen oder störenden Schüler an die Tafel ruft, um ihn der Klasse in einer Prüfungssituation „vorzuführen", ihn bloß zu stellen und zu disziplinieren. Frontalunterrichtliche settings sind dazu besonders „geeignet". Auch rigide Disziplinarmaßnahmen, pedantische Fehlersuche, permanente Anmahnung von Pflichten u. ä. können Resultat einer überstarken Tendenz zu Ordnung, Macht und System sein. Vor allem aber werden Achtung, Anerkennung und Wertschätzung der Schüler und Schülerinnen von deren Leistung abhängig gemacht, ein Kriterium, das von der Schule als Institution ohne Frage gefördert wird.

Aber auch diese Tendenz hat ihre Vorzüge, wenn sie in vernünftigem Ausmaß realisiert wird: Die Lehrkraft ist für die Schüler berechenbar, sie ist nicht inkonsequent und sie hängt ihr Mäntelchen nicht nach dem (Schüler-) Wind. Begründungen für Maßnahmen und Urteile sind exakt und korrekt, zuverlässig und klar. Die Lehrkraft gibt für den Unterrichtsverlauf bindende Orientierungen, vermittelt den Lernenden Halt und Verläss-lichkeit, scheut sich auch nicht, den Unterricht zu „führen". Sie übernimmt ganz klar die Verantwortung und schiebt den Lernenden keine unangemessenen Entscheidungen zu. Man kann sich auch darauf verlassen, dass sich ein Standardablauf der Unterrichtsstunde einspielt. Aber die Beziehungen bleiben doch oft unpersönlich, anonym, karg und manchmal auch starr, – ganz im Gegenteil zur folgenden Tendenz.

● Grundtendenz *Freiheit und Spontaneität* – oder: „Jede Stunde ein Gag ..."

Ist die Tendenz zu Freiheit und Spontaneität als Gegenpol zum Ordnungs- und Systembedürfnis sehr stark ausgeprägt, finden wir einen Frontalunterricht vor, der vom Entertainment der Lehrkraft lebt. Sie liebt im Unterricht die Abwechslung, ja das „Spontihafte". Die Devise lautet: „Hauptsache lebendig, und ich im Mittelpunkt." Das fördert die Tendenz zu frontalen Unterrichtsphasen, in denen die Lehrkräft schauspielern und „glänzen" kann (und sie macht es meist auch „glänzend"!). Die unbewusste Freiheits- und Spontaneitätstendenz spiegelt dabei die Angst vor Einengung, Festlegung und Starrheit. Diese Tendenz sucht das Veränderbare, Neue, das Risiko, die Nicht-Festlegung. Dabei kann es passieren, dass nichts richtig zu Ende geführt wird. Der Spannungsbogen einer Frontalunterrichtsstunde ist stark, aber er lebt von den Knüllern, die die Lehrkraft einbringt. Solche Lehrkräfte können begeistern, mitreißen, sind oft voller Temperament und Phantasie. Der Unterricht lebt auch über weite Strecken von der Improvisation, vom Ideenreichtum und von der Unbekümmertheit der Lehrkraft. Das wiederum kann dazu führen, dass die Zeitplanung des Unterrichtes (ohnehin nicht die starke Seite der Lehrkraft) völlig durcheinander gerät.

Die Beziehungen zu den Schülern und Schülerinnen sind durchaus emotional, aber die Lehrkraft hat Probleme, dies über längere Zeit durchzuhalten. Kinder leiden dann darunter, dass sie heute so morgen anders von der Lehrkraft behandelt werden. Einerseits werden Lernende stark angesprochen, weil sich die Lehrkraft jungen Menschen begeistert zuwenden kann. Sie ist kontaktfreudig und aufgeschlossen. Andererseits werden Kinder wie heiße Kartoffeln fallen gelassen, wenn es tieferliegende Probleme gibt, wenn Konstanz, Zuverlässigkeit und Unverbrüchlichkeit in den Beziehungen gefragt sind. So kann der gesamte Frontalunterricht zur bloßen show werden, die vor allem der Selbstdarstellung (einer oft genialen) Lehrkraft dient. Die vorherrschende Inkonsequenz pädagogischer Maßnahmen und die fehlende Eindeutigkeit der unterrichtlichen Schritte wirkt auf Schüler und Schülerinnen oft wie Aprilwetter und chaotisiert die unterrichtliche Atmosphäre. Auch hat die Lehrkraft Angst vor längerfristig verbindlichen Unterrichtsformen, ebenso vor verbindlichen Ritualen. Oft hat man den Eindruck, dass es mehr um die Eitelkeit und das Ansehen, den Glanz und das Ansehen der Lehrkraft geht als um die Bedürfnisse der Schüler und Schülerinnen.

Aber auch diese Tendenz hat gewichtige Vorteile. Es liegt auf der Hand, dass eine Lehrkraft, die durchaus über schauspielerische Qualitäten verfügt, Schüler fesseln und begeistern kann. Ihr Witz, ihr Einfallsreichtum und ihre Freiheitsliebe machen den Unterricht aufregend und spannend, besonders wenn die ganze Klasse zusammen ist. Ist die Lehrkraft einmal wütend, so reichen ihre Aggressionen nicht sehr tief und sind schnell vergessen. Sie trägt nichts nach. Außerdem ist sie schöpferisch und einfallsreich, was ihren Lehrervortrag ebenso wie ihren fragend-entwickelnden Unterricht lebendig und abwechslungsreich machen kann. Kontaktfreude (die allerdings nicht in die Tiefe geht), Lebendigkeit (die wenig selbstkritisch ist) und die Kunst, Schüler zu fesseln (die leicht an das Imponiergehabe reicht) bestimmen die Interaktion im Frontalunterricht, der vorzugsweise gewählten Bühne der Lehrkraft.

Man könnte nun lange diskutieren, welche Grundtendenzen heute bei den Lehrkräften vorherrschen. Sicher waren es früher eher die Distanztypen und zwanghaften Ordnungsfanatiker. Heute scheinen mir eher Tendenzen zur Nähe (vor allem bei jungen Lehrern und Lehrerinnen, Referendaren und Schulpraktikanten) vorzuherrschen. Ihr unbewusstes Thema ist vor allem das Streben nach Liebe und Anerkennung durch die Schüler und Schülerinnen. Aber es könnte auch sein, dass eine junge Generation in die Schulen kommt, die eher zu Ordnungstendenzen neigt. Dafür würden die konservativen Wertvorstellungen in der Jugend sprechen, wie sie die Shell-Studien der letzten Jahre aufgedeckt haben.

Nach unseren bisherigen Ergebnissen braucht aber der Frontalunterricht durchaus

a) Lehrkräfte, die ihre Spontaneität, ihre Fähigkeit zur Freiheit und sogar zum entertainment im Sinne einer begeisternden Schauspielkunst fruchtbar machen, und

b) Lehrkräfte, die klare und verbindliche Ordnungen und Strukturen durchhalten und einfordern, – neben solchen, die Sache betonen und nicht in den Nähewünschen aller Beteiligten untergehen.

6. Die Perspektive: Frontalunterricht in offene Unterrichtsformen integrieren

Fassen wir nun die wesentlichen Ergebnisse der vorherigen Kapitel zusammen und ziehen wir die notwendigen Konsequenzen, um Perspektiven für die weitere Entwicklung des Verhältnisses von Frontalunterricht und offenen Unterrichtsformen zu gewinnen. Damit ist die Richtung angegeben, in die sich wissenschaftliche Didaktik und Schulpraxis m. E. entwickeln müssten. Viel wäre schon erreicht, wenn sich allein das quantitative Verhältnis von Frontalunterricht und offenen Unterrichtsformen verändern würde. Viel wäre aber auch gewonnen, wenn der Frontalunterricht endlich nach neuesten Standards (vgl. Kap.4) praktisch gestaltet würde. Doch zunächst: Wie können Frontalunterricht und offener Unterricht sinnvoll verbunden werden?

Was heißt offene Unterrichtsformen?
Wenn Heranwachsende (z. B. im Rahmen des Konzeptes der sog. „Schlüsselqualifikationen") heute verstärkt Verantwortungsbereitschaft, kommunikative Kompetenzen, Kooperationsfähigkeit, Selbstständigkeit usw. lernen sollen, muss die Schule entsprechende Unterrichtsformen anbieten. Allein im Frontalunterricht können Schlüsselqualifikationen nicht erworben werden. Die Notwendigkeit selbstgesteuerten und selbstverantworteten Lernens ist vielfach begründet worden, sowohl gesellschaftlich als auch lerntheoretisch und von einer modernen Bildungstheorie her. (Greif/Kurz 1998, Konrad/Traub 1999, Diedrich 1999) Ich kann diese Begründungen für eine neue Lernkultur (insbesondere nach dem schlechten Abschneiden Deutschlands in den internationalen Vergleichsstudien TIMSS und PISA) hier voraussetzen.
Offene Unterrichtsformen sind Teil der Gestaltung von „Lernumgebungen". Während *geschlossene* Lernumgebungen (Sacher 2002, 393) den Stoff hierarchisch gliedern, Informationen im schrittweisen Nacheinander präsentieren, eine enge Zeitstruktur haben, einem traditionellen Ablaufschema folgen und von der direkten Führung der Lehrkraft abhängen, haben *offene* Lernumgebungen eine explorative Struktur, der Stoff ist „flacher" gegliedert, der Zeitrahmen flexibler, die Reihenfolge der Lernhandlungen und die Bemessung der Lernzeiten werden stärker den Lernenden selbst überlassen. Offene Lernumgebungen zeichnen sich aber auch durch qualitativ angemessene Lernhilfen und Unterstützungsangebote aus, durch gezielte Beratung seitens der Lehrkraft und methodisch kompetente, motivierte und leistungsfähige Lerner. Diese Kompetenzen werden aber nur vermittelt, wenn langfristig „starke Lernumgebungen" (ebd. 394) aufgebaut werden,

d. h. wenn konkrete, lebensnahe, realistische Situationen mit starkem Bezug zur Lebenswelt der Lerner (authentische Problemsituationen mit geringer Strukturierung) so oft wie möglich im Mittelpunkt des Unterrichtes stehen.

Bei der Gestaltung von Lernumgebungen heißt „offen" dann konkret, dass der Unterricht

- offen für die Mitplanung durch die Lernenden ist: Die *Lernziele* sind nicht einfach vorgegeben, sondern aushandelbar;
- offen für themenbezogene Wünsche und Interessen der Lernenden ist: *Inhalte* sind wählbar, u. U. sogar selbst bestimmbar;
- offen gegenüber individuellen Lernbedürfnissen der Schüler und Schülerinnen ist: Die *Lernverfahren* sind nicht starr und vorfixiert, sondern variabel;
- offen für die *Kontrolle und Evaluation* der Arbeit durch die Lerner ist: Selbstverantwortung und Metakognition werden betont;
- offen und flexibel im Arrangement der *Sozialformen* ist: unterschiedliche Sozialformen ergänzen sich funktional;
- offen für eine neue *Rolle der Lehrkraft* ist: Instruieren, anleiten, führen, unterweisen stehen gleichberechtigt neben zurückhaltendem Beraten, helfen, ermutigen und unterstützen;
- offen gegenüber unterschiedlichen *Lernzeiten* der Lerner ist: Lernzeit ist nicht frontalunterrichtlicher Einheitstakt, sondern „Eigenzeit";
- langfristig das selbstgesteuerte Lernen anstrebt: auf offenen Wegen, mit offenen Lernangeboten und eigener Verantwortung der Lerner.

Bedeutet dieser „fortschrittliche Sammelkatalog" nun die Abschaffung des Frontalunterrichtes? Keineswegs. Wie wir in diesem Buch durchgehend gesehen haben, wandelt sich allerdings das Verständnis von Frontalunterricht. Er wird von der traditionellen, nahezu alleinigen Unterrichtsform mit Allzweckcharakter zu einer Unterrichtsphase, die in ein Gesamtkonzept offenen Unterrichts integriert ist und dort ebenso begrenzte wie unverzichtbare Funktionen hat (vgl. Kap. 3). Das Geschehen im Klassenraum entwickelt sich vom „kreidelastigen Demonstrationsunterricht" (Baumert/Köller 2000) zur Methodenvielfalt, von der überbetonten Vermittlung des Fach- und Faktenwissens zum eigenständigen Denken und Arbeiten der Schüler und Schülerinnen, vom Anfüllen der Schülerköpfe mit Wissensbruchstücken zur Vernetzung und Wissensanwendung, von der Dominanz des fragend-entwickelnden Unterrichtes zur Unterstützung und Anregung selbstgesteuerter Lernprozesse bei den Schülern. Kurz: das Konzept des Lehrens tritt zugunsten des Lernens in den Hintergrund. Dabei gibt es nicht den „Königsweg" für gelingendes Lernen. Weder Gruppenarbeit, Freiarbeit oder Projektunterricht sind Garanten für den Aufbau von Wissen, Kompetenzen und Motivation. Keine Sozialform allein macht effektiven Unterricht aus. Die effektivste Form des Unterrichtes ist die Integration unterschiedlicher methodischer Elemente.

Was heißt Integrieren?

Integration setzt die Vereinbarkeit von *Instruktion* durch die Lehrkraft und *Konstruktion* der Lernprozesse durch Schüler und Schülerinnen voraus (vgl. 3.4: lernpsychologische Grundlagen). Die Kunst besteht in der Balance von Instruktion und Konstruktion, denn Wissenserwerb durch Unterricht gelingt weder allein mit dem „Transportbandverständnis" noch im autonomen völlig individualisierten Lernen. Wenn es um das Ziel einer kompetenten, handlungsfähigen Persönlichkeit geht, ist ein komplexer Methodeneinsatz erforderlich (Peterßen 1999, 14 f.). Alleiniger Frontalunterricht ist nicht in der Lage, die heute nötige Sachkompetenz, Sozialkompetenz, Methodenkompetenz und Moralkompetenz zu vermitteln.

Die neuere empirische Lernforschung hat überzeugend belegt, dass zum Erreichen solcher multiplen Ziele verschiedene Methoden mit unterschiedlichen Akzenten eingesetzt und miteinander verbunden werden müssen: direkte Instruktion, offener Unterricht, Projektarbeit, Teamarbeit und individualisiertes selbstständiges Lernen (Weinert 1998, 122 f.). Vernetzte Wissensstrukturen entstehen durch unterschiedliche Zugänge zu einem Thema. Weidenmann (2002, 47) gebraucht dazu ein anschauliches Bild: Bewegt sich der Frontalunterricht unisono durch den Stoff, zügig und ohne Zeitverlust, dann müssen wir uns nicht wundern, wenn viele Schüler „nur Schnappschüsse im Kopf haben, Wissenssplitter, unverarbeitetes Material. Es wurde kein dichtes Wissensnetz geknüpft, kein flexibles Wissen konstruiert. Stattdessen liegen die Fäden, die der Lehrende zum Knüpfen ausgegeben hat, ungeordnet herum, vielleicht sind einige Knoten und Verbindungen entstanden, aber andere Fäden hängen lose und führen nirgendwo hin. Wenn man diese Lernenden befragt, können sie Fäden benennen. Doch die Konstruktion eines Netzes ist fehlgeschlagen... Weil das Netz nicht geknüpft wurde, kann es auch nicht für das Verstehen anderer Themen genutzt werden."

Integration heißt nicht lediglich Addition, mal dieses – mal jenes. Wenig gewonnen wäre, wenn der Gesichtspunkt der bloßen Abwechslung im Vordergrund stünde. Natürlich beugt allein methodische Abwechslung der Langeweile im Unterricht vor, aber Integration meint mehr. Es geht um ein qualitativ bestimmbares Verhältnis der verschiedenen Formen des Unterrichtes zueinander. Dieses kann komplementär sein (Weinert 1998): Was der Lehrervortrag leistet (z. B. die Erklärung eines Sachverhaltes, die Vermittlung von Basisinformationen) wird genutzt, aber zugleich in seinen Grenzen gesehen. Ergänzend muss z. B. die selbsttätige Verarbeitung, Vertiefung oder Anwendung in Kleingruppen eingeplant werden. Gruppenarbeit liegt in diesem Fall „im mittleren Bereich zwischen

Frontalunterricht mit hoher Lehrersteuerung auf der einen Seite und selbstgesteuertem Lernen mit weitgehender Selbstkontrolle der Lerner auf der andern ..." (Nürnberger Projektgruppe 2001, 14). Je nach Zielsetzung, inhaltlichen Anforderungen, Lernvoraussetzungen und bereits erworbenen Kompetenzen ergänzen sich die verschiedenen Formen, sie sind *komplementär*. Es dürfte kaum eine Unterrichtsform geben, die alle o.a. Kompetenzbereiche gleichzeitig in vollem Umfang abdeckt. Noch einmal in einem Bild: Der Frontalunterricht liefert das Baumaterial (= Instruktion), die Verarbeitung (= Konstruktion) erfordert möglichst authentische Situationen, herausfordernde Probleme, Aktivität der Lernenden und oft auch Kooperation.

Integration meint diese Bezogenheit der unterschiedlichen Unterrichtsformen und Phasen: Sie sind so verzahnt, dass
a) eine Form auf die andere angewiesen ist, isoliert also ein Torso wäre, und andererseits
b) jeweils eigene Lernprozesse mit eigener Qualität in den verschiedenen Lernformen und Unterrichtsphasen unterscheidbar sind.

Eines ergibt sich aus dem andern, erst das Gesamt„konzert" der Unterrichtseinheit bringt diese Integration hervor. Wenn in einer Unterrichtseinheit über den Lehrsatz des Pythagoras (s. u.) die Hinführung zum Problem den Anfang bildet, so folgt darauf die eigene Suche nach Lösungen in Tandems, die Lösungen werden im Klassenplenum diskutiert. Nachdem die Schüler in der anschließenden Gruppenarbeit zur Formulierung der Gesetzmäßigkeit in einer Sackgasse gelandet waren, führt die Lehrerin die Sache weiter in einem gelenkten, fragend-entwickelnden Gespräch mit der Gesamtklasse, bis der Satz des Pythagoras an der Tafel steht; nach der gemeinsamen Erarbeitung erfolgt die Ergebnissicherung durch schriftliche Einzelarbeit. Jeder Abschnitt hat seine spezifische Qualität und dient dem Ganzen. Frontalunterrichtliche Phasen sind begrenzt, aber didaktisch legitimiert und in ihrem Stellenwert überzeugend angelegt. Frontale Instruktion, Erarbeitung und Führung durch die Lehrerin sind in produktive und kooperative Arbeitsphasen der Schüler und Schülerinnen integriert. Der Wechsel von Rezeptivität und Aktivität spiegelt sich im Arrangement der verschiedenen Sozialformen.

An zwei unterschiedlichen Beispielen möchte ich deshalb abschließend untersuchen, wie die Integration frontalunterrichtlicher Phasen in offene Unterrichtsformen praktisch aussehen kann. An die Darstellung des Beispiels schließen sich einige didaktische Überlegungen zum Stellenwert frontaler Phasen an.

Erstes Beispiel: Der Lehrsatz des Pythagoras, 8. Schuljahr Realschule

Im Rahmen einer insgesamt 19 Stunden umfassenden Unterrichtseinheit war das Ziel nicht nur das Kennenlernen des Lehrsatzes, sondern das „Beweisen" als grundlegende Methodologie der Mathematik (Nölle u.a. 1997, 44 ff.) Ich beschränke mich hier auf die ersten fünf Stunden.

Erste Stunde: Die Lehrerin wählt einen *handlungsorientierten Einstieg* in das Thema: Die Schüler erhalten Knotenseile verschiedener Länge mit zwölf in gleichen Abständen angebrachten Knoten und sollen versuchen, rechtwinklige Dreiecke aus ihnen aufzuspannen (eine Technik, die beim Landvermessen im alten Ägypten verwendet wurde). Ob sie die Lösung in den sich anschließenden Kleingruppen finden (3–4–5)? An der Tafel werden die Ergebnisse in eine Tabelle eingetragen („Knotenabstände bei rechtwinkligen Dreiecken"). Die Schüler diskutieren die Frage, warum das nicht immer gehe, mit beliebigen Zahlentripeln.

Zweite und dritte Stunde: In der nächsten Stunde beginnt die Lehrerin den Unterricht mit einem gut vorbereiteten, anschaulich präsentierten und spannenden *Lehrervortrag* über Pythagoras und seine Zeit. Der Vortrag endet damit, dass sich die Lehrerin einen Zauberhut aufsetzt, sich als Freund des Pythagoras ausgibt, der einen Trick beherrsche. Sie greift wahllos aus einem Haufen zwei farbige Pappquadrate heraus und behauptet dass sie nur mit Schere, gerader Leiste (ohne Maßeinheiten!) und einem Tisch aus neuer Pappe dasjenige Quadrat herstellen könne, das genauso groß ist wie die beiden vorherigen zusammen. Die Lehrerin verschwindet hinter einer Stellwand (legt die Quadrate rechtwinklig an eine Tischkante und misst zwischen den freien Ecken die Länge der Hypotenuse aus, mit der sie leicht das entsprechende Quadrat zurechtschneiden kann). Nach mehrfacher Wiederholung sind die Schüler perplex und brennen darauf herauszufinden, wie der Trick funktioniert *(Partnerarbeit)*. Die anschließende *Plenumsphase* zeigt, dass die Suche wenig ergiebig war. Wieder greift die Lehrerin zum Mittel des *Vortrages*, indem sie für alle gut verständlich an der Tafel vorführt, wie die Sache funktioniert. In *Einzelarbeit* produzieren die Schüler nun das gesuchte Quadrat gemäß dem verstandenen Trick und kleben die Ergebnisse in ihre Hefte.

Vierte und fünfte Stunde: Die Stunde beginnt mit einem kurzen *Lehrervortrag*, der den Sachverhalt im Sinne einer Ergebnissicherung noch einmal erläutert und die Begriffe Kathete und Hypotenuse erklärend einführt. Ein *gelenktes Gespräch* mit fragend-entwickelndem Charakter schließt sich an, um das Gesehene nun sprachlich in einem Lehrsatz zu fassen. Lange wird an der Formulierung gefeilt, bis sie stimmt. Von der Tafel werden dann in *Einzelarbeit* Zeichnungen und Lehrsatz (noch ohne algebraische Formulierung) in den Heften festgehalten. Jeder überprüft außerdem die Ergebnisse der eigenen Versuche rechnerisch. Die Ergebnisse werden in *Plenumsarbeit* an der Tafel festgehalten, wobei sich zeigt, dass sie in der Regel nur annähernd richtig sind. Die Lehrerin führt die Klasse nun zu der Arbeit mit den Knotenseilen zurück, indem sie den Zusammenhang zwischen Knotenseilen und dem Lehrsatz mit den Schülern gemeinsam herausarbeitet. Bis schließlich eine Schülerin sagt: „Wir wissen gar nicht, daß es für alle Dreiecke gilt, das müssen wir erst beweisen!" (Ebd. 55) Damit ist das entscheidende Stichwort für die nächsten Stunden gefallen, in denen es um die Vielfalt der Beweise geht.

Die Unterrichtseinheit umfasst bis zum Ende dann noch viele handlungsorientierte Elemente (z. B. einen Brief an Pythagoras schreiben), Lehrervorträge unterschiedlichster Art, fragend-entwickelnde Phasen, Gruppen-, Partner- und Einzelarbeit sowie eine gemeinsame Endauswertung der Unterrichtseinheit.

Was zeigt das Beispiel?
Deutlich ist bei diesem Unterricht die starke Lehrerlenkung und der rasche Wechsel mit kurzen Abschnitten der verschiedenen Sozial- und Arbeitsformen. Die Gruppen führen im wesentlichen Arbeitsaufträge der Lehrerin aus, sie brauchen selbst längerfristig keine Planungsstrategien zu entwickeln und anzuwenden, was sie in dieser Unterrichtseinheit offenbar auch nicht lernen sollten. Inhaltlich aber bietet die Lehrerin ein breites Spektrum entdeckender und problemlösender Versuche an, die einerseits stark motivieren (z. B. die Versuche mit den Knotenseilen), andererseits frustrieren und ratlos machen (z. B. Herausfinden, wie der Trick funktioniert). Aus dem Misslingen entsteht eine Bereitschaft, der Sache im Plenum mit anleitenden Impulsen der Lehrerin auf den Grund zu gehen. Die hier vorkommende Art von Gruppenarbeit oder Tandems ist ohne längerfristige Vorbereitung im Grunde in jeden Unterricht leicht einzubauen. Es zeigt sich aber auch, wie wichtig frontalunterrichtlichen Phasen sind.

Die gemeinsamen frontalunterrichtlichen Phasen haben in unserem Beispiel drei Funktionen:

1. Sie bereiten die selbstständige Arbeit der Schüler in unterschiedlichen Gruppierungen vor, indem sie Probleme aufzeigen, Staunen, Faszination und Spannung hervorrufen und daran anschließend Aufgaben stellen;
2. sie fassen zusammen, sichern und festigen Ergebnisse, indem sie Fragen präzisieren, Lösungen vergleichen, Offenes thematisieren, Ungeklärtes benennen;
3. sie erklären, geben neue Impulse und regen weitere Suchprozesse an, indem sie inhaltlich stringent an der Sache entlang führen und den roten Faden des Vorgehens sichern.

Produktive Schülerarbeit entsteht erst aus dem Frontalunterricht, – und umgekehrt: Frontale Phasen sind sozusagen angewiesen auf das, was die selbstständige Schülerarbeit erbracht hat, ein Wechselbezug also, bei dem sich Instruktion und Selbstkonstruktion im Lernprozess fruchtbar ergänzen. Das ist gemeint mit der Integration des Frontalunterrichtes. Die Schüler und Schülerinnen entdecken selber das Fragwürdige der von ihnen gefundenen „empirischen" Ergebnisse, sie suchen nach Begründungen und tun dieses selbstständig. Nicht ein künstlich von der Lehrerin etablierter äußerer Zwang treibt sie an, sondern im wesentlichen die Natur der Sache, an der sich alle Interventionen und Planungen der Lehrerin ausrichten. Die Dramaturgie des Unterrichtes zeigt eine gelungene Inszenierung, wirkungsvolle Präsentationen der Lehrkraft, gezielte Hilfen und Unterstützungen, aber auch klare Anleitungen zu Experimenten und eigenem Suchen, Forschen und Erproben. Informationsdarbietung und Informationsverarbeitung sind konsequent verbunden, eigenständiges Denken der Lernenden und Rezeption von Sachinformationen sind aufeinander angewiesen.

Schließlich fällt in diesem Beispiel auf, wie geschickt die Lehrerin die sonst so oft kritisierten Lehrervorträge in den Gang des Unterrichtes einbaut. Nicht nur die Originalität und der Ideenreichtum sind beachtlich, sondern auch die Fülle der Aktivitätsformen der Lehrerin: Sie erzählt, sie zeigt, sie veranschaulicht, sie behauptet und verrätselt, sie fragt und sammelt, sie demonstriert und erklärt, sie hinterfragt und insistiert, sie gibt Hinweise und macht Vorschläge, sie greift Schülerideen auf und verunsichert, sie lässt Sackgassen zu und ermuntert. Schade, dass man nicht weiß, wie die Körpersprache der Lehrkraft war, ihre Raumregie und ihr Klassenmanagement oder die Wirkungen ihrer Persönlichkeit...

Auch im folgenden Beispiel aus dem Englischunterricht wechseln die Arbeits- und Sozialformen häufig. Im Unterschied zum Pythagoras-Beispiel zeigt es aber eine stärkere Orientierung an den Schülerinteressen und -ideen, einen höheren Stellenwert selbstverantworteter Schüleraktivitäten und eine erheblich offenere Planung. Damit steigen die Anforderungen an Planungsfähigkeit, an kommunikative und kooperative Kompetenz, an eigenständiges und selbstorganisiertes Lernen der Schüler und Schülerinnen. Gruppenarbeit zum Beispiel dient nicht nur der Vorbereitung des nächsten, von der Lehrerin geplanten Schrittes, sondern öffnet immer wieder unvorhergesehene Horizonte.

Zweites Beispiel: Tea, Englisch im 8. Schuljahr

Ausgangspunkt für das Konzept dieser Unterrichtseinheit über etwa 8 Wochen war das Bemühen der Lehrerin, das klassische Anliegen des Englischunterrichtes als Sprachunterricht mit dem eigenen Forschen der Schüler und Schülerinnen im Sinne einer „Schule mit Werkstatt- und Laborcharakter" zu verbinden. (Vater

1997, 123 ff.) Der Unterricht in einer achten Hauptschulklasse war in der Planung, Durchführung und Auswertung nicht im Detail festgelegt, sondern sehr offen angelegt. Aus den einzelnen Schritten, aus den jeweiligen Erfahrungen der Schüler und Schülerinnen und den Ergebnissen sollten sich handlungsorientiert neue Fragen entwickeln, die jeweils Ausgangpunkt für die nächsten Schritte im Unterricht mit entsprechenden Sozialformen sein sollten.

Die Planungsphase. Die Lehrerin bringt eine große, von einer Teefirma gestiftete Original-Tee-Kiste mit in den Unterricht und fordert die Schüler und Schülerinnen auf, in der nächsten Zeit interessante Materialien zum Thema „tea" zu sammeln und mitzubringen. Die Schüler und Schülerinnen beteiligen sich erstaunlich aktiv an dieser vorbereitenden Sammelphase: Sie suchen nach Literatur in der Stadtbibliothek, entdecken Artikel in Magazinen, finden Poster, Dias, sammeln Teeproben und Verpackungen, fordern aus London englischsprachige Materialien an (!), sie entwickeln insgesamt eine große Sammelleidenschaft, Neugier und stellen bereits während des Sammelns zahlreiche Fragen an die Lehrerin. In einem ersten gemeinsamen Unterrichtsgespräch wird dann entschieden, zunächst in praktischen Versuchen der Frage nachzugehen, wie Tee schmeckt, ob er bitter ist, was die Bezeichnungen (grüner Tee, schwarzer Tee usw.) bedeuten.

Die Arbeit am Thema „tea". In Kleingruppen wird Tee gekocht, probiert, werden Verpackungen untersucht, wobei bereits zahlreiche englische Fachbegriffe festgehalten werden müssen. Ein erstes Erkundungsvorhaben zur eigenen Umgebung und Tee-Aufschriften auf Verpackungen wird von der Klasse gemeinsam beschlossen. Die Auswertung der Ergebnisfülle erweist sich als schwierig: In Tandems werden die Begriffe aufgelistet und in Wörterbüchern und Lexika nachgeschlagen, die Lehrerin hilft immer wieder bei der korrekten Aussprache der englischen Begriffe. Diese Auswertung führt zu neuen Fragen, die zunächst im Klassenplenum auf gelben Kartonstreifen festgehalten wurden und Grundlage für spätere Arbeitsschritte sein sollten.

Um die Fülle der bereits bis hier erarbeiteten Ergebnisse festzuhalten, verteilt die Lehrerin ein Arbeitsblatt mit Leitfragen und Einordnungskriterien, z. B.: 1. Ordne und notiere die unterschiedlichen Teesorten nach ihrem Ursprungsland, 2. Unterscheide nach Blattgraden (mit Beispielen). In individueller Einzelarbeit werden die Aufzeichnungen angefertigt und anschließend in die Schülerhefte mit Reinschrift übertragen. Parallel dazu setzen Schüler und Schülerinnen die sie selbst interessierenden Erkundungen fort (z. B. Interview in einem Teegeschäft, Fachbücher wälzen, Beschäftigung mit Gerbstoffen, Tannin, Coffein, Teein).

Weil die Schüler und Schülerinnen immer mehr die Frage nach dem Geschmack unterschiedlicher Teesorten stellen, wird nun in einem gelenkten Unterrichtsgespräch ein Versuchsaufbau erarbeitet, der zur genaueren Überprüfung des Teegeschmackes dient. Dabei müssen die Experimentiergruppen unter vergleichbaren Bedingungen arbeiten (Teemenge, Zeit für das Ziehen, Vergleich von Farbe und Geschmack in verschiedenen Zeitabständen usw.). Außerdem müssen sie lernen, die Versuchsergebnisse zu protokollieren und zu dokumentieren. Dies wird durch eine Matrix erleichtert, die die Lehrerin erarbeitet hat und als Lernhilfe kopiert an die Gruppen verteilt.

Die Gruppen arbeiten selbstständig, engagiert und halten die Ergebnisse in einer vorher besprochenen Matrix fest. Weil eine Gruppe auch mit lauwarmem Wasser experimentiert (mit schlechtem Ergebnis), entsteht als weiteres Interesse das Formulieren von Rezepten („How to Make a Good Cup of Tea"), das später von der Lehrerin als eigener Arbeitsschritt aufgegriffen wird. Für den Fremdsprachenunterricht zentral ist das von der Lehrerin angeleitete Umsetzen der Kladde-Aufzeichnungen der Experimentierphase in die Fremdsprache. Sie unterstützt es durch binnendifferenzierende Maßnahmen (z. B. leistungsstarke Jugendliche in Gruppen zusammensetzen, anderen Gruppen gezielte Hilfen geben).

Wieder entsteht eine Fülle neuer Fragen der Schüler und Schülerinnen: Was geschieht auf Teeplantagen? Was passiert zwischen Pflücken und Verpacken, was ist Kräutertee, was ist Kolonialherrschaft, was sind Opiumkriege, wie läuft der Teehandel? U.v.a. Nun greift die Lehrerin verstärkt ein, weil diese Fragen nur begrenzt durch eigenes Forschen der Schüler und Schülerinnen klärbar sind. Sie hält die Fragen im Frontalunterricht fest und sammelt Vermutungen zu den Fragen, diskutiert sie mit den Schülern und Schülerinnen. Als neues Element vermittelt sie dann wichtige Antworten auf Arbeitsblättern, die sie in englischer Sprache selbst gestaltet hat. Die Schüler bearbeiten sie, die Ergebnisse werden im Frontalunterricht besprochen. Immer wieder werden auch englischsprachige Texte verwendet, z. B. zur Entstehung des Begriffes „tea", zu den Wurzeln der Teekultur oder zum berühmten Rennen der beiden Teeclipper „Ariel" und „Teaping" im Jahre 1866 (mit immerhin 710 englischen Wörtern!). Schließlich war es kein sachkundlicher Unterricht, sondern Englischunterricht....

Den Abschluss der Unterrichtseinheit bildet die Lektüre und Bearbeitung relativ anspruchsvoller englischer Texte mit Vokabellisten, Semantisierungshilfen in Form von Bildern und Skizzen und Ergebnissicherung in der Form von Zuordnungsaufgaben (z. B. Behauptungen der Kapitäne dem tatsächlichen Rennverlauf der Tee-Schiffe zuordnen).

Was zeigt das Beispiel?

Insgesamt baute die Unterrichtseinheit auf handlungsorientierte Phasen, aus denen sich die Versprachlichung notwendig ergab, und zwar nicht lösgelöst von der intensiven Erforschung der Sache. Komplexe Inhalte wurden fremdsprachlich bewältigt, Leseverstehen wurde ebenso entwickelt wie die mündlich produktiven Fähigkeiten etwa in der Vorgangsbeschreibung in der Teezubereitung oder beim Verbalisieren von Versuchsergebnissen. Wesentlich für dieses Beispiel ist, dass Informationen aufgrund authentischer Fragen aktiv beschafft wurden, nicht aber den Lernenden in der Form vorgegebener Texte einfach übergestülpt wurden.

Der Frontalunterricht tritt zwar gegenüber den selbstständigen Arbeiten der Schüler und Schülerinnen stark zurück, aber gerade dadurch erhält er einen zentralen Stellenwert, – etwa nach dem Motto: „Weniger ist mehr." Er wird unverzichtbar, indem er Service-Charakter gewinnt. Was an Fragen im selbstständigen Erkundungs-, Experimentier- und Forschungsprozess der Klasse entsteht, muss gesammelt und festgehalten werden. Strategien der Bearbeitung und Problemlösung müssen gemeinsam gesucht werden. Das ist die Grundlage für weitere Unterrichtsschritte. In einem weitgehend offenen Unterrichtsprozess können die Lernenden selber mitbestimmen, was erforscht und bearbeitet werden soll. Jetzt wird auch verständlich, warum es am Anfang keine traditionelle Unterrichtsplanung geben konnte: Offene Unterrichtsformen sind prozessabhängig und erfordern ein Höchstmaß an Flexibilität, ohne die zentralen Unterrichtsziele aus dem Auge zu verlieren.

Die Einbindung frontaler Phasen erfolgt nach einem Verfahren, das in der Lernforschung und neueren Didaktik sehr anschaulich das „Sandwich-Prinzip" genannt wird (Konrad/Traub 1999, 90 f.). Der methodische Ablauf des Unterrichts ist so angelegt, dass sich (wie bei einem Sandwich) verschiedene Lagen ergeben:

- Zunächst eine Phase der *Information* (die Lehrkraft stellt das geplante Unterrichtsvorhaben dar und vermittelt die wesentlichen Informationen, die Lernenden sind eher rezeptiv),
- dann als zweite „Schicht" eine Phase der *Verarbeitung* dieser Informationen durch die Lernenden (die Schüler und Schülerinnen setzen sich mit den Vorschlägen oder Informationen auseinander, sie sind aktiv statt rezeptiv; in unserem Beispiel führte dies sehr schnell zur Beteiligung am Sammeln von Materialien und zu zahlreichen Fragen rund um das Thema tea).
- Es folgt – als nächste Lage des Sandwiches – wieder eine *Informationsphase:* Die Schüler und Schülerinnen sind irritiert über die Fülle der Geschmacksrichtungen, das zeigen ihre skeptischen Fragen. Die Lehrerin erklärt, übersetzt, informiert über Begriffe und hilft, konkrete Fragen zur Weiterarbeit zu formulieren. Dies führt zur nächsten Lage des Sandwiches:

– In einer erneuten *Verarbeitungsphase* stehen auf dem Programm: Schüler-
experimente zum Teegeschmack, Erkundungen zu den Begriffen auf den Verpackungen u.a.m. So wird der bisherige Wissensstand erweitert und vertieft.
– Es schließt sich wieder eine *informativ-strukturierende* Phase der Lehrkraft in
einem frontalunterrichtlichen Setting an, in der die erarbeiteten Ergebnisse der
Experimentierphase für alle gemeinsam festgehalten werden (Unterrichtsgespräch, Arbeitsblätter, dann auch Einzelarbeit).

Obwohl die „Schichten" des Sandwiches durchaus unterschiedlich „dick" sind,
ist das Prinzip deutlich: Ein vernetzendes Denken bei den Lernenden wird aufgebaut, indem Informationsaufnahme und Selbstkonstruktion von Wissen zu je
eigenen Pfaden im Lernprozess der Individuen führen. Die Informationsaufnahme ist aber nicht wie im traditionellen Frontalunterricht eine eigenständige oder gar isolierte Phase der bloßen „Darbietung", der dann (wenn es gut geht)
eine Phase der individuellen Verarbeitung folgt. Vielmehr wird die Informationsaufnahme hier beeinflusst und gesteuert durch vorher selbst gestellte Fragen der
Lernenden. Einleuchtend ist darum die Feststellung, dass die Informationsaufnahme wesentlich aktiver ist: Sie aktiviert subjektiv vorhandenes Wissen,
knüpft an selbst gestellte Fragen an, sucht beim Aufnehmen der Informationen
den Bezug zu eigenen Antworthypothesen, selektiert also die Informationen nach
Bedeutung (ohne sie pauschal zu schlucken, als „träges Wissen" abzuspeichern
und dann unverdaut wieder auszuscheiden). Durch diese Multiperspektivität
wird das Gehirn angeregt, ständig Wissensbausteine zu kombinieren, das Netz
immer dichter zu stricken und es mit authentischen Erfahrungen anzureichern.

Frontale Phasen im Beispiel tea haben folgende Funktionen.

• Vorstellung und Planung des gemeinsamen Vorhabens im Gesamtverband der
Klasse;
• Vermittlung des notwendigen Sachwissens für die Arbeit an *alle* Schüler und
Schülerinnen während der gesamten Unterrichtseinheit;
• Sammeln neuer Schülerinteressen, die mit großer Offenheit frontalunterrichtlich aufgenommen und festgehalten werden, wobei die traditionellen
Medien wie Tafel, Wandzeitungen etc. sinnvoll genutzt werden. Im Unterschied zum Pythagoras-Beispiel weiß aber keiner ganz genau, welchen Verlauf
der Unterricht nehmen wird, – ein aufschlussreiches Beispiel für entdeckendes, forschendes Lernen;
• Betonung des *gemeinsamen* Lernvorhabens der Klasse: In den frontalunterrichtlichen Phasen sorgt die Lehrerin dafür, dass die Bearbeitung von Einzelthemen nicht zu einer Zersplitterung und zum Spezialistentum führt, das De-
tailkenntnisse produziert, aber den Themenzusammenhang aus den Augen
verliert und zerstört. Frontalunterricht führt zum Bewusstsein eines gemeinsamen Vorhabens;

- Sicherung von Ergebnissen der jeweiligen Unterrichtsabschnitte (auch üben) durch Unterrichtsgespräche oder Erläuterung von Arbeitsblättern, die dann individuell bearbeitet werden;
- bewegliche Organisation der Arbeitsschritte, die sich aus den Schülerfragen, neuen Interessen, aber auch aus den Lehrzielen der Lehrerin ergeben. Diese Koordinationsfunktion frontalunterrichtlicher Phasen ist von großer Bedeutung, gleich ob es sich um längere, vorbereitete Phasen oder spontan eingestreute Abschnitte handelt;
- detaillierte Hilfestellungen: Je mehr Freiheitsspielräume die Schüler und Schülerinnen in den anschließenden Arbeits- und „Forschungs"-Phasen haben, desto sorgfältiger ist die frontalunterrichtliche Planung, Organisation und Koordination angelegt. Zugleich vermittelt der Frontalunterricht immer wieder Modelle für Planungsstrategien, Arbeitsweisen, Ergebnisdokumentationen etc. Solches „Rüstzeug" ist immer wieder Thema des Frontalunterrichtes;
- schließlich die Sicherung der fremdsprachlichen Lernziele und die Wahrung des fremdsprachlichen Charakters der Unterrichtseinheit.

! Allerdings: Auch in einem integrativen Konzept muss genau nachgewiesen werden, welchen Stellenwert eine frontalunterrichtliche Phase hat. Warum ist sie nötig? Warum können die Lernziele nicht in anderen Sozialformen besser erreicht werden? In welchem Zusammenhang stehen die geplanten frontalunterrichtlichen Phasen mit den anderen Unterrichtsformen?

Die nebenstehende Abbildung (Abb. 26) zeigt eine Zusammenfassung der essentials eines integriertes Konzept des Frontalunterrichtes.

1. Übergeordnet ist der *Klassenunterricht als Arbeit im Plenum.* Dieser kann zwei grundlegende Interaktionsformen aufweisen: Einmal den *Frontalunterricht*; er ist charakterisiert durch eine von vorn gesteuerte Kommunikation als „Einweg-Kommunikation", die Lehrkraft hat die Leitung, die Rollen sind eingeschränkt. Beispiele: Lehrervortrag, erarbeitendes Gespräch, Demonstrationsexperiment. Zum andern die *Schüler-Schüler-Interaktion*; sie verläuft im wesentlichen unter den Schüler als „Mehrweg-Kommunikation", die Lehrkraft tritt zurück, die Rollenvielfalt ist größer. Beispiele: Amerikanische Debatte, Simulationsspiele, freies Unterrichtsgespräch, Morgenkreis. – In diesen beiden grundlegenden Interaktionsformen finden Informationen und Instruktionen statt, Planungen und Absprachen, Klärungen, Diskussionen, Koordination u.a.m.

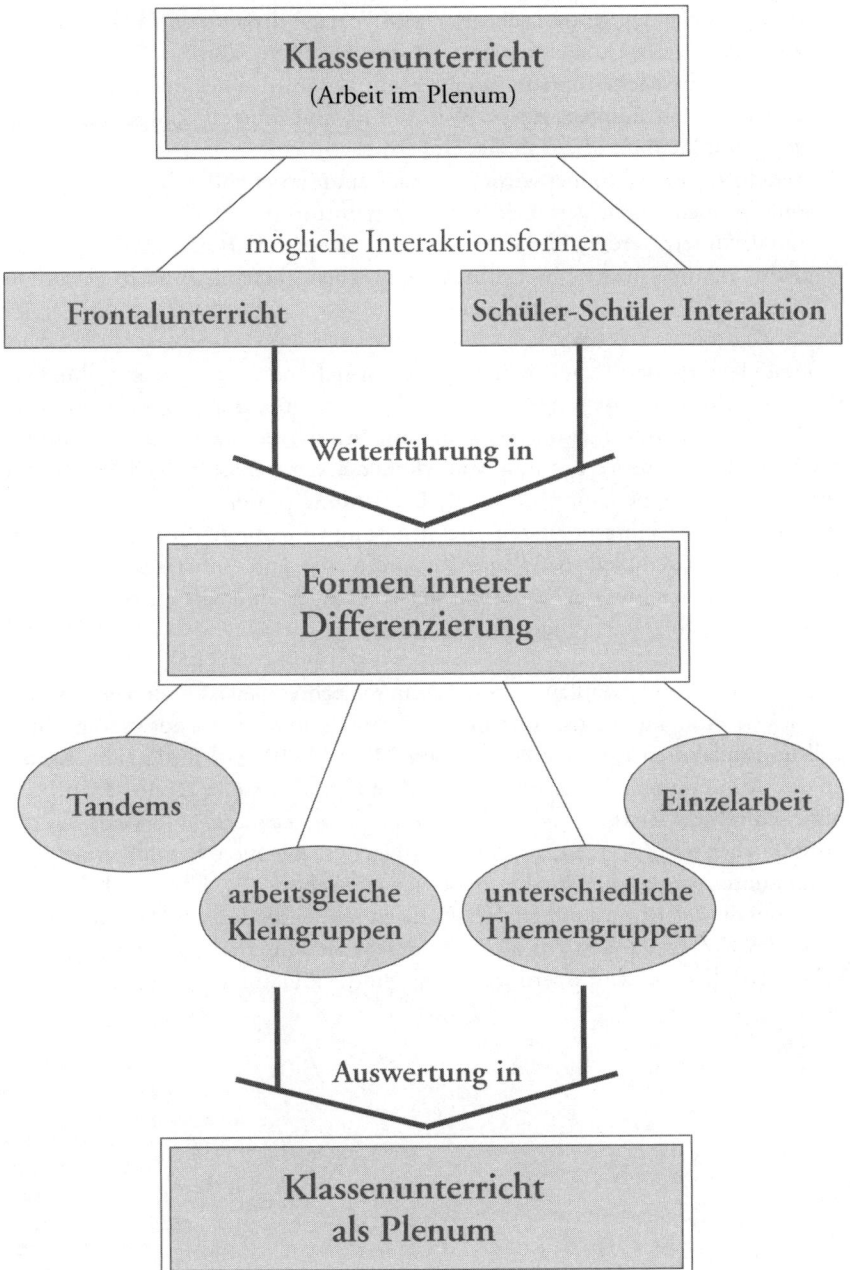

Abb. 26: Integrierter Frontalunterricht

2. Als Verlaufsmodell gelesen schließen sich Formen der *inneren Differenzierung* an, in denen der Unterricht weitergeführt wird: Dies können Tandems sein, arbeitsgleiche Kleingruppen, Gruppen mit verschiedenen Themenstellungen, Einzelarbeit, Unterplena u.a.m. Wenn nötig und sinnvoll, können hier auch wiederum Plenumsarbeitsphasen eingebaut werden.

3. Den dritten Schritt bildet wieder der Klassenunterricht als Arbeit im Plenum. Hier können durch verschiedene Unterrichtsformen Ergebnisse präsentiert und diskutiert werden, hier kann Unverstandenes geklärt und Unsicheres eingeübt werden, weitere Schritte abgesprochen, Vereinbarungen getroffen, Hausaufgaben gestellt werden u.a.m.

Frontale Unterrichtsabschnitte haben – so hat sich insgesamt gezeigt – ihren eigen und unverzichtbaren Stellenwert im Rahmen eines integrierten Konzeptes: Darbietung von Informationen, das Bemühen um Vernetzung des Lernstoffes beim Erarbeiten, die Vermittlung von Methoden zur eigenständigen Arbeit und zur Arbeit in Gruppen, die modellhafte Bearbeitung von Problemen und die Anleitung zu Entdeckungsprozessen, die Sicherung von Unterrichtsergebnissen im Üben und Wiederholen, das Planen, Koordinieren und Auswerten von Lehr-/Lernprozessen bis hin zur Förderung der Klassengemeinschaft als zentraler Bedingung für erfolgreiches individuelles Lernen.

Keine Lehrerin und kein Lehrer braucht ein schlechtes Gewissen zu haben, wenn er oder sie Frontalunterricht durchführt. Frontalunterricht ist notwendig, sinnvoll und didaktisch legitimierbar. Hilbert Meyer (2001, 94) fordert mit Recht: „Keine Minute mehr Frontalunterricht als nötig, aber wenn schon, dann bitte ohne schlechtes Gewissen und mit viel methodischer Fantasie." Einerseits ist dem grundsätzlich zuzustimmen, andererseits suggeriert aber diese Formulierung, dass Frontalunterricht *eigentlich* schlecht sei („wenn schon..."). Für eine Lehrkraft, die Frontalunterricht als integriertes Konzept neu entdeckt, wird sich die Hoffnung des Comenius, den wir als Vater des Frontalunterrichtes kennen gelernt haben, erfüllen: Sie wird über ihre Schüler und Schülerinnen strahlen – wie die Sonne...

Literatur

Adl-Amini, B.: Medien und Methoden des Unterrichts. Donauwörth 1994

Aebli, H.: Denken: Das Ordnen des Tuns. Bd. 1 und Bd. 2. Stuttgart 1980, 1981

Aebli, H.: Zwölf Grundformen des Lehrens. Stuttgart 1983

Alfs, G.: „Präsentieren Sie uns die Sache so, daß wir ...". In: PÄDAGOGIK, H. 5/1993, S. 14-18

Angermeier, W.F. u.a.: Lernpsychologie. München 1984

Apel, H.J.: „Verständlich unterrichten – Chaos vermeiden". Unterrichtsmethode als strukturierende Lernhilfe. In: Seibert, N. (Hg.): Unterrichtsmethoden kontrovers. S. 139-159. Bad Heilbrunn 2000

Apel, H.J.: Präsentieren – die gute Darstellung. Baltmannsweiler 2002

Apel, H.J.: Die gute Darbietung im Unterricht. In: PÄDAGOGIK, H. 11/2007

Argyle, M.: Körpersprache und Kommunikation. Paderborn 1992, 6. Aufl.

Arnold, R./Siebert, H.: Konstruktivistische Erwachsenenbildung. Baltmannsweiler 1995

Aschersleben, K.: Moderner Frontalunterricht. Frankfurt/M. 1985

Aschersleben, K.: „Frontalunterricht" – Vorurteil oder Fachbegriff? In: PÄDAGOGIK, H. 1/1989, S. 20-23

Aschersleben, K.: Frontalunterricht – klassisch und modern. Neuwied, Kriftel 1999

Ausubel, D.P.: Psychologie des Unterrichts. Bd. 1 und 2. Weinheim 1974

Bandura, A.: Self-efficacy: The Exercise of Control. New York 1997

Banyard, P./Gerstenmaier, J. (Hg.): Einführung in die Kognitionspsychologie. München 1995

Bastian, J.: Frontalunterricht – Zurück zu einer Schule von gestern? In: PÄDAGOGIK, H. 11/1990, S. 6-10

Bastian, J./Combe, A./Langer, R.: Feedback-Methoden. Weinheim 2003

Bauer, K.-O.: Unterrichtsentwicklung, pädagogischer Optimismus und Lehrergesundheit. In: PÄDAGOGIK H. 1/2002, S. 48-52

Bauer, K.-O./Kopka, A./Brindt, S.: Pädagogische Professionalität und Lehrerarbeit. Weinheim 1996

Baumert, J./Köller, O.: Unterrichtsgestaltung, verständnisvolles Lernen und multiple Zielerreichung im Mathematik- und Physikunterricht der gymnasialen Oberstufe. In: Baumert, J./Bos, W./Lehmann, R. (Hg.): TIMSS / III. Bd.2, S. 271-315. Opladen 2000

Baumert, J./Lehmann, R.: TIMSS – Mathematisch-naturwissenschaftlicher Unterricht im internationalen Vergleich. Opladen 1997

Becker, G.E.: Durchführung von Unterricht. Handlungsorientierte Didaktik Teil III, Weinheim und Basel 1984

Becker, G. u.a.: Die Helene-Lange-Schule Wiesbaden. Hamburg 1997

Berg, H.C./Schulze, T.: Lehrkunst. Lehrbuch der Didaktik. Neuwied u.ö. 1995

Berg, H.C./Schulze, T. (Hg.): Lehrkunstwerkstatt I. Neuwied 1997

Biermann, C. (Hg.): Koedukation in der Schule. Bönen 2002

Bönsch, M.: Variable Lernwege. Paderborn 1991

Bönsch, M.: Unterrichtsmethoden konstruieren Lernwege. In: Seibert, M. (Hg.): Unterrichtsmethoden kontrovers, S. 23-69. Bad Heilbrunn 2000

Bohl, T.: Unterrichtsmethoden in der Realschule. Bad Heilbrunn 2000

Bohl, T.: Was passiert im Unterricht? Methoden im Schulalltag: Dominanz des Frontalunterrichts. In: Bildung und Wissenschaft, H. 3/2001

Bromme, R.: Der Lehrer als Experte: Zur Psychologie des professionellen Wissens. Bern 1992

Bromme, R.: Kompetenzen, Funktionen und unterrichtliches Handeln des Lehrers. In: Enzyklopädie der Psychologie. Bd. 3, S. 177-212. Göttingen 1997

Bronnmann, W./Kochansky, G./Schmid, W.: Lernen Lehren. Bad Heilbrunn 1981

Brophy, J.E./Good, T.L.: Lehrer-Schüler-Interaktion. München 1976

Bruner, J. S.: Der Prozeß der Erziehung. Düsseldorf 1970

Brunner, E. J.: Lehrer-Schüler-Interaktion. In: Rost, D. (Hg.): Handwörterbuch Pädagogische Psychologie. S. 381-387. Weinheim 2001

Bühs, R.: Tafelzeichnen kann man lernen. Hamburg 1989

Bugdahl, V.: Kreatives Problemlösen im Unterricht. Berlin 1995

Bundesministerium für Bildung, Wissenschaft, Forschung und Technologie (Hg.): Kanders, M./ Rösner, E./Rolff, H.-G.: Das Bild der Schule aus der Sicht von Schülern und Lehrern. Bonn 1997

Bußmann, M.: Zusammenarbeit mit außerschulischen Experten. In: PÄDAGOGIK H. 11/2002, S. 28-30

Cohn, R./Terfurth, C. (Hg.): Lebendiges Lehren und Lernen. TZI macht Schule. Stuttgart 1993

Combe, A.: Wie tragfähig ist der Rekurs auf Rituale? In: PÄDAGOGIK H. 1/1994, S. 22-25

Comenius, J. A.: Große Didaktik. Herausgegeben von A. Flitner. Stuttgart 1982

Czeschlik, T.: Umgang mit ängstlichen Schülern. In: Schweer, M.K.W. (Hg.): Lehrer-Schüler-Interaktion. S. 213-229. Opladen 2000

Dann, H.-D./Diegritz, T./Rosenbusch, H. S. (Hg.): Gruppenunterricht im Schulalltag. Erlangen 1999

Deci, E. L./Ryan, R. M.: Die Selbstbestimmungstheorie der Motivation und ihre Bedeutung für die Pädagogik. In: Z. f. Päd. H. 2/1993, S. 223-238

Dennison, P. E./Gail, E.: Brain-Gym Lehrerhandbuch. Kirchzarten 1999, 10. Aufl.

Diedrich, S.: Selbstgesteuertes Lernen – auf dem Weg zu einer neuen Lernkultur. Frankfurt/M. 1999

Diepold, S. (Hg.): Die Fundgrube für Klassenlehrer. Berlin 1999

Ditton, H.: Qualitätskontrolle und Qualitätssicherung in Schule und Unterricht. In: Z. f. Päd. 2000, 41. Beiheft, S. 73-92

Ditton, H.: Lehrkräfte und Unterricht aus Schülersicht. Ergebnisse einer Untersuchung im Fach Mathematik. In: Z. f. Päd. H. 2/2002, S. 262-286

Dörner, D.: Problemlösen als Informationsverarbeitung. Stuttgart 1976

Dörner, D.: Die Logik des Misslingens. Strategisches Denken in komplexen Situationen. Reinbek 1989

Dolch, J. Der Lehrplan des Abendlandes. Donauwörth 1965

Dubs, R.: Konstruktivismus: Einige Überlegungen aus der Sicht der Unterrichtsgestaltung. In: Z. f. Päd. H. 6/1995, S. 889-903

Duncker, L.: Zeigen und Handeln. Studien zur Anthropologie der Schule. Langenau-Ulm 1996

Duncker, L./Popp, W. (Hg.): Fächerübergreifender Unterricht in der Sekundarstufe I und II. Bad Heilbrunn 1998

Edelmann, W.: Lernpsychologie. Weinheim 2000, 6. Aufl.

Eikenbusch, G.: Qualität im Deutschunterricht der Sekundarstufe I und II. Berlin 2001

Einsiedler, W.: Lernmethoden. München 1981

Einsiedler, W.: Wissensstrukturen im Unterricht. In: Z. f. Päd. H. 2/1996, S. 167-191

Einsiedler, W.: Von Erziehungs- und Unterrichtsstilen zur Unterrichtsqualität. In: Schweer, M.K.W. (Hg.): Lehrer-Schüler-Interaktion. S. 109-138. Opladen 2000
Eisenhut, G./Heigl, J./Zöpfl, H.: Üben und Anwenden. Bad Heilbrunn 1981
Endres, W. u.a.: So macht Lernen Spaß. Weinheim 1990
Endres, W./Althoff, D.: Das Anti-Pauk-Buch. Weinheim 1986

Faulstich-Wieland, H.: Koedukation – Enttäuschte Hoffnungen? Darmstadt 1991
Fichten,W.: Unterricht aus Schülersicht. Frankfurt/M. 1993
Fichtner, B.: Wem gehört der Computer – oder die Veränderung von Wissen und Weltbild durch die neuen Technologien. In: Lohmann, I./Gogolin, I. (Hg.): Die Kultivierung der Medien. S. 11-26. Opladen 2000
Foster, J.: Entdeckendes Lernen in der Grundschule. München 1993
Frey, D./Schnabel, A.: Soziale Interaktion und Kommunikation. In: Perleth, C./Ziegler, A. (Hg.): Pädagogische Psychologie. S. 170-181. Bern 1999
Frey. K. u.a.: Allgemeine Didaktik. Zürich 1989, 3. Aufl.
Frey, K.: Die Projektmethode. Weinheim 1990, 3. Aufl.
Frontalunterricht. In: Peterßen, W.H.: Kleines Methodenlexikon. S. 112-115. München 1999
Fuhrmann, E.: Unterrichtsverfahren im Frontalunterricht. In: PÄDAGOGIK H. 5/1998, S. 9-12

Gagné, R. M.: The conditions of learning and theory of instruction. New York 1985
Gage, N. L./Berliner, D. C. (Hg.): Pädagogische Psychologie. Weinheim 1996, 5. Aufl.
Gagné, R. M: The conditions of learning and theory of instruction. New York 1985
Gasser, P.: Lernpsychologie für eine wandelbare Praxis. Aarau 2000
Gaudig, H.: Didaktische Präludien. Leipzig und Berlin 1908
Gerstenmaier, J.: Situiertes Lernen. In: Perleth, C./Ziegler, A. (Hg.): Pädagogische Psychologie. S. 236-246. Bern 1999
Gerstenmaier, J./Mandl, H.: Wissenserwerb auf konstruktivistischer Perspektive. In: Z. f. Päd. H. 6/1995, S. 867-888
Glöckel, H.: Klassen führen – Konflikte lösen. Bad Heilbrunn 2000
Golecki, R.: Förderung selbständigen Lernens im Fachunterricht der gymnasialen Oberstufe. In: Hamburg macht Schule (HmS), H. 1/2002, S. 24-25
Gordon, C. W.: Die Schulklasse als soziales System. In: Meyer, E. (Hg.): Die Gruppe im Lehr- und Lernprozeß. S. 1-27. Frankfurt/M. 1970
Greif, S./Kurtz, H.-J.: Handbuch Selbstorganisiertes Lernen. Göttingen 1998
Grell, J. und M.: Unterrichtsrezepte. Weinheim 1983
Grell. J: Direktes Unterrichten. In: Wiechmann, J. (Hg.): Zwölf Unterrichtsmethoden. S. 35-49. Weinheim 2000, 2. Aufl.
Grevin, H./Paradies, L.: Unterrichts-Einstiege. Berlin 1996
Groeben, A. v. der (Hg.): Rituale in Schule und Unterricht. Hamburg 2000
Grunder, H.-U./Bohl, T. (Hg.): Neue Formen der Leistungsbeurteilung in den Sekundarstufen I und II. Baltmannsweiler 2001
Grundschule von A bis Z. Braunschweig 1993
Gudjons, H. (Hg.): Handbuch Gruppenunterricht. Weinheim 1993, 2. Aufl. 2003
Gudjons, H.: Spielbuch Interaktionserziehung. Bad Heilbrunn 1997, 6. Aufl., 7. Aufl. 2003
Gudjons, H. (Hg.): Die Moderationsmethode in Schule und Unterricht. Hamburg 1998
Gudjons, H.: Didaktik zum Anfassen. Bad Heilbrunn 1998, 3. Aufl. 2003
Gudjons, H.: Belastungen und neue Anforderungen. Aspekte der Diskussion um Lehrer und Lehrerinnen in den 80er und 90er Jahren. In: Bastian, J. u.a. (Hg.): Professionalisierung im Lehrerberuf. S. 33-51. Opladen 2000

Gudjons, H.: Methodik zum Anfassen. Bad Heilbrunn 2000, 2. Aufl. 2006

Gudjons, H.: Prüfungsangst. Kann man dagegen etwas tun? In: Das Lehrerhandbuch. Herausgegeben vom Raabe-Verlag, C 8.2, S. 1-18. Berlin 2000

Gudjons, H.: Handlungsorientiert lehren und lernen. Bad Heilbrunn 2001, 6. Aufl.

Gudjons, H.: In Gruppen lernen – warum nicht? In: PÄDAGOGIK, H.1/2002, S. 6-10

Gudjons, H.: Feedback-Techniken. In: Ders.: Neue Unterrichtskultur – veränderte Lehrerrolle. S. 113-128. Bad Heilbrunn 2006

Gudjons, H.: Die gute Schüler-Präsentation. In: Ders.: Neue Unterrichtskultur – veränderte Lehrerrolle. S. 105-111. Bad Heilbrunn 2006

Günther, H.: Kritik des offenen Unterrichts. Bielefeld 1996

Guldimann, T./Zutavern, M.: Eigenständiges Lernen. In: Hamburg macht Schule (HmS), H.1/2002, S. 21-23

Hage, K. u.a.: Das Methoden-Repertoir von Lehrern. Opladen 1985

Hameyer, U. u.a.: AKTIV. Kiel 1992, 2. Aufl.

Hameyer, U.: Entdeckendes Lernen. In: Wiechmann, J. (Hg.): Zwölf Unterrichtsmethoden. S. 114-129. Weinheim 2000, 2. Aufl.

Hartinger, A.: Entdeckendes Lernen. In: Einsiedler, W. u.a. (Hg.): Handbuch Grundschulpädagogik und Grundschuldidaktik. S. 330-335. Bad Heilbrunn 2001

Hartmann, M./Röpnack, R./Jacobs-Strack, D.: LehrerInnen präsentieren. Weinheim 2000

Hausmann, G.: Didaktik als Dramaturgie des Unterrichtes. 1959

Heidemann, R.: Körpersprache im Unterricht. Wiesbaden 1996. 5. Aufl.

Helmke, A./Weinert, F.-E.: Bedingungsfaktoren schulischer Leistungen. In: Enzyklopädie der Psychologie. Bd. 3. S. 1-35. Göttingen 1997

Hensel, H.: Unterrichtsstörungen – na und? Man kann sich darauf einstellen und gelassen damit umgehen. In: PÄDAGOGIK, H.1/2000, S. 8-12

Hentig, H. v.: Das allmähliche Verschwinden der Wirklichkeit. München 1984

Hepp, R.: Alle sind dabei! Zusammenfassungsstunden im Physikunterricht. In: Üben und Wiederholen. Friedrich Jahresheft XVIII, S. 114-116. Seelze 2000

Heymann, H.-W.: Üben und Wiederholen – neu betrachtet. In: PÄDAGOGIK, H. 10/1998, S. 6-11

Heymann, H.-W.: Methoden des Lernens – Methoden der Fächer. In: PÄDAGOGIK H. 3/1998, S. 7-8

Hiebert, I./Wearne, D.: Instructional tasks, classroom discourse, and student's learning in secondgrade arithmetic. In: American Educational Research Journal, 30, 393-495

Hirblinger, H.: Erfahrungsbildung im Unterricht. Weinheim 1999

Hofer, M.: Lehrer – Schüler – Interaktion. In: Enzyklopädie der Psychologie. Bd. 3, S. 215-252. Göttingen 1997

Holtappels, H.-G.: „Abweichendes Verhalten" und soziale Etikettierungsprozesse in der Schule. In: Schweer, M.K.W. (Hg.): Lehrer – Schüler – Interaktion. S. 231-255. Opladen 2000

Holz-Ebeling, F.: Koedukation. In: Rost, D. (Hg.): Handwörterbuch Pädagogische Psychologie. S. 331-336. Weinheim 2001, 2. Aufl.

Holzbrecher, A.: Subjektorientiert lernen – forschend lehren. In: PÄDAGOGIK H. 12/1999, S. 54-58

Horstkemper, M.: Geschlechtsrollenidentität und unterrichtliches Handeln. In: Schweer, M.K.W. (Hg.): Lehrer-Schüler-Interaktion. S. 139-158. Opladen 2000

Huber, L./Effe-Stumpf, G.: Der fächerübergreifende Unterricht am Oberstufenkolleg. In: Krause-Isermann, U./Kupsch, J./Schumacher, M. (Hg.): Perspektivenwechsel, Beiträge zum fächerübergreifenden Unterricht für junge Erwachsene. S. 63-86. Bielefeld 1994

Jank, W.: Ergebnissicherung im Unterricht. In: Pädagogische Beiträge, H. 11/1987, S. 8-15
Jank, W./Meyer, H.: Didaktische Modelle. Berlin 2002, 5.Aufl.

Kanders, M.: Das Bild der Schule aus der Sicht von Schülern und Lehrern II. Dortmund 2000
Katzke, D.: Der Frontalunterricht aus der Sicht von Lehrerinnen und Lehrern. Berlin 1998
Keck, R.: Impulssteuerung des Unterrichts. In: unterrichten/erziehen, H. 2/1983, S. 5 ff.
Kiper, H.: Über das Leiten einer Schulklasse. In: Kiper, H./Meyer, H./Topsch, W. (Hg.): Einführung in die Schulpädagogik. S. 170-182. Berlin 2002
Klafki, W.: Neue Studien zur Bildungstheorie und Didaktik. Weinheim 1985, 2. Aufl. 1991
Klippert, H.: Methoden-Training. Weinheim 1994
Klippert, H.: Gewusst wie. Methodenlernen als Aufgabe der Schule. In: PÄDAGOGIK H. 1/1995, S. 6-10
Köck, P./Ott, H.: Wörterbuch für Erziehung und Unterricht. Donauwörth 1989, 2. Aufl.
Kösel, E.: Die Modellierung von Lernwelten. Elztal-Dallau 1993, 2. A.
Konrad, K./Traub, S.: Selbstgesteuertes Lernen in Theorie und Praxis. München 1999
Kounin, J. S.: Techniken der Klassenführung. Stuttgart 1976
Kraul, M./Horstkemper, M.: Reflexive Koedukation. Mainz 1999
Kroner, B./Schauer, H.: Unterricht erfolgreich planen und durchführen. Köln 1997

Lankes, E.-M.: Problemorientiertes Lernen. In: Einsiedler, W. u.a. (Hg.): Handbuch Grundschulpädagogik und Grundschuldidaktik. S. 335-340. Bad Heilbrunn 2001
Landwehr, N.: Neue Wege der Wissensvermittlung. Aarau 1995, 3. Aufl. 1997
Langhammer, R.: Debattenwettbewerb. In: PÄDAGOGIK H. 1/1997, S. 32-39
Legler, W./Otto, G.: Wandtafel – Wandzeitung. In: Otto, G./Schulz, W. (Hg.): Methoden und Medien der Erziehung und des Unterrichtes. Enzyklopädie Erziehungswissenschaft, Bd. 4, S. 665-669. Stuttgart 1985
Leutner, D.: Instruktionspsychologie. In: Rost, D. (Hg.): Handwörterbuch Pädagogische Psychologie. S. 267-276. Weinheim 2001, 2. Aufl.
Loska, R.: Lehren ohne Belehrung. Leonard Nelsons neosokratische Methode der Gesprächsführung. Bad Heilbrunn 1995
Lukesch, H./Kischkel, K.-H.: Unterrichtsformen an Gymnasien. Ergebnisse einer retrospektiven Erhebung über schulstufen- und fachspezifische Verbreitung von Lehrverfahren. In: Zeitschrift für erziehungswissenschaftliche Forschung 21 (1987), S. 237-256

Mandl, H./Friedrich, H. F./Horn, A.: Psychologie des Wissenserwerbs. In: Krapp, A./ Weidenmann, B. (Hg.): Pädagogische Psychologie. S. 143-218. Weinheim 2001, 4. Aufl.
Malycha, A.: Projekt „Lernen lernen". Lerntage zu Beginn der fünften Klasse. In: PÄDAGOGIK H. 1/1995, S. 11-18
Meer, van der, E.: Gesetzmäßigkeiten und Steuerungsmöglichkeiten des Wissenserwerbs. In: Enzyklopädie der Psychologie, Bd. 2, S. 209-247. Göttingen 1996
Meyer, E./Okon, W.: Frontalunterricht. Königstein/Ts. 1984
Meyer, H.: Leitfaden zur Unterrichtsvorbereitung. Königstein/Ts. 1980
Meyer, H.: UnterrichtsMethoden. Bd. 1: Theorieband (6. Aufl. 1994), Bd. 2: Praxisband (7. Aufl. 1995). Frankfurt/M. 1987
Meyer, H.: Warum ist Frontalunterricht so beliebt? In: PÄDAGOGIK H. 11/1990, S. 32-35
Meyer, H.: Plädoyer für eine Wiederbelebung des Frontalunterrichts. In: Ders.: Türklinkendidaktik. S. 92-118. Berlin 2001
Meyer, H.: Türklinkendidaktik. Berlin 2001

Meyer, H.: Unterrichtsmethoden. In: Kiper, H./Meyer, H./Topsch, W. (Hg.): Einführung in die Schulpädagogik. S. 109-121. Berlin 2002

Meyer, H./Meyer, M.: Lob des Frontalunterrichtes. In: Lernmethoden – Lehrmethoden. Friedrich-Jahresheft XVII, S. 34-37, Seelze 1997

Meyer, H./Paradies, L.: Frontalunterricht lebendiger machen. (Oldenburger Vordrucke, Heft 192). Oldenburg 1993

Michael, B.: Darbieten und Veranschaulichen. Bad Heilbrunn 1983

Mietzel, G.: Psychologie in Unterricht und Erziehung. Göttingen 1993, 4. Aufl.

Mietzel, G.: Pädagogische Psychologie des Lehrens und Lernens. Göttingen 1998

Miller, R.: Beziehungsdidaktik. Weinheim 1999, 3. Aufl.

Miller, R.: Lern-Wanderung. Weinheim 2001

Möller, C.: Technik der Lernplanung. Weinheim 1973

Muck, M.: Psychoanalyse und Schule. Stuttgart 1980

Müllener-Malina, J./Leonhardt, R.: Unterrichtsformen konkret. Zug 1997

Müller, W.: Das Klassenzimmer als Bühne. In: Alltag Schule. Zusammengestellt von S. Rieger. Praxisheft im Domino-Verlag. S. 91-98. München 1999

Neber, H. (Hg.): Entdeckendes Lernen. Weinheim 1981, 2. Aufl.

Neber, H.: Entdeckendes Lernen. In: Perleth, C./Ziegler, A. (Hg.): Pädagogische Psychologie. S. 227-235. Bern 1999

Neber, H.: Entdeckendes Lernen. In: Rost, D. (Hg.): Handwörterbuch der Pädagogischen Psychologie. S. 115-121.Weinheim 2001, 2.Aufl.

Neubauer,W.: Konflikte und Konfliktbewältigung im Unterricht. In: Schweer, M.K.W. (Hg.): Lehrer-Schüler-Interaktion. S. 195-211. Opladen 2000

Nilshon, J.: Hausaufgaben. In: Rost, D. (Hg.): Handwörterbuch der Pädagogischen Psychologie. S. 231-238. Weinheim 2001, 2. Aufl.

Nissen, H. P./Iden, U.: Kurskorrektur Schule. Hamburg 1995

Nölle, B. u.a.: Dreiecksquadrate. Den Lehrsatz des Pythagoras beweisen. In: Berg, H. C./Schulze, T: (Hg.): Lehrkunstwerkstatt I. S. 44-80. Neuwied 1997

Nolting, H.-P.: Störungen in der Schulklasse. Weinheim 2002

Nürnberger Projektgruppe: Erfolgreicher Gruppenunterricht. Stuttgart 2001

Orth, P.: Regeln für ein gutes Klassengespräch. In: Das Lehrerhandbuch. Herausgegeben vom Raabe Verlag, C 2.2, S. 1-14. Berlin 1998

Osburg, F.: Tafelskizzen für den Geschichtsunterricht. Frankfurt/M. 1994

Otto, J.: Adieu, Schultafel. Wenn der Computer die Klassenzimmer erobert, hat der Frontalunterricht ausgedient. In: ZEIT Punkte H. 1/2000, S. 16-22

PÄDAGOGIK: H. 11/1990: Frontalunterricht, H. 1/1995: Lern- und Arbeitstechniken, H. 11/1997: Schüler als Lehrer, H. 3/1998: Lernen lernen, H. 5/1998: Frontalunterricht – gut gemacht, H. 10/1999: Problemlösendes Lernen, H. 5/2000: Höflichkeit, H. 5/2001: Schülerrückmeldung über Unterricht, H. 9/2002: Motivation, H. 12/2002: Tipps für guten Unterricht, H. 11/2007: Instruktionsmethoden

Pallasch, W.: Gruppendynamische Hilfen bei der Kleingruppenarbeit. In: Gudjons, H. (Hg.): Handbuch Gruppenunterricht. S. 111-123. Weinheim 1993

Perleth, C./Ziegler, A. (Hg.): Pädagogische Psychologie. Grundlagen und Anwendungsfelder. Bern (Huber) 1999

Perrez, M./Huber, G. L./Geißler, K. A.: Psychologie der pädagogischen Interaktion. In: Krapp, A./ Weidenmann, B. (Hg.): Pädagogische Psychologie. S. 357-413. Weinheim 2001, 4. Aufl.

Petersen, S.: Stundenfeedback. In: PÄDAGOGIK H. 12/2002, S. 16-17

Petersen, S./Unruh, T.: Guter Unterricht – Handwerkszeug für Unterrichtsprofis. Lichtenau 2002

Peterßen, W. H.: Anschaulich unterrichten. München 1994

Peterßen, W. H.: Handbuch Unterrichtsplanung. München 1998, 8. Aufl., 9. Aufl. 2000

Peterßen, W. H.: Kleines Methoden-Lexikon. München 1999, 2. Aufl. 2002

Plöger, U.: Ergebnissicherung im Stundenprotokoll. In: PÄDAGOGIK H. 10/2001, S. 20-23

Realschule Enger: Lernkompetenz II. Bausteine für eigenständiges Lernen 7.–9. Schuljahr. Berlin 2001

Reich, K.: Systemisch-konstruktivistische Pädagogik. Neuwied 1997

Reinmann-Rothmeier, G./Mandl, H.: Wissensvermittlung: Ansätze zur Förderung des Wissenserwerbs. In: Enzyklopädie der Psychologie, Bd. 6, S. 457-500. Göttingen 1998

Reinmann-Rothmeier, G./Mandl, H.: Instruktion. In: Perleth, C./Ziegler, A. (Hg.): Pädagogische Psychologie. S. 207-215. Bern 1999

Reinmann-Rothmeier, G./Mandl, H.: Unterrichten und Lernumgebungen gestalten. In: Krapp, A./Weidenmann, B. (Hg.): Pädagogische Psychologie, S. 601-646. Weinheim 2001, 4. Aufl.

Renk, H.-E. (Hg.): Lernen und Leben aus der Welt im Kopf. Konstruktivismus in der Schule. Neuwied, Kriftel 1999

Renkl, A.: Lernen durch Lehren. Wiesbaden 1997

Renkl, A.: Automatisierung allein reicht nicht aus. In: Üben und Wiederholen. Friedrich-Jahresheft XVIII, S. 16-19. Seelze 2000

Retter, H. Studienbuch Pädagogische Kommunikation. Bad Heilbrunn 2000

Rheinberg, F.: Motivationsförderung im Unterrichtsalltag. In: PÄDAGOGIK H. 9/2002, S. 8-13

Rick, B.: „Man darf nicht einfach weggehen, sondern muss versuchen zu erklären". In: Hamburg macht Schule (HmS) H. 1/2002, S. 6-7

Rosenbusch, H.-S.: Körpersprache und Pädagogik: das Handbuch. Baltmannsweiler 2004

Rosenbusch, H.-S./Schober, O.: (Hg.): Körpersprache in der schulischen Erziehung. Baltmannsweiler 2000, 3. Aufl.

Rosenshine, B./Meister, C.: Direct instruction. In: Husen, T./Postlethwaite, T.N. (eds.): The International Encyklopedia of Education, Vol. 3, S. 1524-1530. Oxford 1994

Roth, H.: Pädagogische Psychologie des Lehrens und Lernens. Hannover 1976, 15. Aufl.

Rumpf, H.: Die übergangene Sinnlichkeit. Drei Kapitel über die Schule. Weinheim 1988, 2. Aufl.

Sacher, W.: Schulische Medienarbeit. In: Apel, H.-J./Sacher, W. (Hg.): Studienbuch Schulpädagogik. S. 384-397. Bad Heilbrunn 2002

Sader M.: Psychologie der Gruppe. Weinheim 1991, 8. Aufl. 2002

Saldern, M. v.: Führen durch Gespräche. Baltmannsweiler 1988

Saldern, M. v.: Klassengröße. In: Rost, D. (Hg.): Handwörterbuch Pädagogische Psychologie. S. 326-332. Weinheim 2001, 2. Aufl.

Sauer, M.: Vom Lern- zum Denkfach. Historisches Wissen strukturieren statt Daten pauken. In: Üben und Wiederholen. Friedrich Jahresheft XVIII, S. 88-90. Seelze 2000

Schaefer, G./Yoshika, R.: Balanced Thinking. Frankfurt/M. 2000

Schaub, H./Zenke, K. G.:Wörterbuch der Pädagogik. München 2000, 4. Aufl.

Scheller, J.: Szenisches Spiel: Handbuch für die pädagogische Praxis. Berlin 1998

Scheufele, U. (Hg.): Weil sie wirklich lernen wollen. Bericht von einer anderen Schule. Weinheim 1996

Schiefele, U./Pekrun, R.: Psychologische Modelle des fremdgesteuerten und selbstgesteuerten Lernens. In: Enzyklopädie der Psychologie. Bd. 3, S. 249-278. Göttingen 1997

Schiefele, H./Prenzel, M.: Motivation und Interesse. In: Roth, L. (Hg.): Pädagogik, S. 813-822. München 1991

Schiffler, H./Winkeler, R.: Tausend Jahre Schule. Stuttgart/Zürich 1987, 2. Aufl.

Schmidkunz, H./Lindemann, H.: Das forschend-entwickelnde Unterrichtsverfahren – Problemlösen im naturwissenschaftlichen Unterricht. Essen 1992, 3. Aufl.

Schulz, W.: Unterricht – Analyse und Planung. In: Heimann, P. u.a.: Unterricht – Analyse und Planung, S. 13-47. Hannover 1965

Schulz, W.: Unterrichtsplanung. München 1981

Schulz von Thun, F.: Miteinander reden. Bd. 1 und 2. Reinbek 1992, 1995

Schweer, M. K. W. (Hg.): Lehrer-Schüler-Interaktion. Pädagogisch-psychologische Aspekte des Lehrens und Lernens in der Schule. Opladen 2000

Schweer, M. K. W./Thies, B.: Situationswahrnehmung und interpersonales verhalten im Klassenzimmer. In: Schweer, M.K.W. (Hg.): Lehrer-Schüler-Interaktion. Pädagogisch-psychologische Aspekte des Lehrens und Lernens in der Schule. S. 59-78. Opladen 2000

Siebert, H.: Pädagogischer Konstruktivismus. Eine Bilanz der Konstruktivierungsdiskussion für die Bildungspraxis. Neuwied/Kriftel 1999

Siebert, H.: Der Konstruktivismus als pädagogische Weltanschauung. Entwurf einer konstruktivistischen Didaktik. Frankfurt/M. 2002

Spitzer, M.: Lernen – Gehirnforschung und die Schule des Lebens. Heidelberg 2002

Steiner, G.: Lernverhalten, Lernleistung und Instruktionsmethoden. In: Enzyklopädie der Psychologie, Bd. 3, S. 278-317. Göttingen 1997

Steiner, G.: Lernen und Wissenserwerb. In: Krapp, A./Weidenmann, B. (Hg.): Pädagogische Psychologie, S. 137-205. Weinheim 2001, 4. Aufl.

Sünkel, W.: Phänomenologie des Unterrichts. Grundriß der theoretischen Didaktik. Weinheim/München 1996

Tausch, R./Tausch, A.: Erziehungspsychologie. Göttingen 1970

Terhart, E.: Lehr-Lernmethoden. Weinheim 1989, 3.Aufl. 2000

Terhart, E.: Konstruktivismus und Unterricht. Gibt es einen neuen Ansatz in der Allgemeinen Didaktik? In: Z. f. Päd. H. 5/1999, S. 629-647

Thiele, H. : Lehren und Lernen im Gespräch. Bad Heilbrunn 1981

Thies, W./Röhner, C.: Erziehungsziel Geschlechterdemokratie. Weinheim 2000

Thurn, S./Tillmann; K.-J. (Hg.): Unsere Schule ist ein Haus des Lernens. Reinbek 1997

Üben und Wiederholen. Jahresheft des Friedrich-Verlages XVIII. Seelze 2000

Unruh, T.: Unterrichtsgespräche professionell leiten. In: PÄDAGOGIK H. 12/2002, S. 14-15

Vater, B.: Tea. Schüler als Forscher im Englischunterricht. In: Gudjons, H. (Hg.): Neue Tips für besseren Unterricht. S. 123-132. Hamburg 1997

Vaupel, D.: Das Wochenplanbuch für die Sekundarstufe. Weinheim/Basel 1995

Vester, F.: Leitmotiv vernetztes Denken. München 1995, 5. Aufl.

Wagenschein, M.: Verstehen lehren. Weinheim 1970

Wagenschein, M.: Kinder auf dem Weg zur Physik. Weinheim 1990

Wahl, D.: Mit Training vom trägen Wissen zum kompetenten Handeln? In: Z. f. Päd. H. 2/2002, S. 227-241

Watzlawick, P. u.a.: Menschliche Kommunikation. Bern 1972, 3. Aufl.

Weidenmann, B.: Gesprächs- und Vortragstechnik. Weinheim 2002

Weinert, F. E. (Hg.): Psychologie des Lernens und der Instruktion. Enzyklopädie der Psychologie, Bd. 2. Göttingen 1996

Weinert, F. E.: Lerntheorien und Instruktionsmodelle. In: Enzyklopädie der Psychologie. Bd. 2, S. 1-87. Göttingen 1996

Weinert, F. E. (Hg.): Psychologie des Unterrichtes und der Schule. Enzyklopädie der Psychologie, Bd. 3. Göttingen 1997

Weinert, F. E.: Neue Unterrichtskonzepte zwischen gesellschaftlicher Notwendigkeit, pädagogischen Visionen und psychologischen Möglichkeiten. In: Bayerisches Staatsministerium für Unterricht, Kultus, Wissenschaft und Kunst (Hg.): Wissen und Werte für die Welt von morgen. S. 101-125. München 1998

Weinert, F. E./Helmke, A.: Der gute Lehrer: Person, Funktion oder Fiktion? In: Z. f. Päd. 1996, 34. Beiheft, S. 223-233

Weinert, F. E./Helmke, A. (Hg.): Entwicklung im Grundschulalter. Weinheim 1997

Wellhöfer, P. R.: Gruppendynamik und soziales Lernen. Stuttgart 2001, 2. Aufl.

Werning, R./Kriwet, I.: Problemlösendes Lernen. In: PÄDAGOGIK, H. 10/1999, S. 7-11

Westermanns Pädagogische Beiträge (WPB) H. 11/1987

Wiechmann, J. (Hg.): Zwölf Unterrichtsmethoden. Weinheim 2000, 2. Aufl.

Will, H.: Overheadprojektor und Folien. Weinheim 1994, 2. Aufl.

Will, H.: Mini-Handbuch Vortrag und Präsentation. Weinheim 2000, 2001 2. Aufl.

Wragge-Lange, I.: Interaktionsmuster im Frontalunterricht. Drei Fallanalysen. Weinheim und Basel 1983

Ziehe, T.: Überbrückungsarbeit. Womit Lehrkräfte heute zurechtkommen müssen. In: PÄDAGOGIK, H. 2/2001, S. 8-12

Zöllner, F.: Sichern, Üben, Wiederholen – Möglichkeiten, lustbetont zu lernen. In: Pädagogische Beiträge, H. 11/1987, S. 24-29